KB168251

인 류 의 위 대 한 지 적 유 산

HANGIL
GREAT BOOKS
182

과거와 미래 사이

정치사상에 관한 여덟 가지 철학 연습

한나 아렌트 지음 | 서유경 옮김

한길사

Hannah Arendt

Between Past and Future

Translated by Suh You-Kyung

Published by Hangilsa Publishing Co. Ltd., Korea, 2023.

성(聖) 아우구스티누스(Aurelius Augustinus, 354-430)
이탈리아 팔레르모 대성당 앞에 있는 아우구스티누스의 동상이다.
아렌트는 1,500년이나 앞서 살았던 그를 "오랜 벗"이라고 불렀다.
아렌트의 박사학위 논문이자 최초의 저작인
「사랑 개념과 성 아우구스티누스」는
아렌트 정치철학의 시발점이라고 볼 수 있다.

시작의 신 야누스(Janus)
이 책의 제목 『과거와 미래 사이』는 우주 질서를 관장하는
로마의 최고신 야누스를 떠올리게 한다. 야누스는 시발점의 신이자
환승구의 신이다. 두 쌍의 눈을 가진 야누스는 한쪽으로는 과거를,
다른 한쪽으로는 미래를 바라보고 있다. 동시다발적인
시선을 통해 그는 과거와 미래를 연결시킨다.

기억의 신 미네르바(Minerva)
그리스 신화의 아테나(Athena)에 해당하며,
야누스와 함께 가장 철저히 로마적인 신격(神格)을
지닌 존재다. 건국의 신성함에 대한 확고한
신념에 기반한 로마 정치에서
과거에 대한 기억과 전승은 독보적인 가치였다.

아테네의 아크로폴리스(Acropolis)
해발 150미터 높이의 고대 그리스 도시다. 고대 그리스인들은
폴리스라고 하는 독특한 도시국가를 형성했으며,
모든 시민이 정치에 참여하는 직접민주정치를
행했다. 아렌트는 이와 같은 공영역의 중요성을 역설하며
그 안에서의 정치행위를 인간의 조건으로 내세운다.

HANGIL GREAT BOOKS 182

과거와 미래 사이

정치사상에 관한 여덟 가지 철학 연습

한나 아렌트 지음 | 서유경 옮김

한길사

과거와 미래 사이
정치사상에 관한 여덟 가지 철학 연습

일러두기

1. 이 책에 선별된 에세이들은 다음의 학술 전문 잡지에 처음 게재된 이후 수정 · 증보되었으며 일부는 현재와 다른 제목을 가지고 있었다. 「전통과 현대」「역사 개념: 고대와 현대」의 일부, 그리고 「교육의 위기」는 『파르티잔 리뷰』(*Partisan Review*)에 게재된 바 있고, 「역사 개념: 고대와 현대」의 일부와 「권위란 무엇인가?」의 일부는 『정치논평』(*The Review of Politics*)에, 「자유란 무엇인가?」는 『시카고 리뷰』(*Chicago Review*)에 각각 게재된 것이다. 「문화의 위기: 그것의 사회적 · 정치적 의미」의 일부는 『다이달로스』(*Daedalus*)에, 「진실과 정치」는 『뉴요커』(*The New Yorker*)에 실렸던 논문이며, 「우주 정복과 인간의 위상」은 『아메리칸 스칼러』(*The American Scholar*)에, 「권위란 무엇인가?」의 일부는 『노모스』(*Nomos*)에 게재되었으며 해당 호는 칼 J. 프리드리히가 미국 정치와 법철학회를 위해 편집했다. 「교육의 위기」는 독일어로 쓰인 것을 덴버 린들리가 영어로 옮겼다.
2. 아렌트의 용어 public realm은 '공영역'으로 옮겼다. 이는 국내 학계에서 하버마스가 아렌트로부터 원용한 유사 개념인 public sphere가 '공공영역'으로 번역되어 통용되고 있다는 점을 고려한 것이다. 아렌트는 public realm이라는 표현을 선호하지만 이 책 3장에서처럼 public sphere라는 표현을 사용하는 경우도 있다. 이에 덧붙여 일반적인 보통 명사인 public space는 '공적 공간'으로 옮겼다.
3. 사실상 '말과 행위'(word and deed)와 동일 개념이지만 표현의 섬세한 의미 전달을 위해 words and deeds는 '말과 실행'으로, speech and action은 '발언과 행위'로 각각 옮겼다.
4. freedom은 '자유', political freedom은 '정치적 자유'로, liberty는 '자유권' 또는 '자유 추구권'으로 옮겼다.
5. authoritarian은 '권위주의적'과 '권위적'이라는 표현을 맥락에 따라 혼용했다. 아렌트의 이 용어에는 '권위주의'라는 우리말이 갖는 부정적 어감이 없으며, 문맥상 '권위를 담지한'이라는 의미이기 때문이다. 이에 덧붙여 authoritarianism은 우리말 번역 관례에 따라 '권위주의'로 옮겼으며, 이 명사형에서 직접적으로 파생한 형용사인 authoritarian은 '권위주의적'으로 옮겼다.
6. enlarged mentality는 '확장된 정신'으로 옮겼다.
7. action은 '행위', acting은 '행위함'으로 옮겼다. 이에 덧붙여 willing은 '의지함'으로 judging은 '판단함'으로 옮겨 will과 judgment와의 섬세한 의미 차이를 구별했다.

8. deeds는 문맥에 따라 '행적' '행위' 또는 '실행'으로 옮겼다.

9. speech는 문맥에 따라 '말' '발언' 또는 '연설'로 옮겼다.

10. behavior는 문맥에 따라 '행태' 또는 '행동'으로 옮겼다.

11. conduct는 문맥에 따라 '행동' 또는 '처신'으로 옮겼다.

12. turning은 '전환'으로 옮겼다.

13. turning-about은 '전회'(轉回)로 옮겼다.

14. [ ] 안의 내용은 가독성을 높이기 위해 옮긴이가 보충한 부분이다.

15. 별도의 표기가 없는 본문 내 각주는 모두 원서를 따랐으며, 옮긴이가 독자의 이해를 돕기 위해 설명을 추가한 부분은 '—옮긴이'로 표기했다.

16. 이 책의 외래어 표기는 국립국어원의 외래어 표기법 및 외래어 표기 용례집을 따랐다.

17. 각주에 제시된 출처 가운데 국내에 출간된 서적은 번역서의 제목을 병기했고, 미출간 서적 및 저술은 원서의 제목을 그대로 표기했다.

18. 원서의 쌍따옴표 강조는 홑따옴표로, 인용은 쌍따옴표로 처리했다. 이탤릭체 번역은 고딕으로 표기했다.

19. 이 책 각 부의 제목은 아렌트 서문의 구분에 의거해 옮긴이가 부여한 제목이다.

한나 아렌트 '메탁시' 정치철학의 향연

서유경 경희사이버대학교 후마니타스학과 교수

I

이 '과거와 미래 사이'(Between Past and Future)라는 한나 아렌트의 책 제목에서 가장 호기심을 자극하는 단어가 있다면 그것은 틀림없이 '사이'(between)일 것이다. 그 자체로는 평범한 일상어일 뿐이지만 여러모로 수수께끼 같은 느낌을 주는 이 '사이'라는 어휘가 어떻게 제목에 들어가게 된 것일까. 무엇보다 그것이 아렌트의 정치철학적 논의 맥락에서 실제로 수행하는 의미론적 역할은 과연 무엇인가. 지금부터 이러한 질문의 답을 함께 찾아 나서보기로 하자.

하나의 철학적 개념으로서 '사이'가 처음 등장한 것은 플라톤의 대화편 『향연』(*Symposion*)으로 알려져 있다. 플라톤이 '사랑'에 관해 기술한 거의 유일한 작품인 이 대화편에서 아가톤의 향연에 참석한 소크라테스는 거기 모인 청중에게 오래전 자신이 신녀(神女)인 디오티마에게 들은 '사랑'의 신 '에로스'(Eros)에 관한 이야기를 다음과 같이 전한다. "에로스는 풍요의 신인 포로스(Porus)와 궁핍의 여신 페니아(Penia)의 소생이며 양친으로부터 물려받은 양면적 기질로 인해는 무엇인가를 갈망하고 소유하려고 한다. 그의 후손인 우리 인간은 각자 '사랑'의 기질인 에로스를 가지고 태어나므로 항상 자신에게 결핍된 것을 욕망하고 채우려고 한다"라고 말이다.[1)]

사실 우리 인간은 이 특질로 인해 항상 '내가 무엇을 사랑해야 하는가'라는 아우구스티누스의 딜레마와 직면하게 되며, 그 선택의 결과는 사랑의 등급이나 인간의 등급을 나누는 기준이 될 수 있다. 이런 견지에서 플라톤은 인간이 육체의 아름다움에 대한 사랑에서 출발해 점차 영혼의 아름다움, 법·제도·행위의 아름다움으로 그리고 마침내 지식과 이데아의 아름다움을 사랑하는 단계로 나아간다는 견해를 제시했다. 물론 그 가운데 최고 등급은 영원히 변치 않는 '아름다움', 즉 '아름다운 것'(the beautiful) 또는 '좋은 것'(the good)의 이데아 그 자체를 사랑하는 것이다. 그러한 연장선상에서 인간 가운데 최고 등급은 현실을 초월해 영원성에 참여할 수 있는 자인 소크라테스와 같은 철학자뿐이다.

디오티마의 에로스 은유에서 보듯 인간은 풍요와 결핍의 '사이', 즉 그 중간 어딘가에 위치하지만 항상 똑같은 지점에 머무르는 것은 아니다. 이와 유사하게 플라톤은 인간을 필멸성과 영원성의 '사이'에 위치시킨다. 필멸할 운명을 타고난 인간은 시시각각 변화하는 감각 지각의 세계 속에서 그곳에 특화된 인간실존의 조건들과 부단히 교호(交互)하면서 죽음에 이를 때까지 '되어감'(becoming)의 상태를 유지한다. 그러나 플라톤의 관점에서 볼 때 철학자는 이데아를 명상함으로써 불멸의 영역, 즉 영원에 참여할 수 있다. 요컨대 인간은 에로스를 통해 최고선의 이데아에 참여해 스스로 정지하는 방식으로

---

1) 플라톤(Platon), 『향연』, 203c5-e5. 여기서는 플라톤, 박문재 옮김, 『소크라테스의 변명·크리톤·파이돈·향연』, 현대지성, 2019, pp.291-292를 참고했다.

'되어감'의 상태를 초월할 수 있다는 것이다.

이러한 플라톤의 존재론적 관점에서 볼 때 인간은 불멸성과 필멸성의 틈새(in-between), 즉 신과 인간의 중간지대(middle ground)에 한시적으로 현존하면서 흡사 시계추처럼 양 방향으로 진동(振動)하는 존재다. 한편, 양극단의 '사이'나 '중간지대'를 가리키는 그리스적 개념이 바로 '메탁시'(μεταξύ, metaxi)다. 이 개념은 에로스의 '풍요-결핍'이라는 대립 쌍에서 처음 등장한 이래 여러 철학자에 의해 다양한 방식으로 전유되어왔다. 가장 먼저 나타난 사례는 3세기에 등장한 신플라톤주의자 플로티노스였다. 그는 "현실에서 인간은 신과 금수(禽獸) 사이의 중간 어딘가에 자리하고 있다"라는 주장을 통해 플라톤의 메탁시 개념을 소환했다.

> 현실에서 인간은 신과 금수 사이의 중간 어딘가에 자리하고 있으며, 이번엔 이 질서로 다음번엔 저 질서로 기우는 성향이 있다. 사람들 가운데 일부는 신성(神性)에 또 다른 일부는 수성(獸性)에 점차 가까워지지만, 대다수는 중립적 입장을 견지한다.[2]

위 인용문에서 보듯 플로티노스는 플라톤이 인간과 신을 대비시킨 것과 대조적으로 인간을 신과 동물 '사이'에 위치시킴으로써 인간이 신성과 수성을 함께 가지고 있다는 사실에 초점을 맞췄다. 그가 보기에 인간은 내부에 양가성, 즉 신성한 욕망과 동물적 욕망을 함께 가지고 있으며 그때그때 상황에 따라 어느 한쪽으로 기우는 성향을 보이기 때문이다. 그는 물론 인간이 신성으로 움직여가는 게 바람직하다는 플라톤적 도덕주의 입장을 지지함으로써 신플라톤주의 노선을

2) Plotinus, *Enneads III*, 8.

확고히 했다.

이와 별도로 주목할 사항은 플로티노스가 '현재'라는 시간에 관한 전대미문의 이해 방식을 통해 중요한 형이상학적 메타시 개념을 수립했다는 사실이다. "과거는 지금(now) 끝나는 시간이고, 미래는 지금 시작하는 시간이다."[3] 플로티노스는 이 주장을 통해 '지금'이 '과거와 미래가 만나는 지점', 즉 시간상의 '공간'이라는 사실을 암시한다. 요컨대 지금, 즉 현재는 과거와 미래 '사이'의 공간이라는 말이다. 일반적으로 '공간'이라는 것은 무엇에 의해 채워지거나 누구에 의해 점유될 수 있다는 용도를 전제한다. 또한 '공간'은 물리적 또는 인식적 위치가 인지될 수 있다는 사실을 함축한다.

우리가 아는 한 '지금'이라는 것의 '시간적' 특성은 시작과 동시에 종결되는, 즉 과거가 되어버리는 '찰나적' 시간이다. 그런데도 우리는 항상 '현재'라는 시간의 시간성을 자각하며 살아간다. 이러한 찰나적 시간으로서의 '지금'이 과거와 미래 '사이'에 그것의 고유한 '공간'을 확보하지 못했다면 우리가 '현재'라는 시간성을 자각할 수는 없었을 것이다. 그 현재라는 시간의 '공간'은 도대체 어디에 위치하며 무엇으로 어떻게 채워지는 것일까.

이미 앞에서 살펴본 것처럼 찰나적 시간으로서 플로티노스의 '지금'은 과거와 미래가 만나는 지점, 즉 과거와 미래가 어떤 찰나의 순간에 동시적으로 현전하는 장소다. 그리고 현상학적으로 말해서 현재라는 시간은 부단히 이어지는 찰나의 순간들이 지나간 것들을 회상하고 다가올 것들을 예견하는 방식으로 과거와 미래를 기억 속으로 불러들이는 것이다. 이 과거와 미래라는 시간의 '사이' 공간이 바

---

3) Plotinus, 앞의 책, 7, 9. 여기서는 한나 아렌트, 서유경 옮김, 『사랑 개념과 성 아우구스티누스』, 필로소픽, 2022, p.80에서 재인용.

로 아우구스티누스의 '메모리아'(memoria), 즉 '기억'이다. 이처럼 시간은 과거와 미래를 현재의 기억과 현재의 기대 속으로 불러들임으로써만 현존하게 되는 것이다. 이에 우리는 플로티노스가 '메탁시' 개념을 통해 시간의 실재성을 설명했다고 이해할 수 있다.

II

현대철학의 맥락에서 또 다른 관점으로 메탁시 개념을 재전유한 정치철학자는 에릭 푀겔린(Eric Voegelin)이다. 그는 인간 정신과 물질세계 간의 연결성을 메탁시 구조의 원천으로 특정한다. 그 이유는 인간이 비록 물질세계 속에서 감각적 삶을 영위할지라도 성찰성의 한 형태로서 인간의 의식이 '무한성 대(對) 유한성' 또는 '내재성 대 초월성'이라는 양극단의 중간지대에서 메탁시의 방향성을 결정한다고 보았기 때문이다.

아렌트 역시 인간은 물질세계 속에서 "조건 지워진 있음"(conditioned being)의 형태로 현존한다고 주장함으로써 푀겔린과 유사한 메탁시 구조를 설정한다. 아렌트가 보기에 인간은 기본적으로 자신을 둘러싸고 있는 물리적 조건에 의해 영향을 받는다. 이는 동물로서의 인간, 즉 지구적 생물체의 한 종(種)으로서 인간이 지닌 속성과 관련되며 생존의 목적상 다른 생물체들과 마찬가지로 자신의 생물학적 조건에 종속되기 때문이다. 아렌트의 설명을 직접 들어보자.

> 인간들은 자신이 접촉하는 모든 것을 자신의 현존을 위한 조건으로 변화시키기 때문에… 인간의 삶과 지속적인 관계를 맺는 것은 무엇이 됐든 인간실존의 조건이라는 특성을 가진다. 그래서 인간은, 그가 무엇을 하는지와 상관없이, 항상 조건 지워진 있음들

(conditioned beings)이다. 자의든 타의든 인간세계 속에 들어온 것은 인간 조건의 일부로 편입된다. …인간실존은 조건 지워진 것이므로 사물이 인간실존의 조건자(conditioners)가 아니라면 그것은 단지 한 무더기의 연관성 없는 물질들, 즉 모종의 비세계(non-world)에 불과할 것이기 때문이다.[4)]

위 인용문에서 알 수 있듯, 아렌트에게 인간은 '조건 지워진' 있음이다. 그러나 "인간들은 자신이 접촉하는 모든 것을 자신의 현존을 위한 조건으로 변화시키기 때문에"라는 표현은 인간이 단순히 조건 지워진 있음이라기보다 주어진 조건을 스스로 바꾸는 "조건 지우는 있음"(conditioning being)이기도 하다는 정반대의 사실도 함께 암시한다. 물론 아렌트의 주된 관심은 오히려 인간이 세계 속에 있는 온갖 사물과 무수한 사람 가운데 특정의 사물 및 사람과 선택적으로 관계를 수립한다는 사실에 있다. 이 '선택'의 문제는 인간이 '물질' 또는 '물리적' 세계와 연결되는 지점에서 결코 배제할 수 없는 근본 요소일 뿐 아니라 이성을 통해 탈(脫)동물화하는 기본 방식이기도 하기 때문이다.

무엇보다 이 인간의 '조건 지우는 힘'은 인간의 활동 속에서 실체화되고 명시화된다. 이는 인간이 주어진 삶의 환경에 새로운 변화 요인인 자신의 '행위'[5)]를 추가함으로써 기존 세계의 삶의 조건을 바꿀 수 있기 때문이다. 이런 견지에서 아렌트는 세계 내 모든 새로운 구

---

4) 한나 아렌트(Hannah Arendt), 『인간의 조건』(*The Human Condition*), 1958, p.9.

5) 아리스토텔레스의 '프락시스'(praxis)를 개념적 원천으로 삼고 있는 아렌트에게 '행위'는 거의 모든 경우에 '정치행위'를 가리킨다. 아렌트의 '정치행위' 개념과 관련한 논의는 서유경의 논문「한나 아렌트의 '政治行爲'(Action) 개념 분석」, 『정치사상연구』 3집, 2000을 참조.

성원은 새로운 시작의 능력, 즉 행위 능력을 가지고 세계 속으로 들어온다고 주장한다. 그 행위 능력을 표상하는 인간의 특질이 바로 '탄생성'(natality)이다. 이 인간의 탄생성은 새로운 행위자가 세계 내부로 진입하는 일 자체를 가리키는 동시에 그의 행위가 기존의 세계에 더해짐으로써 세계가 스스로 새로워질 가능성도 함께 담보한다.

더 구체적으로 설명하자면, 아렌트는 인간의 속성을 두 개의 상반된 능력으로 구분하며 각기 다른 동기에 의해 추동된다고 설명한다. 첫째, 인간의 생물학적 삶의 조건에 대응하는 능력은 종의 보전과 인간들이 함께 만든 인공세계가 아닌 생활의 터전으로서 물리적 세계와의 관계에 필수적인 요소로 작용한다. 이 능력은 인간의 '일차적 탄생성', 즉 출생과 더불어 누구에게나 똑같이 주어지는 생명, 물리적 환경으로서 지구, 삶과 죽음, 물리적 또는 인공적인 세계에 소속한다는 사실을 의미하는 세계성(worldliness), 여러 사람과 더불어 살아간다는 조건으로서의 다수성(plurality)과 같은 여러 현존 조건들에 대응한다.

그러나 모든 사람을 생명 보존이라는 하나의 목표로 환원시키는 현존의 조건들은 인간 개인의 정체성과 관련된 '나는 누구인가'나 '우리는 누구인가'와 같은 본질적인 또는 존재론적인 질문에 대한 답을 제공할 수 없으므로 인간을 어떤 '특수한' 개별체로 인식하기에 부적절한 범주다. 이와 대조적으로 좀더 인간다운 속성이라고 할 수 있는 '조건 지우는 능력'으로서의 행위 능력은 인간이 만물의 영장임을 입증할 뿐만 아니라 인간의 삶에 유의미성을 부여하는 요소다.

이런 견지에서 아렌트는 "언어활동을 매개로 행해지는 정치행위야말로 인간다운 생활의 원천이며, 이것이 인간을 정치적 존재(political being)로 성격화"한다고 설명한다. 또한 인간은 "단 한 개의 사물도 물질세계에 더하지 않으면서 오직 그것을 이용하고 향유하기로 마음먹을 수도 있[지만]… 말(speech)과 행위(action)가 없는 삶은… 문자 그대로 세계에 대해 죽은 삶이다. 그것은 인간답기를 멈춘 삶이다"라고 역설한다.[6] 요점은 아렌트에게 '인간다운 삶'이란 물리적 세계가 아니라 인공적 세계와의 연결성 문제에 좌우된다는 것이다.

이미 앞에서 살펴본 대로 푀겔린은 인간 정신과 물질세계의 연결성에 초점을 맞춘 메탁시 개념을 제시했고, 인간을 세계에 대해 '조건 지워진 자'인 동시에 '조건 지우는 자'로 규정한 아렌트도 '인간과 세계'의 관계성에 주목한 메탁시 개념을 제시했다. 이처럼 양자 모두 인간과 세계의 관계성에 주목했던 반면, 아렌트와 푀겔린은 '세계'에 대한 접근법에서 확실한 차이점을 보여준다. 푀겔린에게 세계는 '물질' 세계 하나뿐이지만 아렌트에게 '세계'는 인간 삶의 '물리적' 환경인 '자연' 세계와 사람들이 후천적으로 건설하는 인공(man-made) 세계를 함께 포함하는 중첩적 개념이기 때문이다.

아렌트의 메탁시 개념은 엄밀히 말해 후자인 '인공' 세계를 '중간지대'로 설정하고 있다. 인간은 이미 현존하는 물리적 환경으로서의 세계 내부에서 타인과 더불어 인공 세계, 즉 인간의 말과 행위가 수행되는 정치적 성격의 공간이자 개인들이 타인과의 인간관계 속에서 자기 삶의 유의미성을 발견할 수 있는 의미화가 일어나는 인식적 공간을 건설한다. 이것이 바로 아렌트가 맥락에 따라 '인간관계망'(network of human relations), '공영역'(public realm), '정치영역'(political realm), '세계' 등 다양한 이름으로 지칭하는 공간이다.

이 공간으로의 진입은 인간이 가족 속으로 태어남과 같은 '일차적'

---

6) 한나 아렌트, 앞의 책, p.176.

또는 생물학적 탄생성에서 비롯된 비(非)선택적 결과가 아니라 개인의 자유로운 선택이 추동한 '이차적' 또는 '정치적 탄생성'(political natality)[7]의 결과다.[8] 이러한 정치적 탄생성의 구조상 아렌트의 메탁시가 나아갈 방향성의 결정자인 성찰성은 푀겔린이 주장하듯 그렇게 인간 정신의 영역에만 한정되지 않는다. 이는 타인들과 함께 구축하고 특정한 언어적 소통이 이루어지는 공영역에서도 참여자 각자의 의사소통적 이성이 공개적으로 발현될 수 있으며 칸트가 강조한 '이성의 공적 사용'을 통해 각자의 이해관계와 사사로움을 초월할 수 있는 성찰적 도약의 가능성이 담보되기 때문이다.

이런 맥락에서 아렌트는 "우리의 사유함(thinking)이 '올바름'을 보장받을 수 있는 유일한 방법은… 타인들과 함께 구성하는 공동체 안에서 사유한다는 사실"[9]이라고 주장한다. 이 주장에는 아렌트의 '메탁시 정치철학'에 결정적으로 중요한 모종의 이론적 단서가 들어 있다. 그것은 다름 아닌 '타인들과 함께 구성하는 공동체', 즉 물리적 세계가 아닌 '인공' 세계—아렌트가 정치영역·공영역·인간관계망·세계 등으로 다양하게 지칭하는 공간으로서 '아렌트적 폴리스'(an Arendtian polis)[10]—가 인간을 '신성'(神性)으로 이끄는 메탁시의 결정자로 기능한다는 사실이다.

---

7) 아리스토텔레스는 '제2의 탄생'—인간은 자신의 자유의지에 따라 동료 인간들과 함께 구성하는 세계, 즉 공적 영역에 참여함으로써 정치적으로 유의미한 존재인 시민으로 거듭나게 된다—에 매우 근접한 개념으로 볼 수 있다.

8) Bowen-Moore, *Hannah Arendt's Philosophy of Natality*, 1989, pp.41-42.

9) 이 책, 7장「진실과 정치」, pp.415-416.

10) 이 '아렌트적 폴리스'라는 표현에 대한 자세한 설명은 Suh, You-Kyung, "The Political Aesthetics of Hannah Arendt: How is Her Concept of 'Human Plurality' to be the Condition for It?,"『21세기기독교사회문화아카데미』, 2017과 동 제목으로 독일(Lambert Academic Publishing)에서 2019년 출간된 단행본을 참조.

III

어떤 면에서 이 책 『과거와 미래 사이』는 아렌트가 『인간의 조건』에서 기술한 정치이론의 보론이나 주석서처럼 보일 수도 있다. 이 책은 실제로 전통·역사·권위·자유·문화·진실·정치처럼 매우 비중 있는 정치철학적 개념 범주의 적확한 의미에 천착하고 있으며, 특히 고대 그리스와 로마적 어원으로 거슬러 올라가 당시의 맥락과 함께 상세한 설명을 덧붙임으로써 오늘날의 쓰임과 비교할 수 있는 준거 틀을 제공한다.

아렌트는 왜 이런 어휘사전식 집필 방식을 택한 것일까. 그 이유는 책의 부제에 포함된 '철학 연습'이라는 표현에서 찾을 수 있다. 아렌트는 장차 자신이 새롭게 기술할 정치철학에 필요한 핵심 개념들의 적확한 본래 의미를 환기하는 한편, 그것들의 현대적 적용 방식을 발견하고자 한 것이다.

아렌트의 '철학 연습'은 문자 그대로 플라톤부터 마르크스에 이르는 서구철학 전체에 대한 통렬한 비판으로 채워진다. 플라톤의 정치에 대한 철학적 전제는 정치를 '만듦'의 과정으로 곡해한 결과였고 그것이 본의 아니게 고대 아테네 정치로부터 '권위'를 박탈하는 결과로 이어졌기 때문이다. 그런가 하면 헤겔의 과정으로서의 역사 개념은 절대 이성에 대한 맹신과 고대 그리스적 역사 개념을 저버린 결과였다. 아렌트는 헤로도토스와 투키디데스가 인간의 위대한 행위에 대한 기록을 남기기 위해 역사를 기술한 데 비해 헤겔 이후 과정으로서의 역사 개념은 인간들을 과정의 일부로 종속시켰다는 사실을 신랄하게 비판한다.

그 두 역사가와 동시에 긴장 관계를 형성하는 마르크스의 유물론과 노동 찬양의 본질은 대륙 철학의 관념론에 대한 철학적 반항이었다. 그러나 그것의 구체적인 내용 면에서 마르크스는 아리스토텔레스 정치존재론의 중첩적 인간 정의—'정치적 존재'(zōon politikon)와 '언어적 존재'(homo logon ekhon)—를 폐기 처분한 것이나 다름없었다. 이는 인간이 정치공동체 속에서 언어적 상호작용을 통해 자기 삶의 의미를 추구하는 존재라는 부정할 수 없는 사실을 간과한 결과였다.

이러한 아렌트의 서구철학에 대한 '해체주의적' 접근법이 바로 '철학적 반정초주의'(philosophical anti-foundationalism)다. 이는 아렌트가 플라톤 이래 정치철학이 추구해온 철학적 정초주의, 즉 사유 작업이 이미 존재하는 확고한 철학적 전통이나 학파의 노선에 따른 환원주의적 해석을 고집하는 태도를 배격한 결과였다. 실제로 아렌트는 자신의 마지막 저서이자 1978년 유작으로 출간된 『정신의 삶』에서 본인이 기존의 형이상학과 철학적 범주들을 해체하는 시도에 동참해왔음을 직접 고백했다.

> 나는 〔고대〕 그리스를 시원으로 가지고 있으며 오늘날 우리가 알고 있는 형이상학 그리고 철학을 그것의 모든 범주(all its categories)와 더불어 해체(dismantle)하는 시도를 한동안 지속해온 사람들 계열에 분명히 동참했다. 그러한 해체 작업은 오직 전통의 끈이 끊어졌으며 우리가 그것을 다시 이을 수 없다는 가정하에서만 가능하다. 역사적으로 말해서 실제로 무너진 것은 지난 수천 년간 종교·권위·전통을 함께 묶어주었던 저 로마의 삼위(the Roman trinity)다. 그 삼위의 상실이 과거를 파괴하지는 않으므로 그 해체 과정 자체는 파괴적이지 않다. 단지 그것은, 하나의 사실이므로 그 자체로는 더 이상 "사상사"(the history of ideas)의 일부가 될 수는 없지만 〔여전히〕 우리 정치사, 〔즉〕 우리 세계의 역사적 일부로 남

아 있는 어떤 상실(a loss)로부터 결론들을 도출할 뿐이다.[11)]

아렌트의 해체주의적 독해 방식은 비단 철학적 개념들뿐 아니라 흩어진 과거의 역사적 경험과 사건에도 똑같이 적용된다. 그 목적은 역사의 뒤안길로 사라졌거나 사람들의 기억에서 지워진 개념들을 발굴해 새로운 현재의 용도를 발명해내는 것이다. 아렌트는 고대 아테네 시민의 정치적 삶이라는 역사적 경험을 소환해 그것이 현대 대의민주주의적 상황에서 쇠퇴하게 된 근본 원인을 규명하는 방식으로 양자를 비교함으로써 유의미한 정치학적 함의를 도출한다. 이는 빌라(Dana Villa)가 설명하는 것처럼 과거의 원형으로 돌아가거나 그것을 복원하려는 것이 아니라 '재사유함'을 통해 옛것의 현재적 유용성을 드러내려는 시도일 뿐이다.[12)]

20세기의 전체주의적 지배 사실로 달성된 우리 전통의 단절은 전통적 개념들의 복원을 불가능하게 할 뿐 아니라 무의미하게 만든다. 끊어진 전통의 끈을 다시 이으려는 시도들—그것이 스트라우스(L. Strauss)처럼 원형으로의 회귀든, 월린(R. Wolin)이나 가다머(H-G. Gadamer)처럼 과거와의 대화를 통하는 것이든 방법론과는 무관하게—은 다 실패할 수밖에 없다. 시급한 문제는 고대적 개념들과 범주들을 재발견하거나 어떤 형태로든 복원하는 것이 아니라, 오히려 사장된 전통의 물화체들(reifications)을 해체(deconstruct)하고 극복하는 것이다.[13)]

---

11) 한나 아렌트, 『정신의 삶』(*The Life of the Mind*), Vol. I, "Thinking," 1978, p.212. 필자가 영어 텍스트에서 직접 우리말로 번역하고 [ ] 안의 내용을 추가함.

12) Seyla Benhabib, *The Reluctant Modernism of Hannah Arendt*, 1992, p.98.

13) 다나 빌라, 『아렌트와 하이데거』(*Arendt and Heidegger: The Fate of the Political*),

이러한 아렌트의 연구 방법론이 가진 특성은 그의 다른 어떤 저작에서보다 『과거와 미래 사이』에서 가장 두드러지게 나타난다. 이 책이 흡사 아렌트가 서구철학 전통에 대한 자신의 독창적인 독해 방식을 스스로 엄선한 핵심 개념 범주들을 중심으로 정리해 묶어낸 '개념어 사전'(thesaurus)의 확장판처럼 보이는 이유도 바로 그 때문이다. 그러나 책의 부제인 '정치사상(political thought)에 관한 여덟 가지 철학 연습'이라는 문구가 암시하듯 그것은 서구철학 전통 전체를 대표하는 철학적 개념어를 다루는 것이 아니라 '정치사상'적 맥락에서 선별한 몇 가지 핵심 개념 범주에 집중해 상술한다.

그와 대조적으로 책의 후반부에 편입된 4개의 장은 전반부에서 설명한 개념 범주에 대한 이해를 바탕으로 당시 주요 현안에 대한 아렌트의 정치철학적 접근 방식을 파악할 수 있는 사례들이다. 우선 아렌트는 5장 「교육의 위기」에서 미국 사회가 직면한 공교육의 실패 원인은 개인의 능력에 따라 수월성 교육을 해온 유럽과 달리 평등주의에 바탕을 둔 진보 교육을 채택한 결과 교육의 질과 교사의 권위가 실추된 데서 찾을 수 있다고 진단한다. 이어서 교육의 기본 목표는 단순히 전문 지식의 습득을 넘어 인간의 '탄생성'이 담보하는 '세계 경신(更新)'의 가능성 실현을 위해 젊은이들을 준비시키는 것이라고 역설한다.

6장 「문화의 위기」에서는 18세기 근대 시민혁명기에 출현한 '인민'(le peuple) 개념과 19세기 이후 등장한 속물적 교양인의 '사회' 그리고 20세기에 출현한 '대중사회'에서 문화의 사회적 의미가 어떻게 변화했는지를 추적한다. 이어서 문화의 대중화는 대중이 "모든 것을 즉각적인 유용성과 '물질적 가치들'로 판단하는 정신 상태"

1996, pp.8-9.

와 더불어 문화를 소비재로 간주하는 실리주의를 불렀고 그 결과 문화적 가치들이 교환가치로서 취급되었다고 지적한다. 그리고 문화의 위기는 "대중사회는 문화가 아니라 오락을 원하며 오락 산업이 제공한 문화상품은 사회에서 다른 소비재와 똑같은 방식으로 소비된다"는 사실이 바로 문화의 위기를 초래한 주 원인이라고 강조한다.

7장 「진실과 정치」에서 아렌트는 "그 누구도 내가 아는 한 진실성을 정치의 덕목으로 간주한 적이 없었다. 거짓말은 항상 정치꾼이나 선동가뿐 아니라 정치가라는 직업에 정당화될 수 있고 필수적인 도구로 여겨져왔다. 어째서인가?"라고 묻는다. 그는 우선 소크라테스의 죽음이 시사하듯 정치의 공간에서 진실을 말하는 사람은 위험에 처하게 된다는 것이 입증되었기 때문이라고 답한다. 그러고 나서 정치영역은 기본적으로 의견의 영역이므로 어떠한 이성적 또는 사실적 진실도 단지 하나의 의견으로 간주될 뿐이라고 설명한다. 그는 결론적으로 진실은 결국 독자적으로 사유하고 판단하는 개별 시민들과 정치영역 외부에 존재하는 진실의 파수꾼들—사법부·교육기관·언론 등—의 몫으로 남겨진다고 주장한다.

8장 「우주 정복과 인간의 위상」은 과학자, 즉 과학의 언어 체계와 문외한, 즉 상식의 언어 체계 사이의 괴리를 파고든다. 아렌트는 "과학자들은 우월한 지식 덕분에 다수를 지배할 권리를 부여받은 '소수'의 입장에 놓일 것이다. 과학자의 관점에서 '다수'는 비과학자이자 문외한—인본주의자든, 아니면 학자 또는 철학자든 상관없이—이고, 간단히 말해서, 전(前)-과학적인 질문을 하는 사람들 전체다"라고 말한다. 그리고 문외한의 입장에서 '인간의 우주 정복은 인간의 위상을 드높였는가 아니면 떨어뜨렸는가?' '과학의 목표는 무엇이며 인간은 왜 지식을 추구하는 것인가?' '무엇이 인간과 동물

의 삶을 구별해주는가?'라고 묻고 있다.[14)]

지금까지 간단히 살펴본 현실의 문제들에 관한 아렌트의 정치사상적 관점에서의 '철학 연습'은 사실상 다음 세 개의 정치철학적 문제의식을 바탕에 둔 논의로 수렴된다. 첫째, 서구철학 전통 속에 나타나는 인간다운 삶의 이상은 무엇인가? 둘째, 그 이상이 현재 우리 삶의 맥락에서 어떤 어려움과 직면해 있는가? 셋째, 이제 우리는 무엇을 해야 하는가? 분명 이러한 본질적인 문제의식은 칸트가 「계몽이란 무엇인가?」에서 제기한 유명한 세 가지 근본 질문과 대체로 조응한다. 동시에 그것은 아렌트 자신이 『인간의 조건』 서문에서 제기한 큰 질문, 즉 "우리는 무엇을 하고 있는가?"라는 존재론적 물음에서 파생된 구체적인 탐구 주제였다.[15)]

IV

아렌트에 따르면 서구철학의 시발점은 소크라테스의 죽음 이후 플라톤이 정치, 즉 활동적 삶(Vita Activa)에 등을 돌리고 관조적 삶(Vita

14) 이러한 아렌트의 문제의식은 2022년 10월 22일 자 『르몽드』에 보도된 '하버드대 연구팀의 비윤리적 원숭이 연구 실험'을 둘러싼 논쟁의 맥락과 정확히 일치한다. 문제의 의대 신경생물학 연구팀은 갓 출산한 어미 원숭이와 새끼를 분리한 다음 봉제 인형을 제공하는 방식의 모성 애착 실험과 새끼 원숭이의 눈꺼풀을 봉합해 1년간 실명 상태로 두고 시신경의 변화 상태를 추적하는 실험을 진행했다. 이에 대해 일부 동물학자들과 동물보호단체가 비판을 가하자 대학 당국은 원숭이 실험이 "인류의 이익을 위한 연구"였다며 논점을 비껴갔다.

15) 칸트는 '나는 무엇을 할 수 있는가?' '나는 무엇을 알 수 있는가?' '나는 무엇을 바랄 수 있는가?'라는 질문을 던졌다. 이 세 개 질문의 주어가 일인칭 단수인 '나'인데 비해 아렌트 질문의 주어는 일인칭 복수인 '우리'인데, 이는 칸트 철학과 아렌트 정치철학 사이의 근본적인 차이를 함축하는 징표다.

Contemplativa)의 방식을 채택한 사실, 즉 정치와 철학을 갈라놓은 사건이다. 플라톤은 단지 정치와 철학의 분리에 그친 것이 아니라 정치영역의 외부로 퇴각한 철학이 여전히 정치에 대한 지배권을 가져야 한다는 견해, 즉 '철인왕론'을 설파했으며 그것이 서구철학 전통으로 수립되었다. 이에 대해 아렌트는 인간사(人間事)가 그것이 전개되는 영역의 외부에 있는 기준에 의해 규율되어야 한다는 플라톤의 관점이 '철학적 전제(專制)'를 정당화했다고 비판한다.

아렌트가 보기에 인간사의 영역, 즉 정치영역은 일반적으로 그곳에 속한 사람들이 서로 의사소통하고 상호작용하는 과정에서 드러나는 다양한 상대적 진실들로 넘쳐나는 공간이다. 예를 들면 플라톤의 유명한 동굴의 비유 속 동굴이 바로 그러한 인간사 영역의 모형이다.

동굴 안 사람들은 비록 완벽하지는 않을지라도 이미 각자의 진실, 즉 '의견'(doxa)을 가지고 있다. 그런데 어떤 사람이 동굴 밖에서 획득한 진실, 즉 '이데아'(idea)를 가지고 돌아와 동굴 안 사람들에게 자신이 외부에서 발견한 완벽한 진실을 수용하라고 설득한다. 그는 과연 성공할 수 있을까. 아쉽게도 플라톤의 철학자는 동굴 안 사람들을 설득하지 못한다.

이와 관련해 아렌트는 서구철학 전통 속에 나타난 진실과 정치 사이의 갈등 문제는 두 개의 대척점에 놓인 삶의 방식, 즉 이성적 진실을 추구하는 '철학자의 삶의 방식'과 동료 시민들의 동의를 소구하는 '시민의 삶의 방식'에서 비롯된다고 설명한다. 이에 덧붙여 시민들이 함께 활동하는 정치영역에서는 많은 사람이 동의한 의견일수록 더 큰 힘을 얻게 된다는 사실을 지적한다. 아렌트의 설명을 직접 들어보자.

> 이성적 진실에서 의견으로의 전환은 단수의 인간들에서 복수의 인간들로의 전환이며, 매디슨이 말하듯, 한 인간의 '견실한 추론'만 의미가 있는 영역으로부터 "자신과 동일한 의견을 가졌다고 추정되는 사람들의 숫자"에 의해서 '의견의 힘'의 강도가 결정되는 영역으로의 전환을 뜻한다. 매디슨은 여전히 이러한 복수로서의 〔인간〕 삶, 즉 '시민의 삶'과 그러한 고려 사항을 무시해야 할 '철학자의 삶'을 구분했다.[16)]

위 인용문에서 아렌트는 철학의 영역은 인간의 단독성(human singularity)에, 정치의 영역은 인간의 다수성(human plurality)에 기초하고 있다고 지적한 다음, 정치영역과 시민의 삶은 원칙상 그리고 사실상 동의하는 사람들의 숫자에 의해 정량화되는 '의견의 힘'의 영향력 아래 놓이게 된다는 사실을 인정한다. 그리고 "매디슨이 여전히 시민의 삶과 철학자의 삶을 구분했다"라고 덧붙인다. 이 문장에서 방점은 '여전히'에 찍혀 있다고 볼 수 있다. 플라톤 이래 매디슨에 이르기까지 2,000년이 훨씬 넘도록 시민의 삶 대(對) 철학자의 삶이라는 이분 구도를 '여전히' 고수하는 것에 대한 아렌트의 불만이 담긴 표현이기 때문이다.

가령 여기 어떤 정치공동체 속에서 사는 시민이 있는데 그가 자기 영혼을 돌보는 '관조적 삶'을 제쳐둔 상태로 자기 공동체를 보살피는 '활동적 삶'에만 헌신하기로 했다면, 비록 그렇게 하는 것이 가능하다 하더라도 그게 과연 바람직한 결과로 이어질 수 있을까. 또 그와 정반대로 플라톤과 같은 철학자가 자기 영혼을 돌보는 데 전념하면서 공동체와 담을 쌓고 산다면 과연 그것을 행복한 삶이라고 볼 수

16) 이 책, 7장 「진실과 정치」, p.416을 참조.

있을까. 우리가 이미 잘 알고 있듯이 플라톤의 '비(非)자발적' 은둔은 스승 소크라테스의 죽음을 본 철학자가 자신의 안전을 선택한 결과였지 결코 행복을 추구한 결과는 아니었다.[17]

이러한 아렌트의 '정치적 실존주의'(political existentialism) 관점에서 볼 때 누군가가 인간의 행복에 관해 제대로 설명하려면 그는 반드시 개인주의적인 '인간 단독성'의 관점과 공동체주의적인 '인간 다수성'의 관점을 동시에 함께 고려해야만 한다. 인간 개개인은 그가 누구든 특정의 공동체 속에서 타인들과 더불어 살아가야 하는 인간 다수성의 조건을 벗어날 수 없기 때문이다. 사실상 아렌트 정치철학의 중심에 놓인 것이 바로 이 인간 다수성이라는 실존의 조건에 대한 성찰이며, 그것의 근간은 정치와 철학, 즉 행위와 사유의 결합만이 가장 인간다운 삶을 보장한다는 정치존재론적 신념이다.[18] 다음 절에서 알 수 있듯, 『과거와 미래 사이』 이후 아렌트는 이 신념과 더불어 자신의 '메탁시' 정치철학의 마지막 퍼즐 조각을 찾아 나서게 된다.

V

1972년 "한나 아렌트의 저작"에 관한 세미나가 개최되었다. 그 자

---

17) 젊은 시절 플라톤은 자신이 생각하는 정치적 이상인 '철인왕'의 실현 가능성을 타진하고자 세 차례나 시라쿠사를 방문했지만, 매번 실망하고 아테네로 귀환했다. 특히 마지막 방문 때는 가까스로 목숨을 부지하고 탈출했는데, 이 개인적 경험이 그의 정치에 대한 혐오를 한층 강화했을 것으로 추정된다. 이에 관한 보다 자세한 내용은 마크 릴라, 서유경 옮김, 「에필로그: 시라쿠사의 유혹」, 『분별없는 열정』, 필로소픽, 2018, pp.222-247을 참고하라.

18) 이에 대한 보다 체계적인 설명은 앞의 각주 10에 언급된 Suh, You-Kyung(2017)을 참조.

리에 주빈으로 참석한 아렌트는 자신이 『인간의 조건』을 쓸 때 한 가지 실수를 저질렀다는 놀라운 고백을 했다. 이야기인즉슨, 자신이 "관조적 삶에 관해 실제로 한마디 언급도 하지 않고서 전통적으로 활동적 삶이라고 지칭된 것을 관조적 삶의 관점으로 보고 있었다"는 것이다. 이어서 그는 자신의 실수를 시정하기 위해 현재 구상 중인 차기작에서 '관조적 삶'에 대해 본격적으로 저술하겠다고 선언했다. 애초 그가 '사유함(Thinking)·의지함(Willing)·판단함(Judging)'의 3부작으로 계획했으나 마지막 3부를 미완으로 남기고 세상을 떠난 『정신의 삶』이 바로 그 책이다. 당시 아렌트가 했던 이야기를 직접 들어보자.

> 『인간의 조건』의 주된 결함이자 실수는 다음과 같다. 나는 관조적 삶에 관해 실제로 한마디도 언급하지 않고서 전통적으로 활동적 삶이라고 지칭되었던 것을 그것의 관점으로 보고 있었다. 지금 돌이켜보면 활동적 삶을 관조적 삶의 관점에서 보는 일은 이미 일차적 오류를 범하는 것임이 틀림없다. …사유하는 자아(thinking ego)의 근본 경험은 물리적·신체적 장애물들로부터 방해받지 않는 순수한 〔정신〕 활동이다. 그러나 당신이 〔이〕 활동을 개시하는 순간 당신은 세계를 직면해야 하고, 지속적으로 자신의 한계를 느끼게 되며, 이를테면, 당신 자신의 몸(현실적 상황)을 고려하게 될 것이다. …나는 이제 이 점에 관해 기술하려고 한다.[19)]

---

19) Hannah Arendt, "Hannah Arendt on Hannah Arendt," *Hannah Arendt: The Recovery of the Public Realm*, ed. by M. Hill, 1979, pp.305-306. 여기서는 서유경, 「아렌트 정치적 실존주의의 이론적 연원(淵源)을 찾아서: 성 어거스틴, 마틴 하이데거, 그리고 칼 야스퍼스」, 『한국정치학회보』 가을(36집 3호), 2002에서 재인용.

우선 『인간의 조건』 집필 시에 "활동적 삶이라고 지칭된 것을 관조적 삶의 관점으로 보고 있었다"라는 아렌트의 고백이 의미하는 바가 무엇인지 생각해보자. 이 문장에서 '관조적 삶의 관점'이란 무엇을 말하는가. 이 질문의 답을 찾기 위해서는 "사유하는 자아(thinking ego)의 근본 경험은 물리적·신체적 장애물들로부터 방해받지 않는 순수한 〔정신〕 활동"이라는 아렌트의 표현에 주목할 필요가 있다. 사실 이것은 관조적 삶에 대한 서구철학의 전통적 관점이 담긴 표현이다. 따라서 우리는 아렌트가 『인간의 조건』을 집필할 때 그 관점을 따르고 있었고 그것이 실수였다고 생각한다는 사실을 유추할 수 있다.

그 연장선상에서 아렌트가 그러한 전통적 노선을 반대하고 탈피하려고 한다는 해석은 "누군가가 사유 활동을 개시하는 순간 세계를 직면해야 한다"라는 그의 주장을 통해 분명히 확인할 수 있다. 또한 이 아렌트의 통찰, 즉 관조적 삶이 활동적 삶의 영역인 정치적 '세계'라는 현실과 맞닥뜨리게 된다는 서술은 사유와 행위라는 두 개의 서로 다른 인간 활동이 상호 연계되어 있다는 그의 정치존재론적 관점을 재차 확인해준다. 그리고 마침내 아렌트는 오래된 서구철학의 이분법적 접근 방식—인간 다수성은 '정치적 삶'(*bios politikos*)의 조건이며 인간 단독성은 '철학적 삶'(*bios theoretikos*)의 조건—과 관행이 더 이상 유효하지 않다는 사실을 입증하기 위한 집필을 실행에 옮기는 것이다.

자신이 직접 예고한 대로 아렌트는 『정신의 삶』에서 관조적 삶에 관한 여러 가지 흥미로운 발견을 이야기하고 매우 새롭고 독창적인 정치철학적 통찰을 제공한다. 아렌트의 새로운 발견 가운데 비판자는 물론이고 친구들에게조차 충격적으로 들릴 수 있는 내용은 바로 '사유함'이 결코 '비정치적' 경험이 아니라는 지적이었다. 요컨대 사유함이라는 현상은 세계 속에 현존하는 인간실존과 무관하게 이루어지지 않으며 그런 까닭에 사유하는 자아는 인간의 단독성이 아닌 인간의 다수성 조건과 더욱 유의미한 방식으로 관계를 맺는다는 것이다.

아렌트의 분석에 따르면 사유함의 본령인 인간 정신은 세 가지 상이한 동시에 서로 연계된 기능—사유함·의지함·판단함—을 수행한다. 우선 사유함은 다른 두 기능에게 사유 대상물을 제공한다. 원칙상 사유함이 제공하는 사유 대상물들은 탈시간화되고 탈감각화된 현상들이다. 여기서 판단함은 의지함이 사유 대상물들로부터 하나의 대안을 선택할 때 요구되는 기준을 설정하면서 선택과정에 개입한다. 따라서 판단자는 판단의 매개를 통해 사유가 표상하는 객관성과 의지가 표상하는 주관성 그 어느 편에도 경도되지 않으며, 또한 자신의 정체성을 상실하지도 않는다고 간주된다.

이러한 사유과정에 관한 기술은 표면상 '하나-속-둘의 대화'라는 소크라테스의 변증법적 소통 패러다임을 원용하고 있다. 다른 한편으로 아렌트의 사유과정에서 중요한 것은 '기억'이다. 그러면 아렌트에게 기억이란 무엇인가? 그것은 한마디로 '과거에 현실 속에서 만났던 사람, 수행했던 행위, 겪었던 경험들이 탈시간화해 저장된 이미지들의 창고'다. 만일 사유하는 자아가 이러한 이미지들을 '지금'이라는 시간 속으로 불러들인다면 그것들은 현재의 맥락성, 즉 시간성과 공간성 속에서 재현될 것이다. 즉 이것들은 사유자가 현재 고려하는 사안을 위한 '세계적 맥락'을 형성하게 된다. 다시 말해 이 '세계적 맥락'은 곧 '내부 세계'이자 영 브루엘(Elizabeth Young-Bruehl)이 매우 적절히 이름 붙인 '내부 공영역'이다.

사유함(thinking)에서 하나-속-둘은 (내적)대화 속의 "나와 나 자신"이며, 의지함 속에서는 나의 의지(I-will)와 나의 무의지(I-nill)다. 판단의 되감김(recoil)은 〔이 두 가지와〕 차이가 있다. 이것은 "나와 너(너희들)"의 〔개념이〕 활성화된 상태다. 판단 시에 우리는 상상력 속에서 타인들을 우리 속—칸트가 말하는 "확장된 정신"(enlarged mentality)—에 등장시켜서 우리의 판단을 타인들의 판단보다는 오히려 〔우리의〕 가능한 선택사항들과 비교함으로써, 그리고 우리 자신을 타인의 입장에 놓음으로써 내부 공영역(an interior public space)을 만든다.[20]

이러한 '공영역-내부 공영역'이라는 동일성의 구도하에서 아렌트의 사유하는 자아는 세계 속에서 거동하는 자아와 동일한 자아로 간주될 수 있을 것이다. 이런 점에서 인간 다수성은 잠시 '보류'되거나 작동이 '정지'될 수 없는 절대적인 인간 삶의 조건으로 드러난다. 인간실존 자체는 본질상 결코 고립적일 수 없다. 그것은 소통 속에 존재하며, 타인들의 현존에 대한 자각 속에 존재한다. 마찬가지로 인간은 고독한 사유함 속에서조차도 결코 혼자일 수 없다. 에픽테투스가 간파했듯 인간이 사유할 때만큼 활동적인 경우는 없으며, 혼자 있을 때만큼 혼자일 수 없는 경우도 없기 때문이다.

방금 위에서 살펴본 것처럼, 행위가 이루어지는 세계 내 환경과 사유가 이루어지는 인간 정신의 내부 환경은 구조상 동일한 방식으로 설명될 수 있다. 양자 모두 사람들 다수의 개입 또는 현전을 전제로만 성립되기 때문이다. 요컨대 정치행위는 다양한 입장과 시각을 가

20) 엘리자베스 영 브루엘, 『한나 아렌트 철학 전기: 세계사랑의 여정』(*Hannah Arendt: The Love of the World*), 1982, p.295. 여기서는 앞의 각주 5에 언급된 서유경(2000)에서 재인용. 필자가 영어 텍스트에서 직접 우리말로 번역하고 [ ] 안의 내용을 추가함.

진 정치행위자들 사이에 일어나는 소통의 과정이며, 사유는 이러한 정치행위의 형식을 의식 속에 재현시킨 것에 불과하다는 것이다. 게다가 양자 모두 인간실존을 실현하는 과정으로 간주된다. 인간이 사유하지 않거나 행위하지 않는다면 그는 실재하지 않는 것과 같고, 개별체로서 인간은 이 두 가지 인간의 활동 양식을 통해서만 스스로의 인간실존을 유의미한 방식으로 자각할 수 있기 때문이다.

VI

사실 아렌트는 아우구스티누스로부터 '메모리아'(memoria) 개념을 전유해 '지금'(now), 즉 '눈크 스탄스'(nunc stans)로 변형하는 동시에 그것의 의미를 독일 실존철학의 맥락에서 재해석하고 확장한다. 보다 구체적으로 설명하면, 그는 인간의 현전으로 인해 과거와 미래 사이의 틈새인 '사이' 공간에서 발생하는 현재, 즉 '지금'이라는 '비(非)시간적' 시간을 그의 역사적 현재, 탄생과 죽음 사이를 채우는 인간실존의 시간, 그리고 무엇보다 일상의 세계에서 사유의 세계로 철수한 인간의 고요한 성찰의 시간 등으로 재해석함으로써 본래 아우구스티누스의 시간 개념에서 가정되었던 신과의 연계성을 제거하고, 순전히 '인간화된' 시간으로 수정 · 전유한다.[21)]

이러한 아렌트의 현재라는 시간은 인간의 있음, 즉 현전으로 인해 불가피하게 발생하는 결과이기 때문에 인간실존과 시간의 발생은 동시다발적인 사건으로 취급되어야만 한다. 아렌트는 이 점을 설명하기 위해 카프카가 창조한 '그'라는 인물을 끌어들인 다음 자신의 실존주의적 시간 개념을 아래와 같이 설명한다.

---

21) 이에 관한 자세한 논의는 앞의 각주 19에 언급된 서유경(2002)을 참조.

> 그(HE)에겐 두 명의 적이 있다. 하나는 그를 뒤쪽에서, 즉 기원으로부터 압박하며 다른 하나는 그의 앞길을 막아서고 있다. 그는 〔이처럼〕 양편 모두와 전투를 벌이고 있다. …그러나 이것은 단지 이론적으로 그렇다는 것이다. 거기에는 두 명의 적뿐 아니라 그 자신도 있기 때문이다. 누가 진정 그의 의도를 알겠는가? 그가 꿈꾸는 것은 경계가 느슨해진 어느 순간—이것은 여태까지의 어떤 밤들보다 더 캄캄한 밤을 요구할 것이다—에 전선(戰線)을 벗어나 자신의 전투 경험에 비추어 서로 싸우고 있는 적들을 심판하는 위치로 올라서는 것이다.[22]

위 인용문 속 두 명의 적은 과거와 미래를, 그리고 '그'는 현재를 상징하는 동시에 '지금'이라는 현재의 순간 속에 현전하는 인간실존을 암시한다. 그가 현전하지 않는다면 과거로부터 미래로 이어지는 시간의 연속성이 깨질 이유는 없다. 구조상 그의 현전이 과거와 미래의 세력들을 '그'가 서 있는 현재라는 한 각(눈크 스탄스)에서 서로 충돌하게 만든다. 이에 현재는 양 세력 간 충돌의 여파로 시간의 연속선상에서 튕겨 나가고, 그 자체로 대각선 통로를 구축하게 된다. 이러한 시간 개념을 좀더 명료하게 설명하기 위해 아렌트는 다음과 같은 도식[23]을 제공한다.

아렌트는 사유함을 인간실존의 기본 조건으로 설정하고 있다. 여기서 우리가 주목해야 할 것은 대각선이 함축하는 다중적 의미다. 첫째, 대각선은 '그'의 삶, 즉 개인의 출생과 죽음 사이에 놓인 한시적

---

22) 한나 아렌트, 『정신의 삶』, 1978, p.208. 필자가 영어 텍스트에서 직접 우리말로 번역하고 [ ] 안의 내용을 추가함.

23) 이 도식의 출처는 같은 곳. 도식에 나타나는 영문은 원서에 있는 그대로 옮겨 온 것이며 [ ] 안의 내용은 필자가 논의의 목적상 추가함.

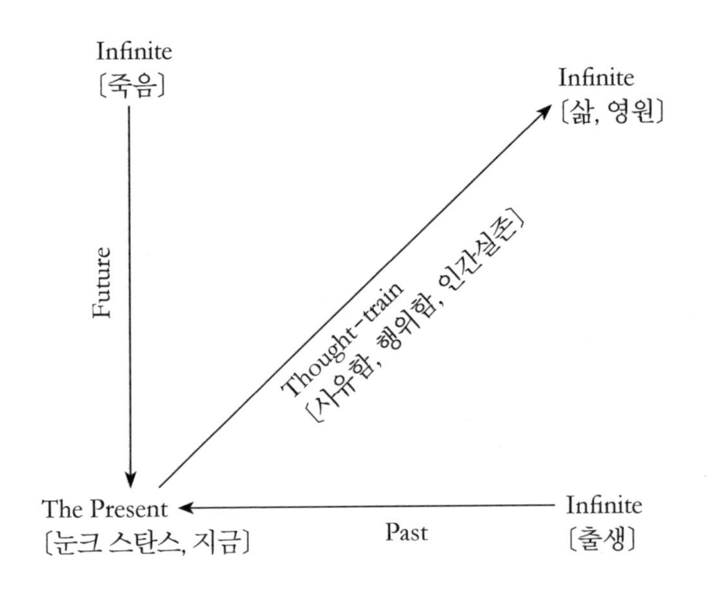

인 인간 삶이 현전한 궤적을 상징한다. 한 개인의 시간은 그의 출생과 더불어 시작되고 그의 죽음과 함께 끝날 것이다. 대각선은 과거라는 '이제-없는' 그의 시간과 미래라는 '아직-없는' 그의 시간이 만나는 무수한 찰나적 시간, 즉 현재의 지점(들)을 표상한다. 이 현재의 지점, 즉 그가 서 있는 '지금'은 현존하기 위해 싸우는 전장(戰場)이다. "전장은 그가 자신의 일생을 보내는 〔과거와 미래〕 사이에 낀(in-between) 틈새, 즉 확장된 지금(extended Now)"이다. 그는 자신을 "그의 과거와 미래 사이"에 끊임없이 틈입시킴으로써 자신의 현재를 창조·확장해가는 것이다.

이를 약간 다른 각도에서 다시 설명하면 위 도식에 나타나는 '과거·미래·사유의 맥'이라는 세 개 선의 끝부분은 각기 인간의 출생·죽음·삶을 함축한다. 과거라는 시간은 무한대로부터 시작되었지만 한 개인은 자신의 출생이라는 시발점을 '최대 과거'로서 가지며, 미래라는 시간도 역시 무한대로 뻗어나가지만 자신의 죽음을 '최대 미래'로 가질 뿐이다. 양자의 '무한대'는 그에게 항상 미지의 영역으로 남아 있을 것이기 때문이다. 그런 한편 개인의 현전을 위한 전장으로서의 대각선은 그가 '현전화'한 또는 '포획한' 역사적 시간이자 개인적 삶의 궤적을 표상한다. 이것은 '조건'이 충족되는 한, 말 그대로 '무한대'로 뻗어나갈 가능성이 있다. 가령 어떤 개인이 '불후의' 명성을 얻을 만큼 빛나는 '현재'를 포획했다면 그는 불멸성을 획득하고 '영원'의 일부가 되기 때문이다.

둘째, 아렌트의 대각선은 그의 '사유함의 현상학'(the phenomenology of thinking)[24)]에 등장하는 '사유하는 자아'(the thinking ego)의 내적 상태로 바꿔 이해할 수 있다. 원칙상 그것은 '지금', 즉 과거와 미래가 만나는 지점으로서의 '정지된 현재'(the standing now)다. 그리고 대각선은 과거와 미래가 만나는 지점으로서 '눈크 스탄스'가 반복적으로 포획된 결과로 나타난 '비시간적' 시간의 연장선이다. 또한 그것은 우리가 앞에서 살펴본 아우구스티누스의 '메모리아', 즉 기억의 창고이자 사유함의 공간이기도 하다. 그 속으로 '과거'는 정지된 현재에서 '현전화된 또는 회상된 과거'로서 '미래' 역시도 정지된 현재에서 '현전화된 또는 예기된 미래'로서 소환되며 의지함과 판단함 사이의 힘겨루기가 전개된다. 이것이 아렌트가 대각선을 굳이 "사유의 맥"(thought-train)으로 특정한 이유다.

끝으로, 카프카의 비유 속 과거와 미래, 두 명의 '적들'은 '그'가 표상하는 현재를 제압하려고 달려든다. '그'가 현재에 남아 있으려면 계속 양쪽에서 걸어오는 싸움에 응수해야만 한다. 그 과정에서 '그'는 "자신을 전방으로 밀고 있는 이제-없는 시간과 그를 후방으로 보

24) 아렌트가 자신의 유작『정신의 삶』에서 제공한 인간 정신의 활동에 관한 현상학적인 설명을 제공한다. 이와 관련된 심층적 설명은 앞의 각주 19에 언급된 서유경(2002)을 참조.

내고자 하는 아직-없는 시간 양자 모두를 자각하게" 된다. 다시 말해서 사유하는 자아는 시간을 망각하고 흘려보내는 대신 그것을 자각하는 방식으로 포획해 시간상의 한 지점에 정지시킨다는 것이다. 그런 한편, '그'는 쉴 새 없이 진행되는 전투로 인해 지쳐 있다. 그래서 그는 이제 전선을 벗어나서 생존 게임의 외부에 있는 심판·관객·판단자의 입장이 되고 싶다.

아렌트는 이러한 마음 상태에 있는 '그'가 여기서 바라는 것은 "사유함에 필요한 고요와 정적(靜寂)", 즉 시간과의 이중 전투로부터 자유로워지는 것이라고 귀띔한다. 그러나 이미 앞에서 논의했듯 이 '사유로의 퇴각'이 보장할 것으로 기대되는 전투로부터의 해방은 결코 인간실존의 현실적 공간인 세계, 즉 정치영역과의 완전한 단절을 의미하지 않는다. 그럼에도 '그'가 사유로의 선회를 통해 진정으로 얻고자 하는 것은 심판·관객·판단자의 입장, 즉 자기 삶에 대한 성찰의 기회다. 이는 아마도 아렌트가 즐겨 인용하는 소크라테스의 언명처럼 '검토되지 않은 삶은 살 가치가 없는 삶'이기 때문일 것이다.

VII

21세기 제4차 산업혁명의 시대가 도래했음에도 우리 인류는 여전히 '호모 이코노미쿠스'(Homo Economikus)라는 정체성을 가지고 살아간다. 18세기 근대 산업혁명 이래 거의 300년 가까이 눈부신 현대 과학·기술의 발전을 이룩했다. 그 과정에서 현대 국가는 생산수단의 혁신과 부의 축적을 국정 운영의 제1 원칙으로 수립했으며 양적 성장을 우리 삶의 최고 가치로 설정했다. 그러한 전방위적인 경제우선주의는 시간의 경과에 따라 질적 성장과 길항 관계를 형성하게 되었으며 결국 현대사회와 현대인의 삶에 짙은 어둠의 그림자를 드리웠다.

한나 아렌트는 그 짙은 어둠의 실체를 전체주의의 등장과 인간 삶의 유의미성 상실로 특정했다. 그가 보기에 20세기 초에 등장한 무솔리니 정권을 비롯해 히틀러와 스탈린의 전체주의 정권은 우리 인류가 이전에 전혀 경험한 적이 없었던 신종 정치 체제였다. 아렌트의 두려움은 그것이 '이데올로기와 테러'를 수단으로 수많은 인간의 생명을 말살하는 반인류적 범죄를 저질렀다는 사실보다 인간에게 고유한 특질인 자유가 발현할 수 있는 조건인 '정치적 삶'을 파괴했다는 사실에 있었다. 그가 보기에 정치적 삶을 박탈당한 인간은 자기 삶의 주도권을 상실한 무의미한 존재이기 때문이다.

20세기 중반 미국을 강타한 매카시즘의 광포함과 베트남 전쟁, 다른 무엇보다 미국 행정부의 기만적 공보(公報) 활동을 직접 경험한 아렌트는 그러한 전체주의적 경향이 비단 전체주의 정권들에만 국한되는 사항이 아니라 현대사회의 일반적 특징이라는 사실에 경악을 금치 못했다. 미국 같은 대표적인 자유민주주의 국가 내에서조차 시민들의 정치적 삶과 자유를 파괴하는 전체주의적 요소들은 얼마든지 있었기 때문이다. 미국의 당파적 정치인들이 미국인의 정치적 삶을 파괴하는 직접적인 요인이었고, 국민의 복리와 안녕보다 정권의 권력 유지 목표를 앞세우는 미국의 정당 민주주의는 전체주의 정권 못지않게 시민들에게 정치 혐오를 불러일으키는 근본 원인으로 작용했다.

시민들의 정치 혐오와 정치적 무관심은 자유민주주의 국가 내에서 정치적 악순환의 고리를 만들어낸다. 시민들이 '정치'에 등을 돌릴수록 특정 정치인들이 점점 더 '정치'를 독점하는 기형적 상황이 전개되기 때문이다. 이러한 반(反)민주적 상황이 기형적인 이유는 우리가 '정치' 개념을 아렌트의 시각에서 이해할 때 그 의미가 보다 명확하게 드러난다. 이를테면 앞의 문장 속 전자의 '정치'는 시민들 스스로 자기 삶에 영향을 미치는 결정들에 직접 관여하는 방식을, 후자의 '정치'는 '행정', 즉 선출되었거나 선임된 정치인이 시민들을 대신해 "국가 살림살이"(national house-keeping)를 책임지는 방식을 가리킨다. 이러한 아렌트적 기준을 적용한다면 현대 대의민주주의 국가에서 '정치'로 불리는 것이 실제로는 '행정'임을 알 수 있다.

이러한 아렌트의 현실정치에 대한 각성이 그에게 '우리가 무엇을 하고 있는가?'라고 자문하게 했으며, 결국 새로운 정치이론 집필을 자극했다.[25] 1958년 세상에 나온 『인간의 조건』은 바로 이러한 배경에서 탄생한 한 편의 전혀 새로운 정치학 교과서나 다름없었다. 그 책은 인류 역사상 가장 이상적인 정치와 정치적 삶의 범례를 제시한 고대 아테네 민주정과 시민의 정치적 삶을 모종의 '정치행위이론'[26]의 형태로 기술했기 때문이다. 결과론적으로 볼 때 아테네 폴리스는 가장 이상적인 '정치공동체'였으며, 그런 의미에서 가장 중요한 정치 개념들을 찾아볼 수 있는 정치학 사전과도 같았다. 아렌트가 이론화한 '폴리스'는 다음과 같은 모습이다.

폴리스는, 정확히 말하자면, 도시국가라는 물리적 장소가 아니며,

---

25) 아렌트는 1955년 야스퍼스에게 보낸 서신에서 『인간의 조건』의 발간 계획을 알리면서 "상당히 늦은 감은 있지만 최근에야 비로소 세계를 진정으로 사랑하게 되었습니다. 감사한 마음에서 나의 정치이론서인 이 책을 아모르 문디(Amor Mundi, 세계사랑)로 부르고 싶습니다"라고 적은 바 있다.

26) 아렌트의 책 『인간의 조건』의 독일어판 제목은 'Vita Activa', 즉 '활동적 삶'이다. 이 활동적 삶을 구성하는 세 가지 요소는 노동(labor)·작업(work)·행위(action)이며 그 가운데 '행위'는 아리스토텔레스의 'praxis'를 전유한 것으로서 정확하게는 시민들의 정치적 행위를 가리킨다. 이에 대한 자세한 설명은 앞의 각주 5에 언급된 서유경(2000)을 참조.

사람들이 함께 말하고 행동하는 것으로부터 나타난 인민의 조직체다. 폴리스의 실제적 공간은 그들이 어디에 있든지 그 목적으로 함께 살아가는 사람들 사이에 놓여 있다. "당신이 어디를 가든 당신은 하나의 폴리스일 것이다." 이 유명한 문구는 단지 그리스 식민화의 표어만이 아니라, 말과 행위가 참여자들 사이에 어떤 공간을 창출한다는, 그리고 그것들은 거의 언제 어디서든 적합한 장소를 찾아낼 수 있다는 확신의 표현이었다.[27)]

위 인용문에 보듯 아렌트가 이론화한 폴리스, 즉 '아렌트적 폴리스'(an Arendtian polis)는 "물리적 장소가 아니며, 사람들이 함께 말하고 행동하는 것으로부터 나타난 인민의 조직체"로 정의되며 그것의 위치는 "그 목적으로 함께 살아가는 사람들 사이에 놓여 있다." 요컨대 폴리스는 사람들이 함께 구성하는 인공적·언어적 세계이며 사람들 '사이'에 놓인 메탁시적 성격의 세계다. 이 '아렌트적 세계'는 사람들이 함께 모여 언어를 매개로 상호작용하는 한 그들 사이에 출현하며 그들이 흩어지는 순간 함께 사라진다. 흥미롭게도 그들 '사이'에는 비단 '세계'뿐 아니라 '관심사'(inter-*est*, 사이에-있음)도 함께 놓여 있다.

이런 견지에서 아렌트는 프랑스의 레지스탕스도 모종의 '세계'로 간주했으며, 거기 참여한 보통 사람들은 말과 행위를 공유함으로써 세계, 즉 정치영역을 구축한 동시에 정치적 삶을 경험했다고 설명했다. 그들은 자신들이 역사의 흐름을 바꿀 수 있다는 소명 의식으로 충만했고 자유로웠다. 아렌트가 보기에 이러한 느낌은 미국의 건국 선조들이 신대륙에서 전대미문의 정치공동체를 정초할 때나 노동자

27) 한나 아렌트, 『인간의 조건』, 1958, p.198. 강조는 서유경.

와 시민들이 파리코뮨이나 헝가리혁명처럼 정의의 이름으로 분연히 궐기할 때 느꼈을 바로 그와 같은 숭고한 역사적 책임감이었을 것이다.

우리가 특정 정치공동체에서 한 사람의 시민으로 살아간다는 것의 사실적 의미가 숭고한 역사적 책임감이라는 것을 설명한 사례 가운데 가장 독보적인 권위를 자랑하는 것은 아마도 2,500년 전 죽음을 선택함으로써 불멸성을 획득한 소크라테스일 것이다. 그는 감옥에서 독배를 들기 직전 '아테네 시민은 누구나 그 도시 안에서 일어나는 일에 대해서 자의든 타의든 책임을 져야 한다'는 명언을 남겼다. 아테네가 그에게 자유인의 삶을 영위할 수 있는 삶의 터전을 제공해주었을 뿐만 아니라 아테네 시민이라는 자랑스러운 공적 정체성을 부여해주었기 때문이라는 친절한 설명과 함께.

20세기의 독일계 유대인이자 미국 시민이었던 아렌트는 어느 한 도시에 속한 시민이 아니었다. 그러므로 그는 명백히 그가 속했던 20세기에 일어난 일에 대한 책임을 지고자 했다. 전통과 현대의 단절, 역사 개념의 왜곡, 권위의 붕괴, 자유의 실종, 교육과 문화의 위기, 진실과 정치 사이의 불협화음, 우주 정복에 따른 인간의 탈인간화 문제 등에 관한 진지한 성찰 보고서를 작성하는 방식으로 말이다. 한 가지 분명한 이유는 아마도 지난 세기가 그에게 자유인의 삶을 제공해주었을 뿐만 아니라 20세기의 메타시 정치철학자라는 자랑스러운 공적 정체성을 부여해주었기 때문일 것이다.

아렌트는 이 책 『과거와 미래 사이』 서문에서 이렇게 말한다. "산 자들에게 의미 있는 행위는 오로지 죽은 자들에게서만 그 가치가 발견되는 법이며, 그것을 계승하고 그에 관해 질문하는 사람들에 의해서만 완성될 수 있다"라고. 그런 점에서 아렌트가 자신의 과거와 미래 사이에서 열었던 '메탁시' 정치철학의 향연이 우리에게 어떤 가치가 있는지 스스로 질문해볼 필요가 있다. 아렌트의 유산은 말 그대로 유언장 없이 우리에게 남겨졌기 때문이다. 그러나 윌리엄 포크너가 옳게 지적했듯, "과거는 결코 사장되지도, 심지어 지나가지도 않았다." 한나 아렌트는 이미 그의 '메탁시' 정치철학과 함께 우리 인류가 무심코 지나칠 수 없는 하나의 결정적인 문명사적 좌표가 되었기 때문이다.

제롬 콘[1]의 서론

…현대 세계 내부에서 발생한 부인할 수 없는 전통의 상실 〔현상〕은 결코 어떤 과거의 상실을 전제하지 않는다. 전통과 과거는 동일한 것이 아니기 때문이다. 비록 한쪽에서는 전통을 숭상하는 사람들이 다른 한쪽에서는 진보를 숭상하는 사람들이 〔양자가 같은 것임을〕 믿도록 우리의 등을 떠밀지라도 말이다(p.211).

I

아마도 『과거와 미래 사이』는 한나 아렌트의 저서 가운데 가장 많은 생각을 불러일으키는 제목일 것이다. 이 제목은 대다수 독자에게 우주 질서를 관장하는 로마의 최고신 야누스를 떠올리게 한다. 야누

1) 아렌트의 마지막 강의를 직접 들은 그의 연구조교 제롬 콘은 현재 한나 아렌트 블뢰허 문서의 신탁자이자 뉴스쿨대학의 한나 아렌트 센터 소장이다. 그가 편집한 아렌트의 미출간 또는 미편집 저작으로는 『이해의 에세이 1930~1954』『책임과 판단』『정치의 약속』 그리고 론 펠드만과 함께 편집한 『한나 아렌트의 유대인 관련 저술』 등이 있다—옮긴이.

스는 시발점—하루의 첫 시각, 한 달의 첫날, 한 해의 첫 달—의 신이자 환승구의 신이기도 하다. 인간을 형상화한 야누스의 이미지는 두 쌍의 눈을 가지고 있는데, 한 쌍은 과거를 바라보고 있고 다른 한 쌍은 미래를 투시하고 있다. 그는 인간들이 전혀 볼 수 없는 것을 동시다발적으로 봄으로써 과거를 미래와, 미래를 과거와 연결시킨다. 야누스는 *SPQR*(Senatus Populusque Romanus, 로마의 원로원과 로마의 인민)이라는 문자가 지닌 의미를 고무시키거나 그 의미를 형편에 따라 반영했다.

원로원의 권위(auctoritas) 아래 시민들은 로마의 권력이 커지도록 행동했고 그리하여 로마의 신성한 토대와 〔소급遡及적인 방식으로〕 묶였다(religio). 로마 군단은 정식으로 전쟁을 선포하기 위해 야누스의 문들을 통과해 포룸(Forum)에서 행군을 시작했고, 전쟁이 끝나고 평화가 확보되었음을 정식으로 확인할 때에도 다시 야누스의 문들을 통과해 귀향했다. 동일한 야누스의 문들을 통과해 출향하고 귀향하는 방식은 어떤 전통(traditio)의 이미지이자, 아버지로부터 아들에게—즉 한 세대가 다음 세대에게—승계되어 그들을 함께 묶어 주는 로마적 의무의 원형으로서 그들의 시발점인 로마 건국 전설에 각인된 사회적 관습이다. 로마가 번창하는 한 로마는 그 자신의 살아 있는 유산이었던 셈이다.

로마는 번영을 구가했다. 세계의 첫 번째 공화국이었고 나중에는 엄청나게 팽창한 제국이었던 로마는 서구 역사상 가장 오래 살아남은 정치 체제였다. 더욱이 팍스 로마나(pax Romana, 로마에 의한 평화)는 당시 세계에 알려진 다른 어떤 시기와도 견줄 수 없는 안정기의 상징이었으며, 〔중세〕 암흑의 시대—제국이 예견하고 경계했던 분열로 인한 로마 권력의 붕괴와 황폐화—가 열릴 때까지 지속되었다. 그러나 아렌트는 팍스 로마나에 선행하는 〔훌륭한〕 로마 황제들의 불가침성보다도 로마 건국의 신성함을 지켜낸 로마 시민들의 존재 가치를 인정했다. 아이네이아스의 후손인 로마 시민들은 트로이를 삼킨 불바다에서 〔로마라는〕 영원한 도시, 즉 불후의 공공재(res publica)를 만들어내기로 다짐했기 때문이다. 아렌트는 로마인들을 모든 국민들 가운데 가장 정치적인 국민이라고 평가했다.[2)]

『과거와 미래 사이』에서는 전통에 대한 로마의 신념이 재등장한 이후 중세 암흑기가 끝나는 지점까지 1,000년 동안 아무런 도전도 받지 않고 지탱되었다는 사실이 의미 있게 다뤄진다. 그제서야 비로소 로마 전통의 뿌리가 플라톤으로 거슬러 뻗어 올라가며, 로마의 정치 권력을 정신적으로 계승한 로마가톨릭 교회의 영지 내에서 〔그 가치가〕 함양되었다는 사실이 인식되기 시작했다. 이제 전통에 대한 믿음은 대부분의 삶의 영역에서 종교사상은 물론 세속사상에 의해 고무된 까닭에 오늘날까지도 'SPQR'보다 훨씬 유의미한 방식으로 온존하고는 있지만 더 이상 도전받지 않는 상태는 아니다.

『과거와 미래 사이』에 실린 각각의 에세이는 저 위대한 서구의 철학적-정치적 전통에 균열이 일어났으며 너무도 확실한 방식으로 진행되어서 그것의 권위가 결코 복원될 수 없다는 관점을 기저에 깔고 있다. 그 관점이 아렌트에게 무엇을 의미하는지 또 무엇을 의미하지 않는지의 문제는 매우 복잡하며 너무 다면적이라 파악이 어려워서 아렌트 탄생 100주년을 맞아 펴내는 이 새로운 펭귄 기념판의 서론에서 다루지 않을 수 없다. 이 문제에 접근하는 하나의 가설은 '계승한다'는 뜻을 가진 라틴 용어 *traditio*에 해당하는 말을 고대 그리스의

---

2) 한나 아렌트, 『정치의 약속』(*The Promise of Politics*), ed. J. Kohn(New York: Schocken Books, 2005), pp.173-198을 참고하라. 베르길리우스의 『아이네이드』는 로물루스의 [로마] 정초보다 로마의 건국에 관한 훨씬 더 정치적인 이야기다.

삶의 형식이나 언어 속에서 찾아볼 수 없다는 사실이다. 즉 그 용어 자체는 로마의 권력이 세계 속에서 자취를 감춘 이후에 변형된 것이며, 실제로 후세에 계승된 용어의 기원은 로마의 건국이 아니라 그리스 철학, 그리고 〔로마의 정치 체제와는〕 완전히 다른 〔그리스〕 정치 체제의 개념에서 발견되었다.

신학자들과 철학자들이 로마의 정의(正義)—시민들(ius civile)과 민족들(ius gentium)을 함께 묶는 사법적 구조[3]—너머로 눈을 돌려 플라톤적인 〔좋음, 즉〕 선(善)의 이데아 또는 형상을 바라다보았을 때, 전통이라는 개념은 로마에서 처음으로 나타난 〔인간〕 활동인 행위(action)가 아닌, 사유함(thinking)의 원칙이 되었다. 모든 사람이 조화롭게 다른 사람들과 적응하고, 모두가 자신에게 합당한 몫을 적지도 많지도 않게 부여받는 어떤 완전히 정의로운 또는 효율적인 사회를 만들겠다는 사상가들의 합목적적 관점이 플라톤이 제시한 이상국가의 초월적 정의(正義, dikaiosynē)를 모종의 측량 잣대로서 인간사에 적용하려는 진지한 시도를 할 때마다 그들은 정치행위가 아니라 정치철학에 새 생명을 부여한 것이다. 사유함이 행위함보다 우위를 점하게 된 필연적인 결과가 의미하는 것은 로마의 삼위—전통·권위·종교—라는 공적 통일체(the public unity) 자체는 위대한 전통의 일부가 아니며, 아렌트가 과거로부터 회수한 보다 중요한 파편들에 속한다는 사실이다.

아렌트가 깨진 전통에 대해 이해하는 방식과 관련해 첫 번째로 주요한 복합성은 그리스의 전(前)-철학적 행위 경험이 로마인들의 경험에 의미하는 것 못지않게 아렌트에게도 의미가 있다는 사실이다. 아렌트는 호메로스·소포클레스·투키디데스처럼 철학자가 아니었던

---

3) 시민법(市民法)과 만민법(萬民法)을 말한다—옮긴이.

사람들의 저술 속에 나타난 그리스적 자유의 경험, 즉 그 무엇에도 구속되거나 매이지 않을 자유, 그 어떤 패턴도 현존하지 않으므로 완전히 새로운 것들을 창발하는 자유, 결코 세계 속에 "자연적으로" 나타나지 않는 것들, 즉 자연의 영겁회귀적 과정들을 통해서 결코 얻을 수 없는 것들을 창발하는 그리스적 자유의 경험을 찾아낸다.

만약 자연이 집을 지어야 한다면 아리스토텔레스가 플라톤 사상을 따르면서 〔자신의 사상을〕 그럭저럭 완성해갔듯이—우선 건물의 기초를 다지고 벽을 세운 다음 지붕을 얹는 식으로—할 것이다. 그 말은 인간 행위자가 자연의 과정들을 모방한다는 것, 더욱 중요하게는 인간의 행위가 일종의 재주, 즉 "제작함"(making)[4]의 기교라는 것을 함축하고 있다. 이러한 제작함으로서의 행위 개념은 정치사상의 전통을 창시했다. 수 세기에 걸쳐 정교화되면서 우리가 자연과학(the sciences of nature)에서 유추해 파생시킨 용어인 "정치학"(political science)이라는 학문에 계속 영향을 주고 있다. 자연 또는 생산의 과정과 마찬가지로 행위의 결과들도 사전에 알 수 있는 것이므로 정치학의 주된 문제는 그러한 〔예측된〕 결과를 획득할 수 있는 수단들을 찾아내는 것이 된다는 바로 이 추정이 아렌트가 전통의 종언 이후로 거부한 사항이다.

이 책의 첫 번째 에세이인 「전통과 현대」에서 아렌트는 카를 마르크스의 사상 속에서 정치철학 전통이 결국 대단원의 막을 내리게 되었다는 의견을 피력한다. "한 철학자가 정치 속에 철학을 '실현시키기' 위해 철학에 등을 돌렸을 때 종말이 찾아왔다. 이는 첫째로 (그 자체만으로는 철학적인 성격이었으나) 철학을 포기하기로 마음먹은 자신의 결정을 통해서, 둘째로는 '세상을 바꿈'으로써 철학하는 정

4) Aristoteles, *Physica* II, 8: 199a 10-15를 참고하라.

신, 즉 인간의 '의식'을 개조하려는 자신의 의도를 통해 표현된 마르크스의 시도였다"(p.100). 아렌트는 전통의 종언을 설명하는 여러 가지 이유를 제시하지만 마르크스가 전통을 그것의 시발점, 즉 그가 말 그대로 물구나무서기를 하는 지점으로 되돌려 보냈다는 설명보다 더 설득력 있는 것은 없다. 우리가 이미 살펴본 대로, 〔서구철학의〕 전통은 철학이 행위를 일종의 만듦(a kind of making)으로 바꾸는 것과 더불어 출발했고, 마르크스는 행위를 일종의 철학으로 만듦으로써 그것을 또다시 바꿔버렸다.

〔플라톤이 자신의 스승인 소크라테스의 재판 과정에서 목도했듯이〕 여러 경쟁 의견들 가운데 하나에 설득당한 행위자 다수와 연루된 자유로운 행위가 지닌 위험과 재앙은 플라톤이 철학자를 정치공동체의 통치자 또는 "조정자"로 만들도록 부추겼다. 철인왕은 행위를 하는 것이 아니라 완전한 도시의 진정한 형상을 "본다." 그 형상은 하찮은 의견들에는 거의 반영되지 못하거나 아니면 어두침침하고 혼동된 상태로서만 반영된다. 철인왕은 단지 생각 없는 하수인에 불과한 활동적인 사람들에게 그들이 할 수 있는 최선의 방식으로 자신의 마음의 눈에 나타난 모델을 명시적인 것으로 만들도록 지시하며, 그 자신은 관조적 사유로 되돌아간다.

마르크스를 고무시킨 것은 자신의 보편적 자유와 평등을 여기 이 지구상에서 실현해야 할 필요, 즉 사실상의 필연성이다. 그는 다수의 행위자들을 비슷한 생각—지금까지 역사가 줄곧 견지해온 목적을 이루는 데 혁명을 일으키는 것이 필수라는 의식—을 가진 사상가들로 바꾸고자 했다.[5] 아렌트는 철학자가 활동적인 사람들에게 그

5) 역사는 마르크스에게 그 자신이 유일하게 믿었던 그리고 그의 신앙심이 결코 흔들리지 않았던 모종의 살아 있는 신과 같은 어떤 것이었다. 셀 수 없이 많은 수천의 사람들이 마르크스를 '역사의 메시아'로 여겼다.

가 본 것을 만들도록 명령했을 때 개시된 전통은 행위자들이 그들 자신이 본 역사적 진실을 집행했을 때 결론이 났다고 생각했다. 전통이 거꾸로 뒤집혔을 때 남겨진 것은 자유였다. 이 자유는 역사의 산출물로서 가시화된 바가 아니라 수많은 남자와 여자가 행위를 수행하는 과정에서 경험한 바였다. 아렌트는 마르크스주의자가 아니며, 자유가 혁명의 필연적 결과라고 믿지도 않는다. 그러나 자유가 혁명적 행위 속에서 경험될 수 있음을 그리고 과거에 종종 그러했었음을 부정하지 않는다.

마르크스의 시대에 선행하는 19세기 프랑스혁명의 여파 속에서 여론이 처음으로 "우익"과 "좌익"의 두 기둥 사이에서 동요했다. 한쪽 기둥에서는 전통적 도덕과 종교적 "가치들"이 현상 유지와 평형의 상징으로서 찬미되며 어떤 비용을 치르더라도 보전해야 할 정치적 필요 〔요소〕로 인식되었다. 다른 기둥에서는 그런 가치들의 명백한 파산이 "진보", 〔즉〕 변화—폭력적 변화도 포함해—를 위한 이성적 논리로서, 또 자의적·가정적으로 부과된 어떤 사회적 무질서로부터의 해방에 필요한 수단으로서 환영받았다. 어떤 우익의 관점에서는 두 개의 기둥이 잘 설명된다. 19세기 프로이센의 융커이자 보수주의 이념의 정초자인 루드비히 폰 데르 마르비츠(Ludwig von der Marwitz)의 다음 주장에서처럼 말이다.

…자산을 가진 사람들에 대항하는 무산자들의 전쟁, 농업에 대항하는 산업의 전쟁, 안정성에 대항하는 사고파는 일의 전쟁, 확립된 신의 질서에 대항하는 거친 유물론의 전쟁, 법에 대항하는 쓸데없는 수익의 전쟁, 과거와 미래에 대항하는 현 순간의 전쟁, 가족에 대항하는 개인의 전쟁, 농지와 무역에 대항하는 투기꾼과 계리업자들의 전쟁, 민족의 역사에서 발생한 조건들에 대항하는 관료제

의 전쟁, 그리고 미덕과 명예로운 인격에 대항하는 습득된 학식과 무익한 재능들의 전쟁.[6]

귀족적 보수주의 대(對) 부르주아 자유주의 가치관이 전통 속으로 진입했고, 상대적으로 합의를 이뤘던 짧은 냉전 시기 이후, 서구 정치를 촉진하기 위해 필요한 부분만 약간씩 수정되며 오늘날에도 계속되고 있다. 비록 현재 그 가치들이 빈번히 명백한 불성실성으로 도색되고는 있지만, 마르크스가 프랑스 (또는 부르주아) 혁명의 철학자라고 불렀던 임마누엘 칸트는 자유에 대한 혁명가들의 의지는 그것의 모순점들에도 불구하고 거의 저항할 수 없는 것이라고 보았다. 적어도 칸트에게만큼은 행위자들이 늘 변전하는 시간의 격랑 속에 부유하는 하찮은 표류물이 아니었다. 인류는 확실히 자유를 향해 전진하고 있는 것으로 보였다. 칸트 이래로 진보는 전통을 과거로 간주하거나 과거라고 오해하면서 전통의 한 부분에 대해 저항하는 방식으로 다른 무엇보다 중요한 자유주의적 가치로서 존재해왔다.

잠시 우리의 21세기적 경험으로 돌아가보면, 종교적 신념들을 통해 배양된 사회 내 도덕 양식들이 마르비츠의 표현에서처럼 다양하다는 것은 명백한 사실이다—그리고 유일신 종교들에 의해 배양된 양식보다 더 분열적인 것은 없다. 세계 속에서 전통적인 정치사상의 이론 틀은 그것에 주의를 기울이는 자들의 지지를 모으라는 압박을 받거나, 보편적으로 '상위에 놓인' 하나의 목소리가 아니라 배타적으로 '상위를 점한' 목소리에 주의를 기울이는 척하는 자들에 대한 반대파를 동원하라는 강력한 압박을 받는다. 어떤 배제적인 목소리는

---

6) 쇼켄북스에서 곧 출간될 예정인 아렌트의 『유대인 문제와 정치적 사유』(*The Jewish Writings*)에서 인용했다.

정의상 반정치적 성격이며, 기술에 의해 좁아진 우리의 세계 속에서 정치적으로 무원칙한 갈등의 새로운 양태를 초래하게 된다—[심지어] 최근에는 모종의 전통적 "테러주의"의 자리를 찾아내어 그것을 "문명들의 충돌"로서 극단화하려는 시도가 나타날 정도로 무원칙하다.

그러나 그 어느 것도 아렌트를 놀라게 하지는 않을 것이다. 그는 대신 다음과 같은 질문들을 던질지도 모른다. "'우익'과 '좌익'이 무의미해졌다는 사실을 증명하기 위해 좀더 확실한 증거가 필요합니까?" 또는 "이른바 '문명들의 충돌'이라고 하는 상황에서 '반동적' 보수주의자와 '진보적' 자유주의자가 누군지 친히 알려주실 수 있겠습니까?" 내가 생각하건대 어떤 문명이 우세해질지를 염려하는 것 못지않게 아렌트가 걱정하는 바는 문명 그 자체에 관한 것일 듯하다. 아렌트는 어떤 자유주의자나 보수주의자가 아니었으며, 인간사가 결코 동일한 상태로 머물지 않는다는 사실에 근거해 진보나 현상 유지 그 어느 쪽도 신뢰하지 않았다.

특정 독자들에게는 회의주의적인 아렌트가 포스트모더니즘의 선구자처럼 보일지도 모른다. 아렌트의 "시간 속에는 그 어떠한 의도된 연속성도 존재하지 않는 듯하므로, 인간적인 어법으로 바꿔 말하자면 과거나 미래라는 것은 존재하지 않고 오로지 영구적 변전(變轉)만이 존재하는 듯하다"(p.81)라는 표현에 담긴 자기검토(自己檢討)—아렌트에게 진정으로 본질적인 한 가지 요소—의 필요성을 공유하는 현대 사상가가 거의 없다는 사실을 제외한다면 말이다.

아렌트는 성 아우구스티누스를 "오랜 벗"이라고 불렀다. 그가 비록 아렌트보다 1,500년 앞서 살았던 사람이었지만 그 역시 어떠한 세계가 지닌 의미, 즉 그의 경우에는 로마인들의 세계가 지닌 의미를 추구했기 때문이다. 그는 전통에 대한 신뢰가 마치 너무 오래 입은 옷의 솔기가 터지는 것처럼 무너지고 있다고 보았다. 아우구스티누스처럼 아렌트도 정신 기능들의 내부적 작동 방식을 탐구했고 그와 마찬가지로 아주 놀라운 발견을 이뤄냈다. 예를 들면, 전통을 통해서 물려받은 과거와 다른 어떤 과거가 존재한다는 사실, 전통은 과거를 종횡무진하면서 선택한 사건들을 연결시키는 끈이라는 사실, 그 끈이 끊어지면 인과성, 즉 결과가 원인에 귀속된다는 원칙이 정치라는 비-자연적인 영역에 잘못 적용된다는 사실 등이 그것이다.

비록 지나간 역사를 떠올리는 과정 속에서 사건들이 순차적으로 나타난다 해도, 역사가들이 특정 사건을 그것이 마치 선행하는 사건들의 한 결과로서, 그리고 이후에 따라올 사건들의 한 원인으로서 온전히 파악될 수 있다는 듯이 순서에 따라 위치를 지정할 때 그들은 그 사건의 정치적 중요성에 대한 설명을 빠뜨린다. 아렌트는 이런 방식이, 그것이 헤겔 철학이든 아니면 마르크스 철학이든 상관없이, 역사철학 속에서 정치적 이해력의 부재 상태를 초래한다고 본다. 이 주제는 아렌트가 이 책에 수록된 「역사 개념: 고대와 현대」라는 두 번째 에세이에서 독자들에게 생각해보도록 독려하는 중요한 것들 가운데 하나다.

그럼에도 이것이 아렌트가 전통적인 종교와 도덕 기준들의 상실을 기뻐한다는 의미는 결코 아니다. 아렌트는 그런 기준들이 온전히 남아 있었다면 〔20세기의〕 전체주의 체제가 저지른 끔찍한 악행들이 일어날 수 없었을 것이라고 확신했기 때문이다. 또한 신앙인들의 간곡한 권고와 전문가들의 각종 항의에도, 종교와 도덕은 일단 철회된 이후에 다시 발표될 수 있는 공적 가치가 아니라는 점도 역시 확신했다.

아렌트의 사상 속에서 현재라는 것은, 일상적으로 우리 대부분이 직접적으로 경험하는 바와 달리 하나의 순간에서 다음 순간으로의 단명한 이행을 말하는 것이 아니며, 우리를 미래로 안내하고 추동하는 과거에 대해 아첨하거나 폄하하는 관망의 지점도 아니다. 그와 정반대로 현재는 시간의 연속선상에 있는 모종의 간극, 요컨대 인간의 정신에 〔존재하는〕, 더 이상 〔우리가 지금까지〕 계승한 개념들로 이루어진 다리를 통해서는 건널 수 없는 어떤 심연처럼 보이는 간극이다. 이것은 허무주의 때문이 아니라 단순히 이 책 『과거와 미래 사이』가 직면해야 할 상황이다. 그러한 기본적인 사실이 파악되지 않는다면 이 책에 포함된 에세이 가운데 어느 한 편도 쉽게 이해되지는 않을 것으로 짐작된다.

II

앞에서 언급한 내용은 아렌트가 현대 사회를 이해해보려고 시도하는 과정에서 당면한 일반적인 애로 사항에 대한 몇 가지 안내판을 제시한다. 한 걸음 뒤로 물러나서 이 책보다 몇 년 앞서 출간한 『인간의 조건』으로 잠시 눈을 돌리는 것이 아렌트가 『과거와 미래 사이』에서 논의를 진행하는 방식을 이해하는 데 도움이 될 듯하다. 사례들 가운데 한두 개는 이 책에 실린 에세이들에서 사용된 "위기"라는 말의 의미가 무엇인지를 알려줄 것이다. 현대 사회를 견인한 과학의 성취에 관한 에세이로 마무리하고 있는 『인간의 조건』에서 아렌트는 인간 삶의 근본적인 조건들을 공식화하며, 그러한 조건들에 의해 구성된 노동(labor) · 작업(work) · 행위(action)라는 〔인간의 세 가지〕 활동들을 **활동적**(active) 삶의 변경할 수 없는 능력들로 분석한다.

세 가지 활동들 간에는 위계질서가 있는데, 이는 인간이 자신의 생명을 유지하기 위해 노동을 하는 구체적인 방식들이 작업을 수행하는 방식들과의 관계 속에서 변별될 수 있다는 사실에 근거한다. 마찬가지로 인간이 작업을 수행하는 구체적인 방식—집을 짓거나 도시를 건설하는 것—도 그들이 행위를 수행하는 방식들과의 관계 속에서만 변별이 가능하다. 여기서 최상위 활동인 행위가 하위 활동들로부터 진화하는 것이 아니라는 사실에 주목해야 한다. 노동을 하는 다른 동물 일부는 작업도 한다고 알려졌을지 모르나 그 어떤 것도 행위를 수행할 수는 없다. 아렌트는 이 점을 〔인간〕 다수성의 조건하에 있는 존재들의 독특한 능력으로 보는데, 그들의 행위할 수 있는 자유는 탄생성(natality)[7] 속에 "존재론적인 뿌리를 내리고" 있다. 조금 더 간단히 표현하자면, 자유는 그들의 생득권이다.

다수성(plurality)이라는 인간의 조건은 본질상 서로에게 환원될 수 없는 존재들, 또한 서로 다른 구별성을 드러내는 존재들, 그리고 말과 행위—즉 노동이 삶의 필요들을 지향하는 것이나, 작업이 좋든 나쁘든 생산물과 그 생산물을 보살피는 것 때문에 기반이 약화된 행위—를 통해 서로에게 자신의 다른 관점을 드러내는 어떤 〔인간〕 존재들의 현존을 확고히 한다. 행위는 현재 진행 중인 노동과 작업의 과정들을 중단시키며 새로운 과정들을 시발하는데, 이 새로운 과정들도 돌아가며 추가 행위들의 방해를 받게 된다. 행위가 가능한 존재들의 다수성은 정치영역이 생겨나는 유일한 조건이다. 요컨대 정치영역은 〔사회계약론자들의 설명처럼〕 원초적 자연 상태에서 특정한 인간 자유의 척도를 수립하기 위해 맺어진 모종의 계약에서 생겨난 것이 아니라, 〔고대 아테네에서처럼〕 이미 특정한 안정성의 척도를 가지고 자유롭게 함께 살 수 있는 사람들을 선정함에 따라 생겨난 것이다.

아렌트의 삼위일체라고 생각할 수 있는 다수성·행위·정치의 결

---

7) 한나 아렌트, 『인간의 조건』(*The Human Condition*, Chicago: University of Chicago Press, 1958), p.247.

합을 통해 그가 풀어내는 다각도의 매우 소상하고 풍요로운 이야기는 인간 세계의 실재(實在)에 관한 내용이다. 그 이야기는 시인들, 사상가들, 그리고 한 세대 이상의 학생들에게 감탄을 받아온 한편, 그것이 현재의 애로 사항들을 다루는 것과 매우 거리가 있고 어떤 멀리 떨어진 이상화된 과거를 희구하는 시선을 가진 이야기라는 점 때문에 비판받아왔다. 아렌트가 과거의 측면들에 감탄한다는 것은 사실이며, 그가 과거의 귀환을 염원하는 사실도 신참자들이 세계 속에 새로운 것들을 들여와야 한다는 그의 강조점과 모순을 일으킨다.

또한 아렌트가 정책과 관련된 문제들을 간과한다고 불평하는 것은 그의 이야기를 한 편의 정치학 논고로 오해하는 것이다. 사실 그의 이야기는 풍부한 정치학적 함의를 담고 있다. 결정적으로 중요한 현대적 적실성을 보여주는 한 가지 예를 제시하자면, 아렌트의 정교분리 입장은 자신의 사영역과 공영역 경험에 대한 구분—오늘날 이 구분은 의문의 여지가 있는 것으로 여겨지기는 하지만—뿐 아니라 종교가 가르친 선(善)의 본질과 선의 수행의 구분에서도 확인된다.

(항상 이런 문제에 있어 아렌트의 안내자인) 나사렛 예수에 따르면 〔신자들이〕 선하게 되려면, 〔그들의〕 선행이 다른 사람들로부터 숨겨져야만 한다. 이 조건은 그들이 인간 다수성 조건이 제거된 곳에서 선행을 수행하도록 한다. 사람들 사이에서 생겨나는 선행의 출현 자체가 세계를 타락시키기 때문이다. 예수에 따르면 선이라는 목적을 위해서 선을 행하는 일도 그것이 자기-타락이 되지 않기 위해서는 행위자 자신으로부터 감추어져야만 한다. 이 방식은 그것의 증인으로서 신의 현전이 아니라면 견딜 수 없을 만큼 외로운 활동이 될 것이다.[8] 종교적 경험을 다른 모든 경험들과 분리하는 이 비전통적인

8) 앞의 책, pp.74-78.

구분 방식은 위선에 대한 의심의 바다를 관통해 종교적으로 진정성 있는 의로운 목소리가 정치적 발언 속에서 들릴 때 요구되는 이중적 대가에 대한 이해력을 확장시킨다. 이것이 사유의 전통적 범주들이 더 이상 유용하지 않을 때 과거를 파고들어 현재의 판단 〔기준〕들을 형성하는 아렌트의 능력을 보여주는 예제다.

『인간의 조건』에 대해 열광하는 쪽과 비판하는 쪽 모두 그 책에 나타난 대항 운동의 중요성을 때때로 간과한다. 책은 그 대항 운동의 17세기적 기원들에서부터 출발해 인류가 세계와 지구 양자로부터 점점 소외되어왔다는 사실을 역사적으로 추적한다. 과학자들이 자연을 상대로 연구에 돌입하고 원자핵의 분열과 융합을 통해 방출된 에너지를 강화해 무한대의 강력한 파괴적인 무기를 만들었을 때 세계소외 또는 세계로부터의 철수는 심각한 수준에 이르렀다. 아렌트는 『인간의 조건』 첫 페이지에서 인간이 만든 물체를 우주로 발사하는 것에 대해서 "〔그것은〕 심지어 원자핵 분리를 포함해 다른 어떤 것에도 비견될 수 없는 사건"이라고 말한다. 그 반응은 "정말 기묘하게도" 인간의 성취에 대한 "경외심"이 아니라 "지구라는 감옥에 수감된 인간들이 탈옥을 위한 첫 '발'을 뗀 것"에 대한 "안도감"이었다.

이 책 『과거와 미래 사이』에 실린 마지막 에세이 「우주 정복과 인간의 위상」은 지구소외의 결과들을 조명하는데, 그것은 일종의 자기-의지에 따른 지구로부터의 망명으로 설명되었다. 아렌트는 우리가 "아르키메데스의 점(Archimedian point)을 우리 자신에게 적용할 수 있게 한 지금까지의 우주여행"에 관해 언급한 다음, "우리가 할 수 있는 바에 대한 우리의 자부심 전체가 인간 종(種)의 특정한 〔과학적〕 돌연변이 형태 속으로 사라질 것"이라고 덧붙인다. 그러면 인간의 언어는 "극단적이며 그 자체로는 무의미한 기계적인 기호들로 구성된 형식주의에 의해 대체될 것"이다. 그러고 나면 "인간의 위상은 우리가 알고 있는 모든 기준에 의해서 낮아지게 될 뿐 아니라…〔어쩌면〕 이미 파괴된 상태가 되었을 것이다"(p.483).

아렌트가 알지 못했던 것은 아마도 아돌프 아이히만이 이스라엘 경찰에게 왜 제2차 세계대전 동안 문서상으로 집행한 살인적이고 세계-파괴적인 인종주의 이데올로기 논리에 관한 생각을 바꿨느냐는 질문을 받고 답변한 다음 내용일 것이다. "솔직하게 말하면 그것은 마치 로켓을 타고 달에 착륙한 것 같았다. 그 이후로 내 속에서 어떤 급진적인 변화가 계속되었다."[9] 아이히만의 과거는 달만큼이나 먼 것이 되었지만 이 사례는 아렌트가 말하는 세계-소외와 지구-소외라는 인간적 위기의 의미를 한마디로 잘 설명해준다.

『인간의 조건』에 나타난 저 세계로 나아가는 주된 운동과 세계와 지구로부터 멀어지는 그것의 대항 운동은 내부적으로 서로 긴밀히 맞물려 있기 때문에 양자를 숙고하는 일은 다음 질문과 함께 남겨지게 된다. 인간 삶의 조건들이 바뀜으로써 활동적 삶의 능력들—노동·작업·행위—은 물론 인간들의 지위와 그들의 존엄성이 통째로 다 상실되는 일이 〔과연〕 가능한 것일까? 아렌트는 그 질문을 제안하지만 스스로 답하지 않는다. 대신 그의 이야기가 결론 내리고 있듯, 그는 사유(thought)에 관한, 아니 사유함(thinking)이라는 활동에 대한 간단한 숙고 쪽으로 방향을 돌린다. 이 활동이 그것을 실천하는 사람들에게 그들 자신의 미래에 대한 의심할 나위 없는 적실성을 부여할 것이라고 말한다. 『과거와 미래 사이』의 독자라면 책에 실린 글을 읽는 동안 이 말을 염두에 두어야 할 것이다. 그 글들의 문체를 굳이 문학적 장르로 따져본다면 사유함이라는 활동을 통해 기술한 에세이

9) *Eichmann Interrogated*, ed. J. von Lang, tr. R. Manheim(Toronto: Lester and Orpen Dennys, 1983), p.281.

(essay)—〔즉 철학적〕 연습이나 실험〔의 결과〕—로 분류할 수 있을 듯하다.

III

『과거와 미래 사이』는 여덟 개의 상이한 맥락에서 아렌트가 언젠가 표현한 적이 있는 "지지대 없는"(without a banister), 즉 전거(典據)할 수 있는 전통적 범주들이 부재한 상태에서 사유함이 맞닥뜨리는 어려움과 정면으로 대응한다. 그 어려움을 다루는 과정에서는 모종의 짐(burden)으로서의 전통과 모종의 힘(force)으로서의 전통이라는 아렌트의 구분이 결정적으로 중요하다. 가령 전통이 깨졌다면 우리는 그것의 짐으로부터 해방된 것이다. 그리고 만약 파편화된 과거의 회수가 가능해진다면—얼마나 큰 상상력이 요구될지 모르지만—우리가 자유롭게 사유와 행위 양편에서 신선하고 의미 있는 시발점들을 만들 수 있을 것이기 때문이다.

아렌트에 따르면 "문학의 한 장르로서 에세이는 정치사상에 관한 철학 연습과 자연스러운 친화성을 가지는데, 그 이유는 정치적 사건들로 구성된 실제성에서 정치적 사유가 생겨나기 때문이다"(p.95). 〔우리는〕 이 설명에 에세이는 아렌트가 선호했던 기술 양식이었다고 덧붙일 수도 있다. 모든 "i"자에 점을 다 찍지 않고 모든 "t"자에 가로줄을 다 긋지 않는 것과 같은 에세이의 잠정적 특질은 자신의 독자를 세뇌할 생각을 전혀 하지 않으며 무엇보다 독자가 저자인 자신과 함께 그리고 그들 자신이 사유함이라는 활동에 함께 참여하기를 바랐던 〔아렌트라는〕 사상가에게 잘 들어맞았다.

이 에세이들로 구성된 단행본은 아렌트의 저작 목록에서 특별한 위치를 차지하고 있으며 효용이 높은 저서 가운데 하나다. 각각의 에세이 말미에 독자가 잠시 멈추고 생각할 수 있는 계기를 제공하고 있기 때문이다. 아렌트가 경험한 바로서 사유함이라는 것은 〔개인의〕 내부에서 행해지는 침묵의 대화다. 그것은 조건부 결론들에 도달할 수도 있겠지만, 그것의 실질적인 결과는 〔자기 내부에 있는〕 사유함의 상대와 진행하는 대화 과정을 통해 구분들을 확산하는 것이다.

사유는 그것의 침묵성과 번개 같은 속도로 인해 하나의 대화로서 의식되는 일이 드물다. 그러나 아렌트에게 사유함이라는 활동이 지닌 대화적 특성은 인간 의식(con-scientia)이라는 것의 본질이다. 이런 〔대화〕 형식의 정치적 사유함은 "산 경험의 사건들로부터 일어난다. 그리고 반드시 그것들에 묶인 상태로 남아 있어야만 한다"(p.94). 만약 그것이 오늘날 "메타 담론"이라고 알려진 것의 변덕스러움에 스스로 말려들지 않으려면 말이다. 이 '메타 담론'이라는 용어는 형이상학적 추론이 반향된 결과를 가리킨다. 아렌트에게 형이상학은 이 세계 내에서 우리에게 지향점을 제시해주는 상식이 거의 통하지 않는 영역—말하자면 또 다른 세계—속으로 철학을 몰아가는 어떤 근본적인 충동이다.

〔물론〕 아렌트와 같은 방식으로 사유하기 위해서는 훈련이 필요하다. 이 책 『과거와 미래 사이』에 실린 에세이들은 아렌트가 스스로 자신의 사유함을 연습한 결과물이었던 것으로 간주할 수 있을 것이고 실제로도 그러하다. 그와 동시에 이 글들은 우리 자신의 사유함을 연습하기 위한 설명서, 이를테면 그것이 솔선과 상상력을 요구한다는 점에서 이그나티우스 로욜라(Ignatius Loyola)의 정신 훈련과 진적으로 다르지 않은 정신 체조의 안내 책자로 간주될 수도 있을 듯하다.

『과거와 미래 사이』 속 아렌트의 관점은 야누스의 관점과 다르다. 야누스의 관점은 "이제 존재하지 않는 것들"과 "아직 존재하지 않는 것들"을 연결하는 대신 분리하기 때문이다. 새로 회복한 어떤 과거의 파편화된 이미지들—그 가운데서 전통적인 사유함은 모종의 단독적인 중요성을 담지한 사례다—은 깊이를 결여한 모종의 "생물학적" 현존의 삶을 영위하겠다고 전제할 경우에만 배제될 수 있다.

"이제 없음"과 "아직 없음"은 각각 아렌트가 이 책에서 다루고 있는 여덟 가지 개념들의 비판적이고 실험적인 측면들을 가리킨다. 비록 "위기"라는 단어가 두 편의 에세이 제목에만 등장한다 할지라도 모든 에세이들이 위기 또는 전환점을 대변한다.

전통의 종언은 사유함이라는 활동의 위기를, 정치적으로 사유해야 할 필요성은 역사의 의미와 역사 편찬에서의 위기를, 권위의 사라짐과 인간 자유의 미래는 정치영역에서의 위기를, 교육에서의 권위 결여와 문화에서의 판단 결여는 대중사회에 특수한 위기들이다. 또한 진실-말하기가 정치사상과 맺는 관계는 〔아이히만 필화 사건으로 겪었던〕 아렌트의 개인적 위기와 동시에 정치를 이해하고자 하는 사람 누구와도 관련된 위기를 가리키며, 현대 과학자들의 〔도구주의적〕 행동 방식은 우리가 지금까지 봐온 것처럼 인류 전체에 대한 위기를 시사한다.

처음 세 편의 에세이는 아렌트가 말하듯이 "좀더 비판적"인 성격이며 그 시선이 과거를 향하고 있는데 비해, 나머지 다섯 편은 "좀더 실험적"인 성격으로 미래를 예견하고 있다. 그러나 각각의 에세이를 통해 아렌트가 우선적으로 얻고자 한 것은 자신이 질문하는 개념에 대한 현재의 이해 방식이다. 이 말은 아렌트가 형이상학과 형이상학적 역사철학을 비판하고 해체하고자 할 때 미래에 등을 돌리지도 않으며, 그가 문화와 교육 개념에 담긴 잠재성들과 더불어 실험을 할 때 자신의 정신이 과거를 외면하도록 하지도 않는다는 것을 뜻한다.

그는 각각의 경우에 과거를 발굴하고 자신이 파낸 파편들을 덮고 있는 인간의 지문들을 발견한다. 이러한 인간의 지문들이 새로운 전통을 구성하지는 않지만 "과거와 현재"가 "자신들이 지닌 잠재성의 이전 상태"로 되돌아가는 것을 막는다. 또한 그 지문들은 "정치영역"으로부터 "그것의 가장 중요한 안정력은 물론, 어떤 변화를 일으키고 무언가 새로운 것을 시작하는 출발점"(p.452)이 박탈되는 것을 막는다. 처음부터 끝까지 유지하기 어려운 이 이중성을 띤 정신적 작업이 『과거와 미래 사이』 전체를 망라해 아렌트의 사유함을 차별화한다. 그것이 주요 "으뜸조"이며 그것의 조바꿈 형태가 "관계조"인데, 아렌트의 은유적 표현상 이 에세이들의 "통일성"은 "어떤 모음곡에서 연주되는… 악장(樂章)의 배열 순서"에 비유할 수 있다(p.95).

아렌트가 인간적 시간의 과거와 미래 차원 사이에 놓인 교차로에서 사유한다는 주장은 생각보다 훨씬 더 낯선 이야기로 들린다. 아렌트가 쓴 이 책의 서문은 바로 그 낯섦을 다루고 있으며, 그것을 반복적으로 성찰하는 독자에게 풍요로운 보상을 약속해줄 것이다. 서문의 주요 주제는 "공적 자유"라는 "상실된 보물"이며, 전통의 끈이 끊어짐으로써 잃게 된 보물을 되찾기 위한 시도의 일환으로, 사유로부터 행위로의 전환 과정을 추적한 다음, 다시 행위로부터 사유로의 전환 과정을 추적한다.

서문의 절정은 "그"(HE)라고 간단히 불리는 카프카의 이야기를 해석하는 부분이다. "그"는 확정적인 "누군가"가 아니라 일종의 "엑스레이"(X-ray)로서 "정신의 감추어진 과정들로 이루어진 내부 구조"(p.83)를 관통한다. 아렌트는 카프카의 시간 비유를 "그"라는 인물을 둘러싸고 있으며 그에게 빛을 투사하는 포물선으로 독해한다. 여기서 그는 "그의" 출생에 의해 〔인간적〕 시간의 연속선상에 삽입된 사유자다. "그"는 어떤 지금(now)의 시발점 그 자체이며, 어떤 새로운 시간 주기의 시발점이 아니라 "어떤 시발점의 시발점"이다

(p.89). 이 "지금"은 어떤 정지된 지금(standing now)인데, 그것은 정신적으로 경험하는 전장(戰場)이라는 의미이기 때문이다. 이 전장에서는 무한히 전방으로-미는 힘인 "이제 없음"이 무한히 후방으로-미는 힘인 "아직 없음"과 서로 충돌하는데, 〔우리는〕 이것이 시간의 일방향적 진행이라는 우리의 통상적 경험과 정반대라는 사실에 주목해야 한다.[10)]

사유자는 양쪽 전선(戰線)에서 동시적으로 전투를 벌임으로써 "그의" 위치를 방어하며, 〔언젠가〕 "전선을 걷어차고 나가 전선 너머 전선의 상부에 놓인 어떤 구역으로 들어가기를 꿈꾼다." 아렌트는 "이 꿈과 이 구역 외에 다른 것이 더 있을 수 있겠는가"라고 묻는다. "그 오래된 꿈, 파르메니데스로부터 헤겔에 이르기까지 서구 형이상학은 사유에 적합한 어떤 구역으로서 시간도 부재하고 공간도 부재하는 그러한 초감각적인 영역을 꿈꿔오지 않았던가?"(p.89) 그리고 아렌트는 다음과 같이 말함으로써 카프카의 생각을 "바로잡는다."

사유자는 과거와 미래의 힘들을 분산시킴으로써 그가 계속해서 자신의 위치에 서 있게 될 "시공간"(space-time) 속에서, 과거와 미래의 힘들과 전투함(fighting)이 아닌 판단함(Judging)을 통해서 자기 자신만의 궤적을 만들기 시작한다. 아렌트는 그 사유자가 "서로 충돌하는 과거와 미래의 물결들"로부터 "동(同)거리"에 놓여 있는 모종의 확장된(extended) 지금, 즉 "시간 부재의 시간"이 판단 능력을 해방시키는(liberating) 필수 조건이라고 주장한다. 카프카의 "그"는 "대체로 그 자신에게 속한 것, 그 자신의 자기-삽입 방식의 출현과 더불어 현

10) 현재 미국 의회도서관에 소장되어 있는 아렌트의 미출간 문서에서 가져온 내용이다. 아렌트는 플라톤에서 아우구스티누스를 거쳐 헤겔과 카프카에 이르기까지의 [다양한] 시간 개념들을 분석했으며, 카프카의 비유가 전통의 단절 이후 우리의 시간에 대한 정신적 경험을 정확히 반영한다고 주장했다.

존하게 된 것"에 관해서 편견 없이 판단하기에 "충분할 정도로 과거와 미래로부터 거리를 확보하게" 될 것이다(p.91). 그러므로 그가 자신에게만 보이는 것을 자기 자신의 기준이 아닌 전통적 기준들에 따라 판단할 가능성은 결코 없다.

제6장 「문화의 위기」에서는 〔과거로부터〕 물려받은 보편적인 기준들 밑으로 〔현재의〕 특수한 것들을 복속시키지 않으면서 그것들을 특수성 맥락에서 판단하는 인간 정신의 비상한 능력이 설명되고 있다. 거기서 처음으로 아렌트가 임마누엘 칸트의 『판단력 비판』에 커다란 빚을 지고 있다는 사실이 백일하에 드러나고 있다.

아렌트가 『과거와 미래 사이』에서 보여준 주된 관심사 가운데 하나는 인간사, 즉 정치적 현실에 관한 어떤 개념을 더는 우리의 경험과 부합하지 않는다는 이유로 사용할 수 없게 되었을 때 전통적 사유가 치러야 할 높은 비용에 대한 현실감을 전달하는 것이다. 2,000년 이상 건재해온 〔서구철학의〕 전통적 개념은 우리가 아는 대로 플라톤에서 파생된다. 플라톤은 아렌트가 이 책에서 그 누구보다 가장 많이 언급하는 사상가다. 그러나 〔우리에게〕 친숙한 동굴의 비유 독해에서처럼 그렇게 결정적으로 중요하게 언급하는 곳은 어디에도 없다. 아렌트 독해의 핵심은 플라톤이 수행한 철학의 지배에 대한 정당화, 즉 "인간사를 그것 자신의 영역 외부에 있는 무언가를 통해 지배"해야 한다는 주장이다.

철학은 사람들이 함께 말하고 행동할 때 드러나게 되는 여러 가지 상대적인 진실들 위로 한 개의 영원한 〔철학적〕 진실을 승격시킨 다음 그것에 의해 인간사가 다스려지는 것을 정당화한다. 게다가 플라톤의 동굴의 비유는 철학의 관심사와 "인간으로서의 인간(man *quo* man)의 〔관심사가〕 일치한다"고 하는데, 그것은 사실상 인간사로부터 "그것들 자체의 존엄성"(p.242)이라면 그 어떤 형태라도 전부 다 박탈하는 셈이다. 그러나 아렌트에 따르면 〔정치는〕 "인간으로서의 인간"이 아니라, 〔인간〕 다수성의 조건하에 있는 사람들(human beings), 즉 그들 각자의 절대적 다름〔의 조건〕—발언자와 행위자로서 그들의 평등성은 이 조건에서 기인한다—을 통해서 인간사를 지배하는 대신에 마치 선원들이 안전한 항구가 없는 바다 한가운데서 배를 다스리듯이 통치한다.

아렌트가 플라톤에 관해 말한 내용을 읽으면 다음 진술이 의미하는 바를 파악할 수 있을 것이다. "정치의 존재 이유(raison d'être)는 자유이며, 그것이 경험되는 장은 행위다"(p.287). 말과 행위에 동참한 보통 사람들이 경험한 자유는 역사의 물줄기를 바꿀 만큼 충분한 힘을 생성하므로 정치영역과 정치적 삶을 현존하게 만든다. 내가 방금 일부 내용을 인용한 「권위란 무엇인가?」와 「자유란 무엇인가?」라는 두 편의 에세이에는 '최초의 정치 경험 철학'(the first philosophy of political experience)이라 할 수 있는 것의 씨앗들—어떤 식으로도 플라톤 이래 오랜 세월 이어져온 정치철학 〔분야〕의 또 다른 판본에 속하지 않는 것들—이 담겨 있다.

오늘날 많은 독자가 아렌트를 찾는다. 그 이유는 그가 자기 시대를 대표하는 사상가였으며 특히 전체주의의 도래와 더불어 20세기 전체를 삼켜버린 "어두운 시대"의 사상가였다고 생각하기 때문이다. 전체주의자들은 "모든 것이 허용된다"는 믿음보다 "모든 것은 가능하다"는 믿음을 신봉했다. 그리고 그들의 생각은 적중했다. 가령 아우슈비츠가 가능하다면, 모든 것이 가능하다〔고 생각할 수도 있기 때문이다〕. 아마도 「전통과 현대」에서 한 가지 근본적인 사례를 가져오는 것이 이 책 전체를 통해 명시적으로나 또는 암묵적으로 울려 퍼지고 또 반향되는 어떤 화음의 중력이나 위급성의 의미를 밝히는 데 도움이 될 것이다. 마침내 "전통의 파괴"가 사상사 속에서 일어난 게 아니라 하나의 정치적 사실로서 발생했을 때—즉 전혀 예상치 못한 전체주의 정권들의 세계-파괴(world-destroying) 범죄들이 우리의 판단에 필요한 전통적 기준들을 무용지물로 만들었을 때—우리는 "'무엇에 대항해서 싸우고 있는가'라는 질문 대신에 '무엇을 위해서 싸우고 있는가'"라는 질문과 함께 남겨졌다(p.114).

우리는 20세기 중반에 우리가 대항해 싸운 것이 무엇인지는 알고 있다. 그러나 〔우리가 무엇을 위해서 싸웠는가라는〕 두 번째 질문에도 답을 얻었는가? 우리가 그것에 답을 했는가? 만약 우리가 전체주의를, 비록 그것이 끔찍한 것이더라도 역사적 사건들의 연쇄상에 있는 하나의 연결 고리로 간주하기로 하고 그것의 범죄들을 유형의 측면이 아니라 정도의 측면에서 다른 사악한 정권들—세계가 항상 인지하고 있었고 앞으로도 계속 인지하게 될 전제정을 펼치는 정권들—의 범죄들과 차별화하기로 한다면 전체주의의 이례(異例)성은 우리 손안에서 즉각 소멸할 것이다. 우리가 전통적인 사법적·도덕적·종교적 기준들에 따라 나치즘과 볼셰비즘의 범죄들을 이해하고 유죄 판결을 내리려고 시도한다면 우리의 정신은 당혹감을 감추지 못하게 될 뿐만 아니라, 더욱 중요하게는 우리가 그들의 범죄를, 심지어 그들의 이데올로기가 수반되지 않은 형태로라도 재발하게 만들 것이다. 아렌트는 우리가 무엇을 위해서 싸우는지를 알고 있어야만—탱크나 미사일 또는 그 어떤 폭력 수단도 이 지식을 얻는 데 도움이 되지는 못한다—전체주의의 범죄들을 전례가 없는 것으로 놔둘 수가 있다는 것을 알고 있었고, 또 우리가 그 점을 이해하기를 바랐다.

이 책의 독자들이 구속력 있는 전통의 권위가 파괴되었을 때 〔사물과 사건에 대한〕 이해력을 획득하기가 얼마나 어려운 것—요컨대 어떤 사람이 "이제 없음"을 "아직 없음"으로부터 분리시키는 간극 속에서 자기 스스로 사유하는 것이 얼마나 어려운 것—인지를 알아차릴 것이다. 그러나 이해력, 즉 자기-이해력이기도 한 이것이 세계에 얼마나 이롭고 자신들에게는 또 얼마나 유의미한 것으로 나타나게 될지를 알아차리라고 보는 것은 너무 큰 기대일 것이다. 만약 그런 독자가 있다면 그들은 간헐적으로 "사유함이 마련한 통로," 즉 과거에 대한 "회상"과 미래에 대한 "기대"가 "역사적이고 전기(傳記)적인 시간의 폐허에서 그것들이 손대는 것이라면 무엇이든 다 끌어다 저장"하는 통로, 그 "시간의 심장부 안에 놓인… 비시간(non-time)의 작은 궤도"(p.92)로 달려가고 싶어할 것이다. 한마디로 그들 사회의 특수한 취약점들을 판단할 수 있을 것이며, 그렇게 하는 과정에서 그들의 사회를 초월하는 어떤 세계 속에서 공적인 역할—다른 사람들과 더불어 말하고 행동하는 일—이나 모종의 사적인 역할—그들 자신과 더불어, 그리고 어쩌면 아렌트와 더불어 사유함—을 수행하기를 받아들일 것이다.

2006년은 아렌트 탄생 100주년이었다. 적어도 다섯 개 대륙에 펼쳐져 있는 여러 나라에서 다양한 부류의 사람들이 아렌트 사상의 철학적이고 역사적인, 그리고 무엇보다 정치적 측면에 관한 학술회의와 심포지움을 개최해 헌정함으로써 아렌트의 기념일을 축하했다. 누군가는 이 『과거와 미래 사이』의 100주년 기념판이 새로운 보통 사람들, 그리고 사유하고 행위하는 자들로 이루어진 공동체가 "우리보다 오래 살아남아 우리 이후에 올 사람들이 살기에도 적합한 장소로 남을 수 있는 어떤 세계를 건설하고 보전하고 보살피면서"(p.213) 함께 살아가도록 고무하는 일에 도움이 되기를 바랄지도 모른다. 그 바람이 현실이 되려면 우리는 계속해서 우리 사이에서 생겨나는 세계, 우리와 우리 후계자 사이에 생겨날 세계 속에 과거가 현전한다는 사실에 주의를 기울이는 일을 중단하지 말아야 한다. 이 "타인들과-세계를-공유하는-일"(p.394)이야말로 한나 아렌트가 가능성을 예견하고 그것의 조건들을 밝혔으며, 그 속에서 마침내 안식을 얻었을지도 모를 '그 공동세계'(the common world)의 시발점이 될 것이기 때문이다.

제롬 콘

과거와 미래 사이

정치사상에 관한 여덟 가지 철학연습

25년 동안 함께한

하인리히에게 이 책을 헌정한다.

서문: 과거와 미래 사이의 틈

"우리의 유산은 유언장 없이 우리에게 남겨졌다"(Notre héritage n'est précédé d'aucun testament). 아마 이 언명은 이상하리만치 뜬금없는 경구들 가운데서도 가장 이상하게 들리는 유형일 것이다. 이 경구는 프랑스의 시인이자 작가인 르네 샤르(René Char)가 4년간 레지스탕스 단원으로 활동하면서 당시 유럽의 작가와 지식인 세대 전체에게 남긴 의미의 핵심을 압축한 것이다.[1] 프랑스의 붕괴는 그 누구도 예상치 못했던 사건이었고, 그 때문에 프랑스 정치의 장이 하루가 다르게 텅 비워져 파렴치한과 바보들의 우스꽝스러운 꼭두각시놀음의 장으로 변했다. 사실상 그때까지 제3공화국[2]의 공식 국정 업무에 단 한 번도 참여한 적이 없는 사람들이 마치 진공청소기가 빨아들이기

---

1) 이 인용구와 잇따르는 문구들에 관해서는 르네 샤르의 책 *Feuillets d'Hypnos* (Paris, 1946) 참조. 1943년에서 1944년까지 레지스탕스의 마지막 해 동안에 쓰였으며, 알베르 카뮈(Albert Camus)가 편집하고 Collection Espoir에서 발행한 이 경구들은 후기 저작물들과 함께 *Hypnos Waking: Poems and Prose*(New York, 1956)라는 제목으로 출간되었다.

2) 1870년 수립되어 1940년 독일의 프랑스 점령으로 막을 내림—옮긴이.

라도 한듯 정치 속으로 빨려 들어갔다. 사전 예고도 없었고 〔타고난〕 의식 성향과도 맞지 않았지만, 프랑스인들은 되는 대로 모종의 공영역(public realm)[3]을 구축하게 되었다. 그곳에서는—관료제를 가동시킬 수 있는 장치들도 없었고 친구와 적의 시선 양자로부터 모두 감추어져 있었기 때문에—국가 운영에 적실한 모든 업무가 '말과 행위'(word and deed)[4]를 통해서 처리되었다.

그 체제는 오래가지 않았다. 불과 몇 년의 짧은 기간 이후 그들은 원래부터 '부담'으로 여겼던 역할에서 해방되었고, 무게감 없는 비(非)적실성이 본질인 사생활로 되돌아가면서 사적인 삶의 "슬픈 불투명성"(épaisseur triste)에 의해 다시 "실재 세계"(the world of reality)와 분리되었다.[5] 만약 그들이 "〔자신의〕 바로 그 시발점으로, 〔자신의〕 가장 초라한 행태로 돌아가기를" 거부한다면 그들은 오직 저 낡고 공허한 이념 투쟁의 장으로 복귀할 수밖에 없을 것이다. 그 이념들은 공동의 적을 무찌른 뒤 정치영역을 또다시 점령했고 이전의 전우들을 파벌이라고 할 수도 없는 수많은 도당(徒黨)들로 분열시켰으며, 끊임없는 논쟁과 음모로 점철된 문서전(文書戰)에 끌어들였다. 〔레지스탕스가〕 아직 실전 상태에 있는 동안 샤르가 명확히 예상했던 바는 적중했다. "만약 내가 살아남는다면 나는 이 중요한 몇 해의 정취(情趣)[6]와 결별해야만 하고, 조용히 나의 보물을 (억누르는 대신에) 거부해야만 한다는 것을 안다." 그들은 자신의 보물을 상실했다.

3) 이것은 레지스탕스를 일컫는다—옮긴이.

4) 아렌트는 '말과 행위'를 마치 하나의 관형어구처럼 사용하며 대부분 하나의 개념 범주로 취급한다. 이 표현은 'words and deeds'처럼 복수 형태나 'speech and action'과 같이 변형된 형태로 나타나기도 한다—옮긴이.

5) 아렌트의 정치철학적 맥락에서 공영역은 대체로 기쁨·밝음·투명성을 사영역은 슬픔·어둠·불투명성을 각각 표상한다—옮긴이.

6) 레지스탕스 활동기에 경험했던 충만한 자유의 느낌—옮긴이.

그 보물의 실체는 과연 무엇이었나? 그들 스스로 이해했던 바대로, 이를테면 그것은 서로 연결된 두 개의 부분으로 이루어져 있었던 것으로 보인다. 그들은 "레지스탕스에 가담했던 단원이 자기 자신을 발견했다"는 사실, 그가 "철저함이 없는 〔자기〕 탐색 과정에 돌입하거나 무방비적인 불만 상태에 머무는 것"을 중지했다는 사실, 그가 더 이상 자신의 "불성실성"에 대해서나 또 자신이 "트집만 잡는 미심쩍은 뜨내기 인생"인지에 대해서 의구심을 갖지 않았다는 사실, 그리고 그가 "숨김없이 자신을 드러낼 수"도 있다는 사실을 알아냈다. 모든 가면—한 개인이 사회에 대항하는 심리적 반작용의 일환으로 자기 스스로 만들어 쓴 것뿐 아니라 사회가 구성원들에게 배정한 것—을 벗어던진 벌거벗음 속에서 그들은 생애 처음 자유라고 하는 유령의 방문을 받았다. 분명히 말하건대 그것은 그들이 전제정(專制政)이나 그것보다 더 지독한 대상에 저항—모든 연합군 병사들이 그렇게 한 것은 사실이었다—했기 때문에 나타난 결과가 아니었다. 그것은 그들이 "도전자"가 되어 자기 삶의 주도권을 쥐게 된 결과, 부지불식간에 자신들 사이에 자유가 출현할 수 있는 공적인 공간을 창출하기 시작했기 때문이었다. "우리가 모여서 함께 먹는 끼니마다 자유도 합석하도록 초대된다. 그 의자는 비어 있지만 자리는 마련되어 있다."

유럽 레지스탕스 단원들은 자신의 보물을 상실한 최초의 사람들도 마지막 사람들도 아니었다. 현대의 가장 내밀한 이야기를 정치적으로 설명하고 있는 혁명의 역사—1776년 여름의 필라델피아와 1789년 여름의 파리에서 1956년 가을의 부다페스트[7]에 이르기까지—는 오래된 보물에 관한 우화 형식을 빌려 전달될 수 있다. 보물

7) 순서대로 미국혁명 · 프랑스혁명 · 헝가리혁명이다—옮긴이.

은 마치 신기루인 양 아주 다채로운 상황에서 예기치 않게 불쑥 나타났다가 또 다른 신비로운 상황에서 다시 사라져버린다. 그 보물이 실재가 아니라 하나의 신기루라고, 우리가 여기서 마주하고 있는 대상이 어떤 실체가 있는 게 아니라 한낱 유령 같은 것이라고 믿을 만한 이유는 꽤 여러 가지가 있다. 결정적인 이유는 그 보물이 지금껏 무명(無名)의 존재로 남아 있었다는 사실이다. 외계(外界)도 아닌 이 세계와 지구상에 있는 인간사 속에 이름조차 없는 어떤 것이 현존한다는 이야기인가? 차라리 유니콘과 요정 여왕이 그 혁명들 속 상실된 보물보다 훨씬 더 큰 실재성을 가지고 있는 듯이 보인다.

그럼에도 우리가 이 시대의 시발점들로 시선을 돌리면, 특히 그에 앞선 몇십 년으로 되돌아간다면, 18세기 대서양 양안(兩岸) 모두에서 이 보물의 명칭이 발견된다는 사실에 놀라움을 금치 못할 것이다. 명칭은 그 이래로 아주 오랫동안 잊히고 상실되었는데—아마 누군가는 이렇게 표현하고 싶을 것이다—그 보물 자체가 사라지기도 훨씬 전에 그렇게 된 것이다. 미국에서 그것의 명칭은 '공적 행복'(public happiness)이었다. '미덕'(virtue)과 '영광'(glory) 개념에 비중이 실린 이 공적 행복이라는 명칭의 의미를 우리가 프랑스〔혁명〕에서 등장한 그것의 상대 명칭인 '공적 자유'(public freedom)보다 더 잘 이해하고 있다고는 결코 말하기 어렵다. 이 두 명칭을 이해하기 어려운 이유는 양쪽 모두 '공적'이라는 표현에 방점이 찍혀 있기 때문이다.

아무튼 시인 〔즉 르네 샤르〕가 우리의 유산이 유언장 없이 우리에게 남겨졌다고 암시한 것은 상실된 보물의 무명성(無名性)이었다. 상속인에게 무엇이 그의 정당한 소유인가를 명시하는 유언장은 과거에 속한 것의 미래 용도를 지정한다. 유언장[8]이 부재한다면 아니, 이

8) 유언장은 곧 전통을 가리킨다—옮긴이.

은유를 풀어 설명하자면, 전통—이것은 선별하고 명명하며, 또 승계하고 보전하며, 어디에 보물이 있는지 그리고 그것의 가치가 어떤 것인지도 알려준다—이 부재한다면 시간 속에 의도된 그 연속성은 어디서도 찾아볼 수 없고, 인간적 관점에서 보면 과거나 미래도 없으며, 오직 세계의 영원한 유전(流轉)과 그 속에 사는 생명체의 생물학적 주기만 존재하는 듯이 보일 것이다. 결국 〔혁명의〕 보물은 역사적 상황과 현실의 역경 때문에 상실된 것이 아니라, 그 어떤 전통도 그것의 출현이나 실재성을 예견하지 못했고 그 어떤 유언장도 그것의 미래를 규정하지 않았기 때문에 상실된 것이다.

정치적 현실의 맥락상 어쩌면 불가피했을 그 상실은 망각, 즉 기억의 실패를 통해 완수되었다. 망각 〔현상〕은 보물의 상속자뿐 아니라, 말 그대로 그것을 잠시 수중에 넣은 적이 있었던 행위자와 증인, 한마디로 모든 생존자가 다 같이 겪었다. 기억이라는 것이 비록 사유 양식 가운데 가장 중요한 것일지라도 유일하게 사전-구축된 준거 틀의 바깥에서는 무력하고, 인간 정신은 아주 드문 경우에만 다른 것과 전혀 연결되어 있지 않은 어떤 사물을 기억할 수 있기 때문이다.

그러므로 그 보물이 어땠었는지를 기억하지 못한 최초의 사람들은 바로 그것을 소유했지만 무언가 이상한 것이라고 여겼으므로 어떻게 명명해야 할지 몰랐던 자들이다. 당시에는 이런 사실이 그들에게 아무런 문제도 되지 않았다. 비록 그 보물의 진가는 알지 못했어도 자신이 한 일의 의미를 충분히 인지하고 있었기 때문에 그것은 그들에게 승리와 패배 그 이상을 의미했다. "산 자들에게 의미 있는 행위는 오로지 죽은 자들에게서만 그 가치가 발견되는 법이며, 그것을 계승하고 그것에 관해 질문하는 사람들에 의해서만 완성될 수 있다."[9]

---

9) 현재의 행위는 과거의 가치들에 의해 그 동기가 부여되는 것이며, 그것의 판단

〔보물의 상실이라는〕 비극은 〔프랑스라는〕 나라 전체가 〔나치로부터〕 해방된 후 어차피 그렇게 될 운명을 타고난 숨겨진 자유의 섬들이 거의 자동적으로 파괴되었을 때 시작된 것이 아니다. 그것은 그 보물을 계승하고 그것에 대해 질문하고 생각하며 기억하는 정신이 부재하다는 사실이 드러났을 때 시작되었다. 문제의 핵심은, 일단 실행에 옮겨진 모든 사건은 그것에 관해 이야기하고 의미를 전달하게 될 사람들의 정신 속에서 실제로 완성되어야 하는데 그 "완성"의 기회가 그들을 비켜 지나갔다는 사실이다. 행위가 수행된 이후에 사유함을 통한 완성 과정이 없다면, 즉 기억의 도움을 받아 달성된 표현의 정교화가 아니라면 간단히 말해서 사람들에게 들려줄 수 있는 이야깃거리는 하나도 남지 않게 될 것이기 때문이다.

이런 상황이 전적으로 새로울 이유는 아무것도 없다. 우리는 그저 이성·사유·합리적 담론과 함께 반복적으로 터져 나오는 열정적인 분개 상황에 너무 익숙해져 있다. 그러한 것들은 사유와 현실이 결별했다는 사실, 현실이 사유의 빛을 통해 이해하기 어렵게 되었다는 사실, 사유가 더 이상 원이 그것의 초점에 묶여 있듯이 사건과 묶여 있지 않다면 완전히 무의미한 것이 되어버리거나 모든 현실적 적실성을 잃어버린 낡아빠진 진실들을 재탕할 개연성이 있다는 것을 자신의 경험으로부터 알고 있는 사람들의 자연스러운 반응인 것이다. 심지어 이제는 장차 일어날 곤경을 예상하는 것에도 익숙해져버렸다. 토크빌(Alexis de Tocqueville)은 신대륙에 대해 어떻게 쓰고 분석해야 할지를 너무나도 잘 알고 있었기에 그의 저작은 고전이 되었고 19세기라는 급격한 변동의 세기보다 오래 살아남았다. 신대륙에서 프랑스로 돌아갔을 때, 그는 샤르가 행위와 사건의 '완성'이라고 부른 것

은 미래 세대에게 맡겨진다는 의미로 이해할 수 있다—옮긴이.

이 여전히 그를 비껴가고 있음을 깨닫고 있었다. 그 결과 샤르의 "우리의 유산은 유언장 없이 우리에게 남겨졌다"는 경구가 마치 "과거가 그 빛으로 미래를 비추는 것을 중지했기 때문에 인간의 정신은 어둠 속에서 방황하고 있다"는 토크빌의 언명을 개사(改詞)한 것처럼 들리는 것이다.[10] 그러나 내가 아는 한, 이러한 곤경의 가장 정확한 묘사는 프란츠 카프카(Franz Kafka)의 비유들 가운데 하나에서 발견된다. 아마 그것은 이런 측면에서 독특하게 문학의 형식으로 제시된 것 가운데 진정한 파라볼라이(παϱαβολαί, 우화)일 것이다. 그것은 마치 광선(光線)처럼 사건의 바깥 둘레와 주변을 비춰주지만 외형을 조명하는 것이 아니라 내적 구조를 드러내는 엑스레이와 같은 힘을 지닌다. 이 내적 구조는 인간 정신의 감추어진 작동 과정으로 이루어져 있다. 카프카의 우화는 다음과 같은 내용이다.[11]

---

10) 이 인용구는 『미국의 민주주의』(*Democracy in America*, New York, 1945), vol. II, p.331로부터 가져온 것이다. 원문은 다음과 같다. "사회적 조건 · 법 · 여론 · 인간의 감정 속에서 일어나고 있는 이 혁명이 종결되기까지는 아직도 멀었지만 그 결과는 이미 세계가 이전에 목격했던 바와는 비교가 안되는 수준임이 분명해지고 있다. 나는 시간을 거슬러 가장 먼 고대로 돌아가보지만 현재 내 눈앞에 펼쳐진 것과 비견될 만한 그 어떤 것도 찾아볼 수가 없다. 과거가 미래를 위해 등불을 비추기를 중지했기 때문에 인간의 정신은 어둠 속에서 방황한다." 토크빌의 이 어구들은 르네 샤르의 경구를 예고했을 뿐만 아니라, 문맥을 통해 읽는다면, 놀랍게도 미래는 인간의 정신을 과거로 돌려보내며 "[우리로부터] 가장 멀리 떨어져 있는 고대로까지" 거슬러 올라가게 한다는 카프카의 통찰 역시도 예견했다.

11) '그'(HE)라는 제목의 이 이야기는 'Notes from the year 1920'이라는 연작의 마지막 작품이다. 윌라 뮤어(Willa Muir)와 에드윈 뮤어(Edwin Muir)가 독일어판을 영역한 것으로 미국에서는 *The Wall of China*(New York, 1946) 속에서 첫선을 보였다. 나는 집필 목적상 훨씬 문학적인 번역이 요구되는 몇 군데를 제외하고는 영어 번역판을 따랐다.

그(HE)에게는 두 명의 적이 있다. 그 가운데 하나는 뒤쪽에서, 기원으로부터 그를 압박하고 있다. 다른 하나는 그의 앞길을 막아서고 있다. 그는 지금 양쪽 모두와 전투를 벌이고 있다. 확실히 첫 번째 적은 그를 전방으로 밀어내려고 하므로 두 번째 적과의 대결에서 그를 지원한다. 같은 방식으로 두 번째 적은 그를 후방으로 몰아내려 하므로 첫 번째 적과의 대결에서 그를 지원한다. 그러나 이것은 단지 이론적으로 그렇다는 것이다. 거기에는 두 명의 적뿐 아니라 그 자신도 있기 때문이다. 그러면 누가 정말로 그의 의도를 알겠는가? 사실 그가 꿈꾸는 것은 언젠가 경계가 느슨해질 때—이 순간은 여태껏 있었던 어떤 밤들보다 더 캄캄한 밤을 요구할 것이다—에 전선(戰線)을 뛰쳐나가, 자신이 그간 전투를 통해 얻은 경험에 비추어 서로 싸우고 있는 그의 적들을 심판하는 위치로 진급하게 되는 것이다.

이 우화와 관계가 있으며 〔문제의 본질을〕 관통하는 사건은, 문제의 내적 논리상 우리가 르네 샤르의 경구에서 발견한 요지가 담긴 사건들에 수반된다. 실제로 이 사건은 지금껏 인용한 〔샤르의〕 경구가 사건들의 진행 과정을 애매모호한 상태로 남겨둔 바로 그 지점에서 출발한다. 카프카의 투쟁은 행위의 전 과정이 마무리된 시점, 그리고 행위의 산출 결과인 이야기가 "그것을 계승하고 그것에 관해 질문하는 사람들의 정신 속에서" 완성되기를 기다리는 시점에 개시된다. 정신의 임무는 무엇이 일어났는가를 이해하는 것이며, 이러한 이해력은 헤겔의 논리에 따르면 인간이 자신과 현실을 화해시키는 방식이다. 그리고 그것의 실질적인 목적은 세계와 평화 상태에 놓이는 것이다. 문제는 정신이 평화를 가져오고 화해를 만들어낼 수 없게 된 경우 정신은 자신이 즉각 자기 자신만의 전쟁 상태에 돌입한 것을 알게 된다는 데 있다.

그러나 역사적으로 말해서, 적어도 20세기에는 현대적 정신의 발전 과정에서 이 단계에 하나가 아닌 두 개의 선행 행위가 있다. 당대의 대표 격으로 선택된 르네 샤르가 문학적 추구 방식을 탈피해 행위에 대한 신념 속에 던져진 것을 발견하기 이전, 그보다 약간 더 나이 든 세대는 철학의 난점들에 대한 해법을 찾기 위해 정치에 눈을 돌렸고 사유에서 행위로 도피하고자 했다. 그들은 바로 실존주의라고 명명한 것의 대변자이자 창시자가 된 구세대였다. 적어도 프랑스식 실존주의는 주로 현대철학의 난점으로부터 행위에 대한 절대적 신념으로의 도피를 추구한 것으로 인식되었다. 그리고 20세기라는 상황에서 이른바 지성인들—작가·사상가·예술가·식자층 등—은 혁명의 시기에만 공영역에 접근할 수 있었으므로 혁명은 앙드레 말로(André Malraux)가 『인간의 숙명』(*Man's Fate*)에서 언급한 적이 있듯, "과거에 영원한 삶(eternal life)이 수행했던 역할"을 담당하게 되었다. 말하자면 혁명이 "혁명가들을 살려낸다"는 것이다.

실존주의, 즉 '철학에 대한 철학자의 반란'은 철학이 자신의 규칙을 정치적 사안의 영역에 적용할 수 없다는 사실이 밝혀졌을 때 등장한 것이 아니었다. 플라톤이라면 이해했음 직한 이와 같은 정치철학의 실패는 거의 서구철학과 형이상학의 역사만큼이나 오래되었다. 그것〔실존주의〕은 헤겔과 그의 역사철학이 철학에게 떠맡긴 임무, 그러니까 현대적 세계를 현재의 모습으로 만든 역사적 실재와 사건들을 이해하고 개념적으로 파악하는 임무를 철학마저도 해낼 수 없다는 것이 기정사실화되었을 때조차도 생겨나지 않았다. 그러나 해묵은 형이상학적 질문들이 무의미하게 보였을 때, 다시 말해서 현대인이 자신의 정신과 자신이 속한 사유 전통에 기대어 현대철학 자체의 난맥상에 대한 답을 제시하는 것은 고사하고, 적절하며 유의미한 질문조차 제기할 수 없는 어떤 세계 속에 살게 되었다는 사실을 처음으로 깨달았을 때 상황은 절망적으로 변했다. 이러한 곤경 속에서 행위는 그것의 가담과 헌신, 즉 현실 참여라는 특성과 더불어 굳이 어떤 문제를 해결하겠다기보다, 언젠가 사르트르(Jean-Paul Sartre)가 표현한 것처럼 한 사람의 위선자(salaud)가 되지 않고 그러한 문제들과 더불어 살 수 있다는 희망의 상징처럼 보였다.

우리가 여기서 관심을 가지는 이야기의 이른바 제1막을 형성하는 것은, 인간 정신이 어떤 알 수 없는 이유로 인해 더 이상 제대로 기능할 수 없게 되었다는 인식이다. 내가 간략하게라도 그 인식에 관해 언급한 이유는, 그렇게 하지 않으면 바로 이어지게 될 내용의 특이한 역설이 우리에게 아무 의미가 없어지기 때문이다. 레지스탕스 활동기 마지막 몇 달 동안 집필했던 르네 샤르는 〔프랑스가 나치 독일로부터〕 해방—우리의 맥락에서는 행위로부터의 해방—될 전망이 밝아지자, 생존 가망성이 있는 이들을 대상으로 자신에 앞서 행위에 호소했던 사람들만큼이나 다급하고 열정적으로 사유〔의 필요〕를 호소하는 것으로써 자신의 성찰을 마무리했다.

가령 어떤 사람이 우리 20세기의 지성사를, 마치 역사가가 말 그대로 이론과 태도의 등장 순서에 입각해 사실대로 써 내려가는 식의 순차적 세대사 형식이 아니라, 사람들의 정신 속에서 실제로 일어난 일들에 관한 어떤 은유적 근사치를 얻기 위해 단 한 사람에 대한 전기(傳記) 형식으로 집필하고자 한다면, 르네 샤르의 정신이 한 번만 그런 게 아니라 두 번씩이나 완전히 뒤바뀌도록 강제되었다는 사실이 드러나게 될 것이다. 처음은 그가 사유로부터 도피해 행위로 뛰어들었던 때, 그리고 두 번째는 행위, 아니 행위 수행의 완료 사실이 그를 다시 사유로 복귀하게 만들었던 때다. 그 사유에 대한 요청이 때때로 역사적 시간 속에 스스로 끼어드는 기이한 틈새기(in-between period)에 발생했다는 사실에는 약간 주목할 만한 적실성이 있다. 이런 시기에는 후일의 역사가들뿐 아니라 행위자와 목격자들, 즉 살아 있는 자들 자신이 이제 존재하지 않는 것들과 아직 존재하지 않은 것들이 전적으로 규정하는 시간 속에서 하나의 막간(幕間, an interval)을 자각하게 된다. 역사는 이러한 막간들이 진실의 순간을 담고 있을 수도 있음을 적어도 한 번 이상은 증명해주었다.

이 대목에서 다시 카프카로 돌아가자. 그가 비록 이러한 문제들의 연대기와는 상관없다 해도 그 논리에서는 결론적인 입장을, 즉 가장 선두자리를 점하고 있다. (사후 35년이 지나는 동안 그 명성이 점점 높아지면서 최고의 작가 가운데 한 명으로 입지를 굳힌 카프카의 수수께끼는 여전히 미제 상태로 남아 있다. 이 수수께끼는 일차적으로 경험과 사유 사이에 수립된 관계를 기발하게 뒤집었다는 사실에 기인한다. 우리는 구체적인 세부 사항과 극적인 행위의 풍요성을 각자가 처한 현실의 경험과 결부시키는 일을 당연시하며, 정신적 과정들이 추상의 창백함이라는 값을 치르고 질서와 정밀성을 확보하는 것을 당연하게 여긴다. 그런 반면, 카프카는 순수 지성의 힘과 영적 상상력을 통해서 극히 미세한 양의 빈약하고 '추상적'인 경험으로부터 일종의 사유思惟-정경情景을 창조해냈다. 이 사유-정경은 정밀성에 집착하지 않기 때문에 '실제' 삶의 특징인 풍요로움과 다양성 그리고 극적인 요소를 다 담을 수 있었다. 카프카에게 사유함은 실재의 가장 필수적이고 활기 넘치는 부분이었기에 이 비상한 예견의 재능을 계발했던 것이다. 그는 전대미문의 그리고 예측불허의 사건들로 가득했던 거의 40여 년의 세월이 지난 오늘날까지도 부단히 우리의 감탄을 자아낸다.)

카프카의 이야기는 간결히 말해 어떤 정신 현상을 기록하고 있다. 누군가는 이를 모종의 사유-사건(a thought-event)으로 부를지도 모른다. 그 장면은 과거의 힘과 미래의 힘이 서로 충돌하는 전장(戰場)

이다. 충돌하는 힘들 사이에서 우리는 카프카가 '그'(He)라고 지칭한 사람을 발견한다. 그가 만약 자신의 현재 위치에 서 있고자 한다면 그는 양쪽의 힘과 전투를 벌여야만 한다. 그러므로 그곳에는 두 개의 전투, 심지어 세 개의 전투가 동시에 벌어지고 있는 셈인데, 바로 '그의' 적들 사이의 전투 하나와 적들 사이에 끼어 있는 그가 그들 각각을 상대로 벌이는 〔두 개의〕 전투다. 그러나 전투가 벌어지고 있다는 사실은 전적으로 그의 현전 때문인 듯이 보인다. 가령 그가 거기에 없었다면 과거의 힘과 미래의 힘은 이미 오래전에 서로 상쇄되었거나 파괴되었을 것이기 때문이다.

첫 번째로 주목할 점은 미래—"미래의 물결"—뿐만 아니라 과거도 하나의 힘으로 이해되고 있다는 점이다. 여기서 과거는 거의 모든 은유에서처럼 인간이 져야 할 짐도, 산 자가 미래로 행진하는 도정에서 제거할 수 있거나 반드시 제거해야만 할 감당하기 힘든 걸림돌도 아니다. 포크너(William Faulkner)의 표현에 따르면, "과거는 결코 사장되지도, 심지어 지나가지도 않았다." 게다가 이 과거는 그것의 기원까지 내리뻗어 있으면서 후방으로 끌어당기는 것이 아니라 전방으로 압박한다. 그리고 일반적인 기대와 달리 우리를 과거로 돌려보내는 것은 바로 미래다. 항상 과거와 미래 사이의 막간에서 살아가는 인간의 관점에서 보면 시간은 어떤 연속체가 아니며, 중단되지 않고 계속 이어지는 하나의 흐름도 아니다. '그'가 서 있는 시간의 중간 지점은 끊겨 있다. 그 중간 지점에 '그'가 서 있는데, 그의 자리는 우리가 통상적으로 이해하는 바로서의 그 〔물리적 시간으로서의〕 현재가 아니다. 그것은 차라리 '그의' 지속적 투쟁, 즉 그가 과거 그리고 미래와 〔동시에〕 대적해 '그의' 자리를 지키려는 노력을 통해 자신의 현존을 지탱하는 시간 속의 간극(間隙, a gap)이다. 오직 사람만이 시간 속 틈입이 허용되기 때문에, 오직 사람이 자신의 위치에 서 있는 한에서만 무심한 시간의 흐름이 〔과거·현재·미래의〕 시제로 나누어진다. 그 시간이라는 연속체를 〔여러 가지〕 힘들로 쪼개는 것이 바로 이 틈입—아우구스티누스(Augustinus)의 용어로 표현하면, 어떤 시발점의 개시—이다. 그렇게 쪼개진 힘들은 자신에게 방향성을 부여하는 입자(粒子)나 신체에 집중되어 있으므로 카프카가 묘사한 방식으로 서로 전투를 벌이고 인간에게 영향력을 행사하기 시작한다.

내 생각에 누군가는 여기서 카프카의 의미를 왜곡하지 않으면서 한발 더 나아갈 수 있을 것이다. 카프카는 사람의 틈입이 시간의 일방향적 흐름을 어떻게 끊을 수 있는가에 관해 기술하지만, 이상하게도 시간이 하나의 직선을 따라 움직인다는 전통적인 생각을 바꾸지는 않는다. 카프카가 직선적 시간 운동이라는 전통적인 〔시간의〕 은유를 그대로 유지하기 때문에 '그'는 자신이 서 있을 만한 충분한 공간을 확보하지 못하고, 아무런 도움도 받지 못한 채 스스로의 힘으로 '자신'만의 삶을 시작하려고 할 때마다 전선 너머 상부에 놓인 어떤 구역에 대한 몽상에 빠져들게 된다—그 오래된 꿈, 파르메니데스로부터 헤겔에 이르기까지 서구 형이상학이 사유에 적합한 어떤 구역으로서 시간도 부재하고 공간도 부재하는 초감각적인 영역을 꿈꿔오지 않았던가? 그것이 바로 이런 몽상, 이런 구역이 아니고 무엇이겠는가?

분명 카프카의 '사유-사건'에 관한 묘사에서 빠진 것은 사유함이 인간의 시간으로부터 완전히 뛰쳐나가지 않으면서 동시에 영향력을 행사할 수 있는 공간적 차원이다. 모든 훌륭함에도 불구하고 카프카의 이야기에 수반되는 문제는, 가령 시간의 일방향적 흐름이 인간에게 달려들어 영향력을 행사한다고 가정되는 적대적인 힘들로 분할된다면, 〔사실상〕 직선적 시간 운동 개념을 유지하기가 거의 불가능하다는 점이다. 인간의 틈입은 시간의 연속체를 깨뜨리게 되므로 비록 경미한 수준이라 할지라도 그 힘들을 원래의 방향에서 빗나가게 할 수밖에 없다. 그리고 만약 이것이 사실이라면 그 힘들은 더 이상 정면으로 충돌하지 않고 한 각(角)에서 만날 것이다. 바꿔 말해서 '그'가 서 있는 간극은 적어도 잠재적으로는 단순한 막간이 아니라 물리학자들이 힘의 평행사변형이라고 부르는 것과 유사한 것이다.[12]

이상적인 관점에서 볼 때 카프카의 '그'는 자신의 전장(戰場)을 발견한 곳에서 힘의 평행사변형을 구성하는 두 힘의 작동으로 인해 어떤 제3의 힘, 즉 대각선의 출현을 초래할 것이다. 대각선은 힘들이 충돌하고 작동하는 지점에서 기인할 것이고, 그것의 힘은 한 가지 측면에서 그것을 존재하게 한 두 개의 힘과 다를 것이다. 두 개의 적대적인 힘은 모두 자신의 기원에 대해 무한정적이다. 하나는 어떤 무한의 과거로부터, 다른 하나는 어떤 무한의 미래로부터 다가오기 때문이

---

12) 여기서 아렌트가 간략히 기술한 시간 개념은 그의 유작 『정신의 삶』(*The Life of the Mind*, Vol. I, "Thinking," 1978, p.208)에 평행사변형 모형과 함께 자세히 설명되어 있다. 아렌트는 자신의 시간 개념을 아우구스티누스의 시간 개념으로부터 전유해 발전시키고 있는데, 물리적 시간의 과거·현재·미래라는 시제는 인간의 현재적 사유함(아우구스티누스의 경우는 기억memoria) 속에서 그 시간성을 상실하고 모종의 비시간적 현재인 '**지금**'(nunc stans)을 창출한다. 아렌트가 아래에 설명하고 있는 대각선은 바로 그러한 비시간적 현재의 지점들로 이루어진 선을 표상하는 것으로서 아직 존재하지 않는 미래와 이제 존재하지 않는 과거 사이의 간극 (또는 막간)인 셈이다. 그에게 이 간극은 물리적 시간성의 조건들 및 인간 자신의 유한성을 극복할 수 있는 가능성을 의미한다. 보웬-무어는 이것을 '살아 있음'의 경험 감각을 제공하는 정신적 경험의 "내부적 불멸성"이라고 해석하고 있다(Patricia Bowen-Moor, 1989, pp.97-100). 아렌트는 이러한 틈을 "불가사의하며 포착하기 힘든 지금"(mysterious and slippery now)으로 부르며, 인간이 자신의 현전(presence)을 구축하는 지점으로 설명한다. 즉 이것은 인간실존의 비시간적 시간 지평에 해당된다—옮긴이.

다. 비록 그 시발점까지는 알 수 없다 할지라도 그것들은 상호 충돌 지점을 종착점으로서 공유한다. 이와 반대로 대각선의 힘은 적대적인 힘들의 충돌 지점에서 출발하기 때문에 자신의 기원에 대해서는 한정적이지만, 무한성에 기원을 두고 있는 두 힘이 합심한 행위로부터 생성되는 까닭에 자신의 종착점에 관한 한 무한정할 것이다. 기원이 알려져 있고 과거와 미래에 의해 방향은 결정되지만, 그 종착점이 무한 속에 놓여 있는 이 대각선의 힘이야말로 사유의 활동에 대한 완벽한 은유다.

만약 카프카의 '그'가 과거와 미래로부터 완전히 똑같은 거리를 두고 이 대각선을 따라 말 그대로 앞뒤로 걸으면서, 일련의 사유의 맥(脈)들에 적합한 동작, 즉 느릿하고 질서 잡힌 움직임으로 이 대각선을 따라 자신의 힘을 행사할 수 있었다면, 그는 전선에서 뛰쳐나오지 않고 비유가 요구하는 대로 전투선 너머에 존재했을 것이다. 비록 이 대각선이 무한한 것을 가리키고 있을지라도 현재에 뿌리를 두고 현재에 닻을 내리고 있기 때문이다. 그는 과거와 미래의 힘들에 의해 창조되고 한정된 그 거대하며 항상 변전하는 시공간(time-space)을 발견했을 수도 있다. 자신의 적들에 의해 유일한 방향(대각선)으로 몰리게 된 그가 거기에서 자신만의 소유인, 그리고 스스로 〔대각선에〕 삽입한 자신의 외견으로 인해 존재하게 된 것이 무엇인가를 제대로 보고 탐색할 수 있었다면 말이다. 아마 그는 '그 심판'에게 서로 싸우고 있는 힘들을 공평무사한 눈으로 판단할 수 있는 위치를 제공하기 위해 시간 속에서 과거와 미래로부터 충분히 떨어진 자리를 찾아냈었을 것이다.

그러나 누군가는 〔이런 나의 추론에〕 "다만 이론상으로만 그렇다"라는 말을 덧붙이고 싶을 것이다. 〔물론〕 발생 가능성이 훨씬 더 큰 경우—그리고 카프카가 다른 이야기와 비유들 속에서 종종 설명하곤 했던 것—는 힘의 평행사변형에 의해 이상적으로 구축된 공간으로 전선에 있는 자신을 데려가줄 대각선을 발견하지 못한 '그'가 결국 '극도의 피로로 소진해 죽는' 것이다. 자신의 본래 의도들을 망각한 채 계속 이어지는 전투의 압박감에 지쳐, 비록 안식처가 아니라 전장임에도 자신이 살아 있는 한 서 있어야만 할 이 시간 속의 간극에서 현존한다는 사실만 의식하면서 말이다.

오해를 피하기 위해 부연하자면, 내가 사유의 현대적 조건들을 나타내기 위해 여기서 은유적으로 그리고 잠정적으로 사용하고 있는 이미지는 오직 정신적인 현상들의 영역 내에서만 타당성을 가질 수 있다. 가령 그것이 역사적 혹은 전기적 시간에 적용된다면 거기에서는 시간의 간극들이 발생하지 않을 것이므로 이런 은유들 가운데 그 어떤 것도 의미를 창출하지 못할 것이다.

오직 그가 사유하는 한, 그리고 나이를 먹지 않는 〔비시간적 조건이 확보되는〕 한에서만—카프카가 '어떤 사람'이라고 말하지 않고 아주 적절하게 '그'라고 지칭한—인간은 자신의 구체적인 '있음'의 온전한 현실태로서 과거와 미래 사이의 간극 속에서 사는 것이다. 나는 이 간극을 현대적 현상이라고 생각하지 않으며, 역사적 자료는 더더욱 아니라고 생각한다.

그러나 이것은 인간이 지구상에 현존하는 것과 동시에 발생한다. 시간 속의 간극은 아마도 정신의 구역이거나, 아니면 차라리 사유함에 의해 마련된 통로라고 말하는 게 더 적절할지도 모른다. 사유 활동은 필멸할 인간의 시공간 속에 놓인 이 협소한 비-시간(non-time)의 궤도상으로 사유·기억·기대의 맥들이 역사적 시간과 전기(傳記)적 시간의 폐허에서 만난 것들을 실어 나른다. 그 속에서 태어나는 세계나 문화 공동체와 달리, 시간의 심장부에 마련되는 이 작은 비-시공간(non-time-space)은 단지 암시될 수 있을 뿐, 과거로부터 승계하거나 〔후대에〕 물려줄 수 없다. 새로운 세대는 물론이고 새로 태어난 사람은 실제로 자기 자신을 무한한 과거와 무한한 미래 사이에 틈입시킴으로써 이 통로를 발견해야만 하고 꾸준히 그것을 새롭게 닦아야 한다.

문제는 우리가 사유함이라는 활동을 펼칠, 즉 과거와 미래의 간극에 안착할 자세나 준비가 되어 있지 않은 듯하다는 것이다. 로마 건국에 뒤이은 아주 오랜 시간의 역사에서, 즉 로마의 개념들에 따라 규정된 수천 년의 세월 동안 이 간극은 우리가 전통이라고 불러왔던 것들로 채워져왔다.

현대로 접어들면서 이 전통이 점점 닳아서 일천해졌다는 것쯤은 누구나 다 아는 사실이다. 전통의 끈이 마침내 끊어졌을 때 과거와 미래 사이의 간극은 더 이상 사유 활동에만 특수한 조건으로 남을 수 없었고, 사유함을 자신의 주업으로 삼은 소수에게 개방된 어떤 경험으로 〔그 용도가〕 한정되었다. 이 상황은 모두에게 명백한 현실이자 난제가 되었다. 요컨대 그것이 어떤 정치적 적실성의 문제로 〔그 성격이〕 바뀌게 되었다는 것이다.

카프카는 과거와 미래가 충돌하는 물결 속에서 자신의 자리를 지키고 서 있는 '그'가 얻은 전투 경험을 언급한다. 이것은 사유함 속에서의 경험이다. 그리고 우리가 살펴보았듯이 이 비유 전체는 어떤 정신 현상에 관한 것이다. 무엇인가를 수행하는 모든 경험이 그렇듯이 이 경험 역시도 연습을 통해서만, 특히 철학 연습들을 통해서 얻어질 수 있다. (이런 측면에서, 물론 다른 측면에서도 그러하지만, 이런 종류의 사유함은 연역·귀납·결론 도출과 같은 정신적 과정들과 다르다. 그러한 정신적 과정들의 비-모순 및 내적 일관성과 관련된 논리적 법칙들은 한번만으로 학습될 수 있으며 그 이후로는 단지 적용만 하면 되기 때문이다.)

이 책에 포함된 다음 여덟 편[13]의 에세이는 그러한 철학 연습[의 결과]이며 오로지 사유하는 방법상의 경험을 얻는 것을 목적으로 한다. [그러나] 에세이들 속에 무엇을 사유해야 하는지 또는 어떤 진심을 수용해야 하는지에 대한 처방이 담겨 있지는 않다. 이것들은 결단코 전통의 단절된 끈을 다시 연결하려고 하거나 과거와 미래 사이의 간극을 메우기 위해 최신 유행의 대체물을 고안하려고도 의도하지 않는다. 진실의 문제는 이 철학 연습의 전 과정에서 유보 상태로 남아 있고, 관심은 오로지 이 간극—아마도 진실이 마침내 모습을 드러낼 유일한 구역—속에서 [우리가] 어떻게 운신할 것인가라는 문제에 집중되어 있다.

좀더 구체적으로 말해서, 여기에 실린 에세이들은 정치사상에 관한 철학 연습이다. 정치사상은 정치적 사건(비록 그런 것들이 간헐적으로만 언급된다 할지라도)의 현실태로부터 태동한다. 나는 사상 자체가 사건을 접한 산 경험에서 우러나오며, 그것의 함의를 유추할 수 있는 유일한 안내판인 사건들과 묶여 있어야만 한다고 생각한다. 이 책에 포함된 철학 연습들은 과거와 미래 사이에서 움직이기 때문에 실험은 물론 비판도 포함하고 있지만, 그 실험이 어떤 유토피아적 미래를 설계하려는 시도는 아니며, 또 과거와 전통적인 개념에 대한 비판 또한 그것의 실상을 '폭로'하려는 의도가 담긴 것도 아니다.

모든 에세이가 비판적인 부분과 실험적인 부분으로 뚜렷이 나뉘지

13) 아렌트의 『과거와 미래 사이』는 이 100주년 기념판에 앞서 이미 두 차례 출간된 바 있다. 첫 번째는 1961년 바이킹 출판사(Viking Press)에서, 두 번째는 1968년 펭귄 북스(Penguin Books)에서 출간되었다. 전자에는 여섯 편의 에세이만 실려 있고, 후자의 출간 당시 이 책의 7장과 8장을 구성하고 있는 두 개의 에세이가 추가되었다. 이 책은 제3판에 해당하는 2006년 100주년 기념판을 우리말로 옮긴 것이다—옮긴이.

는 않지만, 처음의 세 장은 대체로 실험적이라기보다는 비판적이고, 나머지 다섯 장은 비판적이기보다는 실험적이다. 이와 같은 강조점의 점진적인 이동은 자의적인 것이 아니다. 과거에 대한 비판적인 해석에는 실험적인 요소가 포함되어 있기 때문이다. 비판적 해석의 주목적은 전통적 개념들의 실제 기원을 알아내는 것이다. 이는 애석하게도 그 밑바탕에 놓인 현상적 실재와 무관하게 〔정치적 현상에 관한〕 거의 모든 설명을 처리하도록 〔자신의〕 빈 껍데기만 남겨놓고 증발해버린 정치적 어휘의 핵심 개념들—자유와 정의, 권위와 이성, 책임과 덕목, 권력과 영광—의 본래 정신을 새롭게 증류해내기 위한 것이다.

내 생각—독자들도 이에 동의해주기를 희망한다—에 문학의 한 갈래로서 에세이는 내가 염두에 두고 있는 〔이 책 속의 정치사상에 관한〕 철학 연습과 자연스럽게 어우러진다. 모든 에세이 선집들과 마찬가지로 이 책에 실린 철학 연습들은 책의 성격을 바꾸지 않고서도 몇 장을 더 담거나 뺄 수 있을 것이다. 에세이집의 통일성—나는 이것이 에세이들을 단행본의 형태로 출판하는 기획에 정당성을 부여한다고 생각한다—은 어떤 총체로서의 통일성이 아니라, 음악의 모음곡에서처럼 동일한 조(調)나 관계조로 쓰인 악장들이 보여주는 배열 순서상의 통일성이다. 배열 순서 자체는 내용에 의해 결정된다.

이런 관점에서 이 책은 세 부분으로 나뉘게 된다. 제1부는 전통 속에서 일어난 현대의 단절, 그리고 현대가 전통적 형이상학의 개념들의 대체물로 삼고자 했던 역사 개념들과의 단절을 다룬다. 제2부는 두 가지의 중추적이면서 상호 연관된 정치 개념인 '권위'와 '자유'에 관한 논의다. 이는 '권위란 무엇인가?' '자유란 무엇인가?'와 같이 초보적이고 직설적인 질문에 대해 우리가 전통으로부터 물려받은 모든 답이 더 이상 사용될 수 없고 더는 타당성을 가지지 못할 경우에만 제기될 수 있다는 점에서 제1부의 논의를 전제한다. 끝으로 제3부에 포함된 네 편의 에세이들은 이 책의 제1부와 제2부에서 시험해본 사유함의 유형을 우리가 매일 접하는 직접적이고 시사성이 큰 문제들에 적용해보는 정직한 시도들이다. 분명히 말하건대 이 에세이들은 확실한 해법을 구하려고 하기보다 그 주제들을 명료화해 〔누군가가〕 구체적인 질문들과 직면했을 때 요구되는 적정 수준의 확신을 얻고자 하는 바람에서 작성되었다.

제1부
과거와의 단절

1장 전통과 현대

I

서구 정치사상 전통의 확실한 시발점은 플라톤과 아리스토텔레스의 가르침 속에 있었다. 나는 이 전통이 카를 마르크스(Karl Marx)의 이론들을 통해 거의 완벽하게 종언되었다고 생각한다. 인간사(人間事)—하나의 공동세계에서 사람들이 공생하는 일과 관련된 모든 것—의 영역에서 전통은, 플라톤이 『국가』(*The Republic*) 속 동굴의 비유(allegory of the cave)에서 영원한 이데아의 청명한 하늘을 발견하고 참된 실재(true being)가 되기를 소망하는 자들이라면 반드시 등을 돌리고 포기해야만 할 암흑·혼동·기만의 용어를 기술했을 때 만들어졌다. 그리고 이 종언은 마르크스가 철학 및 철학적 진실이 위치하는 곳은 인간사와 인간의 공동세계 외부가 아니라 바로 그 내부이며, 그것들은 오직 인간이 함께 삶을 영위하는 영역, 즉 그가 "사회"(society)라고 부른 곳에 "**사회화된 인간들**"(vergesellschaftete Menschen)이 등장하는 것을 통해서만 '실현'될 수 있다고 선언했을 때 찾아왔다.

정치철학은 필연적으로 정치에 대한 철학자의 태도를 암시한다.

〔이런 맥락에서〕 정치철학의 전통은 〔플라톤이라는〕 철학자가 정치에 등을 돌렸다가 자신의 기준을 인간사에 부과하기 위해 귀환함과 동시에 시작되었다. 그리고 한 철학자가 정치 속에서 철학을 '실현' 시킬 목적으로 철학에 등을 돌렸을 때 그것의 종말이 찾아왔다. 이는 마르크스의 시도였는데 그것은 우선적으로 철학을 포기하겠다는 (그 자체로 철학적인) 결심을 통해, 다음으로는 "세상을 바꿔서" 철학하겠다는 자들(the philosophizing minds)의 태도, 즉 인간의 '의식' (consciousness)을 바꾸겠다는 의도를 통해 표출되었다.[1)]

전통의 시발점과 종결점은 다음과 같은 공통점을 가진다. 요컨대 정치의 기본 문제들은 그것이 〔다른 어떤 시점에도〕 처음 공식화되었을 때와 최후의 도전을 받았을 때처럼 직접적이고 간명한 형태로 위급성을 확실히 드러내지 않는다는 것이다. 야콥 부르크하르트(Jacob Burckhardt)의 표현을 빌리자면 철학의 시발점은 마치 서구 사상사 전체를 망라해 끊임없이 조바꿈하며 울려 퍼지는 어떤 "기본 화음"과 같다. 이를테면 오직 시작과 끝만이 순수하게 혹은 무변형 상태로 남아 있는 것이다. 기본 화음은 세계 속으로 그것의 조화로운 소리를 맨 처음 내보냈을 때보다 더 청중에게 강렬하고 아름답게 들리는 경우가 없고, 그 세계 속의 소리—그리고 사상—가 더는 화음을 이루지 못하는데도 계속 연주되고 있을 때만큼 짜증나고 귀에 거슬리는 경우도 없다.

플라톤은 자신의 마지막 저서에서 다음과 같은 뜻밖의 진술을 남

1) 인간의 실천을 촉구했던 마르크스의 묘비에는 다음의 유명한 구절이 적혀 있다. "지금껏 철학자들은 세계에 대해 이러쿵저러쿵 해석만 해왔지. 정작 중요한 것은 그것을 바꾸는 일인데 말이야." 뒤이어 "모든 나라의 노동자여 뭉쳐라!"라고. 마르크스는 영국 런던의 하이게이트(Highgate) 공동묘지 한구석에 잠들어 있다—옮긴이.

졌다. "시발점은 그것이 사람들 속에 거주하는 한 모든 것을 구원하는 신과 같다."[2] 이 말은 전통에도 적용될 수 있다. 전통의 시발점이 살아 있는 한 전통은 모든 것을 구원하고 조화롭게 만들 수 있다. 같은 이유로 전통은 종말을 향해가면서 점차 파괴적으로 변했다. 전통이 종말을 고한 이후 우리가 현재 겪고 있는 혼동과 무력감의 여파를 굳이 여기서 따로 언급할 필요까지는 없을 것이다.

헤겔 〔철학〕을 거꾸로 뒤집어놓았다기보다 사유와 행위, 관조와 노동, 철학과 정치의 전통적 위계를 뒤바꿔놓았다고 할 수 있는 마르크스의 철학에서, 플라톤과 아리스토텔레스가 시발한 〔서구철학의〕 전통은 마르크스가 명백히 모순적인 진술을 하도록 이끎으로써 그것의 생명력을 입증한다. 그러한 진술들은 대개 마르크스의 가르침 가운데서 흔히 유토피아적이라고 불리는 것들이다. 마르크스의 가장 중요한 가르침은 '사회주의화된 인류'(socialized humanity)라는 조건 아래 '국가는 소멸할 것'이고, 노동 생산성이 큰 폭으로 증가해 노동 자체가 마침내 폐지될 것이며, 결국 사회 구성원 각각이 거의 무한정한 양의 여가 시간을 보장받게 될 것이라는 예언이다. 물론 이러한 마르크스의 진술들은 예언인 동시에 그가 이상적으로 생각하는 최선의 사회 형태를 제시한다. 그런 점에서 그 진술들 자체는 유토피아적이지 않다. 그것들은 오히려 플라톤과 아리스토텔레스에게 경험적 모델을 제공한 결과 우리의 〔철학과 정치학〕 전통의 토대가 된 아테네 도시국가와 동일한 정치·사회적 조건들을 재생산하는 것이다.

아테네의 폴리스는 지배자와 피지배자의 구분이 없는 상태에서 기능했기 때문에 마르크스의 경우처럼 통치 형태에 대한 전통적인 정

2) 플라톤, 『법률』(*Laws*), 775.

의—즉 일인 지배나 군주제, 소수지배나 과두제, 다수지배나 민주제 등—로 국가(state)라는 용어를 사용한다면 엄격히 말해 국가는 아니었다. 게다가 아테네 시민들은 그들이 여가 시간[3]을 보유했다는 전제 아래서만, 또 마르크스가 예언한 노동으로부터의 자유를 가졌다는 전제 아래서만 시민이었다. 아테네에서뿐 아니라 고대 전체를 거쳐 현대에 이르기까지 노동하는 사람은 시민이 아니었으며, 무엇보다도 시민은 노동을 하지 않거나 자신의 노동력 그 이상을 소유한 자들이었다.

마르크스의 이상사회가 내포한 실제적 내용을 들여다보면 이런 유사성은 훨씬 더 뚜렷해진다. 여가 시간은 무정부적인 조건 아래서, 또는 마르크스의 생각을 아주 정확하게 전달해주는 레닌(V. Lenin)의 유명한 경구에서처럼 사회 관리 〔업무〕가 너무나 간단해서 요리사조차도 관리 기구를 떠맡을 자격이 되는 조건 아래서만 존재하는 것으로 보인다. 따라서 이런 상황에 총체적인 정치 업무—엥겔스(Engels)의 단순화된 표현으로 "사물의 관리"(administration of things)—는 요리사의 흥밋거리가 되거나 기껏해야 니체(Nietzsche)가 공무를 맡기기에 최적격이라고 생각했던 "평범한 사람들"에게나 흥미로운 일이 될 수 있을 뿐이다.[4]

이 상황은 분명 정치적 의무를 매우 어렵고 시간 소모적인 것이라고 여겨 그것에 관여하고 있는 사람들에게 그것 이외의 다른 힘든 활

---

3) 여기서 말하는 여가(leizure)는 고대적 의미에서의 육체노동은 물론 정치 활동으로부터도 자유로운 시간을 의미했기 때문에 암묵적으로는 사유를 위한 시간을 지칭했다. 따라서 현재 우리가 이해하는 여가의 개념, 즉 남아도는 시간이라는 의미와는 다소 거리가 있음에 유의해야 한다—옮긴이.

4) 엥겔스에 관해서는 *Anti-Dühring*(Zürich, 1934), p.275. 니체에 관해서는 *Morgenröte, Werke*(München, 1954), vol.I, aph.179.

동을 맡지 못하게 한 고대 〔그리스〕의 실제적 조건들과는 완전히 다르다(예를 들면, 양치기는 시민이 될 자격이 있었지만 농부는 그렇지 못했다. 조각가와 달리 화가는 미천한 자βαναυσος 이상으로 인정받았는데, 이 두 경우에서 〔시민-비시민의〕 구별 방식은 단순히 노고勞苦와 피로疲勞라는 기준을 적용한 것이었다). 온전히 자격을 갖춘 평균 폴리스 시민의 시간 소모적인 정치 생활과 대비시키는 방식으로 철학자들, 특히 아리스토텔레스는 여가(σχολή)라는 것의 이상형을 수립했다. 이에 따르면 고대의 여가는 당연시되었던 통상적인 노동으로부터의 자유를 가리키는 것이 아니라 정치 활동과 국정 업무로부터 자유로운 시간을 의미했다.

마르크스의 이상사회에서는 그 두 가지 상이한 여가 개념이 떼려야 뗄 수 없을 정도로 결합되어 있다. 요컨대 계급과 국가가 부재한 사회에서는 노동으로부터의 여가와 동시에 정치로부터의 여가라는 고대의 일반적인 조건들이 어떻게든 실현된다는 것이다. 이러한 상황은 '사물의 관리'가 통치와 정치행위의 자리를 대체할 때 나타나게 되는 것으로 추정된다. 이 정치로부터의 자유와 노동으로부터의 자유라는 이중적 의미의 여가 개념이 철학자들에게는 관조적 삶(βίος θεωρητικός)을 위한 조건이 되어왔다. 이 관조적 삶의 가장 포괄적인 의미는 철학과 지식에 헌신하는 삶이었다.

이를 다르게 표현하면, 레닌의 요리사는 고대 자유 시민들이 자신의 시간을 공직(πολιτεσθαι)에 헌신하기 위해 향유했던 것 못지않을 정도로 노동으로부터의 여가를 제공받는 것은 물론이고, 그리스 철학자들이 자신의 시간 전부를 철학함(philosophizing)에 헌신하고자 했던 소수를 위해 요구한 만큼의 여가를 정치로부터 제공받는 사회에 산다고 가정된다는 것이다. 국가가 부재한 (정치적으로 무관심한) 사회와 노동이 거의 부재한 사회의 결합은 마르크스의 상상 속

이상적 인류를 표현하는 방식으로서 큰 비중을 차지했다. 이는 〔그리스어의 여가, 즉〕 스콜레(σχολή)와 〔라틴어의 여가, 즉〕 오티움(otium)이라는 여가 개념의 함의, 즉 일이나 정치보다 상위의 목적에 헌신하는 〔인간의〕 삶이라는 전통적인 여가 개념의 함의를 염두에 두었기 때문이다.

마르크스 자신도 이른바 그의 유토피아를 단순한 예측으로 간주했다. 그리고 그의 이론들 가운데 이 부분은 우리 시대에 와서야 비로소 온전히 모습을 드러낸 특정 발전상들과만 조응하는 게 사실이다. 고대적 의미의 통치(government)는 여러 가지 기능들을 행정(administration)에게 양보해왔고, 대중의 여가가 지속적으로 증가하고 있는 것 또한 모든 산업국가의 현실이다. 비록 마르크스가 이러한 경향들이 오직 생산 수단의 사회화라는 조건하에서만 스스로 발현하게 될 것이라고 가정한 점은 오류였을지라도 그는 산업혁명에 의해 선도된 시대가 내포한 특정 경향들을 명확히 인식했다.

전통이 마르크스에게 끼친 영향은 그가 이러한 발전상을 이상주의적인 시선으로 보았고, 그것을 완전히 다른 역사적 시기에 기원을 둔 용어와 개념을 통해서 이해했다는 점에서 찾아볼 수 있다. 〔안타깝게도〕 이 점 때문에 마르크스는 현대 세계에 내재하는 진본(眞本)의 매우 당혹스러운 문제들을 보지 못했고, 자신의 정확한 예측에 유토피아적 특질을 부여하게 된 것이다. 그러나 마르크스의 계급·국가·노동 부재의 사회라는 유토피아적 이상은 전적으로 비유토피아적인 두 요소의 결합을 통해 탄생했다. 요컨대 전통의 틀 안에서는 더 이상 이해될 수 없는 현재의 특정 경향들에 대한 마르크스의 인식과, 마르크스 자신이 이해하고 통합시킨 전통적 개념들과 이상들이 함께 결합해 탄생하게 되었다는 것이다.

정치사상의 전통에 관한 마르크스의 태도는 모종의 의식적 반란이었다고 볼 수 있다. 그는 어떤 도전적이고 역설적인 어조로 자신의 정치철학을 담고 있는, 엄격히 과학적인 부분의 기초를 이루는 동시에 그것을 초월하는 특정 핵심 진술들을 구축했다. (묘하게도 이 점은 초기작에서부터 『자본론』*Das Kapital*의 마지막 권에 이르는 그의 전 저작에 걸쳐 일관적이었다.) 그 가운데 결정적으로 중요한 것은 다음과 같은 진술이다.

(1) "노동이 인간을 창조했다"—이는 엥겔스가 작성한 어구이며, 그는 일부 마르크스학파가 최근에 내놓은 의견과 정반대로 마르크스의 사상을 비교적 적확하고 간명하게 전달했다.[5)]

(2) "폭력은 새로운 사회를 잉태하고 있는 모든 낡은 사회의 산파다." 그러므로 폭력은 역사의 산파다—이 주장은 마르크스와 엥겔스의 저술 속에서 여러 가지 변형태로 나타난다.[6)]

(3) 끝으로, 포이어바흐(Feuerbach)에 관한 유명한 마지막 테제가 있다. "철학자들은 세계를 서로 다르게 해석만 해왔을 뿐이다. 그러나 정작 중요한 것은 세계를 바꾸는 일이다." 누군가는 마르크스의 사상에 비추어 이것을 다음과 같이 보다 정확하게 옮길 수 있을 것이다. '철학자들은 충분히 오랜 시간 세계를 해석해왔다. 그리고 마침내 그것을 바꿀 시간이 도래했다.' 왜냐하면 이 마지막 진술은 사실 그의 초기작에 등장하는 다음 진술이 변형된 형태일 뿐이기 때문이다. "당신이 철학을 실현하지 않는 한, 그것을 지양(aufheben, 즉 헤

5) 엥겔스의 논문 "The Part Played by Labour in the Transition from Ape to Man," *Selected Works*(London, 1950), vol. II, p.74에 나오는 구절이다. 특히 마르크스 자신의 유사한 공식들에 관해서는 *Jugendschriften*(Stuttgart, 1953)에 나오는 두 개의 논문 "Die heilige Familie"와 "Nationalökonomie und Philosophie" 참조.

6) 카를 마르크스, 『자본론』(*Capital*, Modern Library Edition), p. 824에서 인용.

겔의 의미로는 고양elevate시키고, 보존conserve하며, 폐지abolish)할 수는 없으리라." 그의 후기작에서도 이와 동일한 철학적 태도가 나타나는데, 노동 계급이 고전철학의 유일한 합법적 상속자가 될 것이라는 예언이 그것이다.

상기한 세 가지 진술 가운데 그 어느 것도 그 자체로 또 그 자체만으로는 이해하기가 어렵다. 이들 각각은 현대 초기까지도 그 타당성을 전혀 의심받지 않으며 전통적으로 수용해온 진실 가운데 일부와 모순을 일으키는 방식으로 의미를 획득한다. "노동이 인간을 창조했다"는 진술은 첫째로 신이 아니라 노동이 인간을 창조했다는 의미다. 둘째로 인간은 그가 인간인 한 자기 자신을 스스로 창조한다는 의미이며, 그의 인간다움은 자기 활동의 결과라는 뜻이다. 셋째로 인간과 동물의 구별 기준, 즉 종(種)의 차이(differentia specifica)는 이성이 아니라 노동이 만들어낸다. 인간은 이성적 동물(animal rationale)이 아니라 노동하는 동물(animal laborans)이기 때문이다. 넷째로 이 진술은 그의 시대까지 인간의 최고 특질로 여겨졌던 이성이 아니라, 인간의 활동 가운데 전통적으로 가장 경멸받아온 노동이 인간의 인간다움을 담지하고 있다는 의미다. 따라서 마르크스는 전통적인 신의 개념, 노동에 대한 전통적인 평가, 이성에 대한 전통적인 찬양 관행에 도전을 가한 것이다.

다음으로 폭력이 역사의 산파라는 사실은, 인간의 생산성 발전 과정에 숨겨진 힘들이 자유롭고 의식적인 인간 행위에 좌우되는 한, 오직 전쟁과 혁명이라는 폭력을 통해서만 〔역사가〕 명확해진다는 의미다. 역사는 그러한 폭력의 시기에만 참모습을 보여주며, 이념적이고 위선적인 객담을 둘러싼 안개가 사라지게 만든다. 여기서 마르크스의 전통에 대한 도전 의식이 다시 한번 확인된다. 전통적으로 국가 관계에서 폭력은 최후수단(ultima ratio)이었으며, 내부적으로는 언제나 전제정의 두드러진 특성으로 여겨진 가장 불명예스러운 행위였다. (주로 마키아벨리Machiavelli와 홉스Hobbes에 의해 주도되었지만, 폭력을 불명예로부터 구하려는 몇 안 되는 시도들은 권력의 문제에 상당한 적실성을 가지며, 권력을 폭력으로 착각한 초기적 혼동 양태를 잘 설명해준다. 그러나 우리 시대 이전 정치사상의 전통에서 그러한 시도들이 미친 영향력은 극히 미미했을 뿐이다.) 이와 대조적으로 마르크스에게는 폭력, 아니 폭력 수단의 소유가 모든 통치 형태의 구성 요소이며, 국가는 지배 계급의 수단이고 지배 계급은 이 수단을 이용해 억압하고 착취하기 때문에, 정치행위 영역 전체가 폭력의 사용이라는 특성을 가지게 된다.

행위를 폭력과 동일시하는 마르크스의 입장은 전통에 대한 또 하나의 근본적인 도전을 암시하는데 이는 감지하기 쉽지 않을 수도 있다. 그렇지만 아리스토텔레스를 잘 알고 있던 마르크스 자신은 그 점을 인식하고 있었음이 틀림없다. 인간은 언어적 동물(ζῷον λόγον ἔχον, 호모 로곤 에콘)이자 정치적 동물(ζῷον πολιτικόν, 조온 폴리티콘), 즉 언어 능력과 〔함께〕 폴리스 속 삶에서 자신의 최고 가능성을 획득하는 존재라는 아리스토텔레스의 〔인간에 대한〕 이중적 정의는 야만인으로부터 그리스인을, 노예로부터 자유인을 구별해내기 위해 고안된 것이었다. 폴리스에서 함께 살았던 그리스인들은 무언의 강요를 통한 폭력 수단에 의해서가 아니라 설득(πείθειν, 페이테인)을 통한 언어 수단으로 그들의 공무를 처리했다는 점에서 구별되었다. 자유인들이 정부나 폴리스의 법에 복종할 때, 그들의 복종은 페이타르키아(πεί θαρχία)라고 표현되었는데, 이 단어는 명확하게 〔그들의〕 복종이 무력이 아닌 설득에 의해 추동된 것임을 암시한다. 반면에 야만인들은 폭력으로 다스려졌으며 노예들은 노동을 강요당했다. 폭력 행위와 고된 노동은 그것의 실행을 위해 말이 필요하지 않다는 공통점이 있었다. 때문에 야만인과 노예는 아네우 로구(ἄνευ λόγου), 즉 언어가 없는 사람들이었다. 요컨대 그들은 기본적으로 상호 간의 언어 행위를 매개로 살지 않았던 것이다.

그리스인들에게 노동이라는 것은 본질적으로 비정치적이고 사적인 사안이지만, 폭력은 비록 부정적인 성격이기는 하지만 타인과의 접촉과 관련되고 또 관계를 만드는 수단이었다. 따라서 폭력에 대한 마르크스의 찬미는 언어 행위, 즉 폭력과 대척점에 있으며 전통적 맥락에서는 가장 인간다운 교제의 형태인 말(speech, λόγος, 로고스)에 대한 한층 구체적인 부인(否認)을 포함한다고 볼 수 있다. 〔이런 관점에서 볼 때〕 마르크스의 이데올로기적 상부구조 이론은 궁극적으로 그가 말에 대해서 가지고 있는 반전통적인 적대감, 그리고 그에 부수하는 폭력 찬미에 근거하고 있는 것이다.

전통적인 철학의 관점에서 볼 때 '철학의 실현'이나 철학에 부응해 세계를 바꾼다고 하는 것은 모종의 형용 모순이었을 것이다. 그리고 마르크스의 진술은 해석이 변화에 선행된다는 것을 암시하며, 결과적으로 철학자들의 세계 해석이 〔지금까지 줄곧〕 세계가 어떻게 변해야 할지에 대한 지침이 되어왔음을 시사한다. 〔이렇듯〕 철학은 행위에 관한 특정 규칙들을 규정해왔을지도 모른다. 비록 위대한 철학자 누구 한 사람도 이것을 자신의 가장 중요한 관심사로 여기진 않았을지라도 말이다.

플라톤에서 헤겔에 이르기까지 철학은 본질적으로 '이 세계에 관한 학문'이 아니었다. 철학자는 단지 육신만 동료 시민들과 함께 도시에 거주한다고 기술했던 플라톤이든, 상식의 관점에서 철학은 어떤 **전도된 세계**(verkehrte Welt)라고 인정했던 헤겔이든 이점에서는 똑같다. 전통에 대한 도전은 급기야 마르크스의 진술 속에서 그저 암시 수준이 아니라 직접적으로 표출되었다. 그것은 평범한 인간사의 세계, 즉 우리가 스스로의 자리를 찾고 상식에 따라 생각하는 세계가 어느 날 철학자들이 움직이고 있는 이데아의 영역과 똑같아지거나, 오로지 '소수'만을 위해 존재해온 철학이 어느 날 모두를 위한 상식적인 실재가 될 것이라는 그의 예언을 통해서였다.

상기한 마르크스의 세 가지 진술은 자신이 논파(論破)한 바로 그 전통적인 용어로 작성되었으며, 역설의 형태로 작성되었고, 우리에게 충격을 가하려는 의도를 담고 있었다. 그것들은 사실상 마르크스 자신이 예상했던 것보다 훨씬 더 역설적인 성격이었고 결과적으로 그를 커다란 당혹감 속으로 몰아넣었다. 각각의 진술은 마르크스 자신의 용어로는 풀어낼 수 없는 근본적인 모순 한 가지를 포함하고 있다. 가령 노동이 가장 인간답고 가장 생산적인 활동이라면 혁명 이후 '자유의 영역'에서 '노동이 제거되었을' 때, 즉 인간이 스스로를 노동으로부터 해방시키는 일에 성공했을 때 과연 어떤 일이 발생하게 될 것인가? 〔그런 경우가 발생한다면〕 인간의 생산적이고 본질적인 활동 가운데 도대체 무엇이 남게 될 것인가? 만일 폭력이 역사의 산파고 폭력이 인간의 행위 가운데 가장 존엄한 것이라면, 계급투쟁이 종결되어 국가가 소멸한 뒤에는 무슨 일이 벌어질까? 그 어떤 폭력도 부재한 상황이 과연 가능한 것일까? 인간들은 어떻게 유의미하며 진정성 있는 방식으로 행위를 수행할 수 있는 것일까? 끝으로, 철학이 미래 사회 속에서 실현되어 폐지된다면 어떤 유형의 사유가 남게 될 것인가?

마르크스의 비일관성은 익히 잘 알려졌고, 거의 모든 마르크스주의 학자들이 언급하는 바이기도 했다. 이는 대체적으로 "그 역사가의 과학적 관점과 그 예언자의 도덕적 관점 사이의"(Edmund Wilson) 모순으로 요약되거나, 자본 축적을 "생산력 증가를 위한 물질적 수단"으로 보는 그 역사가(마르크스)와 〔자본주의 생산양식에 따라 자본 축적이라는) "그 역사적 사명"을 수행하는 사람들을 착취자이자 인간을 비인간화하는 자들이라고 비난하는 그 도덕주의자(마르크스) 사이의 모순으로 요약된다.

이 모순, 그리고 이와 유사한 비일관성들은 다음의 근본적인 모순과 비교해본다면 그저 사소한 것에 지나지 않는다. 예컨대 (관조와 사유에 대비되는) 노동과 행위에 대한 찬양과 모종의 국가 부재의, 즉 행위가 부재하고 노동이 (거의) 부재하는 사회에 대한 찬양 사이의 모순 말이다. 이 모순은 혁명적인 청년 마르크스와 한층 과학적인 통찰력을 갖춘 나이 든 역사가이자 경제학자인 마르크스 사이에 존재하는 자연스러운 차이라고 비난하고 넘길 수 있거나, 아니면 긍정적이고 좋은 것을 산출하기 위해서는 부정적이거나 사악한 것이 필요하다는 변증법적 운동을 가정함으로써 해결할 수 있는 성격이 아니다.

그런 근본적이고 명백한 모순들은 아류 저술가들에게서는 거의 나타나지 않는데, 그들의 경우는 그냥 그러려니 하고 넘어가기 때문이다. (그러나 마르크스처럼) 위대한 저술가들의 경우에는 그러한 모순들이 저작의 핵심 논점과 닿아 있으며, 그들의 문제의식과 신선한 통찰을 정확하게 이해하는 데 있어 가장 중요한 단서가 된다. 지난 20세기의 다른 위대한 저술가들의 경우와 마찬가지로 마르크스의 경우에도 (그의) 표면상 경쾌하고 도전적이며 역설적인 분위기가 새로운 현상들을 어떤 오래된 사유 전통의 용어로 다루어야만 하는 곤혹스러움을 은폐한다. 이는 (그에게 이미 친숙한) 사유전통의 개념 틀 바깥에서는 그 어떠한 사유 활동도 불가능해 보였기 때문이다. 키르케고르나 니체와 다르지 않게, 마르크스 역시도 전통에 대항해 사유하려고 필사적인 노력을 했지만 전통 자체의 개념적 도구들을 사용할 수밖에 없었다. 우리의 정치사상 전통은 플라톤이 인간사로 채워진 공동의 세계를 외면하는 철학적 경험 속에도 어떻든 간에 정치사상이 내재한다는 사실을 발견했을 때 시작되었다. 그리고 그 전통은 그러한 철학적 경험으로부터 그 어느 것도 남기지 않고, 단지 사유로부터 실재를 박탈하고 행위로부터 의미를 박탈함으로써 양자 모두를 무의미하게 만든 사유함과 행위함의 대립만이 남겨졌을 때 종식되었다.

II

이 〔서구철학〕 전통의 저력, 〔즉〕 그것이 서구인의 사유 속에서 가지는 영향력은 그가 그것을 의식하고 있는지 여부와 전혀 상관이 없었다. 실제로, 우리가 연륜 자체를 권위와 동일시하면서 전통의 실체를 의식하고 과민해졌던 시기는 서구 역사상 단 두 번뿐이었다. 첫 번째는 로마인들이 고전기 그리스의 사유와 문화를 자신의 정신적 전통으로 수용해 그것이 유럽 문명에 영구적 구성력을 갖도록 역사적인 결정을 내렸을 때였다. 로마인들 이전에는 전통이라는 것이 알려지지 않았다. 로마인들과 더불어, 그리고 로마인들 이후로 전통은 과거를 관통하며 안내해주는 끈이자 각각의 새로운 세대가 알아채든 알아채지 못하든 세계에 대한 자신의 지식과 경험 속에서 한데 묶이게 하는 연결고리가 되었다.

낭만주의 시기에 이르러서야 우리는 비로소 전통에 대한 한층 격상된 의식과 찬미 방식을 다시 만나게 된다. (르네상스 시기에 고대를 발견한 것은 전통의 족쇄를 벗어버리려는 첫 번째 시도였으며, 그들 스스로 전통의 원천으로 돌아가 전통이 영향력을 미칠 수 없는 어떤 과거를 수립하려는 것이었다.) 오늘날 전통은 때때로 어떤 본질적으로 낭만주의적인 개념으로 간주되지만, 낭만주의는 전통에 관한 토론을 19세기 의제에 포함시키는 것 이상은 하지 않았다. 낭만주의의 과거

찬미는 단지 현대가 전통에 대한 의존을 당연시하는 것이 더는 가능하지 않도록 우리 세계와 일반적 〔삶의〕 환경을 변화시키려던 바로 그 시점을 특정하는 일에 일조했을 뿐이다.

전통의 종말이 반드시 인간의 정신에 대한 전통적 개념들의 지배력 상실을 의미하는 것은 아니다. 그와 정반대로 전통이 활력을 잃어가고 그것의 시발점에 대한 기억이 희미해져갈수록 그 낡아빠진 개념들과 범주들의 지배력이 점점 더 전제(專制)적인 성격으로 변해간다는 생각을 종종 하게 된다. 전통은 어쩌면 그것의 종말이 찾아온 다음에야 그리고 인간이 더는 그것에 반란을 획책하지 않게 된 연후에야 비로소 그것의 강제력을 온전히 드러낼지도 모른다. 이 점만큼은 적어도 지난 20세기의 형식적이고 강제적인 사유함의 여파가 보여주는 교훈인 듯하다. 이것은 키르케고르·마르크스·니체가 의식적으로 개념들의 전통적 위계질서를 뒤집음으로써 전통적인 종교·정치사상·형이상학의 근본적인 가정들에 도전했던 이후에 나타난 현상이다.

그러나 19세기의 전통에 대한 반란이나 20세기 〔사유함〕의 여파 그 어느 쪽도 실제로 우리 역사의 단절을 초래하지는 않았다. 이 단절은 전체주의 운동이 테러와 이데올로기를 통해 통치와 지배의 새로운 형태를 결정(結晶)화함에 따라 정치의 장에서 나타난 대중적인-당혹감과 정신적 영역에서 발생한 대중적인-여론의 혼돈으로부터 비롯된 것이었다. 하나의 기정사실로서 20세기 전체주의의 지배는 그것의 이례성으로 인해 정치사상의 일반적인 범주로는 이해될 수 없었으며, 그것이 저지른 '범죄들'은 전통적 도덕 기준으로 판단하거나 우리 문명의 사법 체계 안에서 처벌할 수 없는 성격을 띰으로써 서구 역사의 연속성을 깨뜨렸다. 우리 전통의 단절은 이제 확고한 사실이 되었다. 그것은 누군가의 의도적 선택의 결과도 아니고 추가적인 결정에 좌우될 성격인 것도 아니다.

헤겔 이후 2,000년 이상 서구를 지배해온 사유 양식과 결별하려고 했던 위대한 사상가들의 시도는 이 사건의 전조가 되었을 수도 있고, 그것을 조명하는 데 확실한 도움을 주었을 수도 있을 테지만 그 단절을 야기하지는 않았다. 이 단절이라는 사건 자체는 현대—17세기 자연과학과 함께 출발해 18세기 혁명들로 정치적 절정에 도달했으며, 19세기 산업혁명[7] 이후에 그것의 일반적인 함의가 드러나게 된—세계와 제1차 세계대전이 불러들인 재앙의 연쇄를 통해 태어난 20세기의 세계 간 경계선을 상징한다. 현대 사상가들, 특히 전통에 반기를 든 19세기 사상가들이 20세기적 구조와 조건 형성에 책임이 있다고 여기는 것은 부당하다기보다는 훨씬 더 위험한 생각이다. 전체주의의 지배라는 실제적 사건에 명확히 내포된 함의는, 이들 사상가 가운데 가장 급진적 혹은 모험적이라고 여겨지는 이의 생각마저도 훨씬 뛰어넘는 것이었기 때문이다.

이 사상가들의 위대함은 그들의 세계가 전통적인 사유로는 다룰 수 없는 새로운 문제점과 난제들에 의해 침범당한 것을 인식했다는 사실에서 찾을 수 있다. 이런 점에서 전통과의 결별은 그들이 얼마나 단호히 (마치 어둠 속에서 길을 잃은 아이들이 고래고래 소리를 지르듯이) 그것을 선포했는가와 상관없이 스스로 선택한 의도적인 행위가 아니었던 셈이다. 그 어둠에 대해 그들이 경악한 이유는 그것의 침묵 때문이었지 전통의 단절 때문은 아니었다. 단절이 실제로 발생하자 그것이 어둠을 몰아냈고 그 사상가들의 글 속에서 '눈물겨운' 형식의 고성(高聲)을 더는 들을 수 없게 되었다. 그러나 결국 터져버린 폭

7) 이 19세기라는 표현은 아렌트의 착오로 보이며, 일반적으로 산업혁명은 18세기 중엽 영국에서 발생한 사건으로 알려져 있음—옮긴이.

발의 굉음은 우리가 감히 '무엇에 대항해 싸우고 있는가?'라고 질문하는 대신에 '무엇을 위해 싸우고 있는가?'라는 질문을 던질 때마다 여전히 답해주던 이전의 그 불온한 침묵마저 삼켜버렸다.

전통의 침묵이나 전통에 대항한 19세기 사상가들의 반작용, 그 어느 쪽도 무슨 일이 실제로 일어났는지를 전혀 설명하지 못한다. 그 단절은 누가 의도한 것이 아니었으므로 오직 사건들만이 결코 사상이 가질 수 없는 비철회성을 가지게 된다. 19세기에 발생한 전통에 대한 반란은 정확히 어떤 전통의 틀 안에 남아 있었다. 그리고 본질상 부정적 경험인 불길한 예감과 불안, 불온한 침묵 그 이상의 것들과 관련될 수 없는 한낱 사유 차원에 머물렀기 때문에, 어떤 새로운 시발점과 과거에 대한 재고(再考)가 아니라 단지 급진화 정도만이 가능했었다.

키르케고르·마르크스·니체는 그 단절이 도래하기 바로 직전 단계, 즉 전통의 끝자락에 서 있다. 그들의 직계 선배는 헤겔이었다. 헤겔, 그가 바로 최초로 세계사 전체를 모종의 연속적인 발전 〔과정〕으로 본 사람이었다. 그의 위대한 업적은 권위를 주장하는 모든 체계들과 과거의 신념들이 외부에 있었고, 오직 역사 자체에 내재하는 연속성이라는 끈에 의해서만 지지되었다는 사실을 암시했다. 그 역사적 연속성의 끈이 바로 전통의 첫 번째 대체물이었던 셈이다.

이 대체물을 수단으로 삼아 가장 상이한 가치들, 가장 모순된 사상들, 그리고 갈등하는 권위 주체들의 압도적 다수가 그럭저럭 함께 어우러져 기능을 수행함으로써, 〔역사적 연속성은〕 실제로 전통 자체를 부정하기보다는 모든 전통의 권위를 부정하도록 고안된 어떤 단선적이고 변증법적으로 일관된 발전 〔과정〕으로 환원되었다. 키르케고르·마르크스·니체는 그들이 과거의 철학사를 하나의 변증법적으로 발전된 총체로 보는 한 헤겔주의자로 불려야만 한다. 그들의 위대한 공적은 과거에 대한 이 새로운 접근법을 한층 더 발전시킬 수 있는 유일한 방식으로 급진화했다는 점이다. 요컨대 그들은 플라톤 이래 서구철학을 지배해왔고 헤겔 역시도 당연시했던 개념의 위계질서에 의문을 제기했던 것이다.

키르케고르·마르크스·니체는 우리에게 마치 권위를 상실한 어떤 과거로의 안내판들과 같다. 그들이야말로 어떤 권위 유형의 안내도 받지 않고 당돌하게 사유했던 최초의 인물들이다. 그러나 다행인지 불행인지 그들은 여전히 저 위대한 전통의 범주 틀 속에 놓여 있었다. 어떤 측면에서는 우리가 그들보다 형편이 더 낫다고 볼 수 있다. 우리는 '교육받은 속물들'에 대한 그들 〔즉 키르케고르·마르크스·니체〕의 경멸에 대해 더는 신경 쓰지 않아도 되기 때문이다. 그들은 19세기 내내 그럴싸하게 문화를 찬양하는 방식으로 진정한 권위의 손실을 만회하고자 애를 썼다. 오늘날 사람들 대부분에게 이러한 문화는 권위를 요구하기는커녕 전혀 흥미도 끌지 못하는 어떤 유적지처럼 보인다. 이 사실이 개탄스러울지도 모른다. 그러나 이 사실 속에는 어떠한 전통에도 경도되지 않은 눈으로, 로마 문명이 그리스 사상의 권위에 굴복한 이래로 서구의 독해와 청문 방식에서 사라져버린 모종의 직접성을 가지고 과거를 바라다볼 수 있는 바로 그 근사한 기회가 암시되어 있다.

III

전통의 파괴적인 왜곡 사건들은 전부 어떤 새로운 것을 경험했지만 그것을 거의 즉각적으로 극복한 다음 무언가 낡은 것으로 분해해버리려고 했던 사람들에 의해 발생했다. 키르케고르가 감행한 의심(doubt)에서 신념(belief)으로의 도약은 전통적인 이성(reason)과 신앙(faith)의 관계를 뒤집고 왜곡한 것이었으며, 현대의 신에 대한 믿음의 상실뿐 아니라 이성에 대한 믿음의 상실 양자에 대한 답변이었다. 이것은 데카르트의 '모든 것을 회의하라'(de omnibus dubitandum est)는 명제에 내재하는 의구심, 즉 사물들은 겉으로 보이는 모습 그대로가 아닐 것이라는 의심과 악령이 의도적으로 진실을 인간으로부터 영원히 숨길지도 모른다는 의심에 근거하고 있었다.

마르크스의 이론에서 행위로의 도약과 관조에서 노동으로의 도약은 헤겔이 형이상학을 모종의 역사철학으로 변형시키고 철학자를 역사가로 만들어버린 뒤에 나온 것이었다. 마침내 그 시간의 끝에 이르면, 과거를 바라다보는 역사가의 시선 속에서 실재와 진실의 의미가 아닌 생성과 운동의 의미가 스스로 드러나게 될 것이다. 니체가 비감각적·초월적 이데아와 척도의 영역에서 생명의 감각성으로의 도약, 즉 그 자신이 '전도된 플라톤주의'(inverted Platonism) 또는 '가치의 재평가'(trans-valuation of values)라고 불렀을 법한 그것은 그 전통으로부터 벗어나기 위한 최후의 시도였지만, 단지 전통을 거꾸로 뒤집는 데까지만 성공했을 뿐이다.

이러한 전통에 대한 반란들은 내용과 의도 면에서는 서로 상이하지만 결과 면에서는 불길한 유사성을 보여준다. 키르케고르는 의심에서 신념으로 도약하면서 의심을 종교 안으로 끌어들였고, 그 결과 종교에 대한 현대 과학의 공격을 인간 내부의 종교 투쟁으로 변형시켰다. 그 이후로부터 신실한 종교적 체험은 의심과 신념 간의 긴장〔관계〕속에서만 가능한 것으로 보였다. 즉 인간의 신념이 자신의 의심으로 인해 고통을 받고 이 고통에서 풀려나기 위해서는 인간적 조건과 신념 양자 모두의 부조리성을 힘들게 수긍해야만 했다는 것이다.

아마도 현대의 종교적 신념들에 관한 한 가장 경험이 풍부한 심리학자였던 도스토옙스키(Dostoevski)가 그의 소설 속 인물인 '천치' 미쉬킨(Myshkin)이나 단순해서 마음이 순수한 알료샤 카라마조프(Alyosha Karamazov)라는 인물을 통해 순전한 신앙심을 묘사했다는 사실보다 현대 종교 상황의 징후를 더 확실하게 보여주는 예는 찾아볼 수 없을 것이다.

철학에서 정치학으로 도약한 마르크스는 그의 변증법적 이론들을 행위 속으로 옮겨놓음으로써 정치행위를 그 이전 다른 어느 때보다 훨씬 더 이론적인 성격으로 만들었으며 또한 그것이 현재 우리가 이데올로기라고 부르는 것에 한층 더 의존하게 만들었다. 더군다나 그가 도약대로 사용한 것도 그 옛날 형이상학적 의미에서의 철학이 아니라, 구체적으로 말하자면, 헤겔의 역사철학이었다. 마치 키르케고르의 도약대가 데카르트의 회의철학이었던 것처럼 말이다. 마르크스는 '역사법칙'을 정치에 가미했고, 그가 정치와 철학은 사회와 역사의 단순한 기능들일 뿐이라고 역설했을 때 행위의 중요성 못지않게 사유의 중요성을, 정치의 중요성 못지않게 철학의 중요성을 동시에 잃게 만드는 결과를 초래했다.

니체의 전도된 플라톤주의, 요컨대 플라톤 이래로 기존 사물을 재고 판단하며 또 그것의 의미를 부여한다고 추정되었던 초감각적이고 초월적인 이데아들에 대항해 니체가 감각적이고 물질적으로 주어진 것과 삶에 대해 강조한 일은 일반적으로 허무주의라고 불리는 것으로 귀결되었다. 그럼에도 니체는 결코 허무주의자가 아니었으며, 그와는 정반대로 사상가들의 관념 속이 아닌 현대적 삶의 실재에 내재하는 허무주의를 극복하려고 노력한 최초의 인물이었다.

니체가 '가치의 재평가' 시도 과정에서 발견한 것은 이러한 범주틀 내에서 감각적인 것이 자신의 초감각적이고 초월적인 배경을 박탈당하면 그것 자체의 존재 이유(raison d'etre)를 상실한다는 사실이었다. "우리가 참된 세계(true world)를 부숴버렸다. 어떤 세계가 남았는가? 아마도 외견의 세계(world of appearances)겠지? …천만에! 우리는 참된 세계와 함께 외견의 세계도 부숴버렸다네."[8] 이 통찰은 그것은 초보적인 단순성 면에서 전통이 종언을 고하는 모든 〔전통의〕 전도 작업에 적실성을 갖는다.

마르크스가 현대의 역사적 관조 및 상대화에 맞서서 인간 행위의 존엄성을 재천명하려고 했다면, 또 니체가 현대인의 무력감에 맞서서 인간 삶의 존엄성을 천명하고자 했다면, 키르케고르가 원했던 바는 현대의 이성과 추론에 대항해 신앙의 위엄을 천명하는 것이었다. 믿음(fides)과 지성(intellectus) 사이의 전통적 대립 관계, 또 이론과 실제 사이의 전통적 대립 관계는 키르케고르와 마르크스 각각에게 복수했는데, 이는 초월적인 것과 감각적으로 주어진 것 사이의 대립 관계가 니체에게 복수한 것과 대동소이했다. 그 이유는 이러한 대립 관계들이 여전히 인간의 타당한 경험 속에 그 뿌리를 두고 있기 때문이 아니라, 그와 정반대로 그것들이 단지 개념들로 변형되었기 때문에 그 외부에서는 어떠한 포괄적 〔성격의〕 사유도 가능해 보이지 않았기 때문이다.

시발점과 원칙을 상실한 전통에 대항해 등장한 이 세 가지 탁월한 의식적 반란이 자기 패배로 끝나야만 했다는 사실이 그 작업들의 위대성이나 현대 세계의 이해 방식과 관련해서 보유한 적실성에 의문을 표할 이유가 되지는 않는다. 각각의 시도는 저마다 독특한 방식으로 전통과 양립할 수 없는 현대성의 특질을 숙고했으며, 이는 현대성의 등장 이전에도 여러 방면에서 그 모습을 충분히 드러냈던 바였다.

---

8) 프리드리히 니체, 『우상의 황혼』(*Götzen Dämmerung*, K. Schlechta ed., München), vol. II, p.963.

키르케고르는 현대 과학과 전통적 신념의 양립 불가능성이 어떤 구체적인 과학적 발견물과 관련된 것이 아니라는 점을 알고 있었다. 사실 과학적 발견물은 종교가 제기하는 질문에 결코 답할 수 없을 것이기 때문에 그것 전체를 종교 체계들 속으로 통합시킬 수도 있었고, 또 종교적 신념 속으로 흡수할 수도 있었다. 그는 이 양립 불가능성이 오히려 자신이 직접 만든 것만을 궁극적으로 신뢰하는 현대의 회의 및 불신의 풍조, 그리고 이미 주어진 바 〔즉 소여所與〕나 인간의 이성과 감각에 참존재(true being)의 형태로 드러나는 것에 대한 전통적인 절대 확신 간의 갈등임을 깨달았던 것이다.

현대 과학은, 마르크스의 표현을 사용하면, "사물의 외견과 본질이 일치할 경우에는 필요하지 않을 것"[9]이다. 우리의 전통적인 종교는 본질적으로 계시에 바탕을 둔 종교고, 고대 〔그리스〕 철학과 조화를 이루며 진리란 스스로 드러내는 것, 즉 계시라는 입장을 견지했기 때문에(비록 이 계시가 철학자들이 진리 〔또는 진실〕을 의미하는 알레테이아ἀλήθεια나 표명을 의미하는 델로시스δήλωσς와 다른 것이고, 초기 기독교인들이 예수 재림 시에 있을 아포칼립시스ἀποκάλυψις에 대해 가졌던 종말론적 기대와 다른 것일지라도),[10] 현대 과학은 가장 이성적인 형태의 전통철학보다도 훨씬 더 무서운 종교의 적이 되었다. 그러나 현대성의 맹습으로부터 신앙을 구원하려는 키르케고르의 시도는 종교마저 현대적인 성격으로 바꿨는데, 이를테면 종교를 의심과 불신의 대상으로 만든 것이다. 키르케고르가 인간은 자신의 이성이나 감각의 진실에 대한 수용 능력을 신뢰할 수 없다는 가정하에 전

---

9) 『자본론』(*Das Kapital*, Zürich, 1933), vol. III, p.870.

10) 나는 여기서 진리 [또는 진실]을 의미하는 그리스어(ἀλήθεια)가 문자적으로 '폭로'(disclosure)를 의미한다는 하이데거(Martin Heidegger)의 발견을 언급하고 있다.

통적인 믿음들을 재천명하려고 시도했을 때, 그 전통적 믿음들은 부조리 속으로 분해되어버렸다.

마르크스는 고전 정치사상과 현대의 정치 조건들 사이의 양립 불가능성이 프랑스혁명과 산업혁명이 성취한 것 속에 놓여 있음을 알고 있었다. 이 두 개의 혁명이 합작해 인간의 활동 가운데 전통적으로 가장 천대받아온 노동의 지위를 생산성의 최상위급으로 올려놓았고, 한 번도 들어본 적 없는 보편적 평등이라는 조건 아래서 저 유구한 역사를 자랑하는 [인간의] 자유라는 [정치적] 이상을 펼칠 수 있는 것처럼 가장했다. 마르크스는 보편적 평등의 문제가 인간의 평등, 즉 모든 인간의 천부적 존엄성에 대한 이상주의적인 주장들 속에서 단지 피상적인 방식으로만 제기되었고, 그 응답 또한 노동자들에게 투표권을 부여하는 피상적인 방식뿐이었음을 잘 알고 있었다. 이것은 새로운 노동자 계급에게 그들의 몫을 돌려준 다음, '각자에게 제 몫을 주라'는 수움 쿠이퀘(suum cuique)의 구질서를 회복하고 예전에 했던 것처럼 기능을 수행하면 해결될 수 있는 정의의 문제가 아니었다.

노동을 필요에 종속된 인간의 상징으로 규정하는 전통적 개념과 노동을 인간의 실증적 자유, 즉 생산성에 관한 자유를 표현하는 것으로 격상시킨 현대적 개념 사이에는 근본적인 양립 불가능성이 존재한다. 마르크스가 전통적 의미에서 인간의 모든 활동 가운데 가장 자유로운 것으로 여겨진 철학적 사유를 구하기 위해 애쓴 이유는 노동의 영향력, 바꿔 말해 전통적 의미인 필요의 영향력으로부터 그것을 구하기 위함이었다. 그럼에도 그가 "철학을 실현하지 않으면 당신이 그것을 폐지할 수 없다"고 선언했을 때, 그는 사유마저 가혹한 필요의 폭정에, 즉 사회 내 생산력들의 '철칙'(鐵則)에 복속시키기 시작했던 것이다.

마르크스의 노동 가치 이론과 마찬가지로, 니체의 가치들에 대한 재평가는 초월적 단위로서 인간의 사유와 행위를 인정하고 측정해 온 전통적인 '관념들'(ideas)과, 그런 모든 기준을 사회 구성원 간의 관계들 속으로 분해시킨 현대 사회 사이에 존재하는 비양립성에서 비롯되었다. 〔부연하면〕 현대 사회 내에서 사회 구성원 간의 관계는 기능적인 '가치들'(values)로서 수립되었다. 가치는 그 자체로는 중요성이 없는 사회적 상품이며, 다른 상품과 마찬가지로 항상 변화하는 사회적 결합 관계와 상거래의 상대성 속에서만 실효성을 갖는다.

이런 상대화 과정을 거치게 되면서 인간이 자신의 사용 목적으로 생산하는 사물들과 인간이 자신의 삶을 위한 척도로 삼고 있는 기준들은 중요한 변화를 겪게 된다. 이를테면 그것들은 교환의 대상으로 변하게 되고 그것들이 지닌 가치를 보유하는 주체도 실제로 그것들을 생산하고 사용하며 평가하는 인간이 아니라 사회가 되는 것이다. 〔그 결과〕 '선'(善)은 하나의 이데아로서의 자신의 특성, 즉 좋은 것과 나쁜 것이 측정되고 인정되는 기준으로서의 특성을 잃게 되며, 또한 편의주의나 권력처럼 다른 가치들과 교환할 수 있는 하나의 가치로 변해버렸다. 그 가치의 보유자는 이러한 교환 〔방식〕을 거부할 수도 있고, 또 '선'의 가치를 편의주의의 가치보다 상위에 두는 '이상주의자'가 될 수도 있지만, 이것이 선의 '가치'가 가진 상대성을 줄이지는 못한다.

'가치'라는 용어는 마르크스 이전에 등장했고 비교적 새로운 학문 분야인 고전 경제학에서 제법 명시적이었던 사회학적 경향에 그 기원을 두고 있다. 마르크스는 사회과학 분야가 그때까지 잊고 있었던 사실, 즉 어느 누구도 "고립된 상태에서 가치들을 생산하는 것으로 보이지는" 않으며, 생산물은 "그것의 사회적 관계 속에서만 가치를 획득한다"는 사실을 기억하고 있었다.[11] 마르크스가 '사용가치'(use value)와 '교환가치'(exchange value)를 구별한 것은 사람들이 사용하고 생산하는 사물과 그것의 사회 내 가치 사이의 구분을 반영하고 있다. 그가 사용가치의 진본성(眞本性)이 훨씬 더 크다고 역설하고, 교환가치의 상승을 시장 생산의 시발점에서 범한 일종의 원죄(原罪)라고 자주 기술한 사실에서 우리는 그가 임박한 '모든 가치의 평가절하' 〔현상〕의 불가피성을 무력하게, 말 그대로, 맹목적으로 인정했음을 반영한다.

사회과학 〔분야들〕은 물질적 대상뿐만 아니라 '관념들'까지 포함해 모든 것이 가치와 동격화된 순간에 탄생했다고 볼 수 있다. 그 결과 모든 것의 현존이 사회로부터 도출되었고 또 모든 게 사회와 관계를 맺게 되었는데, 이는 유형의 대상 못지않게 〔무형의 대상인〕 선(bonum)과 악(malum)의 경우도 매한가지였다. 산업혁명 발단 이전의 그 어느 시기에도 사물이 아닌 가치가 인간 생산 능력의 결과라고 주장된 적은 없었으며, 또한 현존하는 모든 것이 '고립 상태에 있는 것으로 보이는' 인간이 아닌 사회와 관련을 맺고 있다고 주장된 바가 없었다는 사실은 일반적으로 자본이나 노동 가운데 어느 것이 가치의 원천인지를 따지는 논쟁에서 간과되어왔다. 마르크스가 장차 계급 없는 사회에 출현할 것으로 예측한 '사회화된 인간'이라는 관념이 사실상 마르크스주의 경제학은 물론 고전 경제학의 배경에 깔려 있는 기본 가정이다.

그러므로 나중에 나온 '가치 철학들' 전체를 괴롭힌 그 곤혹스러운 질문, 즉 '어디에서 다른 모든 것들의 척도가 될 단 하나의 최고 가치를 발견할 수 있는가'라는 질문이 경제학에서 처음으로 등장한 것은

11) 앞의 책, p.689.

지극히 당연한 일이다. 마르크스의 표현을 차용하면, 경제학은 "다른 것들을 위한 항구적인 기준에 복무할 수 있는 어떤 불변의 가치를 보유하는 상품을 찾아내려고, 즉 원을 네모지게 만들려는" 〔공허한〕 시도를 한다. 그러나 마르크스는 자신이 이러한 기준을 노동시간(labor-time)이라는 개념을 통해서 발견했다고 믿었으며, "노동 없이 획득할 수 있는 사용가치들은 (비록 그것이 '본래의 유용성'을 보유한다 할지라도) 그 어떠한 교환가치도 가지지 못한다"고 역설했다. 이런 관점에서 지구 자체는 '아무런 가치도 없는' 셈이다. 왜냐하면 지구는 "객관화된 노동"을 표상하지 않기 때문이다.[12] 이 결론과 더불어 우리는 〔소여所與, 즉〕 주어진 모든 것을 부정하는 모종의 급진적 허무주의의 문턱에 당도한다. 〔우리가 앞에서 살펴본〕 전통에 대한 19세기의 반란들은 아직까지 이러한 허무주의에 관해 아는 바가 거의 없었고, 그것은 20세기 사회에 들어서야 비로소 등장하게 된다.

니체가 전통에 맹공을 퍼붓기 위해 가치를 자신의 핵심 개념으로 수용했을 때, 그는 '가치'라는 용어의 현대성은 물론 그것의 기원도 알지 못했던 듯하다. 그러나 그가 사회 내에 현존하는 가치들을 평가절하하기 시작하자 그의 작업 전체의 함의들이 빠르게 명시되었다. 현존하는 가치들이 일단 자신의 가치성(value-character), 즉 자신의 사회적 위상에 도전을 받게 되면 더는 현존할 수 없게 된다는 단순한 사실로 미루어볼 때, 〔사물을 측정하고 인정하는〕 절대적 단위들이라는 의미에서의 관념들은 사회적 가치들과 동일시되었다.

현대의 정신적 미로에 나 있는 구불구불한 통로를 거쳐 자신의 길을 찾아가는 도정에서 니체를 능가할 사람은 없었다. 이 미로 속에는 과거의 회상물과 관념이 〔사회적〕 가치들로서, 마치 사회가 더 나

12) 앞의 책, pp.679-698.

은 그리고 더 참신한 재화들을 요청할 때마다 늘 평가절하를 당해왔다는 듯이 비축되어 있다. 니체는 새로운 '가치중립적' 학문의 가능성이라는 심오한 난센스에 대해서도 충분히 인식하고 있었다. 〔니체가 보기에〕 그것은 머지않아 과학주의와 일반적이고 과학적인 미신으로 타락할 것이며, 이 생각에 반대하는 모든 의견에도 불구하고, 로마 역사가들의 '감정이나 편향됨이 없는'(sine ira et studio) 태도와 그 어떠한 공통점도 가지고 있지 않았다. 또한 로마의 역사가들이 경멸 부재의 판단과 열광을 배제한 진실 탐구를 요구했던 데 비해, 그 가치로부터 자유로운 학문(wertfreie Wissen-schaft)은 판단 기준들을 상실했으므로 더는 판단이 불가했고 또 진실의 현존 자체를 의심했기 때문에 더는 진실을 발견할 수 없다고 보았다. 그래서 오직 그러한 절대 기준들의 마지막 잔재를 완전히 포기할 경우에만 유의미한 결과를 창출할 수 있을 것이라고 상상했던 것이다. 니체가 '새롭고 보다 높은 가치'를 발견했노라고 선언했을 때 그는 자신이 파괴하는 데 일조했던 망상들의 첫 번째 먹잇감이 되었다. 그는 초월적 단위들에 의해 〔사물들을〕 측정하는 오랜 전통적 관념을 그것의 가장 참신하고도 섬뜩한 형태로 수용했고 그로 인해서 자신이 절대적 위엄을 옹호하고 싶었던 바로 그 사안들—힘(권력), 삶, 그리고 세속적 현존에 대한 인간의 애착—속으로 가치들의 상대성 및 교환 가능성을 다시 끌고 들어갔던 것이다.

IV

자멸(自滅), 이것이 19세기에 일어난 전통에 대한 세 가지 반란의 결과 가운데 키르케고르·마르크스·니체가 공유하는 유일하면서도 가장 피상적인 특징일 것이다. 더욱 중요한 것은 이들 각각의 반란이 늘 반복되는 동일 주제에 집중하고 있는 듯하다는 사실이다. 키르케고르는 철학이 선언한 추상적 주장들 및 이성적 동물인 인간이라는 개념과 대비되는 고통받는 현실의 인간을 천명하고자 했고, 마르크스는 인간의 인간다움은 생산적이고 활동적인 힘으로 구성되어 있다고 확인하면서 그것의 가장 기본적인 측면을 노동력이라 불렀다. 니체는 삶의 생산성, 인간의 의지, 그리고 '힘에의-의지'(will-to-power)를 역설했다.

세 사람은 서로에 대해 완전히 독립적인 상태—이들 가운데 누구도 상대방의 현존에 대해 알지 못했다—에서 전통의 용어로 이루어지는 이 기획이 도약·전도·개념 뒤집기의 이미지와 비유들 속에서 가장 훌륭하게 묘사된 정신 작업을 통해서만 성취될 수 있다는 결론에 도달한다. 요컨대 키르케고르는 자신이 의심에서 신념으로 도약한 것을 이야기로 풀어냈고, 마르크스는 헤겔을 거꾸로 뒤집어, 좀더 정확히 말하자면 "플라톤과 플라톤적 전통 전체"(Sidney Hook)를 '위쪽이 위로 오도록' 회전해 '필연의 영역에서 자유의 영역으로' 도약했다. 니체는 자기 철학의 핵심을 '전도된 플라톤주의'(inverted Platonism)와 '모든 가치의 변형'(transformation of all values)으로 이해한다.

전통의 종언을 의미하는 이러한 전도 작업은 두 가지 의미에서 전통의 시발점을 밝혀준다. 대립쌍의 한쪽—지성(intellectus)에 대비되는 신앙(fides), 이론에 대비되는 실제, 영구적이고 불변하는 초감각적 진실에 대비되는 감각적이고 소멸적인 삶—을 옹호하는 일은 반드시 부정된 반대쪽도 조명하며, 이러한 대립 구도 속에서만 양쪽 모두가 의미와 중요성을 획득하게 된다. 게다가 이러한 대립쌍의 용어상으로 사유하는 일은 그저 당연한 것이 아니라, 다른 모든 〔전통의 전회轉回〕 시도들이 궁극적으로 근거하고 있는 어떤 최초의 위대한 전회 작업에 바탕을 두고 있다. 이는 최초의 전회 작업이 긴장 관계를 조성하는 대립쌍을 수립함으로써 전통이 그 관계 속에서 운신하도록 했기 때문이다. 이 최초의 뒤집기는 플라톤의 '영혼의 전회'(περιαγωγή τῆς ψυχῆς, 페리아고게 테이스 싸이카이즈), 즉 전인적 전회(the turning-about of the whole human-being)를 의미한다. 그는 이것에 관해서 『국가』 속 동굴의 비유를 들어—이것이 그저 어떤 정신적 작업이 아니라 마치 시작과 끝을 가지고 있는 한 편의 이야기인 양—설명하고 있다.

동굴에 관한 이야기는 세 단계로 전개된다. 첫 번째 전회는 동굴 거주자 가운데 한 사람이, 그들의 '다리와 목'을 쇠사슬로 묶어 '정면에 있는 것만 볼 수 있게' 그들의 시선을 사물의 이미지와 그림자가 나타나는 화면에 고정시킨 족쇄를 스스로 벗어던진 바로 그 동굴 안에서 발생한다. 스스로 족쇄를 푼 그 거주자는 이제 동굴 뒤쪽을 향해 돌아앉는데, 그곳의 어떤 인공화(人工火)가 동굴 안에 있는 사물의 실제 모습을 비추고 있다. 두 번째 단계는 동굴에서 맑은 하늘로의 돌아섬이다. 하늘에는 동굴 속 사물들의 참되고 영원한 본질인 이데아들이 햇빛을 받아 그것의 본모습을 드러낸다. 〔태양, 즉〕 이데아들 가운데 그 이데아(the idea of ideas)가 〔하늘을 바라보는〕 인간으로 하여금 이데아들을 알아보게 하며 그 이데아들로 하여금 광채를 발하게 한다. 마지막 단계의 전회는, 다시 동굴로 복귀할 필요성, 즉 영원한 본질의 영역을 뒤로하고 저 소멸할 사물들과 필멸할 인간들이 있는 영역에서 다시 운신해야 할 필요성 때문에 발생한다. 이 세 가지 전회는 각각 모종의 감각 및 방향성 상실을 통해서 달성된다. 화면 위에 나타난 어슴푸레한 외견들에 익숙해진 눈은 동굴 안에 켜진 불로 인해 멀어버렸고, 희미한 인공화에 적응한 눈들은 그 이데아들을 비춰주는 햇빛으로 인해 또다시 눈이 멀게 된다. 끝으로 〔동굴로 복귀한 이후 앞서 어렵사리〕 햇빛에 적응한 눈들은 동굴 속의 어두컴컴함에 다시 적응해야만 하는 것이다.

플라톤이 특별히 진실과 빛의 애호가인 철학자에게만 요구한 이러한 전회의 이면에는 또 다른 전도 작업이 놓여 있으며 이것은 일반적으로 호메로스와 그 시대의 종교에 대한 플라톤의 격렬한 비판, 그리고 특히 호메로스가 『오디세이아』 제11권에서 기술한 지옥의 설명에 대한 일종의 답변이자 반전이 이야기 구성 방식에 암시되어 있다. 플라톤의 동굴 이미지와 호메로스의 지옥 이미지 사이의 유사성은 명백하다. (호메로스의 지옥에 나오는 영혼의 그림자 같은 비실체적이고 무감각한 움직임들은 동굴 거주자의 무지 및 무감각성과 조응한다.) 플라톤이 '이에돌론'(εεἴδωλον), 즉 이미지와 '스키아'(σκία), 즉 그림자라는 단어들을 사용해 양자의 유사성을 강조하고 있기 때문인데, 그것들은 지하계(地下界)에서 펼쳐지는 사후의 생을 묘사할 때 호메로스가 사용한 핵심 개념어다. 플라톤이 호메로스의 '입장'을 뒤집은 것은 명백하다. 그가 마치 호메로스에게 이렇게 말하고 있는 듯한 착각이 들 정도기 때문이다. '지하계에서는 육신 없는 영혼의 삶이 아니라 육신의 삶이 영위된다. 하늘과 태양에 견주자면 지구는 하데스와 다름없다. 이미지와 그림자는 신체 감각의 대상들이며 육신 없는 영혼들을 둘러싼 환경이 아니다. 그 참되고 실재적인 것은 우리가 운신하며 살다가 죽을 때 떠나야만 할 이 세계가 아니라 우리가 정신의 눈으로 보고 이해한 이데아들이다.'

어떤 의미에서 플라톤의 페리아고게(περιαγωγή)는 그리스에서 호메로스적 종교 관습에 따라 믿어왔던 모든 것을 완전히 뒤집어놓은 사건이었다. 그것은 마치 하데스라는 지하계가 지구의 표면으로 솟아오른 듯하다.[13] 그러나 이 호메로스 뒤집기가 실제로 호메로스

13) F. M. 콘포드(Cornford) 역시 "동굴은 지하계(Hades)에 비견될 만하다"는 생

의 머리를 땅으로 돌려놓거나 발을 머리 위로 돌려놓지는 못했다. 그러한 작업이 단독적으로 행해질 수 있는 이분법이 호메로스의 시대에 낯설었던 것 이상으로, 그때까지 미리 결정된 대립쌍들과 더불어 작업하지 않았던 플라톤의 사유에도 익숙하지 않은 것이기는 매한가지였기 때문이다. (따라서 그 어떤 전통의 뒤집기라도 결코 우리를 호메로스의 본래 '입장'으로 데리고 갈 수는 없다. 그러므로 그렇게 생각한 니체가 오류를 범한 것으로 보인다. 그는 아마도 자신의 전도된 플라톤주의가 자신을 플라톤 이전의 사유 양식들로 이끌어줄 것으로 생각했었을 것이다.)

플라톤이 이데아론을 모종의 호메로스 뒤집기 형식으로 제시한 까닭은 오로지 정치적 목적에서였다. 그러나 이를 통해 플라톤은 그러한 전환을 개연성이 낮은 가능성으로 남겨두지 않고 개념적 구조 자체를 미리 규정할 수 있는 이론의 틀로 확립했다. 기독교 이전 세계에서는 비교 대상을 찾을 수 없을 정도로 서로 광분해서 싸웠던 고대 후기의 여러 철학 학파는 전회 방식은 물론, 강조점을 대립쌍의 두 용어 가운데 하나로 전환하는 방식을 통해서 세를 확장했다. 이는 어떤 그림자에 지나지 않는 외견의 세계와, 영구적으로 참된 이데아들의 세계라는 플라톤의 〔이원론적〕 분리 방식으로 가능해진 것이다. 플라톤 자신은 동굴로부터 하늘로 돌아서는 방식으로 그 최초의 사례를 제공했다. 종국에 헤겔이 최후의 막대한 노력을 쏟아부어 플라톤의 원래 개념으로부터 발전해온 전통철학의 다양한 갈래들을 하나의 일관된 자가-발전적 총체로 묶었을 때도, 비록 어떤 훨씬 낮은 차원이기는 했지만 두 개의 서로 반목하는 학파로 나뉘는 〔예전 방

각을 자신이 주석을 첨부한 번역판 『국가』(*The Republic*, New York, 1956), p. 230에서 제안하고 있다.

식과] 동일한 분열이 일어났으며 그 결과 우파와 좌파, 관념론적 헤겔학파와 유물론적 헤겔학파가 단기간에 걸쳐 철학사상을 지배할 수 있었다.

키르케고르·마르크스·니체의 전통에 대한 도전들—헤겔과 그의 역사 개념이 [전통을] 종합하는 업적을 이룩하지 못했다면 이들의 도전 가운데 그 어떤 것도 가능하지 않았을 테지만—의 중요성은 다음과 같은 기이한 대립구조의 [강조점을] 간단히—관념론(idealism)에서 감각론(sensualism)으로, 유심론(spiritualism)에서 유물론(materialism)으로, 심지어 초월론(transcendentalism)에서 내재론(immanentism)으로—뒤바꾸는 작업이 함축하는 것보다 훨씬 더 본질적인 뒤집기를 구성한다는 사실에 있다. 만약 마르크스가 그저 헤겔의 '관념론'을 지상으로 끌어내린 한 사람의 '유물론자'에 불과했다면 그의 영향력은 단명했을 것이고, 그의 동시대인들이 그랬듯 학문적 논쟁거리 가운데 하나로 자리매김하고 말았을 것이다. 헤겔의 기본 가정은 사유의 변증법적 운동이 물질 자체의 변증법적 운동과 동일하다는 것이었다. 그는 그런 관점에서 데카르트가 주목했던 '사유하는 자'(res cogitans)로서 정의된 인간과 '현존하는 것'(res extensa)으로서 정의된 세계, 인식과 실재, 사유함(thinking)과 있음(being) 사이의 심연을 메우고자 했다. 사실 현대인의 정신적 노숙성(露宿性, homelessness)에 관한 최초의 표현은 이런 데카르트적 당혹감과 파스칼적 대답 속에서 발견된다.

헤겔은 [서구철학이] 인간의 이성과 인간사, 그리고 자연적 사건들에 내재한 '이성', 이 양자를 다스리는 어떤 보편 법칙으로서 변증법적 운동을 발견한 것은 지성(intellectus)과 사물(res) 사이에 존재하는 어떤 순전한 조응성(照應性)을 훨씬 능가하는 성취라고 주장했다. 데카르트 이전의 철학은 지성과 사물 사이에 존재하는 [이와 같은] 일치를 진실이라고 정의했다. 헤겔은 정신(spirit)과 그것의 운동을 통한 자기실현이라는 개념을 도입함으로써 자신이 질료(matter)와 형상(idea)의 존재론적 동일성을 입증했다고 믿었다. 그러므로 헤겔에게는 누군가가 이 운동을 어느 순간 '실체화'(materialize)하기 시작하는 의식의 관점에서 시작했는지, 또는 그가 자신의 출발점으로서 '정신화'(spiriualization) 방향으로 움직이면서 스스로 자신을 의식하게 되는 질료를 선택했는지는 별로 중요한 것이 아니었을 듯하다. (마르크스가 이러한 자기 스승의 기본 입장에 관해 거의 의구심을 가지지 않았다는 점은, 그가 역사 속에 나타난 계급 의식 형태의 자의식에 부여한 역할에서 잘 드러난다.) 바꿔 말해서 헤겔이 모종의 '변증법적 관념주의자'가 아니었던 것 못지않게 마르크스도 한 사람의 '변증법적 유물론자'는 아니었던 셈이다. 헤겔이 하나의 보편 법칙으로 인식하고 마르크스가 그것을 수용했듯이, 변증법적 운동이라는 개념 자체는 철학 체계들로서의 '관념론'과 '유물론'이라는 용어를 무의미하게 만든다.

마르크스는 특히 그의 초기 저작에서 이 점을 상당히 의식하고 있었다. 또한 자신이 전통과 헤겔을 거부한 것은 자신의 '유물론' 때문이 아니라, 인간과 동물의 삶의 차이가 인간의 추론력(ratio) 또는 사유(thought), 헤겔의 표현을 사용하자면, '인간은 본질적으로 정신'이라는 가정을 부인하는 데서 비롯되는 것임을 알고 있었다. 청년 마르크스에게 인간은 본질적으로 행위 능력을 부여받은 존재(ein tätiges Naturwesen)이며, 인간의 행위는 노동함(laboring)—'인간과 자연의 신진대사'(the metabolism between man and nature)—으로 구성되어 있으므로 〔특성상〕 '자연적'인 성격으로 남아 있다.[14] 마르크

14) Karl Marx, *Jugendschriften*, p. 274.

스의 전회는 키르케고르와 니체의 전회가 그런 것처럼 문제의 핵심을 찌른다. 그들은 모두 인간이 가진 능력들의 전통적 위계질서에 의문을 제기하고 있다. 다른 말로 하면 그들은 '인간의 인간다운 특질이 구체적으로 무엇인가'라고 다시금 질문하는 것이다. 그럼에도 그들은 이런 전제나 저런 전제 위에 〔철학적〕 체계들이나 세계관(Weltanschauungen)을 구축하려는 의도는 없었다.

데카르트 철학의 회의와 불신을 기본 정신으로 삼고 있는 현대 과학이 부상한 이래로 〔서구철학〕 전통의 개념 틀은 안전하지 못했다. 관조와 행위 사이의 이분법, 그리고 진실은 궁극적으로 언어-부재와 행위-부재의 응시 속에서만 인식된다고 규정한 전통적 위계질서는 과학이 활성화되고 〔진실을〕 알기 위해 행동했던 〔현대적〕 조건들하에서 지지될 수 없었다. 사물들이 자신의 실제 모습 그대로 나타난다는 것에 대한 신뢰가 사라져버리자, 계시로서의 진실 개념도 의심스러운 것이 되었다. 그와 함께 모종의 계시된 신(神)에 대한 확고한 신앙도 의심의 대상이 되었다. '이론'(theory)이라는 개념의 의미도 변했다. 그것은 더 이상 그 자체로 이성과 감각들에 주어진, 즉 만들어진 것이 아닌 진실들이 합당한 방식으로 연결된 어떤 체계를 뜻하지 않았다. 그보다 그것은 현대 과학 이론이 되었다. 〔요컨대 이론은〕 그것이 산출하는 결과에 따라 변형되고 그것이 '밝혀내는 것'에 의해서가 아니라 제대로 '작동하는가'에 따라 그 타당성이 판단되는 모종의 조작된 가설이 된 것이다.

동일한 과정을 통해 플라톤의 이데아들도 세계와 우주를 조명하는 독립적인 힘을 상실했다. 첫째로 이데아들은 단지 정치영역과의 관계 속에서 기준과 척도들로서만, 또는 칸트에게서 나타나는 방식처럼 인간 자신의 추론적 정신을 조정하고 제한하는 힘들로서만 플라톤적인 의미를 띠었다. 둘째로 이성이 자신의 규칙을 인간의 행위에 처방하는, 즉 인간의 행위함에 대한 이성의 우위가 산업혁명이 야기한 총체적인 세계 변형—인간의 〔행위〕 실행과 〔물건〕 제작이 거꾸로 이성에게 자신의 규칙들을 처방한다는 사실을 성공적으로 입증한 듯했던 변형—속에서 망실된 이후, 이러한 이데아들은 결국 그 타당성이 한 사람 또는 여러 사람에 의해 결정되는 것이 아니라, 변화무쌍한 기능적 필요 속에서 어떤 총체로서의 사회에 의해 결정되는 하찮은 가치들로 변해버렸다.

이런 내·외부적 교환성을 가진 가치들만이 '사회화된 인간들'에게 남겨진 (그리고 그에게 이해되는) 유일한 '이데아들'이다. 이 사회화된 인간들은 플라톤에게 '동굴'이었던 인간의 일상사를 결코 떠나지 않겠다고 결심했던, 또 현대 사회에 편재한 기능주의가 삶의 가장 기초적인 특성 가운데 한 가지—사물의 있는 그대로의 모습에 경이감을 불어넣는 것, 〔즉 철학함〕—를 박탈해버린 어떤 세계와 어떤 삶 속으로 자기 스스로 무모하게 뛰어들지 않겠다고 결심했던 바로 그 사람들이다. 바로 이러한 실제적인 발전상이 마르크스의 정치사상 속에 반영〔되어 그의 역사적 유물론이〕 된 셈이다. 그러나 마르크스는 전통의 틀 안에서 그것을 뒤집었기 때문에 실제로 플라톤의 이데아들을 제거하지는 못했다. 그가 비록 다른 많은 현전물들은 물론이고 〔플라톤이 말했던〕 이데아들을 인간이 〔직접〕 눈으로 확인할 수 있었던 저 맑은 하늘이 어두워지고 있음을 스스로 기록했을지라도 말이다.

2장 역사 개념
고대와 현대

I. 역사와 자연

키케로가 역사의 아버지라 불렀으며, 서구 역사의 근간으로 남아 있는 헤로도토스와 더불어 논의를 시작해보기로 하자.[1] 그는 『페르

---

1) 마르쿠스 툴리우스 키케로, 『법률론』(*De legibus*), 5; 『연설가에 대하여』(*De oratore*) II, 55. 최초의 역사가였던 헤로도토스는 역사에 해당하는 단어를 임의로 쓸 수 없었다. 그는 히스토레인(ἱστορεῖν, 물어서 알다)이라는 단어를 사용했으나 '역사적 서술'이라는 의미에서 사용한 것은 아니었다. 에이데나이(ἰδέναι, 일다)처럼 '무엇을 안다'는 의미의 단어인 히스토리아(ἵστωρ, 물어서 얻은 지식)는 '무엇을 보다'의 의미인 ἰδ에서 파생되었고, 히스토르(ἵστωρ)는 원래 '목격자'라는 의미였으므로 목격자를 조사하고 심문해 진실을 획득하는 사람이라는 뜻이다. 그러므로 히스토레인은 '증언하다'와 '심문하다'라는 두 가지 의미를 지닌다(Marx Pohlenz, *Herodot, der erste Geschichtsschreiber des Abendlandes*, Leipzig and Berlin, 1937, p.44). 헤로도토스에 관한 최근의 논의와 우리의 역사 개념에 관해서는 특히 C.N.Cochrane, *Christianity and Classical Culture*(New York, 1944), ch.12. 이 책은 이 주제에 관한 가장 자극적이고 흥미로운 저작 가운데 하나다. 그의 주된 논지, 즉 헤로도토스는 이오니아학파에 속하며, 헤라클리투스(Heraclitus)의 추종자로 간주되어야 한다는 주장에는 신빙성이 없다. 고대적 자료와는 대조적으로 코크런(Cochrane)은 역사학을 그리스 철학 발전의 일부분으로 추정한다(주 6 참조). 또한 Karl Reinhardt, "Herodots Persegeschichten," *Von Werken und Fomen*(Godesberg, 1948) 참조.

시아 전쟁사』(*Persian Wars*)의 첫 문장에서 자신의 작업은 인간 덕분에 생겨난 것들(τάγενόμενα ἐξ ἀνθρώπων)이 시간에 의해 망각되지 않도록 보전하기 위한 것이며, 그리스인과 야만인의 영광스럽고 경이로운 행적을 충분히 칭송해 그들이 후손에게 기억되고, 그들의 영광이 수백 년에 걸쳐 빛나게 하려는 것이라고 말한다.

이 말은 많은 것을 이야기해주지만 그것만으로 충분하지는 않다. 우리에게는 그렇지 않더라도 헤로도토스에게 불멸에 대한 관심은 당연한 일이었으므로 오히려 그는 불멸에 관해 많은 말을 하지 않는다. 역사의 임무에 관한 그의 이해 방식—망각의 허망함으로부터 인간의 행적을 구해내는 것—은 그리스의 자연 개념과 경험에 근간을 두고 있었는데, 자연은 인간이나 신—올림푸스의 신들은 자신들이 세계를 창조했다[2]고 주장하지 않았다—의 도움 없이 스스로 생겨나는, 따라서 불멸성을 띤 모든 것으로 이해되었다. 자연에 속한 것들은 항상 현전하므로 그들이 간과되거나 잊힐 가능성은 없다. 그것들은 영구적이기 때문에 현존을 연장하기 위해 인간의 기억을 요구하지 않는다. 인간을 위시해 모든 생물체는 이 영구적-있음(being-forever)의 영역에 포함되며, 아리스토텔레스는 인간이 모종

---

2) "대부분의 나라에서 신들은 자신들이 세계를 창조했다고 주장한다. 올림푸스의 신들은 그런 주장을 하지 않는다. 그들이 했던 최고의 주장은 세계를 정복했다는 것이다"(Gilbert Murray, *Five Stage of Greek Religion*, Anchor Edition, p.45). 이 진술에 대해서 혹자는 때로 플라톤이 『티마이오스』(*Timaeus*)에서 세계의 창조주를 소개했다고 주장한다. 그러나 플라톤의 신은 실재적 창조주가 아니다. 게다가 플라톤은 자신이 고안한 신화의 형식으로 자신의 이야기를 하고 있으며, 이는 그의 저작에 나오는 유사한 신화들과 마찬가지로 사실로서 제안된 것이 아니다. 신이나 사람이 우주를 창조한 적이 없다는 사실을 헤라클리투스의 30번째 단상(Diels)에 훌륭하게 기술되어 있는데, 모든 사물의 우주적 질서는 "언제나 영원히 타오르는 불이었고, 불이며, 불일 것이기 때문이다. 이 불은 균형에 맞춰 타오르고 사그라진다."

의 자연적 있음(a natural being)이며 그것이 인류라는 종에 속하는 한 불멸성을 소유한다고 명쾌하게 확인해준다. 자연은 삶의 반복적 주기를 통해 〔항상〕 있고 변하지 않는 것들에 대해서와 마찬가지로 태어나고 죽는 것들에 대해서도 동일한 유형의 영구적-있음을 보증한다. "생명체에게 있음은 곧 삶"이며, 영원히 있음(ἀεί είν αι)은 생식(生殖)과 조응한다.[3]

이 영겁회귀는 틀림없이 "어떤 생성계(a world of becoming)가 어떤 실재 세계(a world of being)에 가장 가까워질 수 있는 근사치"[4]다. 그러나 그것이 물론 인간 개개인을 불멸하게 만들지는 않는다. 이와 정반대로, 모든 것이 불멸하는 우주 속에 깊숙이 뿌리박고 있는 인간실존의 상징이 된 것은 필멸성(mortality)이었다. 동물은 개체로서가 아니라 오직 종의 구성체로서만 현존한다. 그러므로 인간만이 우주에 존재하는 유일한 '필멸체'인 셈이다. 인간의 필멸성은 탄생에서 죽음에 이르는, 어떤 인식할 수 있는 삶의 이야기를 가진 개별적인 삶(βίος)이 그의 생물학적 삶(ζωή)에서 생겨난다는 사실에 근거한다.

이 〔인간의〕 개별적 삶은 생물학적 삶의 순환 운동을 관통하는 그것의 직선 운동 과정에 의해 다른 모든 것들과 구별된다. 이것이 필

---

3) 『영혼에 관해』(*On the Soul*), 415b13. 『경제학』(*Economics*), 1343b24: 자연은 종(種)과 관련해서는 순환(recurrence, περìοδος)을 통해 영원한 존재를 구현하지만, 개인에 관해서는 그럴 수 없다. 우리의 문맥상 그 논문이 아리스토텔레스가 아니라 그의 제자 가운데 한 명이 쓴 것이라는 말은 당치도 않다. 그 이유는 우리가 "On Generation and Corruption"이라는 논문에 나오는 주기를 가지고 움직이는 생성(Becoming, γένεσις έξ ἀλλήλων κύκλῳ)이라는 개념 속에서 그와 동일한 사유를 발견할 수 있기 때문이다(331a8). '불멸하는 인간 종'에 관한 동일한 사유는 플라톤의 『법률』 721에도 나타난다(주10 참조).

4) 프리드리히 니체, 『권력에의 의지』(*Wille zur Macht*, Kroner ed., 1930), Nr.617.

멸성이다. 다시 말해서, 운동하고 있는 모든 것이 굳이 운동을 해야만 한다면, 〔인간의 삶은〕 모종의 순환적 질서 속에서 움직이는 저 우주 안에서 하나의 직선을 따라 움직이는 것이다. 인간은 자신의 목적을 추구할 때마다, 즉 힘들이지 않고 땅을 갈든지 자유롭게 부는 바람을 항해에 이용하든지 끝없이 출렁이는 파도를 넘든지 간에 어떤 목적도 없이 제 궤도 내부를 돌고 있는 운동을 가로지른다. 소포클레스는 (『안티고네』*Antigone*의 유명한 합창에서) 인간보다 두려움을 자아내는 것은 없다고 말하면서, 자연에 폭력을 가하는 인간의 목적성을 띤 활동들을 일례로 들었다. 그는 그러한 활동들이, 인간이 부재하다면 자연 속에서 휴식하고 제 궤도 내에서 움직일 영구적-있음의 영원한 고요를 방해한다고 말한다.

우리가 깨닫기 어려운 점은 인간의 능력에 의해 이루어지고 역사 서술의 주제가 될 위대한 행적과 작업이 어떤 포괄적인 총체나 어떤 과정의 일부들로 보이지 않는다는 사실이다. 그와 정반대로 단독 사건과 단독 몸짓은 항상 주목을 받는다. 이러한 단독의 사례들, 즉 행적이나 사건은 인간의 직선적 삶이 그의 생물학적 삶의 순환 운동을 중단시키는 것과 동일한 의미에서 일상생활의 순환 운동에 끼어들어 훼방을 놓는다. 이런 훼방들—다른 말로는 이례적인 것—이 바로 역사의 소재(素材)다.

후기 고대로 들어서며 하나의 역사 과정이라는 의미에서 역사의 본질에 관한 고찰과 국가들의 운명, 즉 그들의 흥망에 관한 고찰이 시작되었을 때 특수한 행위들과 사건들이 하나의 총체 속으로 매몰되는 과정들은 틀림없이 순환적일 것이라고 즉각 가정되었다. 요컨대 역사 운동이 생물학적 삶의 〔순환이라는〕 이미지로 파악되기 시작했던 것이다. 고대 철학의 용어상 이것은 역사의 세계가 자연의 세계에, 인간의 세계가 영원한 우주에 재통합되었음을 의미한다고 볼 수 있다. 그러나 고대의 서사시와 역사 편찬의 맥락에서 볼 때, 이는 자연과 신의 의심할 나위 없는 위대성과 구별되는 인간의 훨씬 더 훌륭한 위대성에 대한 앞선 시대의 인식이 상실되었음을 뜻했다.

서구 역사의 초기에 인간의 필멸성과 자연의 불멸성 간의 구별, 즉 인간이 만든 것들과 스스로 생겨나게 된 것들 사이의 구분은 역사 편찬의 묵시적 가정이었다. 작품(works) · 행적(deeds) · 말(words) 처럼 자신의 현존을 인간에게 빚지고 있는 모든 것은, 말 그대로, 원작자의 필멸성에 감염되기 때문에 사멸할 운명을 갖는다. 그러나 만일 인간이 자신의 작품 · 행적 · 말 등에 다소간의 영구성을 부여하고 그것들의 사멸을 막는 데 성공한다면, 그것들은 적어도 어느 정도까지는 영구성의 세계에 진입해 안착할 것이며, 인간을 제외한 모든 것이 불멸하는 우주 속에서 인간들도 스스로 자신의 자리를 발견할 것이다. 이 일을 성취하게끔 하는 인간의 능력이 바로 기억이며, 이런 의미에서 기억의 여신 므네모시네(Mnemosyne)는 다른 모든 뮤즈들의 어머니로 여겨졌다.

우리가 자연과 역사, 우주와 인간의 관계에 대한 그리스인들의 이해 방식들로부터 얼마나 멀어져 있는지를 빠르고 명확하게 이해하기 위해서 릴케(Rilke)의 사행시를 인용해본다. 시의 완결성을 손상하지 않기 위해서는 번역하지 않는 편이 나을 듯하므로 원어 그대로 남겨둘 것이다.

Berge ruhn, von Sternen überprächtigt;
aber auch in ihnen flimmert Zeit.
Ach, in meinem wilden Herzen nächtigt
obdachlos die Unvergänglichkeit.

'여기서는 산조차도 별빛 아래 잠들어 있는 것으로만 보인다 / 시간은 천천히, 은밀하게 산을 집어삼킬 것이다 / 아무것도 영원하지 않으며, 불멸성은 아직도 말하고 기억하는 능력을 보유한 인간 마음의 어둠 속에 있을 어떤 불확실한 거처를 알아보기 위해서 세계로부터 도망쳤다 / 영원히. 〔그러므로 이 세계 속에〕 불멸성이나 비소멸성이 나타난다면, 아니 나타난다 하더라도 그것이 머물 곳은 없다.'[5)]

누군가 이 시의 행들을 그리스인의 시선으로 음미한다면 시인이 의식적으로 그리스적 관계들을 되돌리려 한다고 생각할 것이다. 분명 인간의 마음을 제외한 모든 것이 소멸할 것이다. 불멸성은 더 이상 인간이 그 안에서 운신하도록 허용하는 매개체가 아니므로 바로 그 필멸성의 심장부에 주소 없는 자신의 은신처를 마련했다. 비록 인간이 여전히 마음속에 각인된 기억을 외화(外化)하고, 있는 그대로 물화(物化)할 수 있음에도 불구하고, 불멸의 사물들, 작품과 행적들, 사건과 말조차도 세계 속의 안식처를 잃어버렸다. 세계도 자연도, 그리고 인간이 만든 것도 일단 생겨나게 된 다음엔 모든 있음(being)의 숙명을 공유한다. 그것들은 현존하게 된 바로 순간부터 소멸하기 시작한다.

헤로도토스와 더불어 말과 행적 및 사건들—인간들에게 배타적으로 자신의 현존을 빚지고 있는 것들—이 역사의 소재가 되었다. 인간이 만든 모든 것 가운데 이런 것들이 가장 허망하다. 인간의 손

---

5) 라이너 마리아 릴케, 「C.W. 백작의 유고에서」(Aus dem Nachlass des Grafen C. W.)의 제1연작물 열 번째 시. 시는 번역이 불가능하지만 이 행들의 내용은 다음과 같이 표현될 수 있을 것이다. "산 위에 별천지가 펼쳐지고 있다. 하지만 그들 안에서는 시간도 빛을 발하고 있다. 아, 나의 거친 가슴 안에서 지붕없이 밤을 지새는 불멸이여." 나는 덴버 린들리(Denver Lindley)에게서 이 번역문을 빌려왔다.

으로 완성된 작품들의 현존은 자연이 제공한 재료에 일정 부분 빚을 지게 되며, 자연의 영구적-있음(being-forever)으로부터 차용한 일정 정도의 영구성을 품어 운반한다. 그러나 인간들 사이에서 직접적인 방식으로 진행되는 것, 즉 발화된 언어와 그리스인들이 '제작'을 뜻하는 포이에시스(ποίησις)와 구별해 프락세이스(πράξεις, 실천)[6] 또는 프라그마타(πράγματα, 사물)로 지칭했던 모든 행위(actions)와 행적(deeds)은 결코 그것이 실현된 순간 이상으로 살아남지 못하며, 기억의 도움 없이는 어떠한 흔적도 남길 수 없을 것이다. 시인과 역사 편찬가(프락세이스, 즉 실천이 그들이 다루는 주제인 까닭에 아리스토텔레스가 여전히 같은 범주에 포함시킨 사람들[7])의 임무는 기억을 통해 사물의 현존을 지속시키는 것이다. 그들이 그 임무를 수행하는 방식은, 프락세이스와 렉시스(λέξις), 즉 행위(action)와 발언(speech)을 일종의 포이에시스 또는 제작으로 전환하는 것, 결국은 문자화하는 것이다.

물론 인간실존의 한 범주로서 역사는 문자 언어보다 더 오래되었고, 헤로도토스보다도 오래되었으며 심지어 호메로스보다도 더 앞섰다. 역사적인 맥락이 아닌 시가적(詩歌的) 맥락에서 말하자면, 역사의 출발점은 피아키안(Phaeacians) 왕국의 궁정에서 율리시스(Ulysses)왕이 자신의 행적과 고난—이제 자신의 외부에 놓인 어떤 것이자, 모든 사람이 보고 들을 수 있는 '물건'이 된 그의 삶—에 관한 이야기를 들었던 순간과 일치한다. 실제로 있었던 일이 이제 '역사'가 된 것이다. 그러나 단독의 사건과 발생물이 역사로 변형된 것은 훗날 그리스 비극에 도입된 언어상의 '행위 모방'과 본질적으로

6) 이것의 영어 표현은 프락시스(praxis) 또는 프랙티스(practice)다—옮긴이.

7) 아리스토텔레스, 『시학』(*Poetics*), 1448b25, 1450a16-22. 시기와 역사 편찬의 구별은 같은 책, ch.9.

같은 성격이다.[8] 언젠가 부르크하르트가 촌평한 것처럼, 〔그리스 비극이〕 끔찍한 것을 보여주는 데 전혀 반대하지 않았음에도 불구하고, 전령의 보고 형식을 취해 "〔극의〕 외부에서 일어난 행위는 〔관객의〕 시선에서 은폐된다."[9]

율리시스가 자기 자신의 인생에 관한 이야기를 듣는 장면은 역사와 시가(詩歌) 양쪽 모두에게 전범(典範)이 된다. 요컨대 아리스토텔레스에 따르면 〔그리스〕 비극의 진수였고, 헤겔에 따르면 역사의 궁극적인 목적이었던 '현실과의 화해', 즉 카타르시스(catharsis)는 회상의 눈물을 통해서 완수되었다. 여기서 역사와 문화에 대한 가장 심오한 인간적 동기는 다른 어떤 것과도 비교할 수 없는 순수성으로 드러난다. 〔위에 언급한 율리시스의 경우에는〕 경청자와 행위자, 그리고 〔실제 사건들을 겪은〕 당사자가 동일인이었다. 때문에 그에게는 역사 탐구와 심미적 쾌감이라는 측면에서 언제나 큰 역할을 담당했던 실제적 호기심에서 발동한 모든 동기와 새로운 정보에 대한 욕구가 존재하지 않는 것이 당연했다. 따라서 가령 역사가 그저 뉴스에 불과하고 시가가 오락거리에 불과하다면 그는 감동을 받기보다 지루함을 느꼈을 것이다.

이러한 구별과 성찰에 관한 이야기가 현대인에게는 진부하게 들릴 것이다. 그러나 그 속에는 가장 훌륭한 형태로 명시화된, 그리스 문화의 비극적인 측면에 (어쩌면 다른 어떤 단독적 요소보다도 더 많이) 기여한 한 가지 위대하면서도 고통스러운 역설이 함축되어 있다. 그 역설은 〔그리스인들이〕 한편으로는 '영원한 것'이라는 배경에 비춰서 모든 것을 바라보고 측정하면서도, 다른 한편으로는, 적어

8) 행위의 모방으로서의 비극에 관해서는 앞의 책, ch.6,1.

9) Jacob Burckharolt, *Griechische Kulturgeschichte*, Kröner(ed.), II, p.289.

도 플라톤 이전 그리스인들은 인간의 참된 위대성은 행위와 말 속에 들어 있으며 그것은 장인과 제작자, 심지어 시인이나 작가보다는 오히려 '위대한 행위의 행위자이며 위대한 말의 화자였던' 아킬레스(Achilles)에 의해 표상되었다고 이해했다. 위대성을 영속성이라는 용어로 이해했던 반면에 인간의 위대성은 바로 그 허망하고 지속성이 가장 짧은 인간 활동들 속에서 발견했다는 그 역설은 철학자의 고요를 방해했던 것 못지않게 그리스의 시가와 역사 편찬에 줄곧 따라붙는 골칫거리였다.

이 역설에 대한 초기 그리스의 해결책은 시적(詩的)이고 비철학적인 성격이었다. 이 해법은 시인들이 발언과 행위(speech and action)를 수행한 〔누군가의〕 쓸데없는 순간뿐만 아니라 심지어 그 수행자들의 필멸할 삶보다 더 오래 지속시키기 위해 그들의 말과 행위에 불멸의 명성을 부여하는 방식이었다. 소크라테스학파 이전—헤시오도스(Hesiod)는 예외가 되겠지만—에 불멸의 명성에 대해 실제로 비판이 제기된 경우는 그 어디에서도 찾아볼 수 없다. 심지어 헤라클레이토스조차도 인간의 모든 열망 가운데 가장 위대한 것은 불멸의 명성이라고 생각했고, 자신의 고향인 에페수스(Ephesus)의 정치적 상황을 격렬히 비판하는 중에도 인간사 영역 자체에 대해서는 결코 비난하거나 그것의 잠재적 위대성을 의심하지 않았다.

파르메니데스가 예비한 변화는 소크라테스와 더불어 효과가 나타났으며 플라톤 철학에 이르러 그 절정에 다다랐다. 필멸의 인간이 지닌 잠재적 불멸성에 관한 가르침이 고대의 모든 철학 학파에게 권위를 갖게 되었기 때문이다. 분명 플라톤도 〔우리가 앞에서 이미 살펴본 것과〕 동일한 역설에 직면했다. 어쩌면 그가 최초로 '이름을 남기지 않은 채 생을 마감하지 않으려는 명성에 대한 욕망'을, 비록 인간 개개인의 아타나시아(ἀθανασία), 즉 불사(不死)까지는 아닐지라도 자손을 통해 종의 불멸성을 확보하고자 하는 인간의 자연적 욕구와 동일한 수준으로 숙고했던 듯하다. 그래서 플라톤은 자신의 정치철학 속에서 불멸의 명성에 대한 열망을 인간의 자연적 불멸에 대한 욕구로 대체할 것을 제안했다. 마치 인간이 "자손의 자손을 뒤에 남기는 방식으로 영원한 생성(sempiternal becoming) 과정에 통합됨으로써 자연의 불멸성에 참여해 불멸적이게 될" 것이므로 인간의 명성을 통한 불멸성 획득 욕구도 자연스럽게 성취될 수 있다는 듯이 말이다. 플라톤이 자손 번식은 하나의 법칙이 되어야 한다고 선언했을 때, 그는 명백히 이 법칙이 '범인'(凡人)의 자연적 염원인 죽음부재성(deathlessness)을 충분히 만족시킬 것으로 기대했다.

플라톤이나 아리스토텔레스 가운데 누구도 필멸의 인간이 위대한 행위와 말을 통해 '불멸화'(ἀθανατίζειν, 이 단어는 아리스토텔레스의 용어상으로 불멸화 대상이 결코 자신일 필요가 없는 활동, 즉 그 이름에 대한 불멸의 명성일 필요가 없지만 일반적으로 불멸성을 띤 사물들을 보유한 다양한 직종들을 포함하는 활동을 가리킨다)할 수 있다고는 믿지 않았다.[10] 그들은 사유 활동 그 자체 속에서, '인간들이 너

10) 플라톤은 『법률』 721에서 인간 종은 단지 특별한 방식으로 불멸화한다는 자신의 생각을 분명히 밝힌다. 즉 뒤따르는 세대 전체가 시간의 총체와 더불어 '함께 성장하는' 한, 인류는 세대와 시간의 계승자로서 동시대의 산물이다. 인간이라는 종은 본성상 전체로서의 시간과 함께 생겨난 것으로 끝까지 시간과 함께 나고, 시간과 함께 사라진다. 또한 다음과 같은 방식으로 불멸하게 된다(γένος οὖν ἀνθρῴπων ἐστί τι ξυμφυές τῷ τού παντός χρόνου, ὅ διὰ τέλους αὐτῷ ξυνέπε ται καί συνέψεται, τούτῳ τῷ τρόπῳ ἀθάνατον ὄν). 바꿔 말해서, 그것은 단지 죽음부재성(ἀθαναόια)이며, 필멸의 인간은 불멸의 종에 속함으로써 이에 참여한다. 그것은 시간부재의 영원한 있음(ἀεί εἶναι)이 아니다. 철학자는 비록 필멸할 인간에 불과할지라도 이러한 영원한 있음에 근접하도록 허용된다. 아리스토텔레스에 관해서는 그의 『니코마코스 윤리학』(*Nicomachean Ethics*), 1177b30-35와 그 이후의 기술 참조.

무 진지하게 받아들여서는 안 될'(Platon) 그러나 '인간이 세계 내 최고의 있음〔의 양태〕라고 생각하는 것은 명백히 부조리했으므로'(Aristoteles) 인간사 영역 전체에 등을 돌릴 수 있는 인간의 숨겨진 능력을 발견했다. 많은 이들이 자손 번식만으로도 충분했을지 모르겠지만, 철학자에게 '불멸하게 된다는 것'은 영원한 것들과 이웃해서 사는 것, 아무것도 하지 않으면서, 즉 행위의 수행이나 작업의 완수 없이 모종의 적극적 관심만을 가진 상태로 그곳에 현전하는 것을 의미했다. 그러므로 필멸할 인간들이 일단 불멸성을 띤 것들과 이웃하게 되었다면, 그들의 바람직한 태도는 분명 행위를 삼가고, 심지어 말도 삼가는 관조(contemplation)였다.

아리스토텔레스적 이성인 누스(νούς), 즉 순수한 선견(先見, pure vision)이라는 인간의 최고 능력이 감지하는 바는 말로 옮길 수가 없다.[11] 그와 마찬가지로 이데아들이 플라톤에게 드러내준 궁극적 진실인 아레톤(ἄρρητον)도 말로 표현할 수 없는 것, 즉 언어로 포착할 수 없는 어떤 것이었다.[12] 결국 그 오래된 〔불멸하는 것의 위대성과 인간의 위대성에 대한〕 역설은 철학자들에 의해 해결되었다. 그들은 인간이 〔위대한 말과 행위를 통해〕 '불멸하게 되는' 능력 자체를 부정하는 것이 아니라, 우주가 지닌 불후의 위대성과 견주어 자기 자신과 자신의 행위를 측정하는 능력, 말 그대로 자연과 신들(gods)의 불멸성을 인간 자신의 불멸의 위대성과 대응시키는 능력을 부정함으로써 그 역설을 해결했다. 이 해법은 명백히 "저 위대한 행위의 행위자이며 위대한 말의 화자[13]"의 희생 대가로 얻게 된 것이다.

---

11) 아리스토텔레스, 앞의 책, 1143a36.

12) Platon, *Seventh Letter*.

13) 즉 생물학적 삶과 명예 중 후자를 선택한 아킬레스와 같은 위대한 인간—옮긴이.

시인과 역사가를 철학자와 구분한 이유는 전자가 그리스의 일반적인 위대성(greatness)이라는 개념을 수용했다는 간단한 사실 때문이었다. 영광, 그리고 영속적 명성의 발원처인 칭송(稱訟)은 이미 '위대한' 사물, 즉 다른 모든 것과 구별되고 영광을 가능하게 하는 신선하고 빛나는 특질을 보유한 사물에만 부여될 수 있었다. 위대한 것은 불멸성을 지닐 만한 가치가 있는 것들이었으며, 다른 무엇도 능가할 수 없는 위엄을 지니고서 인간의 허망함을 둘러싸고 있는 저 영구히 지속되는 사물 군(群)에 포함되어야만 했다. 인간은 역사를 통해 자연과 거의 동격이 되었으며, 오직 자연적인 우주에 항존(恒存)하는 도전들에 맞서 자력으로 떠오른 사건·행위·말만이 우리가 '역사적'이라고 부르게 될 것들이었다.

시인 호메로스와 이야기꾼 헤로도토스는 물론, 심지어 엄숙한 분위기에서 역사 편찬의 기준들을 처음으로 설정한 투키디데스조차도 『펠로폰네소스 전쟁사』 전반에 걸쳐 자신은 그 전쟁의 '위대함'을 알리기 위해서, 그리고 "이것이 헬레네인뿐 아니라 야만인들의 세계 대부분… 거의 모든 인류의 역사에서 가장 위대한 거사"이기 때문에 기술하는 것이라고 말했다.

그리스의 시가와 역사 편찬에 두드러지는 한 가지 특징으로서 위대함에 대한 관심은 〔고대 그리스인들의〕 자연 개념과 역사 개념 사이의 아주 긴밀한 연관성에 기초하고 있다. 그 둘의 공통분모는 불멸성이다. 불멸성은 자연이 별다른 노력이나 다른 것의 도움 없이 보유하고 있는 특질이며, 따라서 인간들이 가령 자신이 태어난 세계의 〔불멸성 보유라는〕 기대치에 부응하기를 원하고, 자신의 짧은 생애 동안 더불어 삶을 영위하도록 받아들여준 세계 속에서 자신을 둘러싸고 있는 사물들의 기대치에 부응하기를 원한다면 반드시 불멸성을 성취하려고 노력해야만 한다. 그러므로 역사와 자연의 연관성은 결코 어떤 상반된 성격이 아니다. 역사는 말과 행위를 통해 자신이 자연에 버금가는 〔불후의〕 가치를 지니고 있음을 증명한 인간들을 기억하기 때문에, 그들의 영속적인 명성이 그들 자신의 필멸성이라는 조건에도 불구하고 영구히 존속할 사물들 속에 함께 남을 수도 있다는 것을 의미한다.

현대의 역사 개념과 자연 개념은 서구 역사의 시발점에서 발견되었던 서로 조응하면서도 매우 달랐던 개념들과의 〔관계〕 못지않게 긴밀히 연결되어 있다. 물론 그것들의 공통된 뿌리가 발견되어야만 그 중요성도 온전히 드러날 것이다. 19세기에 있었던 자연과학과 역사학 사이의 대립은 당시 자연과학자들이 주장하는 절대적인 객관성 및 정확성과 함께 오늘날에는 과거에 속한 어떤 것으로 여겨진다. 이제 자연과학은 설정된 조건들 아래서 실험하는 방식으로 자연의 과정들을 검증하고, 그 실험을 지켜보는 관찰자는 실험 조건의 일부로서, 즉 자연의 '객관적' 과정에 투입된 모종의 '주관적' 요인으로서 실험에 편입된다.

> 핵물리학의 새로운 결과 가운데 가장 중요한 것은 매우 상이한 유형의 자연법칙들을 모순 없이 하나의 동일한 물리적 사건에 적용할 수 있다는 가능성을 인정한 점이다. 이는 특정의 근본 관념들에 기초하고 있는 어떤 법칙 체계 내에서는 매우 한정된 특정의 질문 방식만 의미가 있다는 사실과, 그로 인해 그 체계가 다른 방식의 질문들을 허용하는 여타 체계들과 분리된다는 사실 때문에 생긴 결과다.[14]

14) W. Heisenberg, *Philosophic Problems of Nuclear Science*(New York, 1952), p.24.

바꿔 말해서 실험은 "자연에 제기된 모종의 질문"(Galileo)이며,[15] 과학이 제시하는 해답은 항상 인간이 제기한 질문들에 대한 답변으로 남을 것이다. '객관성' 문제와 관련해서 일어나는 혼동은, 질문 없는 답변과 질문하는 존재와는 무관한 결과도 있을 수 있다는 가정 때문이었다. 오늘날 우리가 알고 있는 물리학은 역사 연구 못지않게 실체가 무엇인지를 조사하는 일종의 인간-중심적인 탐구다. 그 때문에 역사 편찬의 '주관성'과 물리학의 '객관성' 간의 오랜 논쟁은 그 적실성을 대부분 상실했다.[16]

자연과학자를 상대로 수십 년간 자신의 '과학적 표준'을 방어해야만 했던 현대의 역사가는 자연과학자가 대체로 자신과 같은 입장에 놓여 있다는 사실을 아직 인식하지 못한다. 그래서 역사가가 자연과학과 역사학 사이의 낡은 구분을 겉보기에 좀더 과학적인 새로운 용어로 기술하고 또 재기술하려고 할 가능성은 상당하다. 그 이유는 역사학에서 객관성의 문제는 어떤 하찮은 기술(技術) 또는 과학의 난제 그 이상이기 때문이다. 객관성은 "순수한 선견"(pure vision)—랑케(Ranke)의 표현으로는 **'사물을 그 자체로 순수하게 보는 것'**(das reine Sehen der Dinge)—의 조건으로서 '자아 삭제'를 말하며, 역사가가 칭송이나 비난을 삼가고 사건들의 경로를 추적할 때 그것들이 마치

15) Alexandre Koyré, "An Experiment in Measurement," *Proceedings of the American Philosophical Society*(1953), vol. 97, no.2에서 인용.

16) 에드가 윈드(Edgar Wind)는 논문 "Some Points of Contact between History and Natural Sciences," *Philosophy and History; Essays Presented to Ernst Cassirer*(Oxford, 1939)에서 같은 사항을 지적했다. 윈드는 이미 최근 과학의 발전상은 '역사가들이 자신들만의 특성으로 생각하고 싶어하는' 질문을 과학자들이 제기하는 것과 관련해 훨씬 '적확성'이 떨어지는 근거임을 증명했다. 역사학에서 나온 방법론적 논의와 다른 논의들 속에서 [이러한] 근본적이고 명백한 주장이 아무런 역할도 하지 못한 것은 참으로 의아한 일이다.

자신의 기록물 원자료에 나타난 것인 양 완벽히 거리를 두는 태도를 의미했다. 드로이젠(Droysen)은 이런 태도를 "내시(內侍)의 객관성"[17]이라고 폄훼한 바 있는데, 이것이 역사가에게 부과하는 유일한 제약은, 인간 정신의 제한된 능력이나 인간 삶의 제한된 시간과 비교했을 때 무제한적인 것으로 보이는 엄청난 사실들 가운데서 소재를 선별해야 할 필요성이다. 이렇듯 객관성은 비차별(nondiscriminaton) 뿐만 아니라 비개입(noninterference)도 함께 의미했다. 이 가운데 비차별, 즉 칭송과 비난을 삼가는 일은 비개입보다 훨씬 수월하게 달성할 수 있었다. 그러나 소재를 선별하는 일 각각은 어떤 의미에서 역사에 개입하는 것이고, 모든 선별 기준은 사건들의 역사적 과정을 인간이 만든 특정한 조건 아래에 두는 것이다. 그런데 이 조건들은 자연과학자가 실험을 위해 자연적 과정을 설정하는 데 요구되는 조건들과 매우 유사하다.

우리는 지금까지 객관성의 문제를 현대적 용어로 설명했다. 그 이유는 이 객관성의 문제가 현대에 등장했고, 또 현대는 역사 속에서 '좀더 연륜이 배어 있는' 자연과학의 기준을 따라야 할 '새 학문'을 발견했다는 믿음을 보였기 때문이다. 그러나 이것은 현대가 스스로 오해한 결과였다. 현대 자연과학은 역사학보다 훨씬 '더 새로운' 학문으로 빠르게 발전했고, 양자는 우리가 곧 알게 될 내용처럼 현대의 출발점에서 시도된, 바로 그 우주탐사라는 정확히 동일한 '신종' 경험들로부터 생겨났기 때문이다.

역사학에 관한 흥미로우면서도 여전히 혼동되는 점은, 그것이 동시대의 자연과학으로부터 기준을 도출하지 않고 현대가 막 청산하

17) Friedrich Meinecke, *Vom geschichtlichen Sinn und vom Sinn der Geschichte*(Stuttgart, 1951)에서 인용.

기 시작한 〔자연〕과학적이고, 궁극적으로는 철학적인 태도로 거슬러 올라갔다는 점이다. 이른바 '자아 삭제'로 귀결되는 그들의 과학적 기준들은 그 뿌리를 아리스토텔레스와 중세의 자연과학에 두고 있는데, 이는 주로 관찰하는 일과 관찰된 사실을 분류하는 일로 이루어져 있다. 현대가 등장하기 이전에는 '있음의 기적'(the miracle of being) 또는 신의 창조에 대한 경이를 조용히, 행위 정지 상태에서, 자신을 잊고 관조하는 것이 과학자들에게 어울리는 태도였다. 그리고 '특수한 것'(the particular)에 대한 과학자의 호기심은, 고대인들에 따르면, 철학을 탄생시켰던 바로 그 '보편적인 것'(the general)에 대한 경이(wonder)와 아직 분리되지 않은 상태였다.

현대와 더불어 객관성은 그 토대를 상실했고, 그 결과 쉴 새 없이 새로운 정당화 근거를 찾아 헤매야 했다. 역사학의 입장에서 객관성에 대한 낡은 기준은 오직 다음과 같은 경우에만 의미를 가질 수 있었다. 우선 역사가가 완전한 형태의 역사는 관조를 통해 통째로 파악될 수 있는 모종의 순환적 현상이라고 믿는 경우다(비코Vico는 후기 고대의 이론들에 따라 이러한 견해를 견지했다). 이 경우가 아니라면 낡은 객관성의 기준이 인류—그것을 위한 신의 계획은 계시되었고, 그것의 시발점들과 종결점들도 알려졌으므로 그것은 하나의 총체로서 다시 관조될 수 있다—를 구원하기 위한 신의 특정 섭리에 의해 인도된 것이라고 믿었던 경우다.

그러나 이 두 가지 개념은 실제로 현대의 새로운 역사의식과 매우 동떨어진 것이었다. 억지로 새로운 경험이 주입되었고, 새 학문을 출현시킨 옛 전통의 틀에 불과했기 때문이다. 과학적 객관성의 문제는 19세기가 보여주었듯이 상당 부분 역사적 자기-오해와 철학적 혼동에서 비롯되었고, 위기에 봉착한 그 실질적인 문제, 즉 역사 '과학'뿐만 아니라 시가와 이야기 서술을 비롯한 모든 역사 편찬에도 사실상 결정적으로 중요한 공평무사의 문제를 인식하기 어렵게 되었다.

공평무사, 호메로스가 이것과 함께 아케아인(Achaeans)들의 행적 못지않게 트로이인들의 행적을 찬양하기로 마음을 정하고 또 아킬레스의 위대함 이상으로 헥토르(Hector)의 영광을 찬양하기로 결심했을 때 모든 역사 편찬의 진정한 양식이 세상에 첫선을 보였다. 호메로스의 공평무사는 헤로도토스에 공명을 일으켜, 그가 '그리스인들과 야만인들의 위대하고 훌륭한 행위가 마땅히 받아야 할 영광을 잃지 않도록' 기술하게 했다. 이는 오늘날 우리가 알고 있는 가장 뛰어난 유형의 객관성이다. 우리 시대에 이르기까지 거의 모든 민족의 역사 편찬을 특징지은 이 공평무사는 자기 편과 자기 민족에 대한 공통의 관심을 뒤로하고 있을 뿐만 아니라, 현대인들이 역사 자체에 대한 '객관적' 판단이라고 느껴왔던 승리 아니면 패배라는 양자택일의 태도를 버렸고, 영원히 찬양할 가치가 있다고 판단되는 것과의 충돌 또한 허용하지 않는다.

얼마 후 투키디데스가 아주 훌륭하게 표현한, 역사적 객관성에 기여하는 또 다른 강력한 요소가 그리스의 역사 편찬에 나타난다. 그것은 폴리스적인 삶을 오래 경험한 이후에야 전면에 부상할 수 있었는데, 폴리스의 삶 속에서 이루어지는 시민들 간의 대화는 믿어지지 않을 정도로 큰 비중을 차지하고 있었다. 이 끊임없는 이야기를 통해 그리스인들은 자신들이 함께 공유하는 세계가 보통 무수히 많은 상이한 입장으로 〔언어 행위를 통해서〕 파악되며, 그 상이한 입장들이 다양한 관점과 조응한다는 사실을 발견했다. 궤변론자들이 아테네 시민들에게 보여주었던 것처럼, 지칠 줄 모르는 논쟁의 흐름 속에서 그리스인들은 자신의 관점과 '의견'(doxa)—그에게 세계가 보여지고 그 자신에게 개방되는(dokei moi) 방식—을 다른 동료 시민들과 교환하는 법을 배웠다. 그리스인들은 〔서로를〕 이해하는 법—서로를 개별적인 사람으로서 이해하는 것이 아니라 같은 세계를 서로의 관점에서 바라보는 법, 즉 동일한 것을 아주 다르게, 그리고 대개는 상반된 관점에서 바라보는 법—을 배웠다. 전쟁 당사자들의 입장과 이해관계를 명확히 표현한 투키디데스의 〔펠로폰네소스 전쟁사에 나오는〕 연설은 지금까지도 이러한 객관성의 아주 비상한 수준을 보여주는 생생한 증거물이다.

역사학 분야에서 객관성에 관한 현대적 논의가 모호해지고 이와 관련된 근본적인 논제들을 다루지 않게 된 이유는, 아마도 현대에는 호메로스적 공평무사나 투키디데스적 객관성을 가능하게 하는 조건 가운데 어느 것도 존재하지 않기 때문인 듯하다. 호메로스의 공평무사는 위대한 사물들은 자명하므로 스스로 광채를 발한다는 가정에 입각해 있다. 즉 시인(또는 훗날의 역사 편찬가)은 오로지 위대한 사물들의 영광—본질상으로는 허망한 것—을 보전해야 하고, 만일 그가 헥토르의 영광을 망각하게 된다면 그것을 보전하기보다 파괴하게 될 것이라는 가정에 입각해 있는 것이다.

위대한 행위와 위대한 발언은 그것이 현존하는 짧은 기간, 그것의 위대성에 관한 한, 마치 어떤 돌이나 집처럼 실제성을 띠며, 그것이 행해지는 곳에 있는 모든 사람이 보고 들을 수 있다. 위대성은 제 스스로 불멸을 지향하는 어떤 것—즉, 부정적으로 말해 그저 왔다가 사라지는 것, 자신의 생을 포함해 모든 개별 삶에 대한 어떤 영웅적 경멸(a heroic contempt)—으로서 쉽게 인식되었다. 이러한 의미의 위대성은 기독교의 시대에 원형 그대로 살아남지 못했다. 기독교의 가르침에 따르면 삶(life)과 세계(world)의 관계가 고대 그리스와 로마의 인식 세계에서와 정반대라는 아주 단순한 이유 때문이었다. 기독교에서는 세계나 삶의 영겁회귀 주기를 불멸로 보지 않으며, 오직 단독의 생명체인 개인만이 불멸적이다. 현세는 사라질 것이지만 인간은 〔구원받음으로써〕 영원히 살 것이기 때문이다. 이러한 기독교의 역발상은 궁극적으로, 생명 자체는 세계의 다른 어떤 것보다 신성하며 인간은 지구상의 최고 존재라고 주장하는 히브리인(Hebrews)의 완전히 다른 가르침에 바탕을 두고 있다.

생명의 신성함에 관한 내적 확신—이것은 사후의 삶에 대한 기독교의 신앙심이 사라진 이후에도 우리와 함께 남았다—과 관련해 자익(自益)의 최고 중요성을 강조하는 일은 현대의 모든 정치철학에서도 여전히 두드러진다. 우리의 문맥상 이것은 투키디데스식의 객관성이, 그것이 얼마나 감탄할 만한 것인가와 관계없이, 현실의 정치적 삶 속에서는 그 어떤 기반도 가지지 못한다는 것을 의미한다. 생명을 최고의 관심사로 만든 이래, 우리는 자기 삶에 대한 관심을 경멸하는 활동을 위한 자리는 어디에도 남겨두지 않았다. 무아성(selflessness)은 종교적 또는 도덕적 덕목일 수는 있지만, 결코 정치적 덕목이 될 수는 없다. 이러한 조건 아래서 객관성은 경험의 타당성을 상실하고 실제 삶으로부터 분리되었으며, 드로이젠(Droysen)이 거세되었다고 정확하게 고발한 바로 그 '활력 없는' 학문적 사안이 되었다.

더욱이 현대적 역사 관념의 탄생은, 인간의 지각에 '객관적으로' 주어진 어떤 불변하며 변할 수 없는 대상인 외부 세계의 실재에 대한 회의와 동시에 발생했을 뿐만 아니라, 그것에 의해 강력한 자극을 받았다. 문맥상 이 현대적 회의의 가장 중요한 결과는, '감지된' 대상보다 더욱 '실재적'인 것으로서, 그리고 어쨌거나 경험의 유일하게 안전한 근거인 감각(sensation)을 감각으로서 강조한 일이었다. 이러한 주관화(subjectivization)—이것은 단지 현대 〔사회〕에서 여전히 증가하는 인간의 세계-소외(world-alienation) 현상의 한 측면일 뿐이다—를 거스르는 그 어떤 판단도 오래 버티지는 못할 것이다. 판단들은 전부 감각의 차원으로 환원되며, 모든 감각 가운데서 가장 낮은 수준의 감각인 취향 감각(sensation of taste)으로 귀착된다. 우리의 어휘는 이 가치 하락의 명백한 증거다. 도덕 원칙에 의해 (구식으로 느껴지기는 하지만) 고무되거나 자익에 따르지 않는 모든 판단은, 클램차우더보다 콩 수프를 좋아하는 것이 어떤 취향의 문제라고 말할 때와 결코 다르다고 할 수 없는 '취향'의 문제인 셈이다. 이 신념을 이론의 차원에서 방어하려는 사람들의 저속성은 차치하더라도, 이것이 역사가의 양심을 한층 더 심오하게 뒤흔들었는데, 그 이유는 그것이 자연과학에 종사하는 동료들의 훨씬 우월하다고 주장된 과학적 기준들보다 현대의 통념 속에 훨씬 더 깊숙이 뿌리내렸기 때문이다.

유감스럽게도 방법론상의 문제가 훨씬 근본적인 논점을 흐리는 것이 학문 논쟁의 특성이다. 현대 역사 개념의 가장 근본적인 사실은 그것 역시 자연과학의 거대한 발전을 예고했던 16세기와 17세기 동안에 탄생했다는 점이다. 그 시대의 특성 가운데 우리 시대에도 여전히 실감할 수 있고, 현전하는 것 가운데 가장 대표적인 것이 내가 앞에서 언급한 인간의 세계-소외 현상이다. 그럼에도 이것을 우리 삶 전체의 기본 조건으로 인식하기는 매우 어렵다. 그 현상에서, 그리고 적어도 부분적으로는 그것의 절망감에서, 오늘날 우리가 서식하고 있는 〔지구의〕 거대한 인공구조물(human artifice)의 구조가 출현했고, 그 틀 안에서 우리는 심지어 그 구조와 함께 지구상에 있는 비인공물 전체를 파괴할 수 있는 〔핵무기와 같은〕 수단을 발견했기 때문이다.

이러한 세계-소외에 관한 가장 간결하고 근본적인 표현은 데카르트의 유명한 언명인 '나는 모든 것을 의심한다'(de omnibus dubitandum est)에서 찾아볼 수 있다. 이 〔사유〕 규칙은 모든 참된 사유의 자기-의심에 내재하는 회의주의와 완전히 다른 어떤 것을 암시하고 있기 때문이다. 데카르트는 당시 자연과학의 최신 발견으로부터 진리와 지식을 탐구하는 인간이 자신에게 주어진 감각의 증거도, 정신의 '내재적 진리'나 '내적 이성의 빛'도 신뢰할 수 없다는 확신을 느꼈기 때문에 그러한 자신의 〔사유〕 규칙에 도달했다. 그 이후 인간의 능력에 대한 불신은 현대의 가장 기초적인 조건 가운데 하나가 되었다. 그러나 이 불신이 일반적으로 추측하는 것처럼 갑작스럽고 까닭을 알 수 없는 신앙의 퇴조로부터 발생한 것은 아니며, 그 원인이 본래적으로 이성 자체에 대한 의심에 있는 것도 아니었다. 그것의 진정한 원인은 진실을 드러내는 감각의 능력에 대한 자신감 상실이 고도로 정당화되었다는 단순한 사실에 있었다.

실재는 더 이상 인간 감각의 외부에서 발생하는 어떤 현상으로서 드러나는 게 아니라, 이를테면 그 감각 자체를 감지하는 일 속으로 후퇴해버렸다. 이제 인간의 감각에 대한 자신이 없다면 신에 대한 믿음이나 이성에 대한 신뢰 또한 확보될 수 없다는 것이 사실로 밝혀졌다. 신과 이성의 진실은 언제나 인간이 세계와 맺고 있는 관계의 경외심을 자아내는 직접성을 따른다고 암묵적으로 이해되어왔기 때문이다.

나는 눈을 떠 선견(the vision)을 응시하며, 나는 목소리(the voice)를 경청해 듣고, 나는 몸을 움직여 저 세계의 실체성과 접촉한다. 우리가 이러한 〔인간과 세계〕 관계의 근본적인 진실성과 신뢰성을 의심하기 시작한다면—물론 이 관계는 실수와 착각을 배제하지 않지만, 그와 정반대로, 그것들을 교정할 수 있는 조건이기도 하다—초감각적 진실에 관한 전통적 은유 가운데 어느 것—그것이 이데아의 하늘을 볼 수 있는 마음의 눈이든 아니면 인간의 가슴으로 듣는 양심의 목소리든—도 더 이상 의미를 가지지 못할 것이다.

데카르트의 회의가 기초하고 있는 근본 경험은, 모든 직접적인 감각 경험과는 정반대로 지구가 태양의 주위를 공전한다는 발견이었다. 현대는 인간이 망원경의 도움으로 자신이 오랫동안—마음의 눈으로 보고, 가슴의 귀로 듣고, 이성에 내재하는 빛의 인도를 받으면서—짐작해왔던 우주로 육신의 눈을 돌렸을 때 시작되었다. 그때 인간은 자신의 감각들이 우주를 이해하기에 적합하지 않았다는 사실과, 자신의 일상적 경험이 진실의 수용과 지식의 습득을 위한 모델을 구성하기는커녕 계속되는 실수와 망상의 원천이라는 사실을 배웠다.

이러한 〔감각적〕 현혹—그것의 전면적인 충격이 학자들과 철학자들의 다소 제한된 환경뿐만 아니라 〔우리 일상생활의〕 어디에서나 느껴지기까지는 수 세기가 걸리기 때문에 우리가 그 규모를 알기는 어렵다—이라는 현상이 백일하에 드러난 이후, 의심은 모든 측면에서 현대인을 따라붙기 시작했다. 가장 즉각적인 결과는 자연과학의 현격한 부상이었는데, 자연과학은 우리의 감각이 스스로 진실을 말하지 않는다는 사실을 발견함으로써 제법 긴 시간 동안 해방된 것처럼 보였다. 자연과학은 감각된 결과는 신뢰할 수 없고 단순 관찰은 충분한 결과를 가져오지 못한다는 점을 확신하면서 실험으로 관심을 돌렸다. 실험은 자연에 직접적으로 개입하는 방식을 통해 진보가 무한하기라도 한 듯이 그것의 발전상을 확인시켜주었다.

데카르트는 자기 세대의 경험은 물론 그의 이전 세대 경험을 일반화하고 그 결과를 새로운 사유법으로 발전시켜 현대철학의 아버지가 되었고, 결과적으로 니체가 현대철학을 구성하는 요소라고 지적한 '회의학파'의 훈련을 철저히 받은 첫 번째 사상가가 되었다. 감각에 대한 의심은 그것이 우리 시대에 이르러 곤혹스러움의 원천으로 변하기 전까지 학문적 자부심의 핵으로 남아 있었다. 문제는 "우리를 둘러싸고 있는 환경 속에서 우리가 눈으로 보고 손으로 만질 수 있는 실체들로부터 관찰할 수 있는 바와 자연의 운행이 아주 다르기 때문에 우리의 수많은 경험을 본떠서 만든 그 어떤 모델도 결코 '사실적'일 수 없음"을 우리가 알고 있다는 점이다.

이 대목에서 우리의 사유 활동과 감각지각 사이의 해소 불가능한 연관성이 보복을 가하는데, 이는 감각 경험을 고려에서 전부 배제함으로써 실험 속 현실과 완전히 같게 만든 어떤 모델이라는 것이 "실제로는 성취 불가능한 과업일뿐더러 상상하기조차 어렵기" 때문이다.[18] 바꿔 말해서 문제는 현대의 물리적 우주가 가시화될 수 없다는 사실에 있는 것이 아니라, 이 가시화가 당연히 '자연은 인간의 감각에 스스로 본색을 드러내지 않는다'는 가정 아래에 놓이게 된다는 사실에 있다. 그래서 자연이 인식되지 않는 것, 즉 순수 추론을 통해서조차도 사유될 수 없는 것으로 드러날 때 그 곤혹스러움이 시작된다.

현대의 사유가 자연과학의 사실적 발견에 의존하는 현상은 17세기에 가장 명확하게 드러나기 시작했다. 이 현상은 홉스의 경우처럼 항상 수월하게 받아들여지지는 않았다. 홉스는 자신의 철학을 코페르니쿠스·갈릴레오·케플러·가상디·메르센 등의 작업 결과에 배타적으로 귀속시키면서, 아마도 루터(Luther)의 "어리석은 철학자들"(stulti philosophi)에 대한 경멸에나 견줄 만할 정도로, 과거의 모든 철학을 허튼소리라고 맹렬히 비난했다. 홉스가 인간의 본성이 악한 것일 수도 있다고 한 결론은 차치하더라도, 어떤 선악 구분 자체가 아무 의미도 없으며 이성은 진리를 드러내는 내부의 빛이기는커녕 단지 "결과를 추정하는 능력"일 뿐이라는 결론에 나타난 그의 급진적 극단주의를 따를 필요까지는 없을 것이다.

'지구에 한정된 인간 경험은 〔진실 자체가 아니라〕 진실의 모사물

---

18) Erwin Schröedinger, *Science and Humanism*(Cambridge, 1951), pp.25-26.

을 제시한다'는 기본 생각은 모종의 악령이 세계를 지배하면서 명백히 실수를 저지를 수밖에 없는 인간의 정신에게 진실을 영원히 보여주지 않을지도 모른다는 데카르트의 두려움 속에도 비슷하게 나타난다. 이런 생각은 영국 경험주의 속에 가장 무해한 형태로 스며드는데, 그 〔경험주의〕 속에서 '감각적으로 주어진 것'의 유의미성은 감각지각의 자료 속으로 용해되어 오직 습관과 반복적인 경험을 통해서만 의미가 드러나기 때문에, 극단적 주관주의의 상황이 전개된다면 인간은 궁극적으로 어떠한 실재나 진실도 관통할 수 없는 무의미한 감각 결과물들로 이루어진 비세계(non-world) 속에 갇히게 된다.

이렇듯 경험주의는 단지 표면상으로만 감각을 옹호할 뿐이다. 실제로 경험주의는 오직 상식적 논쟁만이 감각 결과물들에 의미를 부여할 수 있다는 가정에 기초하고 있으며, 〔우리의〕 감각이 항상 진실이나 실재를 드러내는 능력을 보유한다는 점을 불신한다는 선언에서 출발한다. 청교도주의와 경험주의는 사실상 동전의 양면일 뿐이다. 그 같은 근본적 의구심이 종국에는 칸트가 인간의 정신 능력들을 어떤 **'물(物)자체'**(Ding an sich)의 문제, 즉 경험이 진실을 모종의 절대적 의미상으로 드러내는 능력을 미제(未濟)로 남기는 방식으로 재검토하는 거대한 노력에 경주하도록 고무했다.

우리의 역사 개념에 미친 이보다 직접적인 결과는, 똑같은 곤경에서 발생한 어떤 실증적인 성격의 주관주의였다. 인간은 자신이 만들지 않은, 즉 자신에게 주어진 세계는 인식할 수 없는 듯할지라도 최소한 자기 스스로 만든 것만큼은 틀림없이 알 수 있다. 이 실용주의적 태도는 이미 앞에서 충분히 설명한 대로 비코가 역사로 관심을 돌리면서 현대적 역사의식의 아버지 가운데 한 명이 된 이유다. 비코는 이렇게 말했다. "수학의 문제들은 우리가 만들었기 때문에 풀 수 있다. 물리적인 것을 증명하기 위해서라도 우리는 그것을 만들어야만 할 것이다."[19] 비코가 역사의 영역으로 전향한 것은 오로지 그가 '자연을 만드는 것'이 여전히 불가능하다고 믿었기 때문이다. 그를 자연으로부터 돌아서도록 만든 것은 인문주의적 고려가 아니라, 단지 자연이 신에 의해 '만들어진' 것처럼 역사 또한 인간에 의해 '만들어진다'는 믿음이었다. 그러므로 역사적 진실은 역사의 창조자인 인간이 알 수 있지만, 물리적 진실은 우주 창조자의 소관으로 남게 된다.

현대 과학은 '무엇'에 대한 탐색에서 '어떻게'에 대한 탐구로 관심이 옮겨가는 과정을 통해 탄생했다는 주장이 빈번히 제기되어왔다. 이러한 강조점의 전환은 다음과 같은 경우에만 당연해진다. 요컨대 '인간은 오로지 자신이 만든 것만 알 수 있다'는 가정이, 내가 어떤 사물이 〔애초에〕 어떻게 생겨나게 되었는가를 이해할 때마다 나는 그것에 관해서 '안다'고 말할 수 있다는 의미를 함축하는 한에서 말이다. 같은 방식과 이유로 사물에 대한 관심이 과정에 대한 관심으로 옮겨갔으며, 사물들은 이내 과정들에서 생겨난 우연한 부산물이 되어야만 할 운명이었다. 비코는 우주 창조의 신비를 꿰뚫기 위해서는 그 창조 과정에 대한 이해가 필요하다고 가정했기 때문에 자연에 대한 관심을 잃어버렸다. 그런 반면, 비코 이전의 모든 시대에는 신이 어떻게 우주를 창조했는지를, 특히 그리스의 경우에는 사물들이 어떻게 스스로 존재하게 되었는지를 알지 못해도 우주를 잘 이해할 수 있다는 사실을 당연시했었다.

17세기 이래로, 역사 탐구든 자연 탐구든, 모든 과학적 탐구의 주된 선입견은 과정과 관련되었다. 그러나 인간의 활동들—노동함(laboring)과 작업함(working)—을 대체하는 방식과 더불어 출발한

19) Gianbattista Vico, *De nostri temporis studiorum ratione*, iv. 두 개의 언어로 편집된 W. F. Otto, *Vom Wesen und Weg der geistigen Bildung*(Godesberg, 1947), p. 41에서 인용.

기계의 수행 과정에서, 〔과학 실험을 통해〕 새로운 자연적 과정들을 개시하는 방식으로 종결된 현대 기술(이것은 단순한 과학의 차원 그 이상이며, 그것이 얼마나 고도로 발달했는가와는 아무 상관이 없다)만이 지식과 관련된 비코의 이상(理想)에 완전히 부합하는 듯하다. 많은 사람이 현대 역사의 아버지라고 간주하는 비코는 현대적 조건 아래서는 역사가 아닌 기술로 돌아섰을 것이다. 비코가 자연의 영역에서는 신의 행위가 수행하고 역사 영역에서는 인간의 행위가 수행했다고 생각한 것을 사실상 우리의 기술이 수행하고 있기 때문이다.

현대에 이르러 역사는 과거 그 어느 때에도 보여주지 않았던 모습으로 등장했다. 그것은 더 이상 인간의 행적과 고생담으로 구성되지 않았고, 인간의 삶에 영향을 주는 사건들에 관해 이야기하지도 않았다. 대신 역사는 인간이 만든 하나의 과정, 즉 그것의 현존을 전적으로 인류에게 빚지고 있으며 유일하게 총체적으로 이해될 수 있는 '과정'이 되었다. 오늘날에는 역사와 자연을 구별했던 이 특성 역시도 과거의 기준이 되었다. 오늘날 우리는 〔무에서 유를〕 창조한다는 의미에서 자연을 '만들' 수는 없더라도 새로운 자연적 과정을 개시할 능력이 우리에게 있다는 점, 그러므로 우리가 어떤 의미에서는, 요컨대 '역사를 만드는' 정도의 수준으로 '자연을 만들 수'도 있다는 점을 알고 있다. 우리가 핵을 발견한 이후에야 비로소 이러한 단계에 도달한 것은 사실이다. 이 단계에서는 이를테면 족쇄가 풀리듯이 자연적인 힘이 느슨해진다. 그리고 거기에서 〔새로〕 발생하는 자연적 과정들은 인간 행위가 직접적으로 개입되지 않았다면 결코 현존할 수 없었을 것이다. 이 단계는 바람〔의 풍력〕과 물〔의 수력〕이 인간의 힘을 대체하고 배가시키는 데 사용되었던 현대 이전 시기는 물론, 자연력이 증기 기관 및 내부 연소 발동기로 모방되고 인간이 만든 생산 수단으로서 유용되었던 산업혁명 시기보다도 훨씬 더 진척된다.

작금의 인문학, 특히 역사학에 대한 관심 저하 현상은 비록 그것이 모든 현대화된 국가들 내에서 불가피한 것으로 보인다 할지라도, 현대 역사학의 출범을 이끌어낸 최초의 추진력과 상당히 일치한다. 오늘날 제자리를 찾지 못하고 있는 것은 비코를 역사학 연구로 인도했던 그 단념(斷念)이다. 지금 우리는 그가 역사의 영역에서만 할 수 있다고 생각했던 것을 자연과학-물리학의 영역에서도 할 수 있게 되었다. 이는 우리가 역사에 취했던 행동 양식을 자연에도 적용하기 시작했기 때문이다. 그것이 단지 어떤 과정들의 문제라면, 인간이 마치 인간사 영역에서 무언가 새로운 것을 시작하는 것과 같은 방식으로 자신의 개입 없이는 발생하지 않았을 자연적 과정들을 개시할 수 있다는 점이 사실로 밝혀졌기 때문이다.

20세기의 시작과 더불어, 기술은 자연과학과 역사학이 만나는 바로 그 접점으로 나타났다. 비록 단 하나의 위대한 과학적 발견도 실용적 · 기술적 · 실천적 목적(여기서 실용주의라는 어휘가 풍기는 저속함은 과학 발전의 사실적 기록에 의해 반박된다)이 아니었더라도, 최종 결과는 현대 과학의 내부 깊숙한 곳에 존재하는 의도들과 완벽히 부합한다. 비교적 새로운 학문인 사회과학은 기술이 물리학에 영향을 끼친 것처럼 신속히 역사에 영향력을 행사하게 되었다. 그것은 자연과학보다 훨씬 엉성하고 신뢰도가 낮은 방식이기는 하지만 방법론상으로는 동일한 실험 방식을 사용했다. 사회과학은 마치 현대 물리학이 자연적 과정에 조건을 설정했던 것처럼 인간의 행태에 조건을 설정한다. 만약 사회과학의 어휘가 혐오감을 일으키고, 인간사를 '경영'하는 방식에서 확인되는 우리의 유감스러운 무기력 사이에 존재한다고 주장된 간극을 과학을 이용한 자연 정복과 모종의 인간관계 공학을 통해 메우겠다는 사회과학의 바람이 섬뜩하게 들린다면, 그것은 오로지 사회과학이 인간의 삶의 과정을 다른 모든 과정과 동일한 방식으로 다룰 수 있다는 가정하에 인간을 어떤 완전히 자연적인 존재로 취급하겠다고 작정했기 때문이다.

이런 맥락에서 현재 우리가 살고 있는 또는 이제 막 살기 시작한 기술의 세계가 산업혁명과 더불어 등장한 기계화된 세계와 어떻게 결정적으로 다른지를 인식하는 일이 중요하다. 이 두 세계 사이의 차이는 본질적인 면에서 행위와 제작 간의 차이와 조응한다. 산업화는 기본적으로 작업 과정들의 기계화, 즉 물건 제작상의 개선 방식들로 구성되며, 자연에 대한 인간의 태도는 호모 파베르(homo faber), 즉 도구적 인간의 방식으로 견지된다. 이 호모 파베르는 자연이 주는 재료로부터 인공구조물을 건설한다. 그러나 지금 우리가 어쩌다 보니 살게 된 〔기술의〕 세계는, 상대적으로 영구성이 있는 실체로서의 인공구조물을 건설하고 보전하는 〔기계적〕 방식보다는, 인간이 자연을 상대로 행동하고 자연적 과정들을 만들어내며 그것들이 인공구조물과 인간사의 영역에 영향을 끼치도록 하는 방식에 의해서 훨씬 더 많이 결정된다.

제작은 하나의 분명한 시발점과 예측 가능한 종결점을 가지고 있다는 점에서 행위와 구별된다. 제작은 최종 산물의 완성과 함께 종결된다. 최종 산물은 제작 활동 이후에도 살아남을 뿐만 아니라 그것이 완성된 순간부터 나름의 '생명'을 가지게 된다. 이와 대조적으로 행위는 그리스인들이 처음으로 발견했던 것처럼 본질상 그것만으로는 완전히 허망한 것이며, 결코 최종 산물을 남기지 않는다. 가령 행위가 어떤 결과를 초래한다 해도, 그 결과는 원칙상 그 행위자가 전혀 알 수도, 미리 통제할 수도 없는 어떤 새로운 사건들의 무한 연쇄로 귀결될 것이다. 행위자가 할 수 있는 최선은 오직 사물들에게 특정 방향성을 부여하는 것뿐인데, 그는 이 〔방향성 부여의 효과〕조차도 확신할 수 없다.

이러한 특성 가운데 어느 것도 제작 〔과정상〕에는 존재하지 않는다. 인간 행위의 덧없음이나 연약함과 비교했을 때, 제작이 건설한 세계는 영속성과 엄청난 견고함을 그 속성으로 가진다. 오직 제작의 최종 산물—그것의 쓰임새와 최종적인 '역사'를 전적으로 예측할 수 없는 인간 세계에 편입되는 한에서만, 심지어 제작 〔과정에서〕도 그 결과를 완전히 예견할 수 없는—이 제작자의 통제를 넘어서는 모종의 과정을 개시한다. 이 말은 결국 인간은 결코 배타적인 호모 파베르일 수 없다는 사실, 심지어는 제작자조차도 가는 곳마다 그리고 하는 일마다 과정을 발생시키는 어떤 행위하는 존재(an acting being)로 남는다는 사실을 의미한다.

우리 시대에 이르기까지 인간의 행위는 그것의 인공적인 과정과 함께 인간의 세계에 한정되었다. 그런 반면 자연에 대한 인간의 주된 선입견은 그것의 재료를 제작 〔과정〕에 사용해 인공구조물을 건설하고, 그것을 자연의 압도적인 위력으로부터 지키는 일이었다. 우리가 우리 자신의 자연적 과정들—원자핵 분열은 바로 인간이 만든 그러한 자연적 과정이다—을 개시한 순간부터 우리는 자연에 대한 우리의 힘을 키웠거나 지구상에 주어진 힘을 더욱 공격적으로 다루게 되었을 뿐 아니라, 최초로 자연을 인간 세계 자체 속으로 끌어들였고, 이전의 모든 문명을 에워싸고 있던 자연의 요소들과 인공구조물 사이의 방어선을 없애버렸다.[20)]

앞에서 언급한 인간 행위의 특성들이 인간 〔삶〕의 조건을 구성하

20) 누구나 고대와 중세도시의 잔해를 보면 도시의 벽이 주변의 자연환경—그것이 풍경이든 황야든—으로부터 너무도 확연히 분리되어 있음을 발견하고 놀라게 될 것이다. 이와 대조적으로 현대의 도시 건설은 도심과 시골의 구별을 점점 모호하게 하는, 전 지역의 녹화와 도시화를 목적으로 한다. 이러한 경향은 우리가 지금 알고 있는 형태의 도시들을 실종시킬 수도 있다.

는 세부 요소들이라면, 자연을 상대로 하는 행위함이 초래하는 위험은 명백하다. 예측 불가능성은 선견의 결여가 아니며, 인간사를 공학적 관점에서 경영하는 일이 이 예측 불가능성을 제거할 수 있는 것도 결코 아니다. 이는 마치 신중함에 관한 그 어떤 훈련이라도 지금 자기가 하는 일이 무엇인지를 알 수 있는 지혜로 인도할 수 없는 것과 마찬가지다. 오직 행위의 총체적 조건화, 즉 행위의 전면 폐지만이 예측 불가능성에 대처하는 유일한 방법으로서 기대를 걸어볼 만하다. 심지어 상대적으로 장기간 이어지는 정치 테러로 확보될 수 있는 인간 행태에 관한 예측 가능성조차도 인간사의 본질을 확정적으로 변화시키기에는 역부족이다. 정치 테러라 해도 결코 앞날을 보증할 수 없다.

인간 행위는 엄격히 정치적인 모든 현상들처럼 인간 다수성(多數性, plurality)과 함께 묶여 있다. 그 인간 다수성이 인간의 탄생성(natality)에서 기인하는 한, 그것은 인간 삶의 근본 조건 가운데 하나다. 인간의 탄생성으로 인해서 인간 세계는 신참자들—이미 그 속에 살고 있고 잠시 후면 그곳을 떠날 기존의 구성원들이 예측할 수 없는 행위와 반사행위(reaction)를 수행하게 될 낯선 이들—에게 지속적으로 침범당하게 되기 때문이다. 그런 까닭에 가령 우리가 자연적 과정들을 개시함으로써 자연을 상대로 행동하기 시작했다면, 우리가 이전에 엄격한 법칙이 지배한다고 생각했던 그 〔자연의〕 영역에 예측 불가능성을 명시적으로 끌어들인 것이나 다름없다. 역사의 '철칙'은 항상 자연으로부터 차용한 모종의 은유에 불과했다. 이제 이 은유는 우리에게 더 이상 신뢰감을 주지 못한다. 인간들, 즉 과학자와 기술자 또는 간단히 말해서 인공구조물의 건설자들이 자연에 개입하겠다고, 즉 자연을 지금 있는 그대로 놔두지 않겠다고 결심한 순간 자연과학이 자연 속에 있다고 믿었던 도전 불허의 어떤 법칙의 존재를 결코 더는 보증할 수 없게 된 것으로 드러났기 때문이다.

우리 시대에 역사의 영역과 자연의 영역이 만나고 상호 침투하는 장(場)으로서 기술은 16-17세기에 현대의 부상과 함께 등장한, 자연 개념과 역사 개념 사이의 연관성을 추적해 적시한다. 그 연관성은 '과정'이라는 개념 속에 존재한다. 이 두 가지 개념은 우리가 모든 것을 과정의 용어상으로만 생각하고 고려하며, 단독의 실체나 개별적인 사건 또는 그것의 특수한 원인에 무관심하다는 것을 의미한다. 현대 역사 편찬의 핵심어들—'발전'과 '진보'—은 19세기에 이르러 새로운 자연과학 분과들의 핵심어가 되었다. 특히 생물학과 지질학에서, 전자는 동물의 삶을 후자는 심지어 비(非)유기체의 문제를 역사적 과정의 용어상으로 다루었다. 현대적 의미에서의 기술은 자연사(自然史)의 다양한 학문들, 즉 생물학적 삶의 역사, 지구의 역사, 우주의 역사로부터 파생되었던 것이다. 이 두 과학적 탐구 분과에서 전문 용어들을 상호 조정하는 일이 발생한 시점은, 자연과학과 역사학 사이의 논쟁이 그 조정 과정에서 다루어야 할 근본 논점들에 혼동을 일으킬 정도로 학계를 선점해버리기 이전이었다.

그 〔이후에 발생한〕 혼동을 불식시키는 데 최근 자연과학에서 이룩된 발전상보다 더 적합한 것은 없어 보인다. 그 발전상이 우리의 관심을 자연과 역사에 공통적인 현대적 기원으로 돌려놓았고, 그것의 공통분모가 사실상 '과정' 개념이라는 점을 확인시켜주었다. 이는 고대에 자연과 역사의 공통분모가 '불멸성' 개념에 있었던 것과 마찬가지다. 그러나 과정이라는 현대의 개념이 기초하고 있는 경험은, 불멸성이라는 고대의 개념이 기초하고 있었던 경험과 달리 결코 인간이 자신을 둘러싸고 있는 세계 속에서 생성한 경험을 의미하지 않는다. 그와 정반대로 그 〔현대적 공통분모라는〕 것은 인간이 만든 것이 아니라 인간에게 주어진 모든 것을 항상 충분하게 경험하고 알아야만 한다는 절망감에서 비롯되었다. 이 절망감에 맞서 현대인은 자신이 가진 모든 역량을 충분히 발휘해보았다. 그는 단순한 관조를 통해서 진리를 발견하려는 노력을 단념하면서 자신의 행위 능력을 시험하기 시작했고, 그렇게 함으로써 인간은 자신이 행동하는 곳이라면 어디서든 과정을 생기게 한다는 점을 인식하지 않을 수 없었다. 과정이라는 개념은 역사 또는 자연의 객관적 특질을 내포하지 않는다. 그것은 인간 행위의 피할 수 없는 결과다. 인간이 역사를 상대로 취한 행동의 첫 번째 결과는 역사를 하나의 과정으로 변하게 만든 것이다. 그리고 오늘날 인간이 과학적 탐구로 위장하고 자연에 가한 행위에 대한 가장 설득력 있는 주장은 화이트헤드(Whitehead)의 "자연은 하나의 과정"이라는 표현일 것이다.

자연에 행위를 가하는 일, 즉 우리가 결코 믿을 만한 수준으로 통제할 수 없는 자연의 기초적 힘들과 직면하는 영역에 인간의 예측 불가능성을 끌고 들어가는 일은 위험천만하다. 그보다 더 위험한 것은 역사상 처음으로 인간의 행위 능력이 여타 능력들—관조를 통한 경이(wonder)와 사유(thought)의 능력 못지않게 호모 파베르 〔즉 제작자〕로서 인간과 애니멀 래보란즈 〔즉 노동하는 동물〕로서 인간의 능력도 여기 포함된다—을 지배하기 시작했다는 사실을 무시하는 일일 듯하다. 물론 이 말이 장차 인간이 더는 사물을 제작하거나 사유하거나 노동하지 못한다는 것을 뜻하지 않는다. 인간의 능력들이 아니라, 그것들 상호 간의 관계를 규정하는 총체적 배열 방식이 역사적으로 변화할 수 있고 또 변한다는 것이다. 그런 변화는 역사상으로 변전해온 인간의 '자기-해석' 속에서 가장 잘 관찰되는데, 그런 해석들이 비록 인간 본질의 궁극적인 '핵심'(what)과는 꽤 부적합한 것일지라도 여전히 당대의 총체적 시대정신에 관한 가장 간결하고 명쾌한 증언들임에는 분명하다.

이를 도식적인 표현으로 바꿔 말한다면, 고대 그리스인들에게 인간 삶의 최고 형태는 도시국가(polis) 안에서 사는 것이고, 인간의 최고 능력은 말(speech)—즉 아리스토텔레스의 인간에 대한 유명한 이중적 정의로는 '**정치적 동물**'(ζῷον πολιτικόν)[21]과 '**언어적 동물**'(ζώον λογόν έχον)[22]—이었다. 그런가 하면 로마와 중세철학에서는 인간을 '**이성적 동물**'(animal rationale)로 정의했다. 현대의 초기 단계에 인간은 기본적으로 '**만드는 자**'(homo faber)로 인식되었고, 19세기가 되자 자연과의 신진대사를 통해 인간의 삶이 창출할 수 있는 최고 수준의 생산성을 내는 '**노동하는 동물**'(animal laborans)로 해석되었다. 이러한 도식적인 〔인간〕 정의들을 배경으로 이제 인간을 행위 수행의 능력을 지닌 존재로서 정의하는 것이 우리가 사는 현대 세계를 위해 적절할 듯하다. 왜냐하면 이 능력이 다른 모든 인간 능력의 중심을 차지하게 된 듯하기 때문이다.

행위 능력이 인간의 모든 능력 및 가능성 가운데 가장 위험한 것이라는 점, 그리고 오늘날 우리가 자초한 위기들은 인류가 과거 그 어느 때에도 당면한 적 없었다는 점은 의문의 여지없는 사실이다. 이러한 고려 사항들은 결코 해법을 제시하거나 조언을 위한 것이 아니다. 기껏해야 행위의 본질과 그것의 내재적 잠재성에 대한 지속적이고 밀착된 성찰을 자극할 수 있을 뿐이다. 과거 그 어느 때에도 행위가 그것의 위대성과 위험성을 이처럼 공공연히 드러낸 적은 결코 없었다.

21) zōon politikon—옮긴이.
22) homo logon ekhon—옮긴이.

II. 역사와 세속적 불멸성

역사와 자연 양자를 파고든 현대의 '과정' 개념은 다른 어떤 단일 관념보다 훨씬 더 심오한 방식으로 현대와 과거를 분리시킨다. 현대적 사유함의 방식에서는 그 어떤 것도 그것 자체가 단독으로 유의미하지 않다. 심지어 하나의 총체로 간주되는 역사나 자연조차도 그 자체로서는 유의미하지 않으며, 확실한 물리적 질서 속에서 발생하는 특수한 사건들이나 구체적인 역사적 사건도 그 점에서는 매한가지다. 이러한 사물들의 상태에는 어떤 치명적인 심각성이 존재한다. 눈으로 볼 수 없는 과정들은 실체가 있는 모든 것을, 즉 우리 눈에 보이는 모든 개별 실체를 하나의 총체적 과정의 하부 기능들로 편입시켜버렸다. 우리는 아마도 이 심각성을 인식하지 못하고 넘어갈 것이다. 만약 우리가 가시적인 세계에 대한 환멸감이나 인간 소외와 같은 일반적 경향들—흔히 낭만화된 과거의 관념과 관련을 맺고 있는—에 현혹되는 것을 스스로 좌시하고만 있다면 말이다. 과정이라는 개념이 함축하는 바는 구체적인 것과 일반적인 것이 분리되었다는 것, 즉 단독의 사물 또는 사건과 보편적 의미가 분리되었음을 뜻한다. 과정은 자신이 수반한 모든 것을 유의미하게 만드는 유일무이한 속성으로 보편성과 중요성에서 모종의 독점적 지위를 획득하게 되었다.

확실히 그 어떤 것도 현대의 역사 개념과 고대의 역사 개념을 〔과정 개념보다〕 더 선명하게 구분하지는 못한다. 이 구분은 고대가 모종의 세계사라는 개념이나 어떤 총체로서의 인류라는 관념을 가지고 있었는지의 여부와 관계없다. 더 적실한 것은 그리스와 로마의 역사 편찬인데, 비록 다른 점이 있기는 해도 두 경우 모두 〔역사의〕 의미, 즉 로마인들의 표현법상으로는 개별 사건이나 행위 또는 사건 발생 후의 교훈이 제각각 스스로 드러난다는 사실을 당연시했다. 이러한 태도는 분명 사물의 인과성이나 어떤 것이 발생한 맥락을 배제하지 않는다. 고대 사람들도 현재의 우리처럼 의식했던 것이다. 그러나 그 인과성과 발생 맥락은 인간사의 어떤 구체적인 단면을 조명하는, 즉 사건 자체가 제공한 관점으로 파악되었다. 그럼에도 그 인과성과 발생 맥락은 독자적 현존의 양태로서 상상되지 않았다. 사건은 비록 적합한 표현일지라도 우발적일 뿐이다. 이미 끝났거나 발생한 모든 일은, 그것의 개별적 형체의 경계선 안에서 자기 몫의 '일반적' 의미를 담지하고 또 드러냈으며, 의미성을 띠기 위해 현재 진행 중이며 〔다른 모든 것을〕 집어삼키는 어떤 과정의 도움이 필요하지 않았다.

헤로도토스는 '실재하는 것에 관해서 말하기'(λέγειν τά ἐόντα)를 원했다. 이는 말하기(saying)와 쓰기(writing)가 '허망한 것'과 '없어질 것'을 안정화(安定化), 즉 그리스의 어법으로 바꿔 표현하면 '모종의 기억을 제작'해주기 때문이다. 그럼에도 헤로도토스는 실재하는 것이나 실재했던 것 각각은 그 자체 속에 그것의 의미를 담고 있으며, 단지 그것을 명시화해줄(λόγοις δηλούν) 수 있는 말, 즉 '위대한 행적을 공개된 장소에 진열시켜줄' 말이 필요할 뿐이라는 사실을 결코 의심하지 않았을 것이다. 헤로도토스 서사(敍事)의 흐름은 많은 이야기가 충분히 담길 만한 여백의 필요 때문에 느슨하지만, 흐름 속에 있는 그 어떤 것도 '일반적인 것'이 '특수한 것'에게 의미와 중요성을 부여한다는 암시를 하지는 않는다.

이러한 강조점의 이동과 관련해 그리스의 시가와 역사 편찬 〔과정〕이 후세인들이 기억하는 게 정당화될 정도로 빼어난 위대성을 지닌 사건에서 그것의 의미를 발견했는지, 아니면 로마인들이 역사를 전통, 즉 조상들의 권위가 각 세대에게 요구했던 것과 과거가 현재를 위해 축적한 것을 제시하는 실제 정치 행태로부터 가져온 사례들의 창고로 인식했는지 아닌지는 중요하지 않다. 우리의 역사 과정이라는 관념은 〔사건들의〕 하찮은 시간적-순서에 그것이 이전에는 전혀 가진 적이 없었던 중요성과 위엄을 부여하면서 상기한 〔그리스와 로마의 역사〕 개념 양자를 배척한다.

이처럼 현대가 시간과 시간적-순서를 강조한 덕분에, 우리 역사의식의 기원이 히브리-기독교 전통에 있다는 주장이 빈번히 제기되어왔다. 히브리-기독교 전통의 직선적 시간-개념과 신의 섭리라는 관념은 인간의 역사적 시간 전체에 어떤 구원 계획의 통일성을 부여했다. 이것은 사실상 고전-고대가 개별 사건들과 발생한 사태들을 강조한 것 못지않게, 후기-고대의 순환적 시간-사유법과도 배치되는 생각이다. 현대 역사의식이 기독교라는 하나의 종교적 기원을 가지며, 본래 신학적 범주들의 세속화를 통해 생겨난 것이라는 이론을 지지하는 상당한 양의 증거가 제시되어왔다. 오직 종교 전통만이 모종의 시발점과, 기독교식으로 말하자면 세계의 종결점을 알고 있다고 이야기된다. 만약 지구상의 인간 삶이 어떤 신의 구원 계획을 따른다면, 인간 삶의 순전한 순서가 모든 각각의 사태들을 초월하고 또 그것들과 무관하게 어떤 중요성을 담지해야만 한다. 그 결과 '잘-정리된 세계 역사의 개요'는 기독교에 선행해 출현하지 않았고, 최초의 역사철학은 아우구스티누스의 『신국론』(*De Civitate Dei*)에서 제시된다는 주장으로 이어진다. 물론 의미를 담지하고 창출하는 역사라는 것 자체가 연대기적 서술상으로 관계를 맺고 있는 개개의 역사적 사건들과 분리될 수 있다는 관념을 아우구스티누스에게서 발견하게 되는 것은 사실이다. 그는 "비록 인간의 과거 제도들이 역사적 서술상 관계를 맺고 있더라도, 역사 자체를 인간의 제도들 속에 포함해서는 안 될 것"이라고 분명히 말한다.[23]

23) 아우렐리우스 아우구스티누스, 『기독교 교양』(*De doctrina Christiana*), 2, 28, 44.

그러나 이런 기독교의 역사 개념과 현대의 역사 개념 사이의 유사성은 믿을 만한 것이 못 된다. 그것은 후기 고대의 순환적 역사-사유법과의 비교에 그 바탕을 두고 있으며 그리스와 로마의 고전적 역사-개념을 간과하고 있다. 이 비교 방식은 원래 아우구스티누스가 이단적 시간-사유법을 논박할 때 그리스도의 생애와 죽음이 지상에서 가지는 절대적인 독보성으로 인해 그 어떤 기독교인도 수용할 수 없었던, 자기 시대의 순환적 시간-이론들에 관심을 가지고 있었다는 사실에 의해서 지지된다. "그리스도는 우리의 죄를 대속하기 위해 한 번 돌아가셨다. 그리고 죽은 자 가운데서 부활하신 이후 더는 돌아가시지 않는다."[24)]

현대의 주석가들이 잊어버리기 쉬운 것은 아우구스티누스가 우리 귀에는 매우 친숙한 '사건의 독보성'을 바로 이 사건—인간 역사상 최고 사건, 영원성이 말 그대로 현세의 필멸화 과정에 침범한 사건—하나만을 위해 주장했다는 사실이다. 그는 결코 그러한 사건의 독보성을 우리가 하는 것처럼 보통의 세속적 사건을 대상으로 삼아 주장하지 않았다. 따라서 역사의 문제가 기독교 사상 속에서 오직 아우구스티누스와 더불어 등장했다는 간단한 사실은 그 문제의 기독교적 기원을 의심하도록 만든다. 게다가 우발적인 〔로마의 패망이라는〕 사건으로 인해서 아우구스티누스 자신의 철학과 신학의 용어상으로 등장했기에 의심은 더욱 깊어진다.

아우구스티누스 생전에 일어난 로마의 패망은 기독교와 이단 양자에게 결정적 사건으로 이해되었으며, 그는 이런 이해 방식을 논박하기 위해 자기 생애의 13년을 〔『신국론』 집필에〕 바쳤다. 아우구스티누스가 보았던 바, 그 요점은 순전히 세속적인 사건은 그 어떤 것도

24) 아우렐리우스 아우구스티누스, 『신국론』, x, 13.

인간에게 핵심적인 중요성을 가질 수 없고 가져서도 안 된다는 것이었다. 우리가 역사라고 부르는 것에 대한 관심이 상당히 결여된 그는 자신의 『신국론』이라는 책 가운데 단 한 권에서만 세속적 사건을 다뤘고, 자신의 친구이면서 제자였던 오로시우스(Orosius)에게 모종의 '세계사' 집필을 떠맡길 때에도 그것이 '세계 속 악행들의 사실적인 편집본'이라는 생각 이상은 하지 않았다.[25)]

세속적 역사에 대한 아우구스티누스의 태도는 비록 강조점이 뒤집히기는 했어도 본질적인 면에서 로마인들의 태도와 별 차이가 없다. 역사는 사례들이 쌓여 있는 창고로 남아 있고, 역사의 세속적 과정 안에서 사건들이 시간상에 차지하는 위치는 중요성을 갖지 못한 채로 남아 있다. 세속적 역사는 스스로 반복하고, 독보적이고 반복될 수 없는 사건이 발생하는 단 하나의 이야기는 아담(Adam)과 더불어 시작되어 그리스도의 탄생 및 죽음과 함께 종결된다. 그 이후는 과거에 그러했듯이 세속적인 권력들이 흥하고 망하기를 반복하며, 이것은 세계의 종말까지 이어질 것이다. 그러나 그 어떠한 근본적으로 새로운 〔역사적〕 진실도 현세의 사건들에 의해 또 한 번 현시되지는 않을 것이며, 기독교인들은 그런 현세의 사건들에 특수한 중요성을 부여해서는 안 되었다.

모든 진실한 기독교철학 속에서 인간은 '지구상의 순례자'고, 이

25) Theodor Mommsen, "St. Augustine and the Christian Idea of Progress," *Journal of the History of Ideas*(June 1951) 참조. 자세히 읽으면 이 탁월한 논문의 내용과, 제목에 표현된 논지 사이에 놀라운 모순이 있음을 알게 된다. 역사 개념의 기독교적 근원을 가장 잘 옹호한 것은 앞서 언급한 코크런의 책 *Christianity and Classical Culture*, p.474에서 발견된다. 그는 고대의 역사 편찬이 "역사적 분별성의 원리"를 수립하지 못했기 때문에 끝났으며, 아우구스티누스가 "이해의 원리로서의 고전주의의 이성을 하느님의 말씀으로 대체"해 이 문제를 해결했다고 주장한다.

사실이 기독교철학을 역사의식에서 분리시킨다. 로마인의 경우와 마찬가지로 기독교인들에게 세속적인 사건들의 중요성은, 그것들이 스스로 반복될 것 같은 사례들이라는 특성을 지닌다는 사실에 있는데, 그 특성이 바로 특정의 표준화된 양태를 따라 행위하게끔 한다. (결과적으로 이것은 시인 및 역사가와 관련된 '영웅적 행적'이라는 그리스의 관념—누군가가 가진 위대함의 역량을 측정하는 척도로 사용되는 관념—과도 매우 멀리 떨어져 있다. 어떤 인정된 예제를 충실하게 따르는 것과 그 예제에 비추어 스스로 판단하려고 시도하는 것의 차이는, 〔사실상〕 로마-기독교의 도덕과 그 어떠한 '도덕적' 고려와 무관하게 오로지 '아에이 아리스테베인'ἀεί ἀριότεύειν, 즉 언제나 모든 이들 가운데 최고가 되려고 부단히 노력하는 그리스적 분투정신agonal spirit 사이의 차이다.) 다른 한편, 우리가 이해하는 역사는 다음과 같은 가정 위에 서 있고, 그 가정에 입각해 작동한다. 요컨대 과정은 세속적 특성상 그것에 한해 〔순서상으로〕 이야기된다고 가정하므로, 엄격히 말해서 〔그 과정에서는〕 반복이 일어날 수가 없다는 것이다.

현대의 역사 개념과 훨씬 더 동떨어진 것은 기독교적 역사 관념이다. 인류는 하나의 시발점과 하나의 종결점을 가지고 있으며, 세계는 시간 속에 창조되었고 모든 세속의 사물들이 사라지는 것처럼 궁극적으로 필멸하게 될 것이라는 생각이 바로 그것이다. 역사의식은 중세의 유대인들이 세계 창조를 연대기적 계산법의 출발점으로 간주했을 때 발생한 것이 아니다. 또한 6세기 사람인 디오니수스 엑시구우스(Dionysus Exiguus)가 시간을 그리스도의 탄생에서부터 계산하기 시작했을 때 발생한 것도 아니다. 우리는 동양 문명에도 이와 유사한 연대기적 계산법들이 있음을 알고 있다. 사실 이 기독교력(基督教曆)은 로마인들이 건국 원년에서부터 시간을 계산하는 관행을 모방한 것이었다. 이와 매우 뚜렷한 대조를 이루는 것이 바로 18세기

말에야 비로소 도입된 현대적 역사 계산법으로, 이 방식은 그리스도의 탄생을 기점 삼아 그 이전과 이후로 시간을 계산한다. 이 연대기적 개혁은 상이한 시간-계산법의 혼재 상태에 전거하지 않은 채 고대사에 등장하는 날짜들을 정확히 고정시키려는 학문적 목적을 위해 필요했고, 간단한 기술적 개선책으로서 교과서들을 통해 제시되었다. 우리 시대에 좀더 가까운 시점에 헤겔은, 이제 그리스도의 탄생이 세계사의 전환점이 된 듯하므로 현대의 시간 체계에서 어떤 사실적인 기독교 연대기를 발견할 수 있다[26]는 해석을 고무했다.

이러한 설명들 가운데 그 어느 것도 만족스럽지는 못하다. 학문적 목적을 위한 연대기적 개혁은 과거에도 여러 차례 있었지만 일상생활 속으로 수용되지는 못했다. 학문적 편의만을 위해 고안된 그 설명이 전체 사회 속에서 바뀐 시간-개념 그 어떤 것과도 조응하지 않았기 때문이다.

우리의 〔현재〕 시간 체계에서 결정적으로 중요한 것은 그리스도의 탄생이 지금의 세계사 속 전환점으로 보인다는 사실이 아니다. 왜냐하면 그것은 지금까지 줄곧 그렇게 인식되어왔고, 〔현대 이전〕 수 세기에 걸쳐 우리의 연대기에 전환점이 미치는 영향과 유사한 어떤 효과도 발생시키지 않으면서 〔동시에〕 더 큰 힘을 지니고 있었기 때문이다. 정작 중요한 것은 이제 인류의 역사가 처음으로 마음먹기에 따라 〔기존의 역사에〕 추가할 수 있는 어떤 무한의 과거로 소급해 올라갈 수도 있고, 동시에 어떤 무한의 미래로 뻗어나가고 있기 때문에 우리가 역사 탐구의 수위를 한층 더 높일 수 있게 되었다는 점이다.

---

26) 특히 흥미로운 것은 오스카 쿨만(Oscar Cullman)의 *Christ and Time*(London, 1951)이다. 또한 에리히 프랑크(Erich Frank)의 "The Role of History in Christian Thought," *Knowledge, Will and Belief, Collected Essays*(Zürich, 1955)도 흥미롭다.

과거와 미래라는 이중의 무한성은 시작과 끝이라는 관념 전체를 제거하는 방식으로 인류를 어떤 잠재적 형태의 세속적 불멸성 속에 자리 잡게 한다. 언뜻 보기에는 세계사의 기독교화로 보이지만 그것은 사실상 세속의 역사로부터 모든 종교적인 시간-사유법을 제거한다. 세속의 역사에 관한 한 시발점도 종결점도 모르는 채 하나의 과정 속에서 살아가는 것이므로 종말론적 예상도 물론 할 수 없다. 이러한 '인류의 현세적 불멸성'이라는 개념보다 기독교적 사유에 더 이질적인 것은 아마 다시 없을 것이다.

역사 개념이 현대의 의식에 미친 커다란 영향은 18세기 삼사분기라는 비교적 늦은 시점에 찾아왔으나 헤겔 철학 속에서 비교적 신속하게 그 정점에 도달했다. 헤겔 형이상학의 중심 개념은 역사다. 이것 하나로도 헤겔 철학은, 플라톤 이래 인간사 영역(τά τῶν ἀνθρώπων πράγματα)을 제외한 어느 곳에서나 진실과 영원한 존재(eternal Being)의 발현을 탐색했던 이전의 모든 형이상학과 첨예한 대립 관계에 놓여 있다. 플라톤은 경멸적인 어조로 인간사 영역에서는 그 어떠한 영구성도 발견할 수 없으므로 그것이 진실을 드러내기를 기대할 수 없다고 말한다. 〔역사적〕 진실은 시간-과정 속에 머물며 그 속에서 스스로 모습을 드러낸다고 생각하는 것이 헤겔과 더불어 모든 현대 역사의식 — 그것이 어떻게 자신을 표출하든, 구체적인 헤겔의 용어상으로 표현하든 그렇지 않든 상관없이 — 의 특성이 되었다.

19세기 인문학의 등장도 역사에 대한 동일한 정서에 의해 고무되었고, 그 때문에 이전 시기들에 반복적으로 일어났던 고대의 부활 현상과는 확실히 구별되었다. 마이네케(Meinecke)가 지적했던 것처럼 이제 사람들은 자기 이전에는 아무도 〔책을〕 읽은 적이 없었다는 듯 마구 읽어대기 시작했다. 그들은 "역사가 신을 찾는 사람들에게 제공할 수 있는 궁극의 진실을 그것으로부터 강제로 뽑아내기 위해서 읽었다." 그러나 그 궁극의 진실이 성경이든 다른 대체서든 간에 단 한 권의 책 속에 들어 있다고 더 이상 생각해서는 안 되었다. [바로] 역사 자체가 그런 책으로 간주되었기 때문이다. 이제 역사는 헤르더(Herder)가 정의한 것처럼 "시대와 국가들 속에 있는 인간의 영혼에 관한" 책으로 간주되었던 것이다.[27]

최근의 역사 연구는 중세와 현대 사이의 전환기를 새롭게 조명했다. 그 결과, 이전에는 문예 부흥기와 더불어 시작되었다고 여겨졌던 현대가 중세의 심장부까지 거슬러 올라간다는 주장이 나왔다. 이 단절 없는 연속성에 대한 한층 수위 높은 강조는 가치 있는 것이지만 한 가지 결함을 가지고 있다. 그것이 우리가 사는 세속 세계로부터 종교 문화를 분리한 결과로 생기게 된 공백을 메우려고 시도함으로써 '세속적인 것'의 갑작스럽고도 명백한 등장이라는 커다란 수수께끼를 풀기보다는 회피한다는 것이다. 만일 '세속화'라는 말이 저 '세속적인 것'의 등장과 동시에 발생한 어떤 초월적 세계의 쇠퇴만을 의미한다면, [우리는] 현대의 역사의식이 세속화와 매우 긴밀히 연계되어 있음을 부정할 수 없다. 그러나 이 말이 결코 근래 사상사가(思想史家)들이 역설한 바 있는 바로 그 종교적 범주와 초월적 범주가 내재적인 현세의 목표 및 기준들로 변형되었다는 미심쩍은 주장으로 이어지는 것은 아니다.

세속화는 간단히 말해 정교분리를 의미한다. 이 현상이 종교와 정치 양자에 매우 중대한 영향을 끼친 까닭에 종교적 범주들이 단절 없이 점차 세속 개념들로 변해간다고 하는 연속성 옹호자들의 입장은

---

27) Friedrich Meinecke, *Die Entstehung des Historismus*(München and Berlin, 1936), p.394.

거의 확립할 수 없는 것이 되었다. 그럼에도 그들이 우리에게 어느 정도 신빙성을 주는 데 성공한 이유는 그들이 다루고 있는 시기보다는 사상의 본질에 있었다. 어떤 사상을 그것의 실제 경험 토대와 완전히 분리하는 순간 그것과 다른 거의 모든 사상 사이에 모종의 연계 관계를 구축하는 일은 어렵지 않게 된다. 바꿔 말해서 우리가 순수한 사상들을 위한 어떤 독립 영역과 같은 것이 현존한다고 가정한다면 모든 관념과 개념이 서로 연결되지 않을 도리가 없다는 것이다. 왜냐하면 그럴 경우 그것들이 전부 하나의 동일 원천을 기원으로 가지게 되기 때문이다. 어떤 인간의 정신을 극단적인 주관성 측면에서 생각해본다면, 그것은 경험의 영향을 받지도 않고 세계와 그 어떠한 관계도 맺지 않으면서 자기 자신의 이미지들과 영원히 유희를 즐길 것이다. 그 세계라는 것을 〔우리가〕 역사로 인식하든 아니면 자연으로 인식하든 상관없이 말이다.

그러나 만약 세속화라는 어휘를 어떤 사상의 변화 현상이라기보다 역사적 시간상으로 추적 가능한 모종의 사건으로 이해한다면, 〔우리가 물어야 할〕 질문은 헤겔의 '이성의 간지'(Hegel's cunning of reason)가 신의 섭리의 세속화였는지의 여부, 또는 마르크스의 '계급 없는 사회'(Marx's classless society)가 메시아 시대(Messianic Age)의 세속화를 표상하는지의 여부가 아닐 것이다. 사실 교회와 국가의 분리 현상은 종교를 공적인 삶으로부터 축출하고 모든 종교적 제재(制裁)를 정치의 장에서 제거하는 방식으로, 로마 가톨릭 교회가 로마 제국의 계승자를 자처했던 수백 년에 걸쳐 획득해왔던 정치적 요소를 상실하게 되면서 발생했다. (이러한 분리가 종교를 완전히 '사적인 일'로 그 성격을 바꿔버린 것은 아니었다. 이런 형태의 종교의 사사화私事化 현상은, 어떤 전제적인 정권이 교회의 공적인 기능을 금지하고, 신도에게 그가 다른 이들과 함께 모습을 드러내고 그들의 눈에 띌 수 있는 공적 영역을 허락하지 않을 때 발생한다. 그 공적-세속적 영역 또는 정치영역은, 정확히 말하면 공적-종교적 영역을 내포하면서 그것을 위한 여분의 공간을 가지고 있다. 신도는 교회의 일원임과 동시에, 그 도시에 속하는 모든 이가 함께 구성하는 보다 큰 단위 속에서 한 사람의 시민으로서 행동한다.)

이러한 세속화는 전통 종교의 가르침 속 진실을 조금도 의심하지 않은 사람들에 의해 종종 초래되었다. (심지어 홉스조차도 '지옥불'에 대한 인간적 두려움 속에서 죽음을 맞았으며, 데카르트 역시도 성모 마리아에게 간구했다.) 그 어떤 문헌도 독립된 새로운 세속 영역 구축에 일조한 사람을 은밀한—또는 무의식적일지라도—무신론자로 간주하는 것을 정당화해주지 않는다. 확실하게 말할 수 있는 것은 그들의 신앙이나 신앙 결핍이 어떤 성격의 것이었든, 세속적인 것〔의 등장〕에 아무런 영향력을 행사하지 않았다는 점이다. 그래서 17세기의 정치이론가들은 정치적 사유함을 신학에서 분리하고, 심지어 신이 존재하지 않는다 하더라도 자연법상의 규칙들이 정치 체제를 위한 토대를 제공한다고 역설하는 방식으로 세속화를 달성했다. 그로티우스(Grotius)가 "심지어 신조차도 2×2=4가 되지 않도록 만들 수는 없다"라고 말하게 만든 것도 이와 동일한 맥락이었다. 이 생각의 핵심은 신의 현존을 부인하는 것이 아니라, 세속 영역 속에서 신조차도 변경할 수 없는 모종의 독립적이며 내재적인 의미를 발견하는 것이었다.

현대에 세속 영역의 부상이 가져온 가장 중요한 결과로, 개인의 불멸성—그것이 영혼의 불멸이 되었든 아니면 훨씬 더 중요하게는 육신의 부활이 되었든—에 대한 믿음이 그것의 정치적 구속력을 상실했다는 사실을 앞에서 살펴본 바 있다. 이제 정말로 "현세의 후손이 다시 한번 희망의 주요 실체가 되어야 마땅하다는 점은 피할 수 없는 사실이 되었다." 그러나 이 생각으로부터 내세〔의 존재〕에 대한 믿음의 세속화가 발생했다거나, 그 새로운 태도가 본질적으로는 "그것이 대체하려고 하는 기독교 관념들의 재배치"일 뿐이라는 주장이 따라 나온 것은 아니다.[28] 실제로 일어난 바는, '세속적인 것'에 대한 엄격한 기독교적 이해 방식과 조화될 수 없다는 이유로 고대 이래 부족한 상태에 머물러온 정치의 문제가 인간의 현존과 관련해 중대하며 결정적으로 중요한 적실성을 다시 획득한 일이었다.

모든 차이에도 불구하고, 그리스인들에게 그리고 로마인들에게도 마찬가지로 정치 체제의 건설은 인간 삶의 필멸성과 인간 행위의 허망함을 극복해야 할 필요에 따른 결과였다. 정치 체제 밖에서 인간의 삶은, 타인의 폭력에 노출되어 있어서 기본적으로 안전하지 않을 뿐만 아니라 그 어떤 경우에도 흔적을 남길 수 없어 그 의미와 존엄성을 지니지 못한다. 이것은 그리스식 사유법이 사적인 삶의 영역 전체를, 오로지 생존에만 관심을 두는 '어리석음'으로 귀결되는 그 영역을 저주한 이유였다. 또한 키케로가 오직 정치공동체들을 건설하고 보전하는 것을 통해서만 인간의 덕목이 신들의 존재 양식들을 획득한다고 주장한 이유이기도 했다.[29]

바꿔 말해서 현대의 세속화는 다시 한번 아리스토텔레스가 〔'죽지 않게 하다'라는 의미를 가진 단어인〕 '아타나티제인'(ἀθανατίζειν)이라고 지칭했던 활동, 〔이를테면〕 우리의 현존하는 언어들 속에서는 이에 해당하는 용어를 찾을 수 없는 그 활동을 전면에 떠오르게 했다. 내가 이 단어를 다시 언급하는 이유는 그것이 불멸하게 되는 대상보다는 '불멸하게 하는' 활동을 지칭하기 때문이다. 불멸을 추

28) John Baillie, *The Belief in Progress*(London, 1951).
29) 마르쿠스 툴리우스 키케로, 『국가론』(*De Re Publica*), 1, 7.

구한다는 것은, 초기 그리스에서 확실히 그러했던 것처럼, 이름을 떨친 행적과 불후의 명성 획득을 통한 개인의 불멸화를 의미한다. 또한 우리 자신보다 더욱 영구적인 어떤 것을 인공구조물에 추가한다는 것을 의미할 수도 있다. 그리고 철학자들의 경우가 그렇듯이, 불멸하는 것들과 더불어 자신의 생을 보내는 것을 뜻할 수도 있다. 어떤 경우가 되었든 그 〔'아타나티제인'이라는〕 단어는 어떤 믿음이 아니라 어떤 활동을 지칭했고, 그 활동이 필요로 한 것은 '불멸화'가 헛된 것이 아님을 보장할 모종의 영속적 성격의 공간이었다.[30]

---

30) 이 단어는 그리스에서조차도 거의 쓰이지 않았던 듯하다. 그것은 헤로도토스(book IV, 93, 94)에게서 능동적인 의미로 나타나는데, 죽음을 믿지 않는 부족이 행한 의식들에 적용된다. 요점은 그 단어가 '불멸성에 대한 믿음'을 의미하는 것이 아니라 '죽음으로부터 확실히 도피하기 위해 특정한 방식으로 행위하는 것'을 의미한다는 것이다. 이 단어는 수동적인 의미(ἀθανατίζεόθαι, '불멸하게 되는')로 폴리비우스(book VI, 54,2)에게서도 나타나는데, 그것은 로마의 장례식을 묘사하는 데 사용되고 장례식의 추도사에 '훌륭한 사람들의 명성을 지속적으로 새롭게 만들어' 불멸하게 된다는 의미로 적용된다. 라틴어의 상대어는 아이테르나레(aeternare)이며 역시 불멸의 명성에 적용된다(Horace, *Carmines*, book IV, c.14,5).

분명 아리스토텔레스는 구체적으로 관조라는 철학적 '활동'을 지칭하기 위해 이 단어를 사용한 첫 번째 사람이자, 아마도 마지막 사람이었을 것이다. 원문은 다음과 같다. οὐ χρὴ δὲκαά τούς παραινούντας ἀνθρώπινα φρονείν, ᾄνθρωπον ὄντα ούδὲ θνητὰ τὸν θνητὸν, ἀλλ' ἐΦ' ὅσον ἐνδὲχετ αι ἀθανατίζειν(니코마코스 윤리학, 1177b31). "인간을 위해 인간의 것들을 권하는 자들이 하는 것처럼 생각할 것이 아니라 가능한 한 불멸화하리…." 중세의 라틴어 번역(Eth, X, Lectio XI)은 오래된 라틴어 단어인 아이테르나레를 사용하지 않고 임모탈렘 파케레(immortalem facere)—아마도 자기 자신을 불멸하게 만든다—를 사용해 '불멸화한다'를 번역했다(Oportet autem non secundum suadentes humana hominem entem, neque mortalia mortalem; sed inquantum contingit immortalem facere…). 현대의 표준적인 번역은 동일한 실수를 범한다(예를 들어 W.D. 로스Ross의 번역은 "우리는… 스스로를 불멸하게 만들어야 한다"). 그리스 원문에서 아타나티제인(ἀθανατίζειν)이라는 단어는 프로네인(φρονείν, 생각하다)처럼 자동사이

예술 작품의 지속적인 매력 또는 모든 위대한 문명들의 상대적 영구성이라는 것을 통해서 불멸성의 관념과 친숙해져온 우리로서는 불멸을 향한 충동이 정치공동체 건설 작업의 바탕에 깔려 있어야 한다는 생각을 얼른 받아들이기 힘들지도 모른다.[31] 그러나 그리스인들에게는 후자가 전자보다 훨씬 더 당연시되었을 터이다. 페리클레스는 자신이 아테네에 부여할 수 있는 최고의 찬사는, 아테네가 더는 "어떤 호메로스나 그와 같은 재능을 지닌 다른 이들"을 필요로 하지 않으며 아테네인들은 폴리스라는 존재 덕분에 어디서든 "불후의 기념비들"을 남기게 될 것임을 주장한 점이라고 생각지 않았던가?[32] 호메로스가 했던 일은 인간의 행위를 불멸화한 것이고,[33] 폴리스는 그곳에 속한 시민 각자에게 그의 행위에 불멸성을 부여할 것으로 생각되는 공적-정치적 공간을 제공했기 때문에 "호메로스와 같은 재능을 지닌 사람들"의 수고를 덜 수 있었던 것이다. 소크라테스의 죽음 이후 철학자들 사이에 점진적으로 파급된 비(非)정치주의(apolitism), 정치 활동에서 해방되고자 하는 그들의 요구, 그리고 정

므로 직접 목적어를 갖지 않는다(나는 콜롬비아 대학의 존 허만 랜덜 주니어 John Herman Randall Jr. 교수와 폴 오스카 크리스텔러Paul Oscar Kristeller 교수로부터 그리스어와 라틴어에 대한 조언을 얻었다. 그들이 [나의] 번역과 해석에 책임이 없음은 말할 필요도 없다).

31) 아마도 아리스토텔레스의 문장을 기억했기 때문에 '영구화하다'(eternize)라는 용어를 사용했을 듯한 니체가 예술과 종교의 영역에 그 단어를 적용했다는 것에 주목하는 일은 차라리 흥미롭다. *Vom Nutzen und Nachteil der Historie für das Leben*에서 그는 "예술과 종교의 마취력"(aeternisierenden Mächten der Kunst und Religion)에 관해 말하고 있다.

32) Thucydides, *Thucydides II*, 41.

33) 시인, 특히 호메로스가 어떻게 불멸성을 필멸할 인간과 헛된 실행에 부여했는가를, 이제 리치몬드 라티모어(Richmond Lattimore)에 의해 영어로 번역(Chicago, 1955)된 핀다로스(Pindar)의 *Odes*에서 발견한다. 예를 들어 "Isthmia" IV: 60ff; "Nemea" IV: 10, VI: 50-55.

치적 삶의 영역 바깥에서 모종의 비실용적이고 순전히 이론적인 '아타나티제인' 수행을 강조하는 것은 정치적 동기뿐 아니라 철학적 동기도 함께 가지고 있었다. 그러나 정치적 동기 가운데는 확실히 그 〔아테네라고 하는〕 특수한 정치 체제의 불멸성은 고사하고, 그것의 영구성마저도 점점 더 의심스러운 것으로 만드는 폴리스적 삶의 점진적인 쇠락 〔사실〕이 포함되어 있다.

고대 철학의 비정치주의는 초기 기독교의 훨씬 더 급진적인 반(反)정치적 태도의 전조가 되었지만, 로마 제국이 모든 국가와 종교를 위해 안정된 정치 체제를 제공하는 한에서만 그것의 극단적인 형태로서 살아남을 수 있었다. 우리 시대의 초입인 몇 세기 동안, 현세적인 것들은 필멸한다는 확신이 어떤 종교적 문제로 남아 있었고, 또한 그것은 정치적 사안들과 아무 관계도 맺고 싶지 않았던 사람들의 생각이기도 했다. 그러한 생각은 로마의 몰락, 즉 〔고트족Goths에 의한〕 영원한 도시의 약탈이라는 결정적인 경험과 함께 확실한 변화를 겪었다. 그때 이후 어떤 시대도 다시는 인간의 생산물—그 가운데서 가장 취약한 것이 정치적 구조물이다—이 영원히 견뎌낼 수 있으리라고 믿지 않았다.

기독교 사상에 관한 한, 이러한 생각은 그저 기독교의 믿음에 대한 재확인일 뿐이었다. 아우구스티누스가 지적했듯이 인간의 생산물은 그다지 큰 적실성이 없었다. 기독교인들에게는 오직 개별 인간들만이 불멸하며, 이 세상 속에 있는 그 어느 것도, 요컨대 인공구조물이 가장 그런 종류이며, 하나의 총체로서 인류나 지구 그 자체도 영원할 수 없다. 오직 이 세계를 초월해야만 불멸의 활동들이 수행될 수 있고, 그 세속 영역 안에서 정당화될 수 있는 유일한 기관은 교회, 즉 지상에 있는 신의 도시(Civitas Dei)뿐이다. 이 신의 도시에 정치적 책임이라는 부담이 떨어졌고, 진정으로 정치적인 모든 충동이 그곳으로 끌려들어 갈 수 있었다. 기독교와 그것이 이전에 가졌던 반정치적 충동들이 하나의 거대하고 안정적인 정치 기관으로 변형된 일이 복음서를 완전히 왜곡하지 않고서도 가능했던 것은 거의 전적으로 아우구스티누스 덕분이었다. 그가 비록 우리가 지닌 역사 개념의 아버지는 결코 아닐지라도, 기독교 정치학의 영적인 저자이자 가장 위대한 이론가임은 확실하다.

이런 국면에 결정적으로 중요했던 것은 여전히 로마의 전통에 확고하게 뿌리를 내리고 있는 그가, 기독교의 영구적 삶이라는 관념에 인간이 내세에서도 공동체적 삶을 지속하게 될 어떤 미래의 도시(civitas), 즉 신의 도시라는 발상을 추가할 수 있었다는 사실이었다. 아우구스티누스에 의한 기독교 사상의 재구성 작업이 아니었다면, 기독교 정치는 초기 몇 세기 동안 그랬던 것처럼 모종의 형용모순 상태로 남아 있었을 것이다. 아우구스티누스는 그 언어 자체를 활용해 이 딜레마를 풀 수 있었다. 라틴어로 '산다는 것'(to live)은 언제나 '사람들 속에 있는 것'(inter homines esse)과 일치했으므로, 로마인들의 해석상 어떤 영구적 삶이라는 것은 비록 인간이 죽음에 이르면 지구를 떠나야 한다고 해도, 그가 〔살아 있는 동안에는〕 그 누구라도 반드시 자신의 무리와 떨어지지 말아야 한다는 사실을 의미했다.

그러므로 정치적 삶에 근본적인 필요조건 가운데 하나인 인간 다수성(the plurality of men)은 인간의 개별 불멸성 조건들 아래서조차 인간의 '본질'을 구속했다. 또한 이 사실은 아담의 타락 이후 인간의 본질이 획득한 특성들과 정치를 단지 세속적인 의미로 해석해 죄 많은 삶을 지구상에서 영위하는 데 필요한 하나의 필수품으로 만들어 버린 특성들 속에 포함되지 않았다. 아우구스티누스는 특정한 종류의 정치적 삶은 심지어 죄의 부재와 진정한 거룩함의 조건 아래서도 반드시 현존해야만 한다고 확신했다. 그의 확신은 다음의 한 문장으로 요약된다. '심지어 성자들의 삶조차도 다른 이들과 더불어 사는 삶이다'(Socialis est vita sanctorum).[34]

인간의 모든 창조물은 소멸한다는 통찰이 기독교 사상에 별다른 적실성을 가지지 못했고 심지어 기독교의 가장 위대한 사상가에게서조차 그 세속 영역을 넘어서는 어떤 정치 개념과 부합될 수 있었던 반면, 그 통찰은 인간 삶 내부의 세속 영역 자체가 종교로부터 해방된 현대에 오자 상당한 골칫거리가 되었다. 정교분리는 교회의 일원으로서 특정 개인이 무엇을 믿는지와 상관없이 그가 한 사람의 시민으로서 인간의 필멸성이라는 가정에 입각해 행동하고 처신하는 것을 의미했다. 홉스의 지옥불에 대한 두려움은 그가 정부를 리바이어던(Leviathan), 즉 모든 사람에게 두려움을 일으키는 어떤 필멸의 신(神)으로 구축하는 것에 거의 아무런 영향도 미치지 않았다.

정치적으로 말해서, 세속 영역 자체 내부에서 세속화라는 것의 의미는 사람들이 다시금 필멸의 존재가 되었음을 뜻했다. 가령 이것이 우리가 인문주의(Humanism)라고 부르는 고대의 재발견으로 인도했다면 그 과정에서 그리스와 로마의 문헌들은 자신과 조응하는 훨씬 더 비슷한 경험들에 관해 훨씬 더 친숙한 어법으로 다시금 말을 건넸을 것이며, 그것은 틀림없이 현대인들이 실제로 그리스나 로마의 사례에 따라 행동하도록 허락하지 않았을 것이다. 개별 인간보다 세계가 훨씬 더 영속적이라는 고대의 믿음과 인간의 사후 현세적 생존의 보장책으로서 정치 구조에 대한 고대의 신뢰가 복원되지 않았기 때문에, 고대에 있었던 필멸의 〔인간〕 삶과 다소간 불멸성을 가지는 저 세계를 대비시키는 방식이 그들에게는 아무 의미가 없었다. 이제 인간의 삶과 세계 양자 모두 소멸적이며 필멸적인 허망한 것이 되었다.

34) 아우렐리우스 아우구스티누스, 『신국론』, XIX, 5.

오늘날은 이 절대적 필멸성의 상황이 인간에게 견딜 수 없는 것이라는 사실을 알아채기가 어렵다. 그러나 우리 시대의 시발점에 이르기까지 현대의 발전상을 되돌아보면 우리가 절대적 필멸성이라는 관념에 적응하기까지는 수백 년의 세월이 걸렸다. 그 결과로 우리는 이제 필멸성에 대한 생각 때문에 고민하지 않게 되었으며, 필멸의 세계 속에서 어떤 불멸의 개별적인 삶을 사는 것과 불멸의 세계 속에서 어떤 필멸의 삶을 사는 것 사이에서 양자택일하는 오랜 관행이 의미를 잃고 말았다. 이런 면에서 우리 시대는, 다른 여러 가지 면에서도 그렇듯이, 이전의 모든 시대와 다르다. 우리의 역사 개념은 비록 그것이 본질적으로는 현대적 개념일지라도, 〔실제로는〕 불멸의 삶에 대한 종교적 자신감이 '세속적인 것'에 대해 그것의 영향력을 상실했음에도 아직은 불멸성의 문제에 대한 새로운 유형의 무관심이 생겨나기 전의 과도기적 산물로 볼 수 있다.

만약 우리가 그 새로운 유형의 무관심을 옆으로 제쳐두고 삶 또는 세계에 불멸성을 부여하면서 전통적 양자택일의 한계 안에 머문다면, 어떤 필멸할 인간의 활동으로서의 아타나티제인, 즉 불멸화는 내세의 삶에 대한 보장이 아무것도 없는 경우에만 유의미해질 수 있을 것이다. 그러나 그 순간 거기에 어떤 형태로든 불멸성에 관한 관심이 존재한다면 아타나티제인은 거의 필수적인 어떤 활동이 되는 것이다. 결과적으로 현대가 인류의 잠재적 불멸성을 발견한 장소는 〔바로〕 그것이 불후의 영구성을 지닌 어떤 엄격히 세속적인 영역을 탐색하는 과정 속이었다. 우리의 연보(年譜)에 명시적으로 표시되어 있는 것이 바로 이것이고, 우리 역사 개념의 실제 내용도 바로 이것이다.

역사, 즉 과거와 미래라는 이중의 무한성으로 펼쳐지는 역사는 그리스의 폴리스와 로마공화국이 보장했던 것과 거의 같은 방식으로 지구상에서 불멸성을 보장할 수 있다. 폴리스와 로마공화국에서는 인간의 삶과 행위가 본질적으로 중요하고 위대한 무언가를 드러내는 한 이 세계 속에서 순전히 인간적이고 현세적인 영구성을 부여받을 수 있도록 보장했다. 이 개념의 커다란 장점은 역사 과정의 이중의 무한성이 모종의 종결점이라는 개념을 사실상 생각할 수 없는 어떤 시공간을 구축한다는 것이었다. 반면에 고대의 정치이론과 비교해볼 때 그 〔이중의 무한성〕 개념의 큰 단점은 영구성이 〔그리스의 폴리스와 로마공화국에 존재했던 것과 같은〕 안정된 구조와 구별되는 일종의 유동적인 과정에 위임된 것처럼 보인다는 것이다.

그와 동시에 그 〔역사 속〕 불멸화 과정은 도시나 주(州)들 또는 국가들과 무관해졌으며, 인류 전체를 총망라한다. 헤겔은 인류 전체의 역사를 하나의 단절되지 않은 〔세계〕 정신(the Spirit)의 발전 〔과정〕으로 이해했다. 이 역사 개념과 더불어 인류는 단지 자연 속의 한 종(種)으로 머물지 않게 된다. 인간과 동물을 구별해주는 것은 비단 아리스토텔레스가 정의한 바와 같이 인간이 말을 가지고 있다는 점(λὀγον ἕχων, 로곤 에콘) 또는 중세의 인간에 대한 정의(animal rationale, 이성적 동물)에서처럼 이성을 가졌다는 점만이 아니다. 이제 전통적 정의상으로 인간이 동물들과 공유한다고 생각되었던 한 가지 요소, 즉 그의 삶이 그와 동물들의 구별 요소가 된다. 19세기의 역사가 가운데 가장 사려 깊은 사람이라고 볼 수 있는 드로이젠의 표현에 따르면, "동식물과 종(種)의 관계는… 인간과 역사의 관계와 같다."[35]

---

35) Johannes Gustav Droysen, *Historik(1882)*(München and Berlin, 1937), 단락 82: "동물과 식물에 있어 그들의 종속개념인 것은—하나의 종이기 때문에—인간에게 있어 그것은 역사다"(Was den Tieren, den Pflanzen ihr Gattungsbegriff—denn die Gattung ist, ἵνατού ἀείκαί τούθεί μετὲχωσιν—dad ist den Menschen die Geschichte). 드로이젠은 인용의 원저자나 원전을 언급하지 않는다. 그러나 아리스토텔레스의 분위기가 감지된다.

III. 역사와 정치

세속 영역이 새로운 위엄의 자리로 등극하지 않았다면 우리의 역사의식이 생성되지 않았을 것이라는 점은 매우 명백하다. 그런 반면 지구상에서 전개되는 인간의 행위와 고초들에 대해 새로운 의미와 중요성을 부여하기 위해서 그 역사 과정이 결국 소환될 것인지는 그다지 분명하지 않다. 사실 현대의 시발점에는 모든 것이 정치행위와 정치적 삶의 지위 향상을 가리키고 있었고, 새로운 정치철학 〔학파〕들의 출현으로 인해 풍요로웠던 16세기와 17세기는 아직 역사 자체에 대한 별다른 중요성을 인식하지 못하고 있었다. 정반대로 그 시기의 관심은 역사 과정의 복원보다 과거의 제거에 있었다. 홉스 철학의 뚜렷한 특징은 미래에 대한 그의 한결같은 집착과 그 결과로 초래된, 행위는 물론 사유에 대한 그의 목적론적 해석 방식이다. 인간은 오직 자신이 만든 것만을 알 수 있다는 현대의 확신은 〔사실〕 역사가와 역사의식 일반의 기본적으로 관조적인 태도와 부합한다기보다는 오히려 행위에 대한 찬양과 부합하는 듯이 보인다.

홉스가 전통철학과 결별하게 된 이유 가운데 하나는 이전의 모든 형이상학이 철학의 주 임무는 실재하는 모든 것의 제1 원인들을 탐구하는 일이라고 주장하며 아리스토텔레스를 따랐기 때문이었다. 이와 달리 그는 정반대로 철학의 임무가 목적과 목표들로의 안내, 그리고 행위에 대한 합당한 목적론을 구축하는 것이라고 확신했다. 이 관점은 홉스에게 너무나 중요한 것이었던 만큼, 그는 동물들 역시도 원인을 발견할 능력이 있으므로 이것이 인간과 동물의 진정한 구별법은 될 수 없다고 역설했다. 대신 그는 "그 징표를 아무 때나 볼 수 있는 것은 아니지만 인간에게만 있는… 현재나 과거의 특정 원인이 초래하는 결과"를 추리하는 〔인간의〕 능력에서 구별법을 찾아냈다.[36] 현대는 그 출발점에서 새롭고 급진적인 정치철학을 선보였을 뿐 아니라—홉스는 가장 흥미로운 경우지만 단지 한 가지 사례에 불과하다—최초로 정치영역의 요구 사항들에 기꺼이 부응하려는 철학자들을 배출했다. 이 새로운 정치적 지향성은 홉스뿐 아니라 비록 변형된 형태이기는 하지만 로크와 흄에게서도 발견된다. 헤겔이 형이상학을 역사철학으로 변형시킨 일에 앞서, 하나의 정치철학을 수립할 목적으로 형이상학을 제거하려는 모종의 시도가 선행되었던 것이다.

현대의 역사 개념을 고려할 때 가장 중요한 문제 가운데 하나는, 그 개념이 18세기 마지막 넉 달 사이에 갑자기 부상했고 그와 동시에 순수한 정치적 사유 활동에 관한 관심이 줄어들었다는 사실을 설명하는 일이다. (비코는 사후 두 세대가 지나서야 비로소 영향력이 감지되기 시작한 선구자였다고 말할 수 있다.) 정치이론은 아직 그것에 관한 순전한 관심이 살아 있는 동안 토크빌이 보여준 것처럼 절망감에 빠져서 또는 마르크스의 저서에 나타난 것처럼 정치와 역사를 혼동함으로써 그 종말을 맞았다. 절망감이 아니라면 과연 무엇이 "과거가 미래에 대해 빛의 투사를 중단했기 때문에, 인간의 정신이 불명료함 속에서 방황한다"라는 토크빌의 주장을 부추길 수 있었겠는가? 이것은 그가 "현대 세계 속에 있는 사회에 관해 상세히 설명한", 그리고 "어떤 신세계를 위해서는 정치학이라는 새로운 학문이 필요하다"라고 선언했던 책의 서문에서 제시한 결론이었다.[37] 혼동—마르크스 자신에게는 다행스러운 혼동일 수 있었겠지만 그의 추종자들에게는 매우 치명적인 일—이 아니라면 과연 무엇이 마르크스

36) 토마스 홉스, 『리바이어던』(*Leviathan*), book 1, ch.3.

37) 알렉시스 드 토크빌(Alexis de Tocqueville), 『미국의 민주주의』 2부, 마지막 장과 1부 저자 서문에 각각 기술됨.

로 하여금 〔정치〕행위와 '역사 만들기'를 동일시하도록 할 수 있었겠는가?

마르크스의 '역사 만들기'라는 관념은 확신에 찬 마르크스주의자나 결의에 찬 혁명주의자 집단의 외부에까지 영향을 미쳤다. 비록 그것이 신에 의해 만들어진 '자연'과 달리 역사는 인간에 의해 만들어진다는 비코의 생각과 긴밀히 연결되어 있을지라도, 마르크스와 비코의 차이는 여전히 중요하다. 나중에 헤겔에서와 마찬가지로 비코에게 역사 개념의 중요성은 기본적으로 이론적인 특성을 띤다. 두 사람 가운데 누구도 이 개념을 행위 원칙으로서 〔현실에〕 직접 적용하지 않았다. 그들이 인식한 진실은 역사가의 관조적이고 되돌아보는 시선 속에서 드러나는 유형이다. 그 역사가는 역사의 전 과정을 총체적으로 볼 수 있으므로 행동하는 자들의 '편협한 목표들'을 지나치는 대신 그것들 배후에서 스스로 실현하는 '상위의 목표들'에 관심을 집중할 수 있는 입장에 있다(Vico).

다른 한편 마르크스는 이런 역사 관념을 현대의 초기 단계에서 출현한 목적론적 정치철학들과 결합시킴으로써 그의 사상 속에서 '상위의 목표들'—역사철학자들에 따르면 그 목표들은 오직 역사가와 철학자의 되돌아보는 시선 속에서만 스스로 실체를 드러냈다—이 정치행위의 의도된 목표들로 바뀔 수 있게 했다. 요점을 말하면 마르크스의 정치철학은 〔정치〕행위와 행동하는 자들에 대한 분석에 기초하고 있는 것이 아니라, 그와 대조적으로 헤겔식의 역사에 관한 관심에 바탕을 두고 있었다. 〔이런 맥락에서〕 정치화된 사람들은 역사가와 역사철학자였다. 같은 방식으로, 행위를 만듦이나 제작과 동일시하는 오랜 전통은 역사가의 관조적 응시와 장인(匠人)들을 인도하고 모든 만듦에 선행하는 그 모형(에이도스εἶδος, 또는 플라톤이 이데아들ideas을 도출한 양태shape)에 대한 관조를 동일시하는 방식에 의해

보완되고 완성되었다.

이러한 결합 방식들이 지닌 위험은, 자주 주장되었듯, 마치 마르크스가 내세에 위치하고 있는 어떤 낙원을 지상에 수립하려고 시도한 것처럼, 이전에는 선험적이었던 무언가를 내재적인 것으로 만드는 데 있는 것이 아니다. 알려지지도 않았고 알 수도 없는 '상위의 목표들'을 의지가 작용한 계획된 의도들로 변형시키는 일의 위험은 바로 의미와 유의미성이 목적으로 변형되었다는 점이다. 이것이 바로 마르크스가 모든 역사에 대해 헤겔적 의미—〔요컨대 역사는〕 자유 관념의 점진적인 전개와 실현 과정이다—를 인간 행위의 목적으로 채택했을 때, 게다가 전통에 따라 이 궁극 '목적'을 어떤 제작 과정의 최종 산물로 보았을 때 발생한 일이다. 그러나 자유나 다른 어떤 의미도 이를테면 탁자가 명백히 목수가 수행한 활동의 최종 산물인 것과 동일한 의미에서 어떤 인간 활동의 최종 산물이 될 수는 없다.

이 의미와 목적의 동일시 현상보다 현대 세계 속에서 점증하는 무의미성이 더 확실히 감지되는 곳은 아마 다시 없을 것이다. 결코 행위의 목표는 될 수 없지만 행위 자체가 종결된 이후 인간 행적들로부터 불가피하게 발생하게 될 의미는 이제 구체적 행위의 특수하고 직접적인 목표들로서 동일한 의도들과 체계적 수단을 가진 구조를 통해 추구되었다. 그 결과 마치 의미 자체가 인간 세계에서 떨어져 나갔다는 듯이 사람들은 오직, 그것의 진행 과정 속에서 과거의 모든 업적이 담지한 유의미성이 지속적으로 미래의 목표와 의도들에 의해 상쇄되는, 모종의 끝없이 이어지는 목적의 연쇄체와 함께 남겨진 듯했다.

이는 마치 인간이 갑자기 의미와 목적의 구분, 일반적인 것과 특수한 것의 구분, 또는 문법적 용어로 말해서 '~라는 명분을 위해서'(for the sake of)와 '~하기 위해서'(in order to) 사이의 구분 같은 근본적인 구분들에 대해서 돌연 눈이 먼 듯하다는 것이다. (예를 들어 목수가 책상을 만드는 특수한 손놀림은 오직 '~하기 위해서'라는 양식으로만 수행되고, 목수로서 그의 삶 전체는 무언가 아주 다른 것, 즉 그가 애초 목수가 되었던 '~라는 명분을 위해서'라는 어떤 포괄적인 관념의 지배를 받는다는 사실을 망각한 것처럼 말이다.) 그러한 구분들이 망각되고 의미들이 목적들로 격하되는 순간, 목적들 자체가 더는 안전하지 않게 되었다. 그 수단과 목적 사이의 구분이라는 것이 더 이상 이해될 수 없게 되기 때문이다. 결국 모든 목적이 수단으로 바뀌며 격하되는 것이다.

역사가 정치를 파생시키는, 좀더 정확히 말해서 역사의식으로부터 정치적 자각을 도출해내는 방식—결코 마르크스에게 특수하게 한정한다거나 실용주의에 일반적으로 한정할 수 없는 방식—에서, 우리는 인간 행위를 만듦의 이미지로 구축해 그것에 대한 좌절감과 그것의 허약성으로부터 도망치고자 예로부터 시도해온 흔적을 쉽게 찾아볼 수 있다. 마르크스 자신의 이론과 '역사 만들기'라는 관념을 포함하는 다른 모든 이론을 구별 짓는 요소는, 가령 누군가가 역사를 모종의 제작이나 생산 과정 속의 물건으로 간주한다면 이 물건이 완성되는 순간이 반드시 찾아올 것이고, 또 누군가가 '역사를 만들' 수 있다고 상상한다면, 역사에 모종의 종결점이 주어질 것이라는 결과를 피할 수 없다는 사실을 오직 마르크스만이 인식했다는 점이다. 따라서 정의가 영원히 보장되는 새로운 사회를 구축하겠다, 모든 전쟁에 종지부를 찍기 위한 전투를 수행하겠다, 민주주의를 위해 세계 전체를 안전하게 만들겠다 등과 같은 거창한 정치적 목표들을 듣게 될 때마다 우리는 그런 〔'역사 만들기'〕 유형의 사유함이 행해지는 영역 속으로 진입하고 있는 것이다.

이런 맥락에서 역사의 과정이 우리의 역법(曆法) 속에서 그 스스로 보여주듯 과거와 미래의 무한성으로 뻗어나감에 따라 어떤 완전히 다른 유형의 과정을 위해서 포기되었다는 점을 깨닫는 일이 중요하다. 그것은 종결점뿐 아니라 시발점을 가진 무엇인가를 만드는 과정인데 그것의 운동법칙(예컨대 변증법적 운동)은 규정될 수 있고, 그 심층부의 내용(예컨대 계급투쟁)은 발견될 수 있다. 그러나 그 과정은, 그것의 종결점이 이전에 있었던 것은 무엇이든 상쇄시켜 중요하지 않게 만들어버리기 때문에 인간에게 어떤 종류의 불멸성도 보장해줄 수 없다. 〔일례로 마르크스의 그〕 계급 없는 사회에서 인류가 역사와 더불어 할 수 있는 최선은 불행한 일 전체를 잊는 것이고, 역사의 유일한 목적은 자신을 폐지하는 것뿐이다. 역사는 특수한 발생 사건들에 의미를 부여할 수 없다. 역사는 최종 산물이 완성되는 순간 모든 특수한 사물을 유의미성이 사라지는 수단 속으로 녹여 넣어버리기 때문이다. 단독의 사건들과 실행들 그리고 고초들은 〔마치〕 완성된 책상에 망치와 못이 불필요한 것과 마찬가지로 더는 아무 의미도 가지지 못한다.

우리는 현대의 초기 산업화 단계에 매우 일반적이고, 특정적이었던 엄격한 공리주의 철학들로부터 파생한 신기하리만치 본원적인 무의미성에 대해 알고 있다. 당시 사람들은 새로운 제조 방식의 가능성에 깊이 매료되었고, 모든 것을 수단과 목적의 용어로 생각했다. 이 수단과 목적이라는 범주들은 사용재 생산 경험에서 그 타당성의 원천과 정당성을 확보한다. 문제는 이 수단과 목적이라는 범주의 틀이 지닌 성격인데, 그 틀은 말 그대로 그것이 적용될 때마다 모든 목적이 달성되는 즉시 어떤 새로운 목적을 위한 수단으로 바꿔 앞서 부여된 의미를 전부 파괴한다. 이 과정은 오늘의 목적이었던 것이 더 나은 내일을 위한 수단이 되는 방식으로 결코 끝날 것 같지 않은 진행 과정의 한가운데서 끝없이 이어질 것 같은 다음의 공리주의적 질문—~의 용도는 무엇인가?—이 공리주의적 사유 방식으로는 결코 답할 수 없는 한 가지 질문에 이를 때까지 계속된다. 그 질문은 바로 레싱(Lessing)이 언젠가 간명하게 정리했던 표현, "그렇다면 그 용도의 용도는 무엇인가?"라는 질문이다.

모든 충실한 공리주의 철학들의 무의미성이 마르크스의 촉수에 걸리지 않은 이유는 헤겔이 변증법을 통해 자연이나 역사의 모든 운동에 공통된 법칙을 발견한 이후 자기 자신이 역사 영역에서 그 법칙의 근원과 내용을 찾아냈고, 그로 인해서 역사가 들려주는 이야기의 구체적인 의미도 알아냈다고 생각했기 때문이다. 마르크스에게는 계급투쟁이 모든 역사의 비밀을 푸는 공식이었던 듯이 보이는데, 이는 마치 중력의 법칙이 자연의 모든 비밀을 푸는 공식이었던 것과 마찬가지다. 오늘날 그러한 역사-건설과 공식 구축이 하나씩 연달아 나오는 것을 경험한 우리에게 남겨진 질문은 이러저러한 공식이 과연 정확한 것인가의 여부는 아니다. 그러한 모든 시도에서 사실상 의미로서 간주되는 것은 단지 어떤 모형(a pattern)뿐이다. 공리주의적 사유의 한계 내에서는 오직 모형들만 의미를 창출할 수 있다. 그 이유는 그것들이 '만들어진 것'인데 비해, 의미들은 마치 진실이 그러하듯이 스스로 드러내거나 발현하지만 만들어질 수는 없기 때문이다.

마르크스는 모형을 의미로 착각한 첫 번째 사람일 뿐이다. 그러나 그는 여전히 역사가들 가운데 가장 중요한 사람이다. 자신의 모형에 깔끔하고 일관되게 들어맞을 것 같은 과거의 사건들이 거의 없다는 사실을 그가 깨닫고 있었으리라고 기대하기는 어렵지만 마르크스의 모형은 적어도 한 가지 중요한 역사적 통찰에 근거하고 있었다. 그때 이후 우리는 역사가들이 자기가 원하는 거의 모든 모형을 복잡한 과거의 사실들에 자유롭게 부과하는 것을 보아왔고, 그 결과 표면상 일반적인 '의미들'의 상위에 놓인 타당성이 초래한 사실적인 것과 특수한 것의 파괴가 심지어 모든 역사 과정의 기본 사실적 구조, 즉 연대기를 훼손한 것까지 목도했다.

더군다나 마르크스가 자신의 모형을 그런 방식으로 이해했던 것은 그의 행위에 관한 관심과 역사에 대한 성급함 때문이었다. 그는 근대 초기의 정치에 대한 관심에서 말기의 역사에 대한 몰두로 넘어가는 경계선에 서 있는 사상가들의 최후 주자였다. 근대는 프랑스혁명 발발 10년 뒤에 프랑스 혁명력(革命歷)이 포기된 순간을 소환하며 '세속적인 것'의 재발견을 위해 새로운 정치철학을 수립하려고 했던 이전의 시도들을 단념했고, 그 결과 누군가는 프랑스혁명이 역사의 〔과거와 미래라는〕 이중의 무한성으로 뻗어나가 연장된 과정 속으로 재통합된 그 시점을 경계선으로 특정할 수도 있을 것이다. 이는 마치 현대 정치사에서 미국 헌법의 선포와 쌍벽을 이루는 여전히 가장 위대한 사건인 프랑스혁명조차도 모종의 새로운 역사 과정으로 개시될 수 있을 만큼 그 자체로 충분히 독자적인 의미를 가지고 있지 못했다는 사실을 인정하는 것 같았다.

〔프랑스혁명의〕 공화력 포기는 단지 나폴레옹이 제국을 통치하고 유럽 내에서 왕관을 쓴 국가수반들과 동등하게 여겨지고 싶어했기 때문에 발생한 것만은 아니다. 그것은 '세속적인 것'의 재수립 시도에도 불구하고 정치행위들이 역사적 발생 시점과 무관하게 유의미한 것이라는 고대인들의 확신에 대한 거부, 특히 건국 원년에서부터 시간을 계산하는 관습처럼 건국의 신성함을 믿었던 로마인들의 신앙에 대한 거부도 함께 내포하고 있었다. 프랑스혁명은 사실상 로마 정신에 의해 고무되었고, 마르크스가 즐겨 표현했듯이, 로마의 제복을 입고 세상에 나타났지만, 한 가지 이상의 의미에서 그것을 뒤집어 버렸다.

근대 초기의 정치적 관심이 이후의 역사적 관심으로 전환되는 과정에서 중요했던 또 하나의 이정표를 칸트의 정치철학 속에서 맞닥뜨리게 된다. 칸트의 동시대인들은 그에게서 인간의 권리(Rights of Man) 이론가를 발견했고, 칸트는 루소(Jean-Jacques Rousseau)에게서 "도덕 세계의 뉴턴(Newton)"을 발견했다.[38] 그리고 칸트는 그가 아마도 헤르더의 저술 속에서 발견했을 새로운 역사 개념을 다루는 데 늘 상당한 어려움을 겪었다. 칸트는 이전에 괴테가 역사를 정의한 표현처럼 "인간사의 무의미한 과정", 역사적 사건들과 발전상의 "우울한 우연성"(melancholy haphazardness), 이 희망도 없고 의미도 없는 "실수와 폭력의 혼합물"에 대해 진솔하게 불평을 말했던 최후의 철학자 가운데 한 사람이다.

칸트 또한 자신에 앞선 이들이 보았던 것을 알아차렸는데, 그것은 일단 역사를 단독의 사건들과 인간 행위자들의 좌절될 수밖에 없는 의도들을 통해서가 아닌 그것의 **총체성**(im Grossen) 측면에서 바라보게 되면 갑자기 모든 것의 의미가 통하게 된다는 사실이었다. 그곳에는 말할 수 있는 이야깃거리가 적어도 한 가지는 있기 때문이다. 하나의 총체로서 그 〔역사〕 과정은 행동하는 자들 스스로는 알 수 없지만 그들 다음에 오는 자들은 파악할 수 있는 어떤 "자연의 의도"에 의해서 인도되고 있는 듯이 보인다. 〔다시 말해서〕 인간들은 영문도 모른 채 자신의 목표들을 추구함으로써 "저 이성의 안내자"에게 인도를 받고 있는 듯하다.[39]

---

38) 가장 먼저 칸트를 프랑스혁명의 이론가로 본 사람은 프리드리히 겐츠(Friedrich Gentz)였다. "Nachtrag zu dem Räsonnement des Herrn Prof, Kant über das Verhältnis zwischen Theorie und Praxis," *Berliner Monatsschrift*(December 1793).

39) 임마누엘 칸트, 「세계시민적 관점에서 본 보편사의 이념」(Idee zu einer allgemeinen Geschichte in weltbürgerlicher Absicht), 서문(국내 출간된 도서 『비판기 저작 I(1784~1794)』에 수록되어 있다—옮긴이).

칸트가 이전에 비코가 그랬던 것처럼, 헤겔이 나중에 "이성의 간지"(칸트 자신은 그것을 때때로 "자연의 간지"라고 지칭했다)라고 불렀던 것에 관해서 이미 자각하고 있었다는 사실에 주목하는 것은 어느 정도 중요성을 갖는다. 칸트는 심지어 역사적 변증법에 관한 기초적 통찰도 지니고 있었다. 이 점은 자연이 "사회 속 인간들의 적대감"을 통해서 그것의 총체적 목표를 추구하며… "그 적대감이 아니라면 인간들은 자신이 돌보는 양처럼 온순하게 되어 그들의 소 떼가 보유한 가치보다 높은 어떤 가치를 자신의 현존에 부여할 방법을 알지 못하게 될 것"이라는 그의 지적에서 잘 드러난다. 이것은 어떤 과정으로서의 역사라는 바로 그 관념이, 인간이 자신의 행위들 속에서 반드시 의식하는 것이 아닌 무엇, 그리고 행위 자체 속에서는 어떠한 직접적인 징표도 발견할 수 없는 무엇인가에 의해 인도되고 있다는 사실을 어느 정도 보여준다. 바꿔 말해서 이것은 현대의 역사 개념이 그것의 세속적인 정치영역에 어떤 의미를 부여하는 데 얼마나 유용한지를 보여준다. 이러한 역사 개념이 아니라면 그 영역에는 의미가 부재할 것이다.

헤겔과 대조적으로 칸트에게 현대가 정치에서 역사로 도피한 동기는 꽤나 분명하다. 그것은 저 '총체' 속으로의 도피고, '특수한 것'의 무의미성에 의해 촉발된 도피다. 칸트의 우선적 관심이 아직은 '자연'과 정치적 (또는 그가 '도덕적'이라고 말했을 법한) 행위의 원칙들에 있었기 때문에 그는 이 신종 접근법의 중대한 결함, 즉 그 어떤 역사철학이나 진보의 개념도 제거할 수 없는 커다란 걸림돌을 감지할 수 있었다. 〔요컨대〕 칸트 자신의 표현을 빌리면 "앞선 세대들이 자신들의 짐스러운 임무를 오로지 다음 세대를 위해서 계속 수행하는 듯하다는 사실과… 또한 최후의 세대만이 (완성된) 건물 속에서 살 수 있는 행운을 누려야 할 것이라는 사실이 늘 당혹스러운 결함으로 남게 될 것이다."[40)]

칸트가 당혹스러운 안타까움과 커다란 망설임 속에서 자신의 정치철학에 역사 개념을 도입하면서 한 발 후퇴했다는 사실이, 현대의 강조점이 모종의 정치이론—명백히 관조에 대한 행위의 우월성이라는 신념에 훨씬 더 적합한 이론—에서 본질상 관조적인 어떤 역사철학으로 옮겨가게 된 난맥상의 본질을 매우 정확하게 시사한다. 칸트에게 '나는 무엇을 해야 하는가?'라는 질문은 아마도 형이상학의 다른 두 개의 질문, 즉 '나는 무엇을 알 수 있는가?'와 '나는 무엇을 희망해야 하는가?'만큼이나 적실한 것일 뿐만 아니라, 그의 철학의 핵심을 형성했다. 그러므로 칸트는 마르크스와 니체조차도 늘 어려움을 겪었던 그 문제, 즉 행위에 대한 관조의 우월성, 즉 **활동적 삶**(vita activa)에 대한 **관조적 삶**(vita contemplativa)의 우월성이라는 전통적 〔인식〕 서열의 문제로 인한 어려움을 겪지 않았다. 그의 문제는 오히려, 감추어져 있고 거의 명료화되어 있지 않아 극복하기 훨씬 어려운 것으로 입증된 활동적 삶 자체 내의 또 다른 전통적 서열이었다.

이 〔활동적 삶 내부의〕 서열상에서는 정치가의 행위함(acting)이 최상위를 차지하고, 장인과 예술가의 제작함(making)이 중간을, 그리고 인간 유기체의 기능을 위해 필요한 것들을 제공하는 노동함(laboring)이 제일 아래 위치에 있다. (비록 마르크스가 오로지 행위를 관조 위에 올려놓기 위해서, 또 〔철학자들이 지금껏〕 세계를 해석한 것에 반대해 〔자신이〕 세계를 바꾸기 위해서 명시적으로 글을 썼을지라도 나중에 그는 이 서열 역시도 뒤집게 된다. 이 뒤집기 과정에서 그는 최하위의 인간 활동인 노동을 최상위로 올려놓음으로써, 활동적 삶 내부의

40) 앞의 글, 제3 논문.

전통적 서열마저도 전복시켜야 했다. 행위는 이제 인류가 노동을 통해 만들어낸 '생산 관계들'의 한 가지 기능 그 이상도 이하도 아닌 것으로 보이게 되었다.) 전통철학이 종종 행위가 인간 활동들 가운데 최고라며 입에 발린 평가를 한 것은 사실이지만, 훨씬 더 신뢰할 만한 활동인 만듦을 선호했기 때문에 활동적 삶 내부의 서열이 제대로 명료화된 적은 없었다. 따라서 행위에 내재하는 오랜 난맥상을 다시 전면으로 불러낸 사실은 칸트 철학의 정치적 지위를 가늠하게 하는 한 가지 징표인 셈이다.

그게 무엇이든 칸트는 현대가 행위로부터 기대했던 두 가지 희망 가운데 어떤 것도 성취하지 못했다는 사실을 깨닫지 않을 수 없었다. 만약 우리 세계에서 세속화라는 것이 특정 유형의 현세적 불멸성에 대한 옛 욕망의 부활을 암시한다면, 인간의 행위, 특히 그것의 정치적 측면은 새 시대의 요구들을 만족시키기에 몹시 부적합해 보이는 게 틀림없다. 동기라는 관점에서 볼 때 행위는 인간이 추구하는 모든 것 가운데 가장 재미가 덜하고, 가장 허망한 것으로 보인다. "열정들, 사적인 목표들, 이기적인 욕구들의 충족이… 행위의 가장 효과적인 근원들"이며,[41] "우리가 알고 있는 역사적 사실들"은 그 자체만 놓고 본다면 어떤 공통 근거나 연속성 또는 일관성을 보유하지 못한다" (Vico).

다른 한편, 성취라는 관점에서 볼 때 행위는 일단 노동이나 무엇인가를 생산하는 활동보다 훨씬 변변찮고 좌절감을 안겨주는 활동으로 보인다. 인간의 행위는 그것이 기억되지 않는 한 어쩌면 지구상에서 가장 허망하고 소멸적일 것이다. 활동 자체가 수행된 시점 그 이상을 살아남지 못하며, 수백 년 이상 우리에게 감동을 주는 예술 작

---

41) G.W.F. 헤겔, 『역사철학』(*The Philosophy of History*, London, 1905), p.21.

품이더라도, 보통 제작자보다 더 오래 살아남아 보유 가능한 사용재조차도 결코 영구성을 기대할 수 없다. 수많은 상반된 목적들이 추구되는 인간관계망 속으로 투사되는 인간 행위는 그것의 본래 의도도 거의 성취하지 못한다. 어떠한 행위자도, 행복한 확신과 함께 자신의 작품을 변별해내는 창작자와 같은 방식으로 자신의 행위를 변별해내지는 못한다.

행동에 돌입한 사람은 자신이 시작한 행위의 결과를 결코 예상할 수 없다는 점을 반드시 알아야 한다. 자신의 실행이 이미 모든 것을 변하게 했고 그 결과를 훨씬 더 예측 불가능하게 만들었다는 단지 그 이유 때문이다. 이것이 바로 칸트가 정치사 기록에서 매우 두드러지는 "우울한 우연성"(trostlose Ungefähr)을 언급할 때 내심 생각했던 바이다. "행위, 우리는 그것의 기원도 모르고 결과도 알 수 없다—그런데도 행위가 어떤 가치를 가지고 있다는 것일까?"[42] 〔행위에 대한 관조의 우위를 천명했던〕 옛 철학자들이 옳았던 게 아닐까? 인간사 영역에서 또다시 어떤 의미가 생겨나리라고 기대하는 것이 정신 나간 짓은 아닐까?

활동적 삶 내부에 존재하는 이러한 결점과 난맥상은 꽤 오랜 기간 행위의 특이한 양상들을 무시하는 방식과 총체적 역사 과정 속에서 '유의미성'을 찾아내는 방식으로 해결될 수 있는 것처럼 보였다. 정치영역에서 필요한 위엄과 그 영역이 "우울한 우연성"에서 벗어날 궁극적인 구원을 역사 과정이 부여하는 듯이 보였기 때문이다. 역사—현재의 시점에서 그리고 각각의 단독성 관점에서 개별 행위들이 얼마나 우연적인 것으로 보일지는 몰라도, 일단 과거지사가 되는 순간 그것들이 불가피하게 인식 가능한 서사 형식을 통해 변환될 수

---

42) 프리드리히 니체, 『권력에의 의지』, no.291.

있는 하나의 이야기를 구성하는 사건들로 순서화된다는 분명한 가정에 근거하고 있다—는 인간이 실재와 '화해'하게 될 수도 있는 위대한 차원이 되었다(Hegel). 인간사의 실재, 즉 오직 인간들로 인해 현존하게 된 사물들로 이루어진 실재 말이다.

더욱이 현대에 들어와서 모종의 과정으로 인식된 역사는 행위에 대해 어떤 특이하면서도 고무적인 친근성을 보여주었는데, 바로 행위는 인간의 다른 모든 활동과 대조적으로 과정들을 발생시킨다는 것이다. 물론 이 사실은 인간의 경험으로 항상 인식되어왔다. 비록 '만듦'을 인간 활동의 모델로 삼은 철학의 선입견이 그 사실에 대한 어떤 정교한 용어 설정과 정확한 설명 방식을 막아버렸다 할지라도 말이다. 바로 그 과정이라는 개념은 모든 현대적 학문—자연과학이든 역사과학이든 상관없이—의 가장 큰 특성이며, 어쩌면 행위의 근본 경험에 기원을 두고 있을 것이다. 세속화는 그리스 문화의 초기 몇 세기, 즉 폴리스의 등장과 소크라테스학파의 승리 이전에는 알지 못했던 강조점을 인간 행위의 경험에 부여했다. 현대의 역사 유형은 이러한 경험과 직면하게 될 수도 있었다. 비록 정치 자체를 과거의 불명예로부터 구해내지 못했다 할지라도, 좀더 정확히 말해서 정치영역을 구성하는 단독의 행적과 행동들이 변방으로 밀려나 있었다 할지라도 현대의 역사 유형은 최소한 과거 사건들의 기록에 현세적 불멸성—필시 근대가 열망했지만 그것의 행위자들이 감히 후대인들에게 더는 요구하지 못한 것—의 지분을 부여했다.

후기

오늘날 총체적 역사 과정의 가장 내밀한 의미 이해를 통해 실재와 화해하게 되는 칸트와 헤겔의 방식은, 우리의 경험 못지않게 '역사를 만들고' 인간이 사전에 인식하고 있는 의미와 법칙을 실재에 부과하려고 하는 실용주의와 공리주의의 동시다발적 시도에 의해서도 반박되고 있는 듯하다. 현대 전체를 아우르는 고민은 대체로 자연과학 분과들과 함께 시작되어 우주에 대해 알고자 하는 시도를 통해 얻은 경험의 결과들이었던 반면, 현재의 반박은 물리학과 정치학의 영역에서 동시다발적으로 제기되었다. 〔여기서의〕 문제는 거의 모든 공리(公理)가 스스로 일관된 연역 작업에 도용되기를 허용하는 듯하다는 점이다. 이는 사실들에 의해 모두 동등한 수준으로 잘 방어되는 다양하며 전체적인 역사 해석들처럼, 인간들이 순수하게 정신적인 이론 구축의 영역에서뿐만 아니라 자연과학의 영역에서조차도 자신들이 채택할 수 있는 거의 모든 가설을 입증할 수 있는 어떤 입장에 놓여 있는 듯하다는 측면에서 그러하다는 것이다.[43)]

자연과학에 관한 한 이점은 앞에서 인용된 바 있는 하이젠베르크(Heisenberg)의 진술(p.145)을 상기시키는데, 그것은 그가 〔자연과학과〕 다른 맥락에서 구축한 적 있는 역설을 말한다. 요컨대 그것은 인간이 자신에 관한 사항이 아닌 것 또는 자신으로 인해 생겨난 것이 아닌 것을 알고자 할 때마다 오직 자신, 자기 자신의 구축물, 자기가 수행한 행위의 양태들과 궁극적으로 조우하게 될 것이라는 역설이다.[44)]

---

43) 하이데거는 취리히에서 열린 한 공개 토론에서 이 기이한 사실을 지적한 바 있다("Aussprachemit Martin Heidegger am 6, November 1951," *Photodruck Jurisverlag*, Zürich, 1952). '모든 것을 증명할 수 있다'는 문장은 면제(허가 조항)가 아니다. 그것은 대명제로부터 유추한다는 의미에서 증명하는 절차를 말하는데, 이는 어느 정도까지는 항상 가능하다. 결국 그 문장은 유추의 가능성에 대해 말하는 것이다. 이러한 가능성은 하나의 굉장한 수수께끼이며, 이러한 수수께끼의 비밀을 나는 아직도 일정 정도의 수준까지 고양시키지 못하고 있다. 이러한 유추의 절차는 현대 자연과학의 절차와 잘 맞아떨어진다.

44) 베르너 하이젠베르크(Wemer Heisenberg)는 최근 간행물에서 이와 동일한 생각을 다양한 표현상으로 기술했다. *Das Naturbild der heutigen Physik*(Hamburg,

이것은 더 이상 어떤 학술적 객관성의 문제가 아니다. 이것은 또한 질문하는 존재로서 인간이 자기 자신의 질문과 어울리는 답만 자연스럽게 수용할 수 있다는 성찰로 해결될 수 있는 문제도 아니다.

추가로 다른 어떤 것도 관계되어 있지 않다면, 마치 여러 사람이 빙 둘러앉아 있는 책상이 앉은 자리에 따라 사람들에게 다른 측면을 보여주겠지만 그 책상은 여전히 그들 모두에게 동일한 물체로 인식되는 것처럼, 우리는 '하나의 동일한 물리적 사건'에 대해 제기된 상이한 질문들이 그 동일 현상의 다르지만 객관적으로 똑같이 '사실적인' 측면을 드러낸다는 점에 만족할 것이다. 심지어 옛날의 보편수학(matheis universalis)과 같은 '어떤 이론들에 대한 이론'으로는 가능한 질문의 수를 결정짓고 얼마나 많은 '자연법의 상이한 유형들'이 모순을 일으키지 않고 동일한 자연적 우주에 적용될 수 있는지를 상상해볼 수도 있을 것이다.

일관성 있는 일련의 답들로 귀결되지 않는 질문은 아무 데도 없다는 것이 사실로 드러나면 문제의 심각성은 더욱 커질 것이다. 이것은 우리가 앞에서 모형과 의미 사이의 구분에 관해 논할 때 언급했던 난점이다. 그 경우에 유의미한 질문과 무의미한 질문 사이의 구분이 절대 진리와 함께 사라지게 될 것이고, 우리에게 남겨질 것으로 추정되는 일관성은 마치 편집증 환자들의 수용소에서나 볼 수 있는 것 또는 근래 신의 현존을 입증하려는 시연들에서 나타나는 것과 같은 속성일 것이다. 그러나 인식 가능성을 끌어내는 하나의 총체로서의 과정 속에 특수한 사건 발생의 의미가 포함되어 있다는 전적으로 현대적인 관념을 실제로 훼손하는 것은, 우리가 이것을 일관된 연역의 의미에서 증명할 수 있을 뿐만 아니라 거의 모든 가설을 채택할 수도 또

1956).

한 그것에 입각해서 행동할 수도 있으며, 결과들의 순서가 실제로 의미를 창출할 뿐만 아니라 작동한다는 생각이다. 이것은 말 그대로 관념의 영역뿐 아니라 실재의 장 자체 속에서도 '모든 것이 가능하다'는 것을 의미한다.

나는 연구를 통해 전체주의 현상이 명백한 반-공리주의 기질들을 보이고 기이할 정도로 사실성을 무시하면서도 최종적으로는 '모든 것이 가능하다'는 확신에 근거하고 있음을 보여주려고 했다. 이 확신은 초기 허무주의의 경우에서 사실로 드러났듯이 도덕적으로든 아니면 다른 방식으로든 허용되지 않았다. 전체주의 체계들은 행위가 어떠한 가설에도 근거할 수 있고, 특수한 가설은 일관성 있게 관리되는 행위 과정을 통해 사실로 입증될 수 있으며, 현실적이고 사실적인 실재가 된다는 점을 입증하려는 경향이 있다. 일관된 행위의 기초가 되는 가정의 설정은 도움이 되는 것만큼이나 해도 끼친다. 그것은 항상 '객관적으로' 옳은 사실을 산출해내는 것으로 끝을 맺는다. 본래는 단지 하나의 가설로서 실제 사실들에 의해 입증되거나 반증되어야 할 것이 일관된 행위 과정을 통해 항상 모종의 사실로 둔갑해 결코 반증되지 않을 것이기 때문이다. 바꿔 말해서, 연역의 출발점인 공리는 전통적 형이상학과 논리학이 전제했던 것처럼 자명한 진리일 필요까지는 없다. 또한 그 행위가 개시되는 순간에 객관적 세계 속에 주어진 사실들과 대조할 필요도 없다. 〔어떤 가정에 입각한〕 일관적인 행위 과정은 그 가정이 공리적이고 자명해질 수 있는 어떤 세계를 창조하는 방향으로 진행될 것이다.

우리가 이런 유형의 행위를 착수하기로 결심할 때마다 맞닥뜨리게 되는 경악할 만한 자의성은, 정확히 일관적이고 논리적인 과정들의 상대역으로서 자연 영역보다 정치영역에서 더 확연하게 나타난다. 그러나 이것이 과거사에도 적용되는 사실임을 사람들에게 확신시키는 것은 훨씬 더 힘들다. 역사 과정을 되돌아보는 역사가는 행위자들의 목표나 자각심과 무관하게 모종의 '객관적' 의미를 발견하는 일에 너무 몰입되어 있어서 자칫하면 특정의 객관적 경향을 알아내려는 자신의 시도 속에서 실제로 일어난 것을 간과하기 쉽다. 예컨대 그가 소비에트 제국의 산업화나 아니면 전통적인 러시아의 외교정책이 추구해온 국가주의적 목표들에 경도되어 스탈린의 전체주의 독재가 지닌 특수한 성격들을 간과하게 될 것이라는 말이다.

자연과학 분과들 내에서는 사물들이 본질적으로 다르지 않다. 그 사물들은 자신이 이해할 수 없는 것을 보기 거부하는 문외한의 건강하고 완고한 상식과 그의 이해력으로부터 아주 멀리 있으므로 훨씬 더 믿을 만해 보인다. 그러나 과정이라는 용어로 사유하고 '나는 스스로 만든 것에 관해서만 안다'는 확신은, 자연과학에서도 마찬가지로 내가 원하는 것은 무엇이든 선택할 수 있고 그 선택의 결과로 항상 특정한 유형의 '의미'를 얻게 된다는 통찰에서 불가피하게 발생하는 완전한 무의미성으로 인도되었다. 이 두 경우가 당혹스러운 점은 특수한 사건, 즉 자연의 관찰 가능한 사실이나 단독의 사건 발생 또는 역사의 기록된 행적과 사건이 그것의 토대가 된다고 짐작되는 어떤 보편적인 과정이 아니라면 의미 창출을 중단했을 것이라는 사실이다. 그러나 인간이 '특수한 것'의 우연적인 성격을 회피하려 하거나 의미—〔요컨대〕 질서와 필연성—를 발견하기 위해서 이 '과정'이라는 것에 접근하는 순간, 그의 노력은 사방에서 날아오는 대응으로 반박된다. 〔이 '과정'이라는 것에〕 당신이 부과하고 싶어하는 어떠한 질서 · 필연성 · 의미라도 다 괜찮을 것이다. 이는 이러한 조건들 아래서는 필연성이나 의미 그 어떤 것도 존재하지 않는다는 사실을 증명하는 가장 확실한 방식이다.

이러한 상황은 마치 '특수한 것'의 "우울한 우연성"이 〔시간의 강을 건너〕 우리를 따라잡아, 우리 이전에 존재했던 여러 세대가 그 굴레를 벗어나기 위해 도망쳤던 바로 그 구역 속으로 우리를 밀어넣고 있는 것처럼 느껴진다. 역사와 자연 두 영역에서 발생하는 이러한 경험의 결정적인 요인은 우리가 '설명'하기 위해 사용했던 모형들이 아니다. 그 모형들은 모두 일관되게 입증될 수 있으므로 자연과학에서보다 사회과학과 역사학에서 한결 신속히 서로를 무효화한다. 자연과학 속의 문제들은 좀더 복잡한 성격을 띠고 이런 기술적인 특성으로 인해 무책임한 의견들의 비적실한 자의성에 훨씬 덜 개방적이었기 때문이다. 이러한 무책임한 의견들은 분명 전적으로 다른 원천을 가지지만 우연성이라는 적실한 논제를 가려버리기 쉽다. 오늘날 우리는 어디를 가든 이 우연성과 맞닥뜨리게 된다. 여기서 결정적으로 중요한 요인은 그 누구도 그것이 기능하지 않는다는 혐의를 둘 수 없는 우리 시대의 기술이 이러한 원칙들에 기초하고 있다는 점, 그리고 우리의 사회적 기교들(techniques)—그것의 실제 실험장은 전체주의 국가들이다—이 과거에 인공구조물로 이루어진 세계를 위해 쓰였던 수준 이상으로 인간관계와 인간사로 이루어진 세계에 도움이 될 수 있으려면 적어도 어느 정도의 시차를 극복해야만 한다는 점이다.

현대의 세계-소외 현상이 심화되면서 인간은 그가 어디를 가든 오로지 자기 자신과 마주치는 어떤 상황으로 이끌렸다. 지구와 우주의 모든 과정이 인간이 〔직접〕 만든 것이거나 아니면 잠재적인 인공물로서 자신의 모습을 드러냈다. 이 과정들은 '주어진 것'(the given)의 견고한 객관성을 집어삼킨 다음, 본래 그것에게 의미를 부여하려는 발상과 모든 과정들의 상호 갈등과 배타성을 없앨 수 있는 영원한 시공간으로서의 역할을 맡게 하려는 발상이 채택했던 전체를 아우르는 단 하나의 과정을 무의미하게 만듦으로써 종결되었다. 이는 우리의 역사 개념에 일어났던 일이며, 우리의 자연 개념에 일어났던 일과 똑같았다. 급진적 세계-소외 상황에서는 역사든 자연이든 그런 것에 대해 생각하는 것이 결코 쉽지 않다. 이러한 세계의 이중적 상실—자연의 상실과 좀더 포괄적인 의미로는 역사 전체를 망라하는 인공 구조물의 상실—현상은 특정 유형의 인간사회를 뒤에 남겨두었다. 〔우리〕 인간들은 서로를 단번에 연결하고 구분시켜줄 공동세계가 〔그들 사이에〕 부재하다면 〔스스로〕 극심하게 외로운 분리 상태로 살아가거나 어떤 대중의 형태가 되도록 강제될 것이다. 왜냐하면 대중사회라는 것은, 사람들이 여전히 서로 관계를 맺고는 있지만 한때 그들에게 공통으로 존재했던 세계가 없어진 틈새에 자동적으로 들어서는 조직화된 삶의 형태 그 이상은 아니기 때문이다.

제2부
권위와 자유의 기원

3장 권위란 무엇인가?

I

〔혹시 발생할 수도 있을 불필요한〕 오해를 피하기 위해서는 이 장의 제목을 '권위란 무엇인가'라고 〔현재형으로〕 제시하기보다 '권위란 무엇이었던가'라고 〔과거형으로〕 제시하는 편이 더 현명했을지도 모르겠다. 우리가 이 문제를 제기하고 싶어하는 것이 〔이미〕 현대 세계에서 권위가 증발해버렸기 때문이며, 우리에게 문제를 제기할 권리가 있다는 것이 내가 주장하는 바이기 때문이다. 권위라는 용어는 그것이 더 이상 우리 모두에게 진정성을 가지며 논쟁의 여지 없는 경험들을 공통적으로 전거(典據)할 수 없게 된 까닭에 논쟁과 혼동에 휘말려서 모호해졌다. 어떤 정치학자가 이 〔권위〕 개념이 한때 정치 이론의 근본 요소였다는 사실을 기억하거나, 또는 갈수록 심각해지는 권위의 위기가 우리 〔20〕세기 현대 세계의 발전상에 수반되었다는 사실에 사람들 대부분이 동의하는 경우를 제외한다면, 권위의 본질에 관한 것은 누구에게나 자명하고 이해할 수 있는 방식으로 나타나지 않는다.

20세기의 개막 이래로 명확해진 이 위기의 기원과 본질은 정치적인 성격을 띤다. 〔예컨대〕 정당 체계를 대체하려는 목적을 가진 정치 운동들의 부상과 신종 전체주의 통치 형태의 발전상은 모든 전통적인 권위 양태들이 어느 정도는 일반적인 방식 또는 극적인 방식으로 붕괴한 것을 배경 삼아 전개되었다. 그러나 그 어디에서도 이 전통적 권위의 붕괴 현상이 전체주의 체제들 또는 정치 운동들의 직접적인 결과로서 나타난 것은 아니었다. 오히려 정당 체계가 위신을 잃고 정부가 더 이상 권위를 인정받지 못하는 어떤 일반적인 정치 및 사회 분위기를 유리하게 이용하는 데 전체주의의 정치 체제와 운동의 형식이 최적격인 듯이 보였다는 설명이 맞을 것이다.

〔권위의〕 위기가 지닌 깊이와 심각성을 시사하는 가장 중대한 징후는 그것이 육아나 교육 같은 전(前)-정치적 영역으로까지 확산되었다는 사실이다. 이런 영역들에서 권위는 항상 가장 포괄적인 의미인 자연적 필요로서 받아들여져왔다. 출생을 통해 새로 태어난 구성원이 낯선 사람으로서 합류하게 되는 〔가족이라는〕 모종의 선확립된 세계 속에서 〔가족들의〕 인도를 받는 경우에만 확실히 보장될 수 있는 기성 문명의 연속성 유지라는 정치적 요구 못지않게 어린이의 무력함과 같은 자연적 요소가 명백히 요구하는 모종의 필요 〔항목〕으로서 말이다. 이런 형태의 권위는 단순하고 초보적인 특성으로 〔서구〕 정치사상사 전체에 걸쳐 상당히 다양한 권위주의 통치 형태들이 모방할 수 있는 모델로서 기능해왔다. 그런 까닭에 심지어 어른과 아이, 스승과 제자의 관계까지 규율했던 이 전(前)-정치적 권위조차도 더 이상 안전하지 않다는 사실은 곧 권위주의 관계들을 설명하는 모든 유서 깊은 옛 은유와 모델이 자신의 그럴듯함을 상실했다는 것을 암시한다. 〔그러므로 현재〕 우리는 이론적으로는 물론이고 실제적으로도 더 이상 권위가 진정 무엇인지를 알 수 있는 입장이 아닌 것이다.

나는 이 시점 이후 이어질 성찰들 속에서 그 〔권위란 무엇인가라는〕 질문의 답이 '권위 일반'(authority in general)의 성격이나 본질에 대한 정의에서 찾아지는 것으로 가정하지 않는다. 현대 세계에서 우리가 상실한 권위는 결코 그러한 '권위 일반'이 아니라 장구한 세월 동안 서구 세계 전체에 대해 타당성을 지녔던 어떤 구체적인 권위 유형이다. 따라서 나는 〔여기서〕 권위가 역사상으로는 무엇을 지칭했었는지, 그리고 권위의 저력과 의미의 원천에는 어떤 것들이 포함되었는지를 다시 검토해보자고 제안한다. 그러나 〔권위에 관한〕 현재의 혼동 〔상황〕을 감안하면 심지어 이 제한적이고 시안(試案)적인 접근 방식조차도 이전에 결코 권위로 인정되지 않았던 것에 관해 반드시 몇 가지를 먼저 짚고 넘어가야 할 듯하다. 그래야만 훨씬 더 일반화된 오해들을 피해갈 수 있고, 〔권위 일반과〕 관계된 논제들이 아니라 〔특정의 구체적 권위와 관련된〕 동일 현상을 확실히 시각화하고 숙고할 수 있을 것이기 때문이다.

권위는 항상 복종을 요구하므로 통상적으로 특정 형태의 권력 또는 폭력으로 오인된다. 그러나 권위는 외부의 강제적 수단 사용을 사전에 배제한다. 권위가 제 역할을 하지 못하면 무력이 사용된다. 그런 한편 권위는 설득과도 양립하지 않는다. 설득은 평등을 전제하며 논쟁 과정 속에서 작동하기 때문이다. 논쟁과 연루되는 순간 권위는 작동 중지 상태에 놓이게 된다. 권위주의적 질서는 평등주의적 설득의 질서와 대치하는데, 이는 권위주의적 질서가 항상 위계적인 성격이기 때문이다. 그러므로 가령 〔누군가가〕 권위를 정의해야 한다면 그는 반드시 무력에 의한 강제와 논쟁을 통한 설득 양자를 대비시켜야만 할 것이다. (명령을 내리는 자와 그것에 복종하는 자 사이의 권위주의적 관계는 보편 이성이나 명령권자의 힘에 근거하고 있는 것이 아니다. 명령을 내리는 자와 그것에 복종하는 자는 위계질서 자체를 공유한다. 양자는 이 위계질서의 올바름과 정당성을 인정하며, 그 속에서 〔각자에게〕 미리 정해진 안정된 위치를 점하고 있다.) 이 점이 역사적으로 중요하다. 우리가 가지고 있는 권위 개념의 한 측면은 플라톤에서 기인한다. 플라톤이 폴리스의 공공 업무를 처리하는 방식에 권위 개념을 도입하려는 구상에 착수했을 때, 그는 자신이 일반적인 대외 업무 처리 방식인 무력과 폭력(βία)은 물론, 〔당시〕 그리스에서 국내 정치 업무를 처리하는 일반적인 방식이었던 설득(πείθειν)의 대안을 탐색하고 있다는 사실을 잘 알고 있었다.

역사적인 관점에서 우리는 권위 상실 〔현상〕에 대해 그저 지난 수 세기에 걸쳐 주로 종교와 전통을 약화시킨 어떤 발전 양상의 결정적이면서도 최종적인 국면일 뿐이라고 말할 수도 있다. 전통·종교·권위—이 세 가지 〔개념 범주〕의 상호연관성은 추후 논의할 것이다—가운데서는 권위가 가장 안정적인 요소임이 입증되었다. 그러나 권위의 상실과 더불어 현대의 일반적 의심〔의 관행〕이, 사물들이 보다 본질적인 표현법을 획득할 뿐 아니라 그 영역만의 고유한 실재를 부여받는다고 가정되는 정치영역에까지도 파고들었다. 지금까지는 〔철학에 몸담은〕 소수의 사람에게만 정신적 중요성을 가져온 〔의심이라는〕 것이 이제는 모든 사람에게 하나의 관심사가 되었다. 그리고 지금에서야, 말 그대로 권위의 상실 이후에야 비로소 전통과 종교의 상실 현상이 제1순위의 정치적 사건들로 바뀌게 된 것이다.

내가 앞에서 '권위 일반'에 대해 논의하는 대신 역사 속에서 지배적이었던 매우 구체적인 권위 개념에 관해서만 논의하겠다고 말한 것은, 우리가 이 시대의 위기에 대해 너무 광범위하게 말할 때 간과할 수 있는 몇 가지 구분들에 관해 귀띔하고 싶었기 때문이었다. 우리 시대의 위기에 관해서는 전통 및 종교와 관련된 개념들을 통해서 말하는 게 어쩌면 조금 더 쉬운 설명이 될지도 모른다. 요점은 현대 세계 속의 부인할 수 없는 전통의 상실 〔현상〕이 결코 어떤 과거의 상실을 전제하지 않는다는 것이다. 전통과 과거는 동일한 것이 아니기 때문이다. 비록 한쪽에서는 전통을 숭상하는 사람들이 다른 한쪽에서는 진보를 숭상하는 사람들이 우리에게 〔양자가 같은 것임을〕 믿으라고 등을 떠밀지라도 말이다. 결과적으로 전자는 이런 사태에 대해 개탄하고 후자는 축하의 메시지를 보내지만 양자의 입장은 그다지 차이가 없다.

우리는 전통의 상실과 더불어 우리를 광대한 과거의 영역 속으로 안전하게 안내해주던 끈을 잃고 말았다. 그러나 그 끈은 동시에 선(先)결정된 과거의 측면들에 각각의 후속 세대를 옭아매던 사슬이기도 했다. 따라서 이제야 비로소 과거는 예상하지 못한 신선함과 함께 우리에게 개방될 것이며 지금까지 누구도 이해하지 못했던 이야기를 들려줄 수 있을 듯하다. 그러나 안전하게 닻을 내린 전통—이 〔전통이 지닌〕 안전성의 상실은 이미 수백 년 전에 일어난 일이다—이 아니었다면 과거의 전(全) 차원이 위태로워졌을 것이라는 점을 부인할 수 없을 것이다. 우리는 망각의 위험에 처해 있으며, 그런 식의 망각—그것과 더불어 상실될 수 있는 내용물 자체와는 별개로—에 관해 인간적 관점에서 말하자면, 그것이 의미하는 바는 우리가 스스로 자신으로부터 인간실존이라는 것의 깊이 차원을 박탈시킬 것이라는 뜻이다. 기억과 깊이는 동일한 것이기 때문이다. 아니, 그보다도 인간은 기억하는 일을 통하지 않으면 깊이라는 것에 도달할 수가 없기 때문이다.

종교의 상실에 대해서도 이와 비슷한 설명을 할 수 있을 듯하다. 17세기와 18세기 동안 종교적 신념들에 대해 급진적인 비판이 가해진 이래로 종교적 진리에 대한 의심은 현대의 특성으로 남았다. 이 점은 신앙인뿐 아니라 비신앙인에게도 매한가지였다. 파스칼 이래로, 좀더 정확히는 키르케고르 이래로 의심이 믿음 속으로 파고들었고, 현대의 신앙인은 의심에 대항해 지속적으로 자신의 신념을 방어해야 했다. 기독교 신앙 그 자체보다 현대의 〔종교로서〕 기독교(유대교도 물론 여기 포함된다)가 역설들과 부조리에 시달리고 있다. 다른 어떤 것—아마도 철학이 여기 해당할 것이다—이 부조리를 초월해 살아남을 수 있다 해도 종교는 분명 그렇지 못할 것이다. 그러나 제도권 종교의 도그마들에 대한 신념 상실이 반드시 신앙의 상실이나 신앙의 위기를 암시하는 것은 아니다. 종교와 신앙, 또는 신념(belief)과 신앙(faith)은 결코 같은 것이 아니기 때문이다. 오직 신념—신앙이 아니라—만이 의심과 어떤 본래적 유사성을 공유하며 지속적으로 의심에 노출된다. 그러나 누가 감히 부인할 수 있겠는가? 신앙 역시도, 비록 그것이 수백 년간 종교, 즉 종교적 신념과 도그마들에 의해 안전하게 보호를 받아왔을지라도, 사실상 제도권 종교의 위기에 불과한 어떤 것 때문에 중대한 위험에 처하게 되었다는 사실을 말이다.

현대의 권위 상실과 관련해 〔방금 종교에 대해 기술한 것과〕 유사한 설명 몇 가지를 추가해야 할 듯하다. 권위는 과거 속에 있는 굳건한 초석에 근거하면서 인간들 자신이 정확히 필멸의—우리가 알고 있는 것 가운데 가장 불안정하고 허망한—존재이기 때문에 필요로 하는 영구성과 영속성을 세계에 부여해주었다. 〔이런 관점에서〕 권위의 상실은 세계의 기반(基盤) 상실에 해당된다. 세계는 실제로 그것의 권위를 상실한 이후 하나의 형상에서 또 다른 형상으로 점점 더 빠른 속도로 이동하고 변형되기 시작했다. 이는 마치 우리가 모든 것이 언제 어느 때고 전혀 다른 형상으로 변할 수 있는 프로테우스(Proteus)의 우주 속에 살면서 그런 세계와 투쟁을 벌이고 있는 형국이다. 그러나 최소한 세계의 영구성과 세계에 대한 신뢰감 상실—

정치적인 의미로는 권위의 상실과 동격인 그것—이 우리가 생존하고 후손이 살아가기에 적당한 장소로서의 세계를 건설하고 보전하며 소중히 가꾸는 인간 능력의 상실을 수반할 것이라고까지 생각할 필요는 없다.

이러한 성찰과 설명이 구분 짓기의 중요성에 대한 확신에 근거하고 있음은 분명한 사실이다. 물론 그러한 확신에 대한 강조는 쓸데없는 소리처럼 들릴 수 있다. 적어도 내가 아는 한 '구분은 불필요하다'라고 공개적으로 진술한 사람이 아무도 없었다는 사실을 고려한다면 말이다. 그러나 정치학자들과 사회과학자들의 논의 대부분에서는 다음과 같은 무언의 합의가 존재한다. 그것은 우리가 구분들을 무시할 수 있으며 모든 것이 종국에 다른 것으로 지칭될 수 있다는 가정에서 출발한다는 점, 그리고 구분들은 우리 각자가 '자신의 용어로 정의할 수 있는' 권리를 보유하는 한에서만 유의미하다고 가정한다는 점에 대한 합의다.

그와 동시에 우리가 중요한 문제를 다룰 때마다 곧바로 부여해왔던 이 〔'자신의 용어로 정의할 수 있는'〕 기이한 권리가—사실상 마치 자기 의견을 보유하는 권리와 동일한 것인 양—'전제정' '권위' '전체주의'와 같은 용어들의 통상적 의미가 이미 상실되었다는 사실 자체를 암시하지 않는가? 그게 아니라면, 우리가 공유하는 단어들이 의심의 여지 없는 유의미성을 보유한 하나의 공동 세계에서 사는 일을 중지했으므로, 결과적으로 어떤 완전히 무의미한 세계 속에서 언어적 삶을 영위해야 할 운명에 처하기보다 〔차라리〕 각자의 의미 세계로 도피할 권리를 서로에게 부여하고 각자의 사적(私的) 용어 테두리 안에서만큼은 언어 사용의 일관성을 유지하라고 요구하는 것은 아닐까? 이런 상황에서 우리가 여전히 서로를 이해한다고 스스로 확신하고 있다면, 그것은 공통된 어떤 세계에 대해서 다같이 이해한다는 의미가 아니고 단지 논쟁과 추론의 일관성, 그리고 엄격한 형식을 갖춘 논쟁 과정상의 일관성을 이해한다는 의미다.

구분들이 중요하지 않다는 암묵적 가정뿐만 아니라 약간 더 나은 설명도 있다. 상당수의 사회과학·정치학·역사학 이론들에서는 사회·정치·역사 영역, 즉 인간사 영역 내의 사물들이 전통적 형이상학의 영역에서 '타자성'(alteritas)으로 지칭되는 독특함을 보유하지 않는다는 암묵적인 가정하에 논의를 진행하는 특징을 갖게 되었다. 이들 가운데 두 가지는 지금 논의하고 있는 주제와 매우 유의미한 방식으로 관련되어 특별히 언급할 만한 가치가 있다.

그 가운데 하나는 19세기 이래 자유주의와 보수주의 필자들이 다뤄온 권위의 문제, 즉 암묵적으로는 정치영역에서의 자유와 관련된 문제를 다뤄온 방식들과 관계가 있다. 일반적으로 자유주의 이론은 전형적으로 "진보의 항상성… 〔즉〕 조직화되고 보증된 자유를 향해 나아가는 것이 현대 역사의 특징적 사실"[1)]이라는 가정에서 출발하며 이 노선에서 이탈한 경우 각각을 진보의 반대 방향으로 귀결하는 반동 과정으로 보는 것이었다. 이런 관행 때문에 권위주의 체제들 속에서 발생하는 자유의 제한, 전제정과 독재정 속에서 행해지는 정치적 자유 폐지, 오직 전체주의 정권들만이 다양한 조건화 방법들을 동원해서 달성하고자 하는 자발성(spontaneity) 자체의 완전한 제거, 즉 가장 일반적이고 초보적인 형태로 명시된 인간 자유의 완전한 제거 사이에 존재하는 원칙적 차이가 자유주의 이론에서는 간과된다.

정부 형태들보다 역사와 자유의 진보에 더 많은 관심을 기울이는 자유주의 저술가는 여기서 오로지 정도의 차이만 인식할 뿐, 자유권

1) 이것의 공식 진술은 액턴(Acton) 경(卿)이 '역사 연구' 주제를 다룬 취임 강연에 나오며, 나중에 *Essays on Freedom and Power*(New York, 1955), p.35에 재수록되었다.

(liberty)의 제한에 몰두하는 권위주의 정부가 스스로 제한하려고 하는 그 자유(freedom)에 자신이 결부되어 있는 상태라는 사실은 무시한다. 가령 그 권위주의 정부가 자유를 통째로 폐지한다면 〔정치 체제로서〕 그것의 실질 자체를 상실하고 전제정으로 변질될 것이다. 모든 권위주의 정부가 근거하고 있는 정당한 권력과 부당한 권력의 구분에 대해서도 똑같은 논리를 적용할 수 있다. 자유주의 저술가는 그 구분에 대해 거의 주의를 기울이지 않는 경향을 보이는데, 이는 모든 권력은 부패하고 진보의 항상성을 위해서는 그것의 기원과 무관하게 권력이 지속적으로 누수되어야만 한다는 확신 때문이다.

전체주의와 권위주의를 동일시하는 자유주의적 태도, 그리고 그것과 동시에 발생하는 권위주의적 성향의 자유 제한 사례 각각을 '전체주의적' 경향으로 이해하려는 태도의 배후에는 그것보다 훨씬 더 오래된 태도가 자리 잡고 있다. 그것은 권위(權威)를 전제(專制)와 혼동하고 합법적 권력과 폭력을 혼동하는 관행이다. 전제정과 권위주의 정부의 차이점은 전제자가 항상 본인의 의지와 이익에 따라 통치하는 데 비해 권위주의 정부는 그것의 가장 폭압적인 형태조차도 법을 준수해야만 한다는 데 있다. 권위주의 정부의 행위는 자연법이나 신의 계명 또는 플라톤의 이데아처럼 〔애초〕 인간이 만든 것이 아닌, 적어도 실제로 권좌에 있지 않은 이들에 의해 입안된 준칙에 따라 평가된다. 그러므로 권위주의 정부가 지닌 권위의 원천은 항상 권력 외부에 존재하며 그 권력보다 우월하다고 간주된다. 관료들은 이 원천, 즉 정치영역을 초월하는 이 외부의 힘으로부터 그들의 '권위', 즉 정당성을 도출한다. 동시에 그들의 권력은 그 힘의 견제를 받게 된다.

권위에 대한 현대의 옹호자들은 여론이 신보수주의에 호의적일 때조차도 자신의 〔권위〕 옹호가 성공할 가능성이 거의 없음을 잘 알고 있다. 그럼에도 여전히 위에서 말한 전제와 권위의 구분을 간절히 적시하고 싶어한다. 자유주의 저술가는 자유를 향한 진보가 과거부터 있어온 어두운 세력에 의해 일시적으로 중단될 수 있을 뿐 본질상으로는 확실히 보증된 것이라는 입장을 견지한다. 그런 반면 보수주의자는 권위의 쇠락과 함께 개시된 〔자유를 향한 진보의〕 파멸 과정을 인식하면서 자유가 〔이전에〕 그것의 경계를 보호해주었던 제한적 한계 조건들을 상실한다면 무력해지고 무방비 상태가 되어 결국 파괴될 것이라고 본다. (오직 자유주의 정치사상만이 자유에 우선적으로 관심을 가진다고 말하는 것은 결코 공평하지 않다. 역사상 자유라는 관념the idea of freedom에 중점을 두지 않는 정치사상 학파는 거의 전무했기 때문이다. 물론 자유권 개념the concept of liberty이라는 것이 저술가에 따라 또 정치적 상황에 따라 매우 다양하게 나타날 수 있기는 하지만 말이다. 내 생각에 이 진술과 관련해 유일한 예외가 있다면 토마스 홉스의 정치철학일 듯한데, 그는 물론 어떤 면에서도 보수주의자는 아니었다.)

다시금 전제정과 전체주의가 동일시되고 있다. 민주주의와 직접적으로 동일시되지 않는 한에서 지금의 전체주의 정부가 전통적으로 인정되었던 모든 권위〔의 원천들〕이 사라져서 생긴 거의 불가피한 결과로 보인다는 사실을 제외한다면 말이다. 그러나 전제정과 독재정을 한편에 놓고 전체주의적 지배를 다른 한편에 놓은 다음 양자를 비교하면 그 둘의 차이는 권위주의와 전체주의 사이의 차이 못지않게 분명하다.

이러한 구조적 차이들은 우리가 포괄적인 이론들을 뒤에 남겨두고 통치 기구 · 행정기술적 형식 · 정치 체제의 조직 등에 관심을 집중하는 순간 명확해진다. 간단히 말해서 이러한 차이들은 세 가지 다른 표상적 이미지 속에서 권위주의 정부 · 전제정 · 전체주의 정부가 가지는 기술(技術) · 구조적 차이들로 요약될 수 있을 것이다. 나는 권위주의 정부 이미지로서 피라미드 형태를 제안하는데 이것은 전통적 정치사상 안에서 잘 알려진 형태다. 이 피라미드 이미지는 특히 정부의 권위 원천이 외부에 있고 정부의 권좌가 피라미드의 꼭짓점에 위치하며 그곳으로부터 권위와 권력이 피라미드의 밑바닥까지 여과되어 내려가는 형태의 정부 구조에 실제로 잘 들어맞는다. 이 〔여과 방식의〕 경우에 연속선상에 놓인 층위들은 각기 어느 정도의 권위를 보유하지만 바로 위에 놓인 층위보다는 낮은 수준의 권위를 보유한다. 그리고 이런 주도면밀한 여과 방식 덕분에 모든 층위가 피라미드의 꼭짓점에서부터 밑바닥에 이르기까지 하나의 총체로 공고하게 통합될 뿐만 아니라, 그 피라미드의 꼭짓점이 마치 공통의 초점인 양 그것으로 수렴하는 광선들처럼 상호 연결된 피라미드의 정상은 물론이고 그것의 상부에 존재하는 권위의 초월적 원천으로까지 통합되는 것이다.

이러한 이미지는 중세 교회의 항구적 영향력 아래 발전했기 때문에 기독교의 권위주의적 지배 유형에만 사용될 수 있는 게 사실이다. 중세 당시에는 현세적 피라미드의 상부와 피안에 존재하는 초점이 엄격히 위계적인 현세적 삶의 구조는 물론 기독교적 평등의 유형에 필요한 기준이 되었다. 〔이와 대조적으로〕 권위의 원천을 배타적으로 과거에 두고 있는, 즉 로마의 건국과 조상들의 위대함에 두고 있는 로마의 정치적 권위에 대한 이해 방식은 어떤 다른 형태의 이미지를 요구하는 제도적 구조들로 인도된다. 이에 대한 좀더 자세한 설명은 뒤(p.256)에서 제공할 것이다. 어떤 경우가 되었든 위계적 구조를 가진 권위주의적 정부 형태는 모든 정부 형태 가운데 가장 평등하지 않은 유형이다. 왜냐하면 그것은 불평등과 구별 짓기를 〔정부의 위계적 구조 전체에〕 골고루 스미게 하는 원칙들로서 편입하고 있기 때문이다.

전제정과 관계된 모든 정치이론은 그것이 엄밀한 의미에서 평등주의적인 정부 형태에 속한다는 데 동의한다. 전제자는 모두에 대한 일인으로서의 지배하는 자이므로 그가 억압하는 '모두'는 전부 평등하다. 이를테면 전부가 무력하다는 점에서 평등하다는 것이다. 가령 우리가 여기에 피라미드 이미지를 대입한다면 그것은 마치 정상과 밑바닥 사이의 중간 층위들이 모두 파괴된 것 같은 상태이기 때문에 그것의 꼭짓점은, 오직 이름난 총검들에 의해서만 지탱되며, 주도면밀하게 격리되고 분산된, 그래서 완전히 평등해진 개인들로 이루어진 한 무리의 상부에 매달려 있는 형국이다. 고전 정치이론은 전제자를 "인간의 탈을 쓴 늑대"(Platon)라고 부르며 인류라는 범주에서 완전히 제외하고는 했다. '모두에 대한 일인'이라는 지위는 전제자 자신이 스스로 선택한 통치 방식이며, 그것은 플라톤이 몬-아르키아(μον-αρχία, 일인정) 또는 전제정이라고 무차별적으로 지칭한 '일인 지배' 형태지만 다양한 형태의 군주정이나 바실레이아(βασιλεία, 왕정)와는 뚜렷이 구별되었기 때문이다.

전제정과 권위주의 체제 양자와 비교해볼 때, 전체주의적 지배와 조직에 어울리는 이미지는 양파 구조, 즉 지도자가 중앙의 텅 빈 공간을 차지하고 있는 형태 같다. 지도자가 무엇을 하든—그가 정치체제를 권위주의적 위계 체계로 통합하든 아니면 전제자처럼 그의 신민들을 억압하든 상관없이—그는 외부나 상부가 아닌 내부에서 그렇게 한다. 전체주의 운동의 비상하게 다중적인 구성 요소들—전위조직·전문가·정당원·정당 당직자·엘리트 편대·경찰—은 다음과 같은 방식으로 상호 연결되어 있다. 즉 각각의 구성요소는 한쪽 면으로는 외관을 형성하고 다른 쪽 면으로는 중심을 형성함으로써, 요컨대 한 층위를 위해서 정상적인 외부 세계의 역할을 하고 다른 층위를 위해서는 급진적 극단주의의 역할을 담당하는 방식이다.

이런 체계의 최대 이점은 전체주의 운동이 심지어 전체주의적 지배라는 조건 아래서조차도 그 체제의 각 층위에 어떤 정상적인 세계에 관한 허상과, 〔그가 속한 층위는〕 그 허상과 다르며 그것보다 훨씬 더 급진적이라는 의식을 함께 제공한다는 점이다. 결과적으로 신념의 강도 면에서만 〔나치〕 정당원들과 차이가 있는 전위조직에 속한 동조자들이 전체주의 운동 전체를 에워싸고서, 그들이 광신주의와 극단주의를 결여했다는 점 덕분에, 외부 세계에는 모종의 기만적인 정상성의 외관을 제공한다. 그 동조자들은 동시에 전체주의 운동의 정상 세계를 표상하기 때문에 전체주의 운동원들은 자기들이 〔운동에 대한〕 확신의 정도에서만 다른 사람들과 차이가 있다고 믿게 된다. 그래서 그들은 자신의 세계와 그것을 실제로 둘러싸고 있는 세계를 분리시키고 있는 저 심연에 대해서는 결코 인식할 필요가 없게 된다. 이 양파 구조가 그 〔전체주의 운동의〕 체계에서 실제 세계의 사실성에 맞서 조직적 차원의 충격을 견딜 수 있게 〔완충 역할을〕 해주는 셈이다.[2)]

우리는 자유주의와 보수주의 양자를 현존하는 정치 형태들과 제도들에 사실적으로 적용하려고 하는 순간 실망하게 된다. 그럼에도 그것들의 전반적인 주장이 매우 그럴듯한 것이라는 사실만큼은 의심할 나위가 없다. 우리가 보았듯이 자유주의는 자유의 후퇴 과정을 추적해 평가하고, 보수주의는 권위가 후퇴하는 과정에 대해 평가한다. 양측 모두 예상된 최종 결과를 전체주의라고 칭하며, 상기한 두 가지 현상 가운데 하나가 현전하는 곳이라면 어디에서든 전체주의적인

---

2) 전체주의 운동 및 전체주의 정부의 제도가 가진 본래의 조직 구조에 관한 상세한 기술과 분석이 여기서 양파 이미지를 사용하는 것에 정당성을 부여해준다. 나의 책 『전체주의의 기원』(*The Origins of Totalitarianism*, 2nd edition, New York, 1958)의 '전체주의적 조직'에 관한 장을 참조하기 바란다.

경향을 찾아낸다. 분명 양측 모두 자신이 발견한 바와 관련해 훌륭한 자료 목록을 제시할 수 있을 것임은 확실하다. 20세기가 시작된 이래 자유에 대해 전방위적으로 심각한 위협이 가해졌다는 사실과 제1차 세계대전이 종결된 이후부터 전제주의의 모든 유형이 등장하기 시작했다는 사실을 누가 부인할 수 있겠는가? 다른 한편으로, 전통적으로 확립된 모든 권위가 거의 다 사라졌다는 사실이 현대 세계의 가장 주목할 만한 특징 가운데 하나임을 누가 감히 부인할 수 있겠는가? 마치 누군가가 자신의 취향 혹은 흔히 말하듯이 자신의 '가치 척도'에 따라 진보 이론이나 파멸 이론을 정당화하기 위해서는 두 가지 현상 가운데 하나에 시선을 고정시켜야 할 것 같이 보인다.

그러나 보수주의자와 자유주의자의 모순된 진술을 공정한 눈으로 바라본다면 진실은 양자 사이에 균등하게 배분되어 있으며, 현대 세계에서 우리가 사실상 자유와 권위의 동시적 쇠퇴 〔현상〕에 직면해 있음을 쉽게 발견할 수 있다. 이러한 과정에 관한 한, 심지어는 여론이 수도 없이 〔시계추처럼〕 왔다 갔다 했다고 말할 수도 있을 것이다. 여론은 지난 150년 이상 일정한 시간 간격을 두고 한 극단에서 다른 한 극단으로, 또 자유주의의 분위기에서 보수주의의 분위기로 방향을 바꿨다가 다시 훨씬 더 자유주의적인 분위기로 회귀하는 행보를 계속했다. 때로는 권위를 재천명하려고 시도했고, 시기가 바뀌면 다시 자유를 재천명하려고 했다. 이렇게 무수한 동요가 두 논제에 혼선을 빚었으며, 권위와 자유의 경계를 흐리고, 급기야 양자의 정치적 의미를 파괴해 자유주의와 보수주의를 한층 더 손상시키는 결과를 가져왔을 뿐이다.

자유주의와 보수주의는 이런 식으로 급격히 부침(浮沈)을 거듭하는 여론의 기상학 속에서 탄생했고 함께 묶이게 되었다. 이는 그것들 각각이 이론과 이념의 장에 상대방이 현전하지 않는다면 자신의 실체를 상실할 수도 있을 뿐 아니라, 자유나 권위 가운데 한쪽 또는 둘 사이의 관계를 전통적인 위상으로 복원하는 것에 일차적 관심을 두고 있기 때문이다. 이런 의미에서 그것들은 동전의 양면을 이룬다. 이는 진보 혹은 파멸의 이데올로기가 역사 과정 자체에서 두 가지 가능한 방향과 조응하는 것과 마찬가지다. 만약 자유주의와 보수주의가 그러하듯, 누군가가 어떤 규정할 수 있는 방향과 어떤 예측할 수 있는 종말을 가진 모종의 역사 과정이라는 것이 존재한다고 가정한다면, 그 결과는 분명 우리를 천국 아니면 지옥에 떨어뜨릴 것이다.

더욱이 일반적으로 역사가 과정이나 흐름 또는 발전으로서 인식되는 바로 그 이미지의 본질상 역사에 포함되는 모든 것은 다른 무엇으로도 인식될 수 있으며, 구분은 그것들이 등장하는 순간 구닥다리가 되고, 이를테면 역사의 흐름 속에 매몰되어버리기 때문에 무의미해진다. 이런 관점에서 자유주의와 보수주의는 19세기의 훨씬 더 일반적이고 포괄적인 역사철학과 조응하는 정치철학으로서 스스로 현시한다. 형식과 내용상 그것들은 근대의 최종 단계에 나타난 역사의식의 정치적 표현인 셈이다. 역사와 과정 그리고 진보와 파멸이라는 개념들에 의해서 이론적으로 정당화된 자유주의와 보수주의의 구별 불가능성은 이전의 모든 세기 동안에는 명확히 독보성을 지니고 있었던 특정 관념들이 공적·정치적 현실 속에서 의미를 잃은—물론 중요성마저 완전히 상실한 것은 아니지만—탓에 명확성과 그럴듯함을 상실하기 시작한 어떤 시대에 대한 증언이다.

구분 짓기의 중요성에 암묵적인 도전을 가하는 보다 최근에 나온 두 번째 이론은 특히 사회과학에서 발견되는 개념과 관념 대부분의 보편적인 기능화를 다룬다. 앞서 인용한 예에서 보듯이 자유주의와 보수주의는 방법론·관점·접근법이 아닌 단지 강조점과 평가에서만 차이를 보인다. 오늘날 자유세계에 광범위하게 퍼져 있는 다음의 확신이 편리한 사례가 될 수 있을 것이다. 이를테면, 공산주의는 새로운 '종교'라는 확신이 그것인데, 이는 공산주의가 무신론을 공언했음에도 전통 종교가 자유세계에서 수행했었고 여전히 수행하고 있는 사회적 · 심리적으로 그리고 '정서적' 기능을 담당하고 있기 때문이다.

사회과학의 관심은 이데올로기나 정부 형태로서의 볼셰비즘이 무엇인가에 있지 않다. 또한 볼셰비즘의 대변인들이 스스로를 위해 해야 하는 말들에 있지도 않다. 이런 것들은 사회과학의 관심사가 아니며, 많은 사회과학자들은 역사학에서 사료(史料)라고 부르는 것 없이도 연구를 진행할 수 있다고 믿는다. 그들의 관심은 오로지 기능뿐이며, 이런 관점에서 동일한 기능을 수행하는 것은 모두 동일한 것이 된다. 이것은 마치 대부분의 여자들처럼 내가 구두 굽으로 벽에 못을 박는다면 내게 구두 굽을 망치라고 부를 권리가 있다는 식의 논리다.

분명 이러한 등식으로부터 아주 다른 결론을 이끌어낼 수도 있다. 예컨대 구두 굽은 망치가 아니며, 그것을 망치 대용으로 사용하는 것은 망치가 반드시 필요하다는 사실을 증명한다고 주장하는 방식이 보수주의의 특성일 것이다. 바꿔 말해서 우리는 무신론이 종교와 같은 기능을 수행한다는 사실에서 종교의 필요성을 입증하기에 가장 좋은 증거를 발견할 수 있고, '이단'에 대항하는 유일한 방법으로서 참된 종교로의 복귀를 권할 수도 있다. 물론 이런 주장은 허약하다. 오직 기능의 문제와 사물이 어떻게 작동하는가의 문제만을 생각한다면, 내가 망치의 대용품 역할을 그런대로 할 수 있는 구두 굽을 사용하는 것과 같은 식으로 '거짓 종교'의 신봉자들은 자기 종교를 이용한다고 보는 게 가능할 것이기 때문이다.

그와 정반대로 자유주의자는 동일한 현상들을 세속주의적 명분에 반역적인 나쁜 사례로 본다. 그리고 오직 '진정한 세속주의'만이 거짓 종교와 참된 종교가 정치에 끼치는 유해한 영향력으로부터 우리를 치유할 수 있다고 믿는다. 그러나 자유사회의 연설에 등장하는 참된 종교로 복귀하라, 좀더 종교적이 되어라, 제도권 종교(특히 세속주의에 끊임없이 도전하는 로마 가톨릭)를 없애버려라 등의 상충하는 권고들이, 반대편 사람들의 입장과 하나의 지점에서 일치한다는 사실을 결코 숨길 수 없다. 즉 종교의 기능을 하는 것은 무엇이든 하나의 종교라는 점 말이다.

권위와 관련해서도 종종 같은 주장이 사용된다. 가령 폭력이 권위와 같은 기능을 수행한다면—즉 사람들을 복종하도록 만든다면—폭력은 곧 권위라는 식으로 말이다. 우리는 여기서 다시 오직 명령-복종 관계의 재도입만이 대중사회의 문제들을 다스릴 수 있다고 생각하기 때문에 권위로의 복귀를 조언하는 사람들과, 다른 모든 사회체제와 마찬가지로 대중사회도 자치 능력이 있다고 믿는 사람들을 만나게 된다. 여기서도 양자는 한 가지 본질적인 점에서 일치를 보이고 있다. 권위는 사람을 복종시키는 무엇이라는 시각이 그것이다. 현대적 독재 형태들을 '권위주의적'이라고 부르거나 전체주의를 권위주의적 구조로 오인하는 사람들 모두가 암묵적으로 권위와 폭력을 동일시했다. 여기에는 〔20〕세기에 일어난 독재의 부상을 권위의 대리물을 찾아야 할 필요성으로 설명하는 보수주의자들이 포함된다. 주장의 핵심은 항상 동일하다. 요컨대 모든 것은 기능적 맥락과 연결되어 있으며, 폭력의 사용이 그 어떤 사회라도 권위주의적 틀 밖에서는 현존할 수 없다는 점을 증명하고 있다는 것이다.

내가 보기에 이러한 등식들이 지닌 위험은 정치적 논제들의 혼동과 전체주의를 다른 형태의 정부와 구분하는 경계선을 흐려버리는 일만 있는 것이 아니다. 나는 무신론이 종교의 대체물이라거나 종교와 동일한 기능을 수행할 수 있다고 믿지 않을 뿐 아니라, 폭력이 권위의 대체물이 될 수 있다고 생각하지도 않는다. 그러나 우리가 이 특별한 순간에 썩 괜찮게 들리는 보수주의자의 권고를 따른다면, 그러한 대체물을 만들어내는 일이 그다지 어렵지 않다는 사실을 알게 될 것이고, 폭력을 사용해 권위를 복원시키는 척하거나 종교의 기능적 유용성을 재발견해 어떤 대체적인 종교—마치 우리의 문명이 온갖 종류의 모조품들과 허튼소리로 아직 충분히 어지럽혀지지 않았다는 듯이 아무렇지도 않게 말이다—를 만들어낼 것이라는 점을 나는 제법 확신하는 편이다.

이러한 이론들과 비교했을 때 내가 앞서 제시한 전제정·권위주의·전체주의 체제 사이의 구분은 〔성격상〕 비역사적(unhistorical)이다. 가령 누군가가 역사를 특정 정부 형태들이 인식 가능한 실체로서 나타나는 역사적 공간으로서 이해하지 않고, 모든 것이 항상 다른 무엇으로 변할 수 있는 역사적 과정으로 이해한다면 말이다. 그리고 그 현상의 내용이 정치 체제의 본질과 그것의 사회 내 기능 양자를 결정하며 그 반대의 경우는 성립하지 않는다고 간주하는 한 그러한 〔체제〕 구분들은 반(反)기능적이다. 정치적으로 말해서, 그러한 구분들은 현대에 권위가 거의 사라질 지경에 이르렀으며 이 상황은 권위주의 체제 못지않게 자유세계에서도 발생했다고 가정하는 경향이 있다. 또한 자유—즉 인간들이 활동하는 자유—는 어디서나, 심지어 자유사회에서도 위협을 받고 있지만 전체주의 체제들 내에서만 본질적으로 폐지되었고, 전제정과 독재정에서는 그렇지 않다고 가정하는 경향이 있다.

나는 이러한 현재의 상황에 비추어 다음과 같은 질문들을 제기한다. 무엇이 권위 개념과 조응하며 그것이 발원한 정치적 경험들인가? 권위에 의해 구축된 공적·정치적 세계의 본질은 무엇인가? 질서 정연한 모든 공동체는 지배자와 피지배자로 구성된다는 플라톤-

아리스토텔레스적 진술이 현대 이전에는 항상 타당성을 가졌다는 데 그것은 사실인가? 아니, 표현을 바꾸자면, 현대가 삶의 다양한 영역에서 이러저러한 권위의 유형에 도전을 가했을 뿐만 아니라 권위라는 개념 전체가 타당성을 잃게 만든 이후 과연 어떤 종류의 세계가 종결점에 이를 것인가?

II

권위는 굳이 결정적으로 중요한 요소라고까지는 할 수 없어도 인간 공동체들의 한 가지 〔구성〕 요소로서 오랜 역사를 가지고 있음에도 항상 현존했던 것은 아니다. 또한 이 〔권위〕 개념이 바탕을 두고 있는 〔정치적〕 경험들이 모든 정치 체제에 반드시 현전하는 것도 아니다. 권위라는 말과 개념은 로마적 기원을 가지고 있다. 그리스어나 그리스 역사 속의 다양한 정치적 경험들은 권위와 그것이 암시하는 지배 유형에 대해 아무런 지식도 제공하지 않는다.[3] 이런 사실은 플라톤과 아리스토텔레스 철학에서 가장 확실하게 나타나고 있다. 플라톤과 아리스토텔레스는 서로 상당히 다른 방식이었지만 동일한 정치적 경험으로부터 끌어낸, 권위와 비슷한 무엇인가를 폴리스의

3) 이것은 그리스의 역사가 디오 카시우스(Dio Cassius)가 이미 주목한 바 있다. 그는 로마사를 저술하면서 아우크토리타스(auctoritas, "그리스인들은 절대적으로 무능력하다"ἐλληνίσαι αὐτὸ καθάπαξ ἀδύνατον ἔστι)라는 말을 번역하는 일이 불가능함을 발견했다(Theodor Mommsen, *Romisches Staatstrecht*, 3rd edition, 1888, vol. III에서 인용). 더욱이, 그리스 정치경험의 틀 내에서 강제와 설득의 진정한 대안을 발견하기가 어렵다는 것을 인식하기 위해서는, 로마공화국의 특수한 권위 기관인 로마 원로원과 플라톤의 『법률』에 나오는 야간위원회(the nocturnal council)를 비교해볼 필요가 있을 것이다. 후자는 최고령의 수호자 10명으로 구성되며 지속적으로 국가를 감독하는 조직으로서 전자와 피상적으로 닮아 있다.

공적 생활에 도입하려고 했다.

고대 그리스어에는 그들이 각자의 정치철학을 도출하는 데 참고할 만한 두 가지 지배 유형이 존재했다. 하나는 그들이 공적·정치적 영역으로부터 알고 있는 것이었고, 다른 하나는 그리스의 가정과 가족 생활이라는 사적 영역으로부터 알게 된 것이었다. 폴리스에서 절대적인 지배는 전제정이라고 알려져 있었고 전제적 통치자의 주요한 특징은 다음과 같았다. 통치자는 완전히 폭력을 통해서만 지배했기 때문에 경호원이 인민들로부터 그를 보호해야 했고, 또한 자신의 신민들은 각자의 일을 챙겨야 하므로 공영역을 보살피는 일이 자신에게 맡겨진 것이라고 주장했다. 그리스의 여론에 비춰볼 때 마지막 특성이 시사하는 것은 전제적 통치자가 폴리스의 공영역을 통째로 파괴했고—"한 사람에게 속하는 폴리스는 폴리스가 아니다"[4]—그로써 시민들에게서 그들이 자유의 본질이라고 느꼈던 정치적 기능을 박탈했다는 점이다.

〔군대에서의〕 명령과 복종에 대한 필요라는 또 다른 정치적 경험은 전투 경험에서 비롯되었을 것이다. 각종 위험에 노출된 전장에서는 결정을 신속히 집행할 필요성이 권위 확립의 고유한 이유가 되었다. 그러나 두 가지 정치 모델 가운데 어느 것도 플라톤과 아리스토텔레스의 목적에 복무할 수 없었을 것이다. 플라톤은 물론 아리스토텔레스에게도 전제적 통치자는 "인간의 탈을 쓴 늑대"로서 남았고, 군 지휘관은 일시적인 긴급 상황과 연계되어 있음이 너무도 분명했기 때문에 어떤 영구적 〔권위〕 제도를 위한 모델이 될 수 없었다.

이렇듯 〔자신들이 이상적이라고 보는〕 권위적 지배에 대한 요구가

---

4) 소포클레스, 『안티고네』(*Antigone*), 737. "왜냐하면 폴리스는 누구 한 사람에게 속한 것이 아니기 때문이다"(πὸλις γὰρ οὐκ ἔσθ' ἥτις ἀνδρὸς ἑνός).

근거할 수 있는 타당한 정치적 경험이 부재했던 까닭에, 플라톤과 아리스토텔레스는 각자 아주 다른 방식으로, 가정의 우두머리가 마치 한 사람의 독재자인 양 가족과 노예들에게 무소불위의 지배력을 휘둘렀던 그리스의 가정과 가족생활로부터 도출한 인간관계의 사례들에 의존해야 했다. 가정 우두머리들[5]의 지도자이자 동등한 시민들 가운데 첫 번째(Primus inter Pares)인 왕(βασιλεύς)과 달리, 독재자에게는 〔그 호칭의 문자적〕 정의에 의거해 〔사람들을〕 강제할 수 있는 권한이 부여되었다. 그러나 바로 이러한 특성이 독재자를 정치적 목적들에 적합하지 않게 만들었다.

독재자의 강제력은 타인의 자유는 물론 자신의 자유와도 양립할 수 없다. 그가 지배하는 모든 곳에는 주군(master)과 노예(slave)라는 단 한 가지 관계만이 존재했다. (다행스럽게도 아직 헤겔의 변증법을 알지 못했던) 그리스에서 일반화되어 있던 견해에 따르면 주군은 자신의 노예들 틈에서 거동할 때 자유롭지 못했다. 그의 자유는 그가 가정을 완전히 벗어나 자신과 동등한 사람들, 즉 자유인들 사이에서 거동할 수 있는 능력에서 찾을 수 있었다. 그러므로 노예들 틈에서 거동하는 독재자나 신민들 틈에서 거동하는 전제적 통치자 그 어느 쪽도 〔한 사람의 진정한〕 자유인이라고 부를 수 없는 것이다.

권위는 인간이 자신의 자유를 보유한 상태에서 〔자발적으로〕 수용하는 복종을 함축한다. 말년의 플라톤은 『법률』에서 공영역 전체에 대한 논쟁의 여지가 없는 통치자로 만드는 자질을 법률에 부여하면서 바로 그러한 성격의 복종 〔양식〕을 찾아낼 수 있기를 바랐다. 적어도 인간은 자신이 다른 사람에게 의존하지 않으면 자유로울 수 있

5) 보다 구체적으로는 '자유인'(free men), 즉 당시 아테네 시민들을 지칭함—옮긴이.

다는 착각에 빠질 수 있다. 그러나 법에 의한 지배 방식은 확실히 권위적 태도보다는 독재적 태도에서 추론되었다. 이 추정의 가장 명징한 신호는 플라톤이 법률을 정치적 용어가 아닌 사적인 가정사의 용어로 기술하도록 이끌었다는 사실이다. 아마도 플라톤은 "하나의 법률은 모든 것의 대왕이다" "법은 지배자들의 독재자이고, 지배자들은 법의 노예다"[6]라는 핀다로스의 언명을 다른 식으로 표현했던 듯하다.

플라톤에게 고대인들이 이해했던 바로서 가정에서 발원하는 독재, 그리고 그것의 동시적인 정치영역 파괴는 여전히 상상할 수 없는 것이었다. 그러나 로마 제국 말기에 정치영역의 파괴가 실제로 일어났을 때, 로마(가정 역시도 "황실처럼 조직되어 있었던" 국가)[7]에서 그리스어의 〔가정 내〕 '독재자'와 같은 의미인 도미누스(dominus)라는 용어를 공적 지배에 적용하는 방식으로 변화가 도입되었다는 점은 흥미로운 사실이다. 칼리굴라(Caligula)는 도미누스라는 칭호로 불리는 것에 동의한 첫 번째 로마 황제였다. 이 칭호는 사적인 가정의 영역에서는 매우 친숙하지만 정치영역에는 알려지지 않은 독재를 암시하기 때문에 "아우구스투스(Augustus)와 티베리우스(Tiberius)가 욕이나 체면의 손상으로 간주해 거절했던"[8] 호칭이었다.

플라톤과 아리스토텔레스의 정치철학은 뒤이은 정치사상 전체를 지배했다. 로마인들의 정치 경험처럼 매우 상이한 것에도 그들의 개

---

6) 플라톤, 『법률』, 715.

7) Theodor Mommsen, *Römische Geschichte*, book I, ch.5.

8) H. Wallon, *Histoire de l'Esclavage dans l'Antiquit* (Paris, 1847), vol, III을 보면, 이 책이 황실 권력의 지속적인 증대로 제국 아래서 로마의 자유권(liberty)이 점차 상실되었다는 점을 가장 잘 기술하고 있음을 발견할 것이다. 권력을 획득한 주체가 황제가 아니라 황실이었기 때문에, 일반 가정과 가족생활의 특성이었던 '독재'가 [제국의] 공적 영역을 지배하기 시작했던 것이다.

념이 적용되었다. 따라서 우리가 권위의 개념—아무튼 권위의 긍정적 측면은 배타적으로 로마적 특성을 띤다—배후에 있는 실제의 정치 경험을 파악하고, 로마인들 스스로 이미 이론적으로 이해하고 있었으며 서구 정치 전통의 일부로 만들었던 권위에 관해 이해하고자 한다면, 로마식 권위의 형성에 지대한 영향을 끼쳤던 그리스 정치철학의 면면을 간단하게나마 살펴봐야 할 것이다.

플라톤의 『국가』만큼 그리스의 사유가 권위의 개념에 가까이 근접한 저술은 존재하지 않는다. 플라톤은 이 책에서 철인왕이라는 인격체로 구현된 이성의 공상적 지배 개념과 함께 폴리스의 현실에 직면했다. 그가 정치의 영역에서 이성을 통치자로 수립한 동기는 오로지 정치적인 이유에서였다. 비록 이성이 강제의 도구로 발전하기를 기대했던 결과가 서구 정치의 전통 못지않게 철학의 전통에도 결정적인 영향을 끼치기는 했지만 말이다. 아리스토텔레스는 플라톤의 철인왕과 그리스 전제군주 사이의 숙명적인 유사성은 물론, 철인왕의 지배가 내포하는 정치영역에 대한 잠재적 해악을 인지하고 있었던 듯하다.[9] 그러나 이렇게 이성과 지배가 결합하는 것은, 내가 아는 한

---

9) 잃어버린 대화편인 "On Kingship"의 일부에서는 다음과 같이 기술하고 있다. "왕이 철학자가 될 필요는 없을 뿐만 아니라 [그렇게 되면] 실제로 그의 일에 방해가 될 것이다. 그러나 (좋은 왕이) 참된 철학자의 말을 경청하고 그들의 조언을 수용할 필요는 있었다." 크르트 폰 프리츠(Kurt von Fritz)의 *The Constitution of Athens, and Related Texts*(1950) 참조. 아리스토텔레스의 용어상, 플라톤의 철인왕과 그리스의 전제군주는 자기의 이익을 위해 통치하는데, 플라톤과 달리 아리스토텔레스에게 이것은 전제군주의 탁월한 특성이었다. 플라톤은 이러한 유사성을 알아차리지 못했다. 왜냐하면 그는 당시 그리스의 통상적인 의견을 좇아서, 전제군주의 주된 특성은 시민들이 스스로를 드러내고, 보고, 보이고, 듣고, 들리는 곳인 시장, 즉 공적 영역에 접근하지 못하도록 하는 것이라고 생각했기 때문이다. 전제군주는 폴리테우에스타이(ἀγορεύειν, 정치에 참여하다)와 아고레우에인(πολιτεύεσθαι, 민회에서 말하다)을 금지했고,

오직 칸트가 플라톤에게 했던 응수에서만 지적된 바 있는 철학에 대한 위험도 함께 내포하고 있었다. "왕이 철학을 하거나 철학자가 왕이 되는 일을 기대해서도, 또 희망해서도 안 된다. 권력의 소유는 이성의 자유로운 판단을 그르치기 때문이다."[10] 하지만 이 응수조차도 문제의 본질을 꿰뚫지는 못한다.

플라톤이 도시[국가]의 통치자로 철학자를 원했던 이유는 철학자와 폴리스 간의 갈등 혹은 소크라테스의 심판과 처형에서 철학자의 삶에 대한 직접적인 위협이 드러나기 전부터 이미 잠재해 있던, 철

시민들을 가정 내의 사적인 생활에 묶어두었으며, 자신이 공적인 업무를 책임지는 유일한 사람이 되겠다고 요구했다. 그가 만일 자신의 권력을 백성의 이익을 위해 온전히 사용했더라면 — 실제로 일부 전제군주는 분명히 그렇게 했다 — 전제자가 되지 않았을 수도 있다. 그리스인들에 따르면, [공적 영역으로부터] 가정이라는 사적인 생활로 추방되는 것은 인간 삶의 구체적인 잠재성을 박탈당하는 것과 같았다. 바꿔 말해서, 우리에게 상당히 설득력 있게 제시되는, 플라톤의 국가가 가진 전제적인 특성 — 사생활의 거의 완벽한 제거와 정치기구 및 제도의 전지전능함 — 이 추정컨대 플라톤이 그것의 전제성을 인식하지 못하도록 만들었다. 시민을 가정으로 내쫓지 않을 뿐만 아니라, 반대로 시민에게 어떤 형태의 사생활이든 조금도 허용하지 않는 입헌체제를 전제정(tyranny)이라고 부르는 것은 플라톤에게 용어상의 모순이었을 것이다. 게다가 플라톤은 법치를 '독재적'(despotic)이라고 부르면서 그것의 비전제적 성격을 강조했다. 전제군주는, 폴리스의 자유를 알고 있고 그것을 박탈당하면 반란을 일으킬 것 같은 사람들을 통치한다고 생각되었던 반면, 독재자는 자유를 알지 못하고 본래부터 그것을 감당할 수 없는 사람들을 통치한다고 여겼기 때문이다. 플라톤은 이렇게 말하는 듯하다. '나의 법칙들, 즉 당신의 새로운 독재자들은 당신에게서 당신이 이전에 정당하게 향유했던 것 가운데 어떤 것도 빼앗지 않을 것이오. 그것들은 인간사의 본질에 적합한 것이고, 노예가 주인에게 반항할 수 있는 권리를 갖지 않는 것처럼 당신에게도 그것들의 지배에 반항할 권리는 없소'라고 말이다.

10) 임마누엘 칸트, 「영원한 평화」(Eternal Peace), *The Philosophy of Kant*, C. J. Friedrich(ed. and tras.), Modem Library Edition(1949), p.456(국내 출간된 도서 『영원한 평화』와 『비판기 저작 II(1795~1804)』에 수록되어 있다 — 옮긴이).

학에 대한 폴리스의 적대감 속에서 찾을 수 있을 것이다. 정치학적인 맥락에서 플라톤의 철학은 폴리스에 대한 철학자의 반란을 보여준다. 철학자는 지배 의지를 공표한다. 그러나 그는 폴리스나 정치를 위해서라기보다는 철학과 철학자의 안전을 위해서 그렇게 하는 것이다(비록 플라톤의 애국적 동기를 부정할 수 없고, 또한 이 점이 그의 철학과 고대에 그를 따랐던 사람들의 철학을 분리해주기는 하지만 말이다).

플라톤이 설득은 인간을 인도하기에 불충분하다고 폄하하고, 외부적 폭력 수단을 동원하지 않고 인간을 항복시킬 수 있는 무엇인가를 탐색하기 시작한 것은 소크라테스의 처형 직후였다. 초기 탐색 단계에서 플라톤은 우리가 자명하다고 말하는 진실이 인간의 정신을 굴복시킨다는 점, 진실의 강제가 어떠한 폭력의 도움도 필요 없이 효과적이면서도 설득이나 논쟁보다 오히려 〔효과 면에서〕 더 강력하다는 점을 발견했음에 틀림없다. 그러나 이성을 통한 강제의 난점은 단지 소수만이 이에 종속적이라는 사실이다. 따라서 정치 체제의 대부분을 구성하는 다수를 어떻게 동일한 진실에 복속시킬 것인가라는 문제가 제기된다.

확신하건대, 이런 견지에서 〔진실이 아닌〕 다른 강제 수단을 찾아내야 했고, 또한 그리스인들이 이해했던 방식의 정치적 삶을 파괴하지 않으려면 폭력을 통한 강제는 피해야 했을 것이다.[11] 이것은 플라톤 정치철학의 핵심적인 난제이자 이성의 전제를 구축하려는 모든 시도의 걸림돌로 존재해왔다. 『국가』에서 이 문제는 내세에서의 보

11) 폰 프리츠, 앞의 책, p.54. 폰 프리츠는 플라톤의 폭력에 대한 혐오에 대해 역설하고 있는데, 그것은 "플라톤이 자신의 정치적 이상에 따라 정치제도의 변화를 도모했던 곳에서 언제나 이미 권력을 가진 사람들을 상대로 이야기를 전개했다는 사실에서도 드러났다."

상과 처벌이라는 신화적 결말을 통해 해결된다. 플라톤은 분명히 그 신화를 믿지 않았고, 또 철학자들이 믿기를 바라지도 않았다. 『국가』의 중반부에 나오는 동굴의 비유는 소수의 사람들이나 철학자를 위한 것이었으며, 후반부에 나오는 지옥 신화는 철학적 진실에 도달할 수 없는 다수를 위한 것이었다. 『법률』에서 플라톤은 같은 사안을 다루고 있지만, 정반대의 방식으로 접근한다. 여기서 그는 설득의 대안으로서 그 의도와 목적이 시민에게 설명되어야 할 법(法)의 도입을 제안한다.

어떤 합법적 강제의 원칙을 발견하려는 플라톤의 시도는 원래 양치기와 양, 배의 선장과 승객, 의사와 환자, 주인과 노예 사이 같은 기존 인간관계의 여러 모델에 의해 인도되었다. 이러한 경우들에서는 〔한쪽이 가지고 있는〕 전문 지식이 신뢰로 전환되기 때문에 순종을 이끌어내는 데 힘이나 설득이 불필요하다. 아니면 완전히 다른 존재 범주에 속하는 지배자와 피지배자의 경우, 양치기와 양 떼 또는 주인과 노예의 경우에서는 둘 가운데 한쪽이 이미 암묵적으로 다른 한쪽에 종속되어 있다. 이러한 사례는 전부 그리스인들이 삶의 사적인 영역으로 간주한 곳으로부터 차용되었고, 『국가』『정치가』『법률』과 같은 위대한 정치적 대화편에서 반복적으로 등장한다.

주인과 노예의 관계가 특별한 의미를 갖는 것은 명백하다. 『정치가』에서의 논의에 따르면 주인은 무엇이 행해져야 하는가를 알고 명령하는 반면, 노예는 명령을 수행하고 복종한다. 따라서 무엇을 해야 하는지를 아는 것과 실제적인 실행은 서로 분리되고 상호 배타적인 기능이 되는 것이다. 『국가』에서 그것들은 두 가지 상이한 인간 계급의 정치적 특성으로 기술된다. 이러한 사례의 그럴듯함은 지배자와 피지배 간의 일반적인 자연적 불평등에 바탕을 두고 있다. 이런 입장은 그의 양치기 비유에서 가장 분명하게 드러난다. 그러나 플라톤은 이 비유 속에서 신이 아니라면 누구도 양치기가 양과 맺은 관계를 인간존재와 맺을 수 없다는 역설적인 결론을 내리고 있다.

플라톤이 이런 모델에 만족하지 못했던 것은 분명하다. 그러나 그는 폴리스에 대한 철학자의 '권위'를 수립하려는 자신의 목적을 위해 그런 사례들을 반복해서 사용했다. 이처럼 뚜렷한 불평등의 관계에서만 권력을 장악하거나 폭력 수단을 소유하지 않고도 지배권을 행사할 수 있기 때문이다. 플라톤이 찾던 것은 명령의 실제 발동에 선행하는 강제의 요소가 배태되어 있는 〔지배-피지배의〕 관계였다. 〔예컨대〕 환자는 병이 나면 의사의 권위에 종속되고 노예는 노예가 된 순간 주인의 명령 아래 놓인다.

플라톤이 철인왕의 수중에서 이성이 어떤 종류의 강제력으로 행사되기를 기대했는지를 이해하기 위해서는 이런 사례들을 기억해두는 일이 중요하다. 여기서 강제력은 인물이나 불평등 그 자체에 존재하는 것이 아니라, 철학자가 인지한 이데아 속에 있는 것이다. 이데아는 인간 행위의 척도로 사용될 수 있다. 이데아는 마치 자가 길이를 잴 수 있는 모든 사물의 외부와 그 너머에 존재하며 측정 대상을 초월하는 것과 같은 방식으로 인간사의 영역을 초월하기 때문이다. 『국가』 속 동굴의 비유에서 이데아의 하늘은 인간실존의 동굴 위에 펼쳐져 있기 때문에, 인간실존의 기준이 될 수 있는 것이다.

그러나 순수한 이데아의 하늘을 보기 위해 동굴을 떠나는 철학자는 그런 기준을 얻어 "측량술"[12)]을 배우기 위해서가 아니라, 존재

---

12) 베르너 예거(Wemer Jaeger)의 진술로 *Paideia*(New York, 1943) vol. II, p.416. 각주에 나온다. "최고의 측량술이 존재하고, 가치에 대한 철학자의 지식(phronesis)이란 측량의 능력이라는 생각이 플라톤의 저술 전반에 걸쳐 나타나고 있다"는 진술은 플라톤의 정치철학에 관한 한 사실이다. 플라톤과 아리스토텔레스에게 그 단어 프로네시스(φϱὀνησις, 신중함)는 철학자의 '지혜'

(Being)의 가장 진실된 것을 관조(βλὲ πειν είς τό ἀληθὲστατον)하기 위해 떠나는 것이다. 그러므로 이데아가 기본적으로 지니고 있는 권위적 요소, 즉 이데아가 지배하고 강제할 수 있도록 해주는 특질은 결코 당연한 것이 아니다. 이데아는 철학자가 이데아의 밝은 하늘을 뒤로하고 인간실존의 캄캄한 동굴로 돌아온 후에야 비로소 척도가 되기 때문이다. 이 대목에 도달하면 플라톤은 철학자와 폴리스 사이의 갈등에 대한 가장 심층적인 이유를 언급한다.[13] 그는 인간사에 대한 철학자의 방향 감각 상실, 시각의 마비, 자신이 본 것에 대해 이야기할 수 없는 난감함, 이런 것들로 인해 발생하는 생명에 대한 실제적 위험 등에 관해 설명한다. 이렇듯 난감한 처지에서 철학자는 자신이 기준과 척도로 본 이데아에 원조를 청하고, 마침내 자신의 생명에 대한 두려움 속에서 이데아를 지배 수단으로 사용하게 되는 것이다.

플라톤은 이데아를 척도로 변형하기 위해 실생활에서 도출한 유추의 도움을 받는다.[14] 실생활에서 모든 예술·공예 작업은 '이데아', 즉 예술가와 장인의 심미안(審美眼)으로 시각화된 물체의 '모형'에 의해 인도된다. 〔다시 말해서〕 예술가와 장인은 모방을 통해 그 모형을 재생산하는 것이다. 이 유추는 제작 과정의 외부에서 그것을 안내하고 종국에는 그것의 성패를 판단하는 기준이 되는 모델의 선험적 존재 양식을 이해하는 것과 동일한 방식으로, 플라톤이 이데아의 선험적 특성을 이해할 수 있도록 돕는다.

보다는 정치가의 통찰을 의미하기 때문이다.

13) 플라톤, 『국가』, book Ⅶ, 516-517.

14) 특히 플라톤, 『티마이오스』, 31을 보라. 거기에서 신성한 데미어르즈(Demiurge, 플라톤 철학에서 조물주를 말하며, 본래 제작자를 의미함—옮긴이)가 우주를 어떤 모델, 즉 파라데이그마(παράδειγμα)에 따라 만든다. 또한 『국가』, 596 이하를 보라.

예컨대 침대 일반의 '이데아'가 개별적으로 제작된 모든 침대의 적격성을 파악하고 판단하는 기준이 되는 것과 같은 의미에서 이데아는 정치적·도덕적 행위와 판단을 위한 확고하고 '절대적인' 기준이 된다. 다소 세련되지 못한 방식이기는 하지만 이데아를 모델로 사용하는 것과 행위를 판단하는 현실적 잣대로 사용하는 것 사이에는 큰 차이가 없다. 아리스토텔레스는 플라톤의 직접적인 영향 아래서 쓴 초기의 대화편에서 이미 "가장 완전한 법", 즉 이데아의 최고 근사치인 법과 "도구들 가운데 가장 출중한… 추(錘)·자·나침반"을 비교한 바 있다.[15]

이데아는 오직 이런 맥락에서만 수없이 다채로운 유형(有形)의 사물들과 관계를 맺는다. 이는 어떤 자가 잴 수 있는 무수히 많은 다채로운 사물들과 관계를 맺는 것, 또는 이성이나 상식의 법칙이 그 아래로 포섭될 수 있는 무수히 많은 다채로운 구체적 사건들과 관계를 맺는 것과 같은 방식이다. 플라톤 이데아론의 이러한 측면은 서구의 전통에 지대한 영향을 주었다. 인간의 판단에 관해 매우 상이하고, 훨씬 심도 있는 개념을 가지고 있었던 칸트조차도 이따금씩 이런 포섭 능력을 판단의 본질적인 기능으로 언급할 정도였다. 이와 유사하게 권위주의적 형태의 정부들—권력의 행사를 정당화하는 권위의 원천은 반드시 권력의 영역 너머에 있어야 하며, 자연법이나 신의 명령처럼 인간이 만든 것이 아니어야 한다고 믿는—이 갖는 본질적인 특성은 플라톤의 정치철학에서 제시된 이데아의 이러한 적용 가능성에 그 기원을 두고 있다.

그와 동시에 제작·예술 작업·수공예와 관련된 플라톤의 유추는 전문 지식과 전문화가 요구되는 활동으로부터 도출한 사례나 사건

15) Aristoteles, *Protrepticus*. 여기서는 폰 프리츠의 앞서 언급한 책에서 인용함.

들을 애매하게 도용한 것을 정당화하기도 한다(이 방식은 신빙성이 떨어지기 때문에 정당화의 필요성이 제기된다). 이 대목에서 전문가라는 개념이 정치행위의 영역에 최초로 도입되고, 목수가 가구를 만들고 의사가 환자를 치료하는 것과 같이 정치가는 인간사를 다루는 데 적합하다고 인식된다. 사례와 유추 사이에서 선택하는 일과 긴밀한 관계를 맺고 있는 것은 폭력이라는 요소다. 폭력은 플라톤의 유토피아적 국가에서 유별나게 눈에 띄는 요소이자 자발적인 복종을 확보하려는, 즉 로마인들 이래로 우리가 권위라고 지칭하는 것의 건전한 토대를 수립하려는, 그의 원대한 포부를 지속적으로 좌절시키는 요소다.

결국 플라톤은 보상과 처벌이 이루어지는 내세에 관한 장황한 이야기를 통해 이 딜레마를 해결했다. 그는 다수 〔즉 피지배 계급〕이 그 이야기를 액면 그대로 믿기를 바랐고, 자신의 거의 모든 정치 대화편의 끝에서 소수 〔즉 지배 계급〕에게 그것을 사용하라고 권했다. 플라톤의 이야기가 종교사상에서 지옥의 이미지에 미친 거대한 영향력을 고려해볼 때 그것이 본래 순수하게 정치적 목적을 위해 고안된 것임을 지적하는 일은 어느 정도 중요하다. 플라톤에게 이 이야기는 이성의 강제력에 종속되지 않는 사람들에게 외부적 폭력을 실제로 사용하지 않고서도 복종을 강요할 수 있는 기발한 장치였을 뿐이다.

그러나 우리의 맥락에서 중요한 의미를 갖는 것은 폭력이라는 요소가 창작·제작·생산과 같은 활동, 즉 인간이 자연과 직접 대면할 때 발생하는 모든 활동 속에 불가피하게 내재한다는 사실이다. 이러한 활동은 일차적으로 〔자연이 아닌〕 인간을 상대로 하는 행위나 발언 같은 활동과 구별된다. 인공구조물의 건설은 언제나 자연에 대한 폭력을 수반한다. 우리는 재목을 마련하기 위해 나무를 죽여야 하고,

책상을 만들기 위해 목재에 폭력을 가해야 한다. 플라톤은 전제정 형태의 정부를 위험천만할 정도로 선호하는 몇 가지 사례에서 자신이 선택한 유추를 통해 이러한 〔생산적 폭력의〕 극단으로 내달린다. 새로운 공동체를 건설하는 올바른 방법에 관해 말할 때에도 그에게 이러한 〔생산적 폭력의〕 유추가 대단히 매혹적이었던 것은 분명하다. 건국은 쉽사리 또 하나의 '만드는' 과정으로 보이기 때문이다. 공화국이 장인이나 예술가와 같은 정치적 누군가에 의해, 그리고 이미 확립된 테크네(τέΧνη, 기술)와 더불어 이 〔건국이라는 특수한〕 '예술'에 적합한 방법 및 척도들에 따라 건설되어야 한다면, 사실상 이러한 목적을 달성하기에 가장 좋은 위치에 있는 것은 전제자다.[16)]

우리는 동굴의 비유에서 철학자가 자신이 발견하게 될 것의 실제적인 적용 가능성에 대해 두 번 생각하지 않고 〔곧바로〕 존재(Being)의 본질을 찾아 동굴을 떠나는 것을 보았다. 그는 〔동굴로 복귀한〕 이후에 다시 인간사의 어둠과 불확실성에 묶여 있는 자신을 발견하고 동료 인간의 적개심과 당면했을 때에야 비로소 자신이 발견한 '진실'을 다른 사람들의 행태에 적용할 수 있는 기준들로 〔바꿔〕 사유하기 시작한다. 진정한 본질로서 관조되어야 할 이데아들과 적용되어야 할 척도로서의 이데아들 사이에 존재하는 불일치는,[17)] 다른 모든 존

16) 플라톤, 『법률』, 710-711.

17) 이 부분은 하이데거의 *Platons Lehre von der Wahrheit*(Bem, 1947)에 나오는 플라톤의 동굴의 비유에 대한 훌륭한 해석에서 도움을 얻었다. 하이데거는 플라톤이 어떻게 진리 [또는 진실](ἀλήθεια) 개념을 그것이 올바른 진술(ὀρθότης)과 동일해질 때까지 변형시키고 있는지를 논증한다. 철학자의 지식이 측량하는 능력이라면, 사실상 진리가 아니라 정밀성이 요구될 것이다. 비록 하이데거가 철학자가 동굴로 귀환하도록 강제되었을 때 처한 위험을 공공연히 언급하고는 있을지라도 동굴의 비유가 등장한 정치적 맥락을 이해하지 못했다. 그에 따르면, 변형은 전망(vision)에 대한 주관적인 행위(철학자의 정신에서 일어나는 이데인ἰδεῖν과 이데아 ἰδέα)가 객관적 진실에

재들이 파생되는 최고 이데아(the highest idea)를 표상하는, 완전히 다른 두 가지 유형의 이데아들을 통해 분명하게 드러난다.

우선 우리는 『향연』에서 최고 이데아는 진리에 이르는 사다리의 최상단을 차지하는 아름다운 것(the beautiful)의 이데아라는 사실을 발견한다.[18] 『파이드로스』(*Phaedrus*)에서도 같은 논지를 발견할 수 있는데, 거기에서 그는 "지혜 또는 아름다움(美)의 애호자"에 관해 언급하면서 지혜와 아름다움을 동일한 것인 양 취급한다. 왜냐하면 아름다움은 "가장 빛나는 것"(아름다운 것은 에크파이네스타톤ἐκφανέστατον, 즉 가장 명백한 것)으로 다른 모든 것〔의 모습〕을 밝혀주기 때문이다.[19] 다른 한편, 『국가』에서의 최고 이데아는 좋은 것(the good)의 이데아라는 것으로 드러난다.[20] 확실히 플라톤의 선택은 당시의 칼론카가톤(καλόν κ'ἀγαθόν, 아름답고 좋은 것)이라는 이상에 기초하고 있었지만, 좋은 것의 이데아가 오로지 『국가』라는 엄격히 정치적인 맥락에서만 발견된다는 사실은 주목할 만한 대목이다.

우리가 이데아론의 기초가 되는 원초적 철학 경험을 분석하고자 한다면(여기서는 할 수 없지만), 아름다운 것의 이데아가 최고 이데아로서 좋은 것의 이데아보다 이러한 〔플라톤 철학의〕 경험들을 훨씬 더 적절하게 반영한다는 점이 드러날 것이다. 심지어 『국가』[21]의 처

우선하기 때문에 일어난다. 하이데거에 따르면 이 객관적 진실은 비은폐성(Unverborgenheit)을 가리킨다.

18) 플라톤, 『향연』, 211-212.

19) 플라톤, 『파이드로스』, 248: 지혜를 사랑하는 자 혹은 아름다움을 사랑하는 자(φιλόσοφος ἢ φιλόκαλος)와 250.

20) 플라톤, 『국가』, 518에서는 좋은(선한) 것도 역시 파노타톤(φανότατον), 즉 가장 빛나는 것이라고 지칭된다. 이러한 특질은 명백히 플라톤의 사유 속에서 아름다운 것이 본래 좋은 것에 대해 갖는 우선성을 가리키는 것이다.

21) 같은 책, 475-476. 철학의 전통에서 아름다운 것에 대한 플라톤 식의 부인(否認)이 초래한 결과는, 아름다운 것이 이른바 초월적인 것 또는 보편적인 것,

음 몇 권에서도 철학자는 좋음(goodness)의 애호자가 아닌 아름다움의 애호자로서 정의되고 있고, 단지 제6권에서만 좋음(good)의 이데아를 최고 이데아로서 소개하고 있다. 이데아의 본래 기능은 인간사의 혼돈을 지배하거나 해결하는 것이 아니라 '찬란한 밝음'(shining brightness)으로 인간사의 어둠을 밝혀주는 것이었다. 그러므로 이데아들은 〔원래〕 정치나 정치적 경험, 행위의 문제와는 아무런 관련이 없고 오로지 철학과 관조의 경험, '사물의 진정한 존재'에 대한 탐색과 배타적으로 관련된다. 본래 이론의 착상 〔단계〕에서 이데아론이 기초하고 있는 경험들에 비춰본다면 〔정치영역과 관련되는〕 지배함·측량함·포섭함·규율함 등은 완전히 낯선 개념들이다.

플라톤은 자신의 새로운 가르침이 지닌 정치적 '부적합성'에 대한 예외를 최초로 수용한 사람이었던 듯하다. 그는 자신의 이데아론을 수정해 어떤 정치이론에 유용한 것이 되도록 만들고자 했다. 그러나 유용성은 오로지 좋음의 이데아에 의해서만 보전될 수 있었을 것이다. 왜냐하면 그리스의 어휘에서 '좋은'은 언제나 '~에 좋은'(good for) 또는 '적합한'(fit)이라는 의미였기 때문이다. 가령 최고 이데아(the highest idea)—다른 모든 이데아가 이데아로 남기 위해서는 반드시 동참해야만 하는 이데아—가 적합성(fitness)의 이데아라면, 그 이데아는 정의상 적용이 가능해질 것이다. 그것은 이데아의 전문가인 철학자의 손에서 규칙과 기준이 되거나 이후 『법률』에서처럼

즉 모든 현존물이 보유한 특질이자 중세철학에서 우눔(unum, 하나의), 알테르(alter, 다른), 엔스(ens, 있음), 보눔(bonum, 선함) 등으로 낱낱이 헤아려진 바 있는 특질에서 빠지게 되었다는 점이다. 자크 마리탱(Jacques Maritain)은 그의 탁월한 책 *Creative Intuition in Art and Poetry*(Bollingen Series XXXV, I, 1953)에서 이러한 생략이 있었음을 알아보고, 미(美)는 "모든 초월적인 것을 합친 것보다 더 빛나는 것"이기 때문에 초월적인 것의 영역에 포함되어야 한다고 역설한다(p.162).

법이 되기도 한다. (그 차이는 무시해도 좋을 만한 수준이다. 『국가』에서 여전히 나타나는 철학자와 철인왕의 직접적이고 인격적인 통치 주장이 『법률』에서는 이성의 비인격적인 지배 주장으로 바뀌고 있을 뿐이기 때문이다.) 이데아론에 대한 정치적 해석의 현실적 귀결점은 인간도 신도 아닌 좋음 그 자체만이 만물의 척도가 될 수 있다는 것이다. 이것은 분명히 플라톤이 아니라 아리스토텔레스가 자신의 초기 대화편 가운데 하나에서 도출해낸 결과다.[22)]

이 글의 목적상 우리는 플라톤식의 사유법으로부터 엄청나게 영향을 받은 현재 우리의 권위 개념에 반영되어 있는 '지배'라는 요소가 〔고대 그리스에서 시작된〕 철학과 정치 사이의 갈등에 기원을 두고 있기는 하지만, 그 기원이 구체적인 정치적 경험들, 즉 인간사의 영역에서 직접적으로 파생된 경험들로 거슬러 올라가지 않는다는 점을 기억하는 것이 매우 중요하다. 플라톤을 올바르게 이해하려면 다음의 두 가지를 기억해야 할 것이다. 하나는 그가 정치영역에서 철학이 지니는 부적합성을 반복적으로 강조했다는 사실이다. 그는 언제나 정치영역을 너무 심각하게 생각하지 말라고 경고했다. 다른 하나는 그가 이후의 거의 모든 철학자들과 달리 인간사를 너무 진지하게 생각한 나머지, 자기 사상의 핵심을 변형해 정치에 적용할 수 있게 만들었다는 사실이다. 『국가』에 나오는 동굴의 비유의 진정한 내용을 구성하는 새로운 이데아론의 공식적 해설보다도 오히려 이 양면적 태도가 최선의 정부 형태를 탐색하는 순전히 정치적인 대화편의 맥락에서 이야기되고 있는 셈이다. 플라톤은 〔최선의 정부 형태〕 탐

22) 대화편 'Politicus'(정치가 또는 시민)에는 "모든 것들 가운데서 가장 정확한 척도는 좋음(선)"이라고 나와 있다(폰 프리츠의 앞서 언급한 책에서 인용함). [이는] 좋음이라는 개념을 통해서만 사물들이 비교될 수 있고, 측량될 수 있다는 생각임에 틀림없다.

색 과정에서 자신의 비유를 들려주는데, 그것은 마치 그 철학자 〔즉 소크라테스〕의 압축된 전기를 쓰기로 작정이라도 했다는 듯이 현세에 존재하는 철학자의 이야기로 드러났다. 그러므로 철학자의 관점에서 본 최선의 정부 형태에 대한 탐색은 철학자가 도시국가의 통치자가 되는 정부 형태임을 알 수 있다. 이는 소크라테스의 삶과 죽음을 목격한 사람들에게는 결코 놀랍지 않은 해결책이었다.

〔플라톤의 입장에서는〕 철학자의 지배가 여전히 정당화되어야만 했다. 그러나 그것은 오직 철학자의 진리가 그것을 인식하기 위해 등을 돌렸던 인간사의 영역에 대해서 타당성을 가질 때에만 가능했다. 그 철학자가 유일한 철학자인 한 그의 탐색은 최고의 진리를 관조하는 것으로 종결된다. 그리고 최고의 진리는 다른 모든 것을 비춰주기 때문에 최고의 아름다움이기도 하다. 그러나 철학자가 사람들 가운데 한 명이라면, 즉 필멸할 인간들 가운데 한 사람이자 시민들 가운데 한 명이라면, 그는 자신이 발견한 진실을 일련의 규칙들로 바꾸어야 한다. 그렇게 변형함으로써 그는 한 사람의 실제적인 지배자—철인왕—가 되겠다고 자청할 수 있을 것이다. 철학자가 자신의 규칙을 확립한 동굴 속에서, 다수의 삶은 관조가 아니라 발언(λέξις, 렉시스)과 행위(πρᾶξις, 프락시스)라는 특징을 갖는다. 따라서 플라톤이 동굴 거주자의 삶을 〔철학자들과〕 마찬가지로 오로지 보는 일에만 관심을 쏟는 것처럼 묘사한 것은 특기할 만한 사항이다. 〔플라톤의 동굴 거주자들은〕 처음은 동굴 벽면에 비친 〔사물의〕 이미지를 보고, 다음에는 동굴의 희미한 불빛 속에 사물 자체를 보고, 최종적으로는 진실 자체를 보기 위해 동굴이라는 공동의 세계를 완전히 떠나 스스로 새로운 모험의 도정에 오를 때까지 계속 보기만 한다.

바꿔 말해서 인간사의 전체 영역은, 심지어 인간사의 동굴에 거주하는 사람들조차 그들이 비록 그림자와 이미지에 의해 기만당한 상태에 있을지라도 〔철학자들처럼〕 보기를 원할 때에만 인간이라고 가정하는 어떤 철학의 관점에서 이해된 것으로 드러난다. 그리고 철인왕의 통치, 즉 인간사 영역의 외부에 있는 어떤 것으로 인간사를 지배하는 일은 실행함(doing)에 대한 봄(seeing)의 절대적 우위, 발언함(speaking)과 행위함(acting)에 대한 관조(contemplation)의 절대적 우위라는 전제뿐 아니라, 인간을 인간답게 만드는 것은 보고자 하는 강렬한 충동이라는 가정에 의해서 정당화된다. 그러므로 〔플라톤 철학에서〕 철학자의 관심과 인간이 인간으로서 가지는 관심은 일치한다. 양자 모두 인간사, 즉 발언과 행위의 결과인 인간사는 그것 자체의 존엄성을 획득해서는 안 되며 인간사 영역 외부에 있는 무엇인가의 지배에 종속되어야만 한다고 요구하기 때문이다.

III

고독 속에서 거리를 두고 진리를 바라봄과 인간관계와 인간사의 상대성 속에 포획되어 있음의 이분법이 정치사상 전통에서 권위를 획득하게 되었다. 이 이분법은 플라톤의 동굴의 비유에서 가장 효과적으로 표출된 관점이다. 따라서 이 이분법의 기원을 플라톤의 이데아론에서 찾아내고 싶어하는 이도 있을 것이다. 그러나 이 이분법은 역사적으로 이데아론의 수용이 아니라 플라톤이 단 한 번, 그것도 지나가는 어투로 언급했던 어떤 태도에서 비롯되었다고 보는 것이 훨씬 더 신빙성 있는 설명이다.

나중에 아리스토텔레스는 〔플라톤의 이 태도를〕 거의 원문 그대로 『형이상학』의 유명한 문장에 인용했다. 모든 철학의 시작은 타우마제인(θαυμάζειν, 경이), 즉 '모든 사물의 있는 그대로의 모습에 대한 경이(驚異)'라는 문장이 바로 그것이다. 그리스의 '이론'(theory)

은 무엇보다도 이 '최초의 경이'(the initial wonder)에 대한 연장(延長)이고, 그리스 철학은 그것에 대한 명료화와 개념화다. 이것을 수행할 능력의 있고 없음이 〔철학하는〕 소수를 다수로부터 분리하는 기준이며, 그것에 헌신하는 상태로 존재하는지의 여부는 인간사로부터 소수가 소원해지는 요소가 된다.

아리스토텔레스는 플라톤의 이데아론을 수용하지 않으면서도, 심지어 플라톤의 이상국가를 비난하면서도 여전히 인간사에 헌신하는 삶, 즉 정치적 삶(βίοςπολιτικός, 비오스 폴리티코스)과 '이론적 〔또는 관조적〕 삶'(βίος θεωρητικός, 비오스 테오레티코스)을 분리—플라톤은 『파이드로스』에서 최초로 이 두 가지 삶의 방식 사이의 위계질서를 확립했다—했을 뿐 아니라, 사실상 그 위계질서가 시사하는 바를 수용함으로써 핵심적인 측면에서는 플라톤의 입장을 따랐다.

우리의 문맥에서 〔플라톤과 아리스토텔레스가 제시한〕 요점을 정리하면, 〔한편으로는〕 사유가 행위에 대해 지배력을 가져야만 했고, 행위에 원칙들을 처방함으로써 행위의 규칙들이 항상 사유의 경험들로부터 도출되도록 해야 했을 뿐 아니라, 〔다른 한편으로는〕 삶(βίοι)의 방식을 통해, 즉 〔인간의〕 활동들과 삶의 방식들을 동일시함으로써 통치 원칙이 사람들 사이에서도 확립되도록 했다는 것이다. 역사적으로는 이 입장이 바로 소크라테스학파 정치철학의 특징이었다. 그런데 이러한 발전상은 소크라테스가 경원시한 것일 뿐만 아니라 그가 폴리스 내에서 막아보려고 했던 바로 그 사유와 행위의 이분법이었다는 점에서 매우 역설적이다.

다음으로 우리는 아리스토텔레스의 정치철학에서 지배자와 피지배자라는 용어로 권위 개념을 수립하려는 두 번째 시도를 발견하게 된다. 아리스토텔레스가 기본적으로는 〔플라톤과〕 다른 접근 방식을 택하고 있을지라도 그의 방식 역시 정치사상의 전통이 발전하는 데 거의 비등하게 중요했다. 아리스토텔레스의 관점에서 이성은 독재적이거나 전제적 특질들을 보유하지 않으며, 인간사를 최종적으로 규율하는 철인왕이라는 존재도 없다. 아리스토텔레스가 "각각의 정치 체제는 지배하는 자와 지배받는 자로 구성된다"라고 주장한 근거는 〔플라톤의 경우처럼〕 전문가가 일반인에 대해 가지는 우월성에서 도출된 것이 아니다. 또한 그는 행위함(acting)과 만듦(making)의 차이를 매우 잘 알고 있었으므로 제작(fabrication)의 영역으로부터 자신의 사례를 도출하지도 않았다. 내가 아는 한 아리스토텔레스는 인간사를 다루는 규칙을 수립할 목적으로 '자연'에 호소한 최초의 정치철학자였다. 자연은 "연장자와 연소자의 차이… 지배받을 운명인 자와 지배할 운명인 자 사이의 차이를 구축해놓았다."[23)]

이 주장의 단순성은 〔그러한 차이의 구축이〕 수 세기에 걸쳐 반복됨으로써 모종의 진부한 이야기로 격하되었으므로 더욱 기만적이다. 이 점 때문에 아리스토텔레스가 『정치학』(*Politics*)에서 폴리스에 대해 정의할 때 보여주는 말도 안 되는 모순들이 대체로 간과되는 것일지도 모른다. 그의 정의에 따르면 "폴리스는 잠재적으로 최선인 삶을 위해서 동등한 사람들이 구성한 어떤 공동체(a community)다."[24)] 폴리스의 지배라는 관념은 아리스토텔레스에게 전혀 설득력이 있지 않기에 그는 가장 일관된 논의를 전개하고 최소한의 자기-모순을 보이는 위대한 사상가 가운데 한 사람으로 평가받으며 자기 자신의 주장에 특별히 구속되지 않았던 것이다.

---

23) 아리스토텔레스, 『정치학』, 1332b12, 13332b36. 연소자와 연장자 사이의 구분은 플라톤으로 돌아간다. 플라톤이 『국가』, 412와 『법률』, 690, 714에서 자연에 호소하는 것은 아리스토텔레스적이다.

24) 같은 책, 1328b35.

따라서 우리가 『경제학』(*Economics*, 아리스토텔레스의 위작僞作이며 그의 가장 가까운 제자가 쓴 논문)의 첫 부분에서 정치공동체(πόλις, 폴리스)와 사적인 가정(οἰκία, 오이키아)의 본질적 차이는 후자가 '군주제', 즉 일인 지배인 반면 폴리스는 "다수의 지배자로 구성되어"[25] 있다는 구절을 보고 놀랄 필요는 없다. 이 표현을 이해하기 위해서는 우선 '군주제'(monarchy)와 '전제정'(tyranny)이 동의어로 쓰인 반면 왕정(kingship)과는 확실한 대비 관계에 있었다는 사실을 기억해야 한다. 둘째, '다수의 지배자로 구성된' 폴리스의 성격은 〔소수가 지배하는〕 과두제와 귀족제, 〔그리고 다수의 군중이 지배하는〕 민주제와 같이 통상 일인 지배에 반대하는 다양한 정부 형태와 무관하다. 이 문맥에서 '다수의 지배자'란 가정의 우두머리들로서, 도시의 공적·정치적 영역을 구성하는 일에 참여하기에 앞서 스스로를 집안의 '군주'로 옹립한 사람들이다. 지배하는 일 자체와, 지배자와 피지배자 간의 구분은 정치의 영역에 선행하는 영역 〔즉 가정 영역〕에 속한다. 정치의 영역을 '경제'의 영역인 가정과 구분해주는 것은 폴리스가 평등의 원칙에 기초하고 있고, 지배자와 피지배자 간의 차이를 알 수 없다는 사실이다.

아리스토텔레스는 오늘날 우리가 사영역(the private sphere)이라고 부르는 것과 공영역(the public sphere)이라고 부르는 것 사이의 구분을 통해 당시 그리스의 여론을 정교하게 만들었을 뿐이다.[26] 〔당

---

25) 『경제학』, 1343a1-4.

26) 아렌트는 정치공동체가 3개 활동 영역—공영역(the public sphere)·사영역(the private sphere)·사회영역(the social sphere)—으로 구성되어 있다고 본다. 그의 다른 저서인 『인간의 조건』(1958)에서는 'sphere'가 아닌 'realm'을 사용한 바 있다. 나중에 아렌트로부터 'the public sphere' 개념을 전유해 자신의 의사소통적 행위론의 개념 범주로 발전시킨 하버마스의 경우는 그것을 'the public sphere'로 표기한다. 서유경은 양자의 개념적 차이가 있음을 나타

시〕 그리스의 여론에 따르면 "모든 시민은 실존의 두 질서 체계에 속한다." 왜냐하면 "폴리스는 각각의 개인에게… 그의 사적인 삶에 더해 제2의 삶인 정치적 삶(his bios politikos)을 부여하기" 때문이다.[27) (아리스토텔레스는 후자를 '좋은 삶'the good life으로 지칭한 다음 그것의 내용을 재규정했다. 단지 이 〔재규정된〕 정의가, 그러한 차별화 자체보다 당시 그리스의 통상적 의견과 갈등을 빚었다.) 두 질서 체계 모두 인간이 함께 살아가는 생활 형태였다. 그러나 오직 가정 공동체만이 생명 유지 자체와 개별적 삶의 지속 및 종(種)의 보전과 관련된 물리적 필요(ἀναχκαία, 아나크카이아)들을 해결하는 일과 관련되었다. 현대적 접근 방식과 판이하게 개체와 종의 보전에 관한 염려는 사영역인 가정에만 속한 사항이었던 반면, 폴리스에서 인간은 우리가 오늘날 개별 인격체라고 부르는 카타리트몬(κατ'ἀριθμόν, 개별체)으로서 출현했다.[28) 생명 보전을 염려하는 살아 있는 존재인 인간은 필요(necessity)에 직면하게 되며 또 필요에 의해 추동된다. 필요는 정치적으로 '좋은 삶'이 시작되기에 앞서 통제되어야만 한다. 이 〔필요 욕구에 대한〕 통제는 지배를 통해서만 가능하다. 그러므로 '좋은 삶'에 대한 자유는 필요를 지배하는 일에 좌우된다.

필요를 장악하는 힘은 생활과 관련된 필요들을 통제하는 일을 목표로 삼는다. 그것들이 인간을 강제하고 자신의 세력 아래에 붙잡아 두기 때문이다. 그러나 그러한 〔필요에 대한〕 지배는 오로지 타인들을 통제하고 그들에게 폭력을 가해야만 성취될 수 있다. 여기서 타인

내기 위해 아렌트의 개념을 '공영역'으로 하버마스의 개념을 '공공영역'으로 옮기자고 제안한다. 여기서는 이 제안을 수용했다. 이 영역 구분 및 성격에 대한 보다 자세한 설명은 서유경(2000, 2011) 참조—옮긴이.

27) 베르너 예거, 앞의 책, vol.1, p.111.

28) 『경제학』, 1343b24.

들, 즉 노예들은 〔좋은 삶을 영위하는〕 자유인들을 필요의 강제로부터 해방시킨다. 자유인, 즉 폴리스의 시민은 삶의 물리적 필요에 의해 강제되지 않고, 타인들이 인위적으로 만든 지배 〔방식〕에도 종속되지 않는다. 자유인이 노예가 되어서는 안 된다. 그는 반드시 노예를 소유하고 지배해야만 한다. 정치영역의 자유는 실제 생활의 모든 기본적 필요들이 규칙에 의해 통제되었을 때 시작된다. 그러므로 지배와 종속, 명령과 복종, 지배와 피지배는 정확히 말해서 정치영역의 내용이 아니므로 정치영역을 수립하기 위한 선행 조건들일 뿐이다.

아리스토텔레스가 플라톤처럼 공적 사안의 처리 방식과 폴리스의 삶에 일종의 권위를 도입하려고 의도했던 것이 매우 타당한 정치적 이유 때문이었음은 의심할 나위가 없다. 그러나 그 역시도 정치영역에 지배자와 피지배자, 명령하는 자와 복종하는 자 사이의 구분을 도입하기 위해 일종의 미봉책에 의존해야만 했다. 아리스토텔레스도 〔플라톤과 마찬가지로〕 자신의 예제와 모델을 정치영역 이전, 즉 사영역인 가정과 노예경제의 경험들로부터 끌어낼 수 있었다. 그 결과 그는 명백히 모순적인 진술을 하게 된다. 이는 그가 다른 곳에서 설명하고 있듯이 오직 가정 공동체에서 이루어지는 행태와 삶에 타당한 기준을 폴리스 안에서 행해지는 행위와 삶에 억지로 부과했기 때문이다.

우리가 앞서 언급했던 『정치학』의 유명한 예제, 즉 지배자와 피지배자의 차별화가 연소자와 연장자의 자연적 차이로부터 도출된다고 한 견해만을 고려하더라도, 그의 행보가 일관성 없는 것임은 명백하다. 이 사례만 해도 아리스토텔레스의 주장을 입증하기에는 매우 부적합하다. 연장자와 연소자의 관계는 본질상 교육적 관계다. 그리고 이러한 교육과 연관되는 것은 다른 어떤 것보다 현시점의 지배자들이 미래의 지배자들을 훈련하는 일이다. 여기에 지배가 수반되어야만 한다면 그것은 정치적 지배의 형태들과는 전적으로 달라야 할 것이다. 이때의 지배는 시간상 그리고 의도상 제한을 받을 뿐만 아니라 잠재적 동등인들 사이에서 일어나는 경우이기 때문이다.

그러나 교육을 지배로 대체하는 것은 최대의 파급 효과들을 발생시킨다. 〔그동안〕 현장의 지배자들은 교육자인 척을 했고, 교육자들은 지배한다는 비난을 받아왔다. 지금이나 그때나 교육 현장 사례들의 정치적 적실성보다 더 의심스러운 것은 없을 듯하다. 우리는 정치의 영역에서 항상 교육받을 나이가 지난 성인들을 다루며, 보다 적절하게 표현하면, 정치나 공적 사안의 처리에 참여할 권리는 정확히 교육의 의무가 만료된 지점에서 시작된다. (개별 또는 공동체 차원의 성인 교육은 인격의 형성과 그것의 완전한 발달 및 성숙에는 매우 큰 타당성이 있지만 정치적으로는 적실하지 않을 수도 있다. 만약 그 목적이 어떤 이유에서인지 〔성인들이〕 청소년기에 습득하지 못했지만 공적 사안에 참여하는 데 필요한 기술적 필요사항들을 제공하려는 것이 아니라면 말이다.)

이와 정반대로 교육의 장에서 우리는 항상 아직 준비 단계에 있기 때문에 정치와 평등의 영역에 허용할 수 없는 사람들을 다룬다. 그럼에도 아리스토텔레스의 〔연장자-연소자〕 예제는 상당한 적실성을 가진다. 육아와 교육은 다른 어떤 분야보다도 '권위'에 대한 필요가 더욱 그럴듯해 보이고 분명한 것이 사실이기 때문이다. 심지어 이렇듯 극히 제한적이고 정치적 적실성도 없는 형태의 권위마저 없애버리고 싶어하는 것이 바로 우리 시대의 특색인 셈이다.

정치적으로 권위가 교육적 성격을 획득할 수 있는 경우는 오로지 우리가 로마인처럼 선조들이 뒤따르는 각 세대에게 그 어떤 상황에서도 위대함의 예제, 즉 마이오레스(the maiores, 선조)로서 표상된다고 생각할 때뿐이다. 이런 근본적 확신 없이 권위를 빙자한 교육 모델을 정치영역에 억지로 부과한(이런 상황은 충분히 자주 발생해왔고 아직까지도 보수주의 주장의 핵심이기도 하다) 곳은 어디든, 그 모델이 일차적으로는 지배를 위한 실제적이거나 탐욕스러운 요구들을 희석하는 데 복무했고, 사실상 지배를 원하면서도 겉으로는 교육을 하는 척했다.

폴리스의 쇠락을 막고 철학자의 삶을 보호할 수 있는 권위 개념을 발견하려는 그리스 철학의 장대한 시도들은 그리스의 정치적 삶의 영역 안에 직접적인 정치 경험에 근거한 권위에 대한 자각이 전무했던 까닭에 수포로 돌아갔다. 후속 세대들이 권위의 내용을 이해하도록 돕는 모든 원형들(prototypes)은, 반드시 전문가가 존재하고 적합성이 최고의 기준으로 간주되는 "만듦"과 예술의 영역 또는 사적인 가정 공동체처럼 분명히 비(非)정치적 경험들로부터 도출되었다. 이렇게 정확히 확정된 정치적 국면에서 소크라테스학파의 철학은 〔서구철학〕 전통에 가장 큰 영향력을 행사해온 것이다.

우리는 심지어 오늘날에도 아리스토텔레스가 인간을 기본적으로 언어(speech)나 이성(reason)을 부여받은 정치적 존재로 정의했으며, 오직 정치적인 맥락에서 그렇게 했다고 믿는다. 또한 플라톤이 『국가』에서 이데아론의 원래적 의미를 제시했지만, 거기서 그는 정치적 이유상 그것을 정반대의 의미로 바꿨다고 믿는다. 그리스 정치철학의 위엄에도 불구하고 만약 로마인들이 자신들의 전통과 권위를 탐색하는 불요불굴의 과정에서 그것의 인수를 결정하지 않고 그것을 이론과 사유의 문제에 관한 최고 권위로 승인하지 않았더라면 그리스 정치철학의 고유한 유토피아적 성격은 상실되었을 수도 있다는 점을 의심해볼 만하다. 그러나 권위와 전통이 이미 로마공화국의 정치적 삶 속에서 모종의 결정적인 역할을 해왔기 때문에 로마인들이 이 〔그리스 철학과 로마 정치의〕 통합을 이룩할 수 있었던 것이다.

IV

로마공화국의 출발 시점부터 사실상 제국의 시대가 종말에 이를 때까지 로마 정치의 심장부에는 건국의 신성함에 대한 확고한 신념이 자리 잡고 있었다. 이때 신성함이란, 일단 무엇인가가 확립되면 그것이 미래의 모든 후속 세대에게 구속력을 갖는다는 의미다. 그래서 정치에 관여한다는 것은 첫째로 그리고 최우선적으로 로마시(the city of Rome)의 토대를 보전하는 일을 뜻했다. 그런 까닭에 로마인들은 식민국 정착지에 〔로마에서 했던 방식으로〕 폴리스 건설을 반복할 수 없었다. 그 대신 〔로마 건국이라는〕 토대에 이탈리아 전 영역을, 종국에는 서구 세계 전체를 단지 로마의 변방인 양 추가하는 방식으로 통합해 관리했다.

로마인들은 처음부터 끝까지 〔로마라는〕 도시 하나의 특수한 지방성에 묶여 있었고, 그리스인들과 달리 위급한 상황이나 인구 과잉 상태가 될 때 "가서 새 도시를 건설하라, 네가 있는 곳이 어디든 네가 곧 폴리스이니까"라고 말할 수 없었다. 땅에 뿌리박고 있었던 이들은 그리스인이 아니라 로마인이었으며, 조국(patria)이라는 말의 충만한 의미는 로마사에 그 기원을 두고 있다. 새로운 정치 체제의 정초—그리스인들에게는 거의 통상적인 경험이었던 것—가 로마인들에게는 그들 역사 전체의 중심이며 결정적으로 중요하고 반복될 수 없는 시발점, 즉 〔로마 건국이라는〕 하나의 독보적 사건이 되었다. 같은 맥락에서 가장 철저히 로마적인 신격(神格)은 이를테면 아직까지도 새해에 함께하는 시작의 신 야누스(Janus)와 기억의 여신 미네르바(Minerva)였다.

로마의 건국—베르길리우스(Vergilius)가 『아에네이드』(*Aeneid*)의 영원한 주제로 요약했듯이 "로마 종족을 세우는 노력과 수고는 매우 지대했으며"(tanta molis erat Romanam condere gentem), 그 결과 "나라를 건설하는 동안에"(dum conderet urbem) 겪은 모든 방황과 고초는 "자신이 저 도시의 건설자가 될 것"이라는 목적과 목표에 도달한다—이라는 〔역사적〕 경험과 집과 가정의 신성함이라는 역시 비(非)그리스적인 경험은, 호메로스식으로 설명하면 마치 헥토르의 정신이 트로이의 몰락에도 불구하고 살아남아 이탈리아 땅에서 부활한 것처럼, 로마적인 종교의 심원한 정치적 내용을 형성한다. 신들이 직접 모습을 드러내느냐 아니냐에 따라 신앙심이 좌우되었던 그리스와 대조적으로, 로마에서 종교는 문자 그대로 렐리가레(religare, 다시 묶다)[29]를 의미했다. 렐리가레는 〔옛날에 선조들이 공화국의〕 토대를 놓고, 기초를 다지고, 영원성을 위해 정초하는 일에 퍼부은 지대하고 초인적인, 그래서 언제나 전설적인 것으로 남아 있는 노력으로 소급해 그것과 함께 묶이는 것, 그리고 그 노력에 대해 의무감을 갖는 것을 말한다.[30] '종교적이라는 것'은 과거에 묶인다는 의미였다. 그래서 과거 사건의 위대한 기록자였던 리비(Livy)는 "이러한 고대의 사건들을 기술하는 동안에 나는 내가 어떠한 관계들을 통해서 정신적으로 연로해지는지, 또 어떤 종교(religio)가 (나를) 지배하고 있는지 알지 못한다"(Mihi vetustas res scribenti nescio quo pacto antiquus fit animus et quaedam religio tenet)[31]고 말할 수 있었다.

29) 파생어 렐리기오(religio)는 렐리가레(religare)로부터 나온 것으로 키케로의 저작에서 나타난다. 여기서는 로마인들의 정치적 자기-해석만을 다루고 있기 때문에 이 파생이 어원적으로 정확한지의 문제는 [논의상] 부적합한 것으로 간주한다.

30) 마르쿠스 툴리우스 키케로, 『국가론』, III, 23. 자기 도시의 영원성에 대한 로마인들의 믿음에 관해서는 Viktor Poeschl, *Römischer Staat und griechisches Staatsdenken bei Cicero*(Berlin, 1936)를 보라.

31) Titus Livius, *Annals*, book 43, ch.13.

이런 맥락에서 종교적 활동과 정치적 활동은 거의 동일한 것으로 간주되었고, 키케로는 "새로운 공동체를 건설하는 일과 이미 건설된 공동체들을 보전하는 일만큼 인간의 탁월함이 신들(unmen)의 행로에 더 가까이 다가서는 경우는 없다"[32]라고 말할 수 있었던 것이다. 〔이렇듯〕 건국의 구속력 자체는 종교적이었다. 도시는 인민의 신들에게도 영원한 안식처를 제공했다. 이것 역시 그리스의 경우와 상이하다. 그리스의 신들은 인간의 도시를 보호했고 이따금씩 그곳에 머물기도 했지만, 그들은 인간의 거주지로부터 멀리 떨어진 올림푸스 산 위에 자신들만의 안식처를 가지고 있었다.

〔로마에서〕 권위라는 말과 개념이 독창적으로 출현한 것은 바로 이런 맥락에서다. 아우크토리타스(auctoritas, 권위)라는 말은 '증대'(augment)라는 의미의 동사 아우게레(augere)로부터 나온 것이고, 권위나 권위적 지위에 있는 사람들이 항구적으로 증대시키는 것은 〔로마 건국의〕 토대다. 그 권위를 부여받은 사람들이 연장자들, 즉 원로원 또는 원로들(patres)이다. 그들은 대물림 방식으로, 또한 장차 생겨날 모든 것의 토대들을 놓은 사람들, 즉 로마인들이 마이오레스라고 불렀던 선조들로부터 (전통을) 전수받는 방식으로 권위를 획득했다.

산 자들의 권위는 항상 파생적 성격을 띤다. 그것은 플리니(Pliny)가 로마 제국의 권위자와 설립자들(auctores imperii Romani cnditoresque)이라고 표현했듯이, 산 자들은 더 이상 존재하지 않는 건국 선조들의 권위에 의존하고 있었기 때문이다. 권위는 권력(potestas)과 대조적으로 그 뿌리를 과거에 두고 있었으며, 그 과거는 산 자들의 권력과 저력 못지않게 도시의 실제 생활 속에 현전했다.

---

32) 마르쿠스 툴리우스 키케로, 『국가론』, 1, 7.

로마는 죽은 선조의 소유물 위에서 살아간다(Morinus antiquis res stat Romana virisque)는 엔니우스(Ennius)의 표현처럼 말이다.

권위 있는 상태라는 말이 의미하는 바를 약간 더 구체적으로 이해하기 위해서는 아우크토레스(auctores, 창조자들 혹은 권위자들)라는 어휘가 실제의 건축자와 생산자를 의미하는 아르티피케스(artifices, 예술가들 혹은 기술자들)의 반대말로 사용될 수 있으며, 아우크토르(auctor, 창조자 혹은 권위자)라는 말이 우리의 '저자'(author)라는 말과 같은 표현을 지시할 때 사용된다는 점에 주목하면 유용할 것이다. 플리니는 신설 극장의 개관식에서 어느 쪽이 더 숭배되어야 할지를 묻는다. 제작자(the maker)인가 아니면 저자(the author)인가? 발명가인가 아니면 발명인가? 물론 두 경우 모두 후자가 정답이다. 이 경우에 '저자'는 건축가가 아니라 전체 사업을 고무한 사람이며, 건축물 자체에는 실제 건축가의 정신보다 설계자의 정신이 훨씬 더 많이 반영된다. 건축물을 짓기만 할 뿐인 아르티펙스(artifex, 예술자 혹은 기술자)와 달리 그 〔설계자〕는 건축물의 실제 '저자', 즉 그 건축물의 창조자다. 그리고 그는 건축물을 통해서 저 도시를 '증대시키는 자'가 되었다.

그러나 아우크토르와 아르티펙스의 관계는 결코 명령하는 주인과 명령을 수행하는 하인 간에 설정된 (플라톤적인) 관계가 아니다. 권위를 가진 사람들의 가장 눈에 띄는 특징은 권력을 갖지 않는다는 점이다. "권력은 인민 속에 존재하는 반면, 권위는 원로원에 있다"(Cum potestas in populo auctoritas in senatu sit).[33] 원로원이 정치적 결정들에 반드시 추가해야 할 항목이 권력이 아니라 권위, 즉 증대(增大)라는 사실은 우리에게 이상하리만치 모호하고 비실체적인 것으로 느

33) 마르쿠스 툴리우스 키케로, 『법률론』, 3, 12, 38.

껴진다. 〔그럼에도〕 이런 측면은 몽테스키외(Montesquieu)가 정부 내 사법부에 관해 설명한 바와 아주 흡사하다. 그는 사법부의 권력이 "어떤 이유에서인지 부재"함에도 불구하고 입헌정부 내 최고 권위를 성립시킨다고 말했다.[34] 몸젠(Mommsen)은 사법부의 권위를 두고서 "충고 그 이상이지만 명령은 아닌, 누군가가 안전하게 무시할 수 없는 어떤 권고"에 비유했다. 요컨대 "인민의 의지와 행위는 아이들의 의지와 행위처럼 착오와 실수에 무방비 상태이므로 원로회의를 통한 〔권위의〕 '증대'와 인준이 필요하다"[35]고 가정되는 것이다. 원로들의 '증대'가 지닌 권위적 성격은 명령 형식을 취하거나 외부의 강제를 동원하지 않으면서도 단지 권고를 통해 〔사람들이〕 경청하게 한다는 데서 발견된다.[36] 이 권위가 지닌 구속력은 새점[37]의 종교적 구속력과 긴밀한 관계를 맺는다. 새점은 그리스의 신탁과 달리 장차 일어날 사건들의 객관적인 추이를 귀띔하지 않고, 단지 인간의 결정에 대한 신의 승인이나 거부를 계시한다.[38] 신들 역시도 인간을 상대로 권력을 행사한다기보다는 권위를 지닌다고 이해할 수 있

---

34) 샤를 드 몽테스키외, 『법의 정신』(*Esprit des Lois*), book XI, ch.6.

35) 카를 J. 프리드리히(Carl J. Friedrich) 교수로부터 몸젠의 *Römisches Staatsrecht*에 나오는 권위에 대한 중요한 논의를 알게 되었다. 이 책의 pp. 1034-1039를 보라.

36) 이 해석은 '누군가에게 충고하다'라는 뜻의 라틴어 숙어인 alicui auctorem esse에 의해서도 지지를 받는다.

37) 새가 나는 모양을 보고 무엇을 해야 할지 말지를 판단하는 계시(啓示) 점(占)의 일종—옮긴이.

38) Mommsen, 앞의 책, 재판, vol.1, p.73. 이하를 보라, '신성한 명령'은 물론 신성한 행위 양식을 의미하는 라틴어 numen은 거의 번역이 불가능하고, 긍정의 표시로 고개를 끄덕인다는 의미의 nuere로부터 파생되었다. 그러므로 신들의 명령과 인간사에 대한 그들의 모든 관심은 인간 행위에 대한 승인이나 거부에만 한정된다.

다. 따라서 그들이 인간의 행위들을 '증대하고' 인준은 하지만 안내하는 것은 아니다. 마치 "모든 새점이 위대한 신호, 즉 신들이 로물루스(Romulus)에게 저 도시를 건설하라고 부여한 그 권위로 거슬러 올라가는 것"[39]과 마찬가지로, 각각의 행위를 로마사의 신성한 시발점과 소급적으로 묶어주는, 이를테면 모든 순간 각각에 과거가 지닌 무게 총량을 더해주는 바로 이 건국의 행위에서 모든 권위가 파생한다. 이 무게 총량을 견디는 능력인 그라비타스(gravitas, 무거움 혹은 중대함)가 로마적 인격의 걸출한 특질이 되었는데, 이는 마치 로마공화국 내 권위의 표상인 원로원이 ―『리쿠르구스의 생애』(*Life of Lycurgus*)에 나오는 플루타르크(Plutarch)의 표현을 빌리면 ― "배의 바닥짐[40]인 양 항상 사물들이 올바른 평형 상태를 유지하도록 하는 무게 중심"으로서 기능했던 것과 같은 이치다.

결과적으로 조상들의 행적과 그로부터 유래한 용례는 전례(典禮)로서 항상 구속력이 있었다.[41] 과거에 일어난 일은 다 예제가 되었으므로 아우크토리타스 마이오룸(auctoritas maiorum, 선조들의 권위)은 그 자체로서 도덕적·정치적 기준을 겸비한 권위적 실제 행동 모델들과 동일한 것이 되었다. 이것은 또한 로마인들이 노년기를 단순한 성년기와 구별하면서 인간 삶의 최고 전성기라고 느꼈던 이유이기도 했다. 노인이 지혜와 경험을 많이 축적했기 때문이라기보다는 그

---

39) 앞의 책, p.87.

40) 부력 조절용 모래주머니 ― 옮긴이.

41) 또한 '선조들 혹은 예제들을 가짐'이라는 의미의 auctores habere(권위를 가지다)와 같은 다양한 라틴어 숙어들을 살펴보라. auctoritas maiorum은 선조들의 권위적인 예제를 의미하고, usus etauctoritas(사용과 권위)는 로마법에서 사용되는 말로 관습에서 유래한 소유권을 의미한다. 이러한 로마의 정신을 잘 제시하면서 중요한 자료를 유용하게 집성한 저서로는 빅토르 포에쉘(Viktor Poeschl)의 앞서 언급한 책, 특히 p.101 이하에서 찾아볼 수 있다.

의 선조들 및 그들의 과거와 더욱 가까워졌기 때문이다. 사람은 미래로 성장해간다는 우리의 성장 개념과 대조적으로 로마인들은 사람이 과거를 향해 성장한다고 생각했다. 누군가가 이러한 로마인들의 태도를 권위에 의해 수립된 위계질서와 연관 짓고자 한다면, 그리고 이 위계질서를 〔우리에게〕 친숙한 피라미드의 이미지로 시각화하려 한다면, 아마도 그 피라미드의 꼭짓점이 지구의 상부인 하늘 속으로(또는 기독교의 경우는 하늘 너머의 피안으로) 치솟지 않고 지구적 과거의 심연 속으로 파고들게 될 것이다.

이렇듯 과거가 전통을 통해 신성화된 것은 본래 정치적 맥락에서였다. 전통은 선조들의 증언을 한 세대에서 다음 세대로 대물림함으로써 과거를 보전했다. 선조들은 〔로마의〕 신성한 정초 작업을 최초로 목격하고 창조했으며, 그 후 수 세기에 걸쳐 자신들의 권위를 통해 그것을 증대했다. 이 전통이 중단되지 않았더라면 권위도 손상되지 않았을 것이다. 권위와 전통 없이, 널리 수용된 유서 깊은 기준과 모델 없이, 건국 선조들의 지혜라는 도움 없이 행위를 한다는 것은 생각할 수조차 없었다. 사유(思惟)나 사상(思想)과 관련된 사안들에서 정신적 전통과 권위라는 관념은 정치의 영역으로부터 도출되었기 때문에 본질상 이차적이다. 마치 정치에서 이성과 이데아가 하는 역할에 대한 플라톤의 착상이 철학의 영역으로부터 도출되었기 때문에 인간사의 영역에서 이차적 성격을 띤 것처럼 말이다.

그러나 역사적으로 아주 중요한 사실은, 로마인들이 사유 및 관념과 관련된 문제에서도 선조들과 권위의 사례가 필요하다고 느꼈을 뿐 아니라, 그리스의 위대한 '선조들'을 자신들의 이론·철학·시가(詩歌)를 위한 권위의 원천으로서 수용했다는 점이다. 〔그 결과〕 저 위대한 그리스의 저자들은 그리스인이 아닌 로마인의 손에 의해서 권위의 원천이 되었다. 플라톤과 그 전후 사람들이 "모든 헬라인의 교육자"였던 호메로스를 다루었던 방식은 로마에서라면 결코 상상할 수조차 없었을 것이다. 또한 로마의 철학자라면 그 누구도 감히 플라톤이 (『소피스트』에서) 파르메니데스의 가르침과 결별하면서 스스로 평한 것처럼 "자신의 (정신적인) 아버지에게 반대를 표명하는 일"을 할 수 없었을 것이다.

마치 이데아의 정치적 적용 가능성이 가지는 이차적 성격이 플라톤의 정치적 사유가 서구 정치이론의 기원이 되는 것을 막지 못했듯이, 정신적 문제들에서 권위와 전통이 가지는 이차적 성격은 그것들이 우리 역사에서 더 긴 시간 서구철학사상의 지배적 특질이 되는 것을 막지 못했다. 두 사례 모두에서 그 이론들의 바탕을 이루는 정치적 기원과 정치 경험들이 망각되었고, 정치와 철학 사이, 시민과 철학자 사이의 원초적 갈등뿐 아니라 로마적 삼위인 종교·권위·전통이 각기 정당한 원천을 가지고 있는 건국의 경험도 〔함께〕 잊혔다. 이 삼위의 저력은 〔가히〕 '종교적'〔이라고 할 만한〕 결속 방식이 전통을 경유해 사람들을 〔건국이라는〕 하나의 권위적 시발점과 〔소급적으로〕 묶어준 구속력에 있었다. 로마의 삼위는 로마공화국이 제국으로 바뀌는 과정에서도 살아남았을 뿐 아니라, 로마에 의한 평화(Pax Romana)가 로마적 토대들에 바탕을 둔 서구 문명을 창조했던 곳이라면 어디든지 침투해 들어갔다.

이 로마 정신의 비상한 저력과 지구력—또는 정치 체제 창설을 위한 정초 원칙에 대한 비상한 의존성—은 중대한 시험대에 놓이게 되었는데, 이는 제국의 쇠퇴 이후 로마의 정치적·정신적 유산이 기독교 교회로 넘어갈 때 명백히 입증되었다. 교회는 매우 실재적이며 세속적인 임무에 당면하게 되자 대단히 '로마적'인 태도를 취했고, 정치적 사안들에서 스스로 철저히 로마적인 사유 방식을 적용했다. 〔그 결과〕 교회는 그리스도의 죽음과 부활을 새로운 〔정치 체제〕 정초의 초석으로 삼고 그 위에 엄청난 내구성을 지닌 새로운 인간제도를 구축했다. 종국에 콘스탄티누스 대제(Constantine the Great)가 제국을 쇠퇴로부터 구해내기 위해 교회에 '가장 권세 있는 신'의 보호를 요청한 이후에 교회는 마침내 기독교 신앙의 반정치적·반제도적 경향들을 극복할 수 있었다. 이러한 경향들은 신약과 초기 기독교 저술 속에서 명시적으로 나타나며 〔이 사건〕 이전의 수 세기 동안 교회에 많은 문제를 야기했고 이를 극복하기는 불가능해 보였다.

로마 정신의 승리는 거의 기적에 가까운 사건이었다. 그것은 어쨌든 교회가 "교회에 속한 사람들에게 로마 제국이나 시(市) 당국이 더 이상 제공해줄 수 없는 시민의식을 제공"하게 할 수 있었다.[42] 그러나 플라톤이 정치화한 이데아들이 서구철학을 바꾸고 이성에 대한 철학적 개념을 규정했던 것과 마찬가지로, 교회의 정치화가 기독교를 바꿔놓았다. 이제 신도들의 공동체이자 일종의 공공기관인 교회의 기초는 더 이상 기독교인들의 부활에 대한 신앙(비록 이 신앙이 기독교의 내용으로 남아 있기는 했지만)이나 신의 명령들에 대한 히브리식의 복종이 아니었다. 그 기초는 오히려 역사에 기록된 어떤 사건으로서 나사렛 예수의 삶·탄생·죽음·부활에 대한 증언이었다.[43] 사도들은 이 사건의 증인으로서 교회의 '시조'(始祖)가 될 수 있었다. 그들의 증언이 전통의 방식으로 대대손손 전해지는 한 교회는 그들

---

42) R. H. Barrow, *The Romans*(1949), p.194.

43) 에리크 페터슨(Erik Peterson)은 *Der Monotheismus als politisches Problem*(Leipzig, 1935)에서 로마 제국의 정치적 정서와 기독교의 유사한 융합에 관해 논의하면서, 로마 황제 아우구스투스(Augustus)를 그리스도와 연계시킨 오로시우스(Orosius)를 끌어들이고 있다. "그것으로 분명해지는 것은 아우구스투스가 이러한 방법으로 기독교화되었고, 예수도 로마 시민으로 로마화되었다는 것이다"(p.92).

로부터 그것 자체의 권위를 도출할 것이다. 누군가는 이 일이 발생했을 때에야 비로소 기독교 신앙이 후기 기독교적인 의미에서뿐 아니라 고대적인 의미에서도 하나의 '종교'가 되었다고 말하고 싶을지도 모른다. 그제서야 어쨌든 비로소—그 크기가 얼마가 컸었는지와 상관없이 단지 신도들의 집단들에 불과한 것들과 구별되는—하나의 총체적 세계가 기독교의 소유가 될 수 있었기 때문이다.

로마 정신은 제국의 재난에도 불구하고 살아남을 수 있었다. 로마의 가장 강력한 적들—이를테면 세속의 공적 사안 영역 전체에 저주를 퍼부은 다음 은둔하면서 살겠다고 맹세했던 사람들 〔즉 기독교인들〕—이 자신들의 신앙 속에서 하나의 세계적인 사건으로 이해될 수 있는 무엇을 발견했기 때문이다. 동시에 그것은 신생 〔기독교도의〕 종교적 경외심과 옛 〔로마인들의〕 종교적 경외심의 기이한 혼합을 통해 세계가 다시금 소급적으로 묶이는(religare) 어떤 새롭고 세속적인 시발점으로 변형될 수 있는 무엇이기도 했다. 대체로 이러한 식의 변형은 로마인들에게 유일했던 단 한 명의 위대한 철학자 아우구스티누스에 의해 달성되었다. 아우구스티누스 철학의 대들보라 할 수 있는 "정신의 자리는 기억 속에 있다"(Sedis animi est in memoria)라는 강령은 그리스의 철학과 개념들에 압도당한 로마인들 스스로 결코 성취하지 못했던 로마적인 특수한 경험을 개념적으로 명료화한 것이기 때문이다.

물론 내용 면에서는 본질적으로 다르지만 로마라는 도시의 정초 작업이 가톨릭 교회의 정초 작업에서 재현되었다는 사실에 힘입어 기독교의 시대는 로마적 삼위인 종교·권위·전통을 승계할 수 있었다. 이러한 연속성의 가장 명확한 증거는 아마도 5세기에 교회가 커다란 정치적 과업에 착수하면서 권위와 권력에 대해 로마식 구분법을 즉시 도입한 일일 것이다. 교회는 원로원의 유서 깊은 권위를 요구했고 권력—로마 제국의 권력은 더 이상 민중의 손에 있지 않았고, 황제 가문에 의해 독점되어왔다—은 세속 군주들에게 넘겼다. 5세기 말엽 교황 겔라시우스 1세(Pope Gelasius I)는 황제 아나스타시우스 1세(Emperor Anastasius I)에게 다음과 같은 서신을 보냈다. "현세를 지배하는 것은 대개 두 가지지요. 교황의 신성한 권위와 황제의 권력이 그것입니다."[44]

서구의 역사에서 로마 정신의 승계가 가져온 결과는 이중적이다. 한편으로 영구성이라는 기적 자체가 다시 한번 재연되었다. 우리 역사의 틀 안에서는 교회가 모종의 공공기관으로서 가지는 지속성과 연속성만이 고대 로마 천년의 역사에 비견될 만하다. 다른 한편 정교분리는 정치영역 세속화의 결과로서 고전시대 위엄의 자리로 부상하는 일과는 명백히 거리가 먼 것이었고, 오히려 로마인들 이래 처음으로 정치적인 것이 실제로 권위를 잃었음을 암시했다. 그와 더불어 서구의 역사 속에서만큼은 적어도 정치 구조에 내구성·연속성·영구성을 부여했던 요소도 사라져버렸다.

초창기부터 로마의 정치사상이 로마의 특수한 정치적 경험을 이해하고 해석하기 위해서 플라톤의 개념을 사용한 것은 사실이다. 그러나 플라톤의 비가시적이고 정신적인 잣대로 가시적인 유형의 인간사를 재고 판단하는 일은 기독교 시대에 와서야 비로소 그 정치적 유효성을 완전히 드러낸 듯하다. 로마의 정치 구조에 들어맞기 어렵고 동화되기 힘든 기독교의 일부 교리—즉 플라톤이 제시한 것과 달리 지구 영역의 상층부로 연장되지 않고, 그 너머에 있는 순전히 선험적인 권위 주체 〔즉 유일신 하느님〕이 계시한 율법과 진리—는 플라

44) 라틴어 원문은 "*Duo quippe sunt… quibus. In principaliter mundus hic regitur, : auctoritas sacra pontificum et regalis potestas*"(Migne, PL, vol. 59, p. 42a)다.

톤을 경유해 로마의 건국신화와 통합될 수 있었다. 신의 계시는 이제 정치적으로 해석될 수 있었고, 플라톤이 직관적으로 예상했던 것처럼 마치 인간의 처신을 위한 기준과 정치공동체의 원칙인 양 마침내 〔신에 의해〕 직접 계시되었다. 현대의 한 플라톤주의자의 표현을 빌리자면, 마치 초기 플라톤의 "보이지 않는 척도를 향한 지향(志向)이 이제 척도 자체의 현시를 통해 추인된 듯"[45]이 보였다.

가톨릭 교회는 그리스 철학을 교리와 교조적 신념들 속에 편입하는 과정에서, 하나의 시발점이자 과거에 일어난 어떤 정초 작업에 불가피하게 근거하고 있는 '권위'라는 로마의 정치적 개념과 '척도와 규칙'이라는 그리스의 초월적 관념들을 융합했다. 특수하고 내재적인 것들을 포섭할 수 있는 일반적·선험적 기준들이 이제는 어떤 정치 질서를 위해서도 요구되었고, 또 인간 사이에 이루어지는 모든 행동을 위해서는 도덕 규칙들이 요구되었으며, 모든 개별적 판단의 안내를 위해서는 합리적 척도들이 요구되었다. 그 어떤 것도 언젠가 〔로마의 정치적 권위 개념과 그리스의 철학적 관념들의〕 융합 그 자체보다 더 큰 권위와 훨씬 더 광범위한 결과들을 통해 〔스스로의 중요성을〕 천명하지는 못할 것이다.

그 이래로 다음의 내용이 사실로 드러났으며 그것이 융합의 안정성을 뒷받침한다. 요컨대 로마적 삼위, 즉 종교·권위·전통 가운데 한 가지 요소가 의심을 받거나 제거되는 곳이라면 어디서든 나머지 두 가지도 더 이상 안전하지 못했다는 것이다. 따라서 루터가 교회의 세속적 권위에 대한 개인적 도전과 〔교회의〕 지도를 받지 않은 개별적 판단에 대한 호소가 전통과 종교를 온전히 남겨둘 것이라고 생각한 것은 착오였다. 또한 홉스와 17세기 정치이론가들이 전통 없이도

45) Eric Voegelin, *A New Science of Pclitics*(Chicago, 1952), p.78.

권위와 종교가 보전될 수 있으리라고 희망한 것 또한 착각이었다. 끝으로 종교와 권위 없이도 〔인류가〕 중단되지 않은 서구 문명의 전통 속에 남아 있을 수 있다는 인본주의자들의 생각 역시도 오산이었다.

V

로마 정치제도와 그리스 철학 관념들의 융합이 가져온 가장 획기적인 정치적 효과는 교회가 내세의 삶에 관한 초기 기독교의 모호하고 모순적인 관념을 플라톤의 정치 신화들에 비추어 해석할 수 있게 된 것이다. 그 결과 지상에서 정당한 응보를 받지 못한 선행과 악행에 대한 정교한 보상과 처벌의 체계를 강고한 도그마의 수준으로 승격시킬 수 있게 되었다. 이 일은 5세기 이전에는 발생하지 않았다. 그때는 모든 죄인의 구원에 관한 이전의 교리들이, 심지어 (오리게네스Origenes가 가르쳤고 니사의 그레고리Nyssa of Gregory도 여전히 주장했던) 사탄 자체에 대한 교리나 (역시 오리게네스가 가르친) 지옥의 고통을 양심의 고통으로 이해하는 영적 해석마저 이단적이라고 선포되었기 때문이다. 그것은 로마 몰락과 동시에 발생했다. 확실했던 세속의 질서가 사라지고 교회가 〔대신〕 세속적 사안들에 대한 책임을 떠맡게 되면서 교황제가 모종의 세속 권력으로 출현했기 때문이다.

그러자 보상과 처벌이 이루어지는 내세에 관한 대중적이면서도 학식 있는 관념이 고대 내내 그랬던 것처럼 광범위하게 퍼져나갔다. 하지만 이러한 신념들에 대한 기존 기독교의 해석은 〔예수 탄생의〕 '기쁜 소식' 및 죄의 대속과 함께했기 때문에, 영원한 형벌과 고통에 대한 위협이 아니라 그와 정반대로 그리스도가 죽은 죄인들의 영혼을 해방시키기 위해 저 지옥을 없애고 사탄을 무찌르느라 자신의 죽음과 부활 사이에 사흘간 머문 지하계로의 탐험(descensus ad inferos)에 대한 설명이었다.

지옥에 관한 교리의 정치적·비종교적 기원을 정확히 추정하는 데는 다소간의 어려움이 따른다. 교회가 아주 일찍부터 플라톤의 해석을 차용해 그것을 교조적 신념 체계로 통합했기 때문이다. 〔철학하는〕 소수를 겨냥한 플라톤의 영혼 불멸에 관한 엄격히 철학적인 교시와, 명백히 다수의 군중을 겨냥한 처벌과 보상이 있는 내세에 대한 정치적 교시를 동일시할 정도로, 이 통합이 플라톤에 관한 이해를 흐렸던 것은 자연스러운 귀결로 보인다. 철학자 플라톤의 관심은 영혼에 의해 인식될 수 있는 비가시적인 것(ἀειδὲς)에 있다. 이것은 그 자체로 비가시적이기 때문에 죽음이 인간의 비가시적인 부분에서 그의 감각지각 기관인 신체를 제거한 후 비가시성(A-ίδης)의 장소인 지옥(Hades)으로 간다.[46] 철학자들이 항상 "죽음(death)과 죽어감(dying)을 추구하는" 것처럼 보이는 이유, 철학이 "죽음에 관한 학문"[47]으로 불릴 수 있는 이유가 바로 여기에 있다.

물론 감각인식의 범위 너머에 있는 어떤 철학적 진실을 경험해보지 못한 사람들을 상대로 육신 없는 영혼의 불멸성을 설득하기는 불가능하다. 이들을 위해 플라톤은 여러 이야기를 지어내 자신의 정치 대화편들을 마무리했다. 대부분 『국가』에서처럼 논쟁 자체가 결렬되거나 『고르기아스』(*Gorgias*)에서처럼 소크라테스의 상대를 설득할 수 없는 것으로 판명된 이후였다.[48] 그 이야기들 가운데 『국가』에 나

46) 비가시적 영혼과 비가시성의 전통적인 장소, 즉 플라톤이 그 어원을 '비가시적인 것'으로 추정하고 있는 지옥과의 친밀성에 관해서는 『파이돈』(*Phaedo*) 80을 보라.

47) 같은 책, 64-66.

48) 『법률』은 예외지만, 플라톤의 정치 대화편의 특징은 어딘가에서 모종의 단절

오는 에르 신화(Er-Myth)는 가장 정교했고, 큰 영향력을 가졌다. 플라톤과 5세기 기독교의 세속적 승리 사이에 존재했던 중요한 정치 문제에 관한 논의—아리스토텔레스의 경우를 빼면—가 플라톤 신

이 일어나고 있으며, 엄격히 논쟁적인 절차를 포기했다는 점이다. 『국가』에서 소크라테스는 몇 번인가 자신의 질문자들을 회피한다. 만일 어떤 행위가 인간과 신으로부터 감추어진다고 해도 정의가 여전히 가능한지는 매우 곤혹스러운 질문이다. 무엇이 정의인가에 관한 논의는 372a에서 실패로 끝나지만, 427d에서 재개된다. 그러나 거기에서는 정의가 아니라 지혜 그리고 에우불리아(εὐβονλία, 현명함)가 재정의 된다. 소크라테스는 403d에서 이 핵심적인 질문으로 복귀하지만 정의 대신에 소프로쉬네(σωφρούνη, 절제)에 관해 상론한다. 433b에서 다시 논의를 시작하지만 재빨리 정부 형태에 관한 논의로 이행하고(445d 이하), 동굴 이야기가 나오는 제7권에서 전체 논의가 [그 시점까지와는] 완전히 다른 비정치적 차원으로 옮겨질 때까지 계속한다. 여기서 왜 글라우콘(Glaukon)이 만족스러운 대답을 얻을 수 없었는지가 확실해진다. 정의는 이데아이자 감지되어야 하는 것이기 때문이고 어떤 다른 증명 방법도 존재하지 않기 때문이다.

다른 한편 에르 신화가 전체 논의의 반전으로 도입된다. 비록 인간과 신의 눈으로부터 가려져 있지만 [이 대목에서의] 임무는 정의 자체를 발견하는 일이다. 이제(612) 소크라테스는 글라우콘의 주장을 수긍하는 최초의 입장으로 돌아가기를 원한다. 글라우콘은 논의의 목적상 적어도 "정의로운 사람이 정의롭지 않게 보일 수도 있고, 정의롭지 못한 사람이 정의롭게 보일 수도 있"으므로 신도 인간도 누가 진정으로 정의로운지를 정확히 알 수 없다고 가정해야 한다고 주장했다. 소크라테스는 이것을 수긍하는 대신에 "정의로운 것과 정의롭지 못한 것의 본질은 신에게 사실대로 알려진다."는 가정을 설정한다. 다시금 전체 논의가 전적으로 다른 차원—이번에는 군중의 차원으로 완전히 [앞에서 다룬] 논의의 범위 바깥—에 놓인다.

『고르기아스』의 경우도 이와 매우 유사하다. 또 다시 소크라테스는 상대를 설득하는 데 실패한다. 전체 논의는 남에게 해를 끼치기보다는 자신이 남으로부터 해를 당하는 편이 낫다는 소크라테스의 신념으로 돌아간다. 칼리클레스(Kallikles)를 논변으로 설득할 수 없음이 분명해지자 플라톤은 일종의 극약처방(ultima ratio)으로 내세의 신화를 말하기로 한다. 그는 『국가』에서와는 대조적으로 그것을 아주 확신 없는 태도로 말하는데, 이것은 이야기의 화자인 소크라테스가 그것을 심각하게 생각하지 않고 있음을 암시한다.

화의 모방으로 결론 나지 않는 경우는 거의 없었다.[49] 5세기 기독교의 세속적 승리는 지옥론에 대한 종교적 승인을 가져왔다. (그 이후 지옥론은 기독교 세계의 아주 일반적인 특질이 되어 정치학 논문들이 그것을 구체적으로 언급할 필요조차 없었다.) 내세의 삶에 관한 히브리인들 및 초기 기독교의 추정들과 대별되는 단테(Dante)의 〔『신곡』에 나오는〕 정교한 설명의 진정한 선구자는 다름 아닌 플라톤이다. 우리는 플라톤에게서 처음으로 영원한 삶과 죽음, 보상과 처벌에 관한 최후의 심판이라는 개념을 발견할 뿐만 아니라 신체의 단계적인 처벌이라는 소름 끼치도록 구체적인 개념은 물론 지옥·연옥·천국에 관한 지리적 구분까지 발견할 수 있기 때문이다.[50]

플라톤의 『파이돈』과 『고르기아스』의 결말은 물론 『국가』의 마지막 권에 나오는 신화들의 순수하게 정치적인 함의에 관해서는 논쟁의 여지가 없는 듯하다. 영혼의 불멸성에 대한 철학적 확신과 내세의 삶에 대한 정치적으로 바람직한 믿음의 구분은, 〔그의〕 이데아론에 나오는 철학자의 최고 이데아인 아름다운 것(the beautiful)의 이데아와 정치가의 최고 이데아인 좋은 것(the good)의 이데아 사이의 구분으로 계속 평행선을 달린다. 한편 플라톤은 자신의 이데아철학을 정치영역에 적용할 때 무슨 까닭인지 정치적인 논의들 속에서 아름다

49) 키케로와 플루타르크의 저작에서 보듯이 명백한 죽음의 동기가 되풀이되는 경우가 많은데, 이것들은 의심의 여지없이 플라톤을 모방한 것이다. 키케로가 자신의 『국가론』에서 결론을 내리고 있는 Somnium Scipiois 속의 탁월한 신화에 관해서는 Richard Harder, "Ueber Ciceros Somnium Scipionis," *Kleine Schriften*(Munchen, 1960)을 보라. 덧붙이자면 하더는 플라톤이나 키케로 가운데 누구도 피타고라스의 강령을 따르지 않았다는 점을 설득력 있게 제시하고 있다.

50) 이 점은 특히 마르쿠스 도즈(Marcus Dods)가 강조하고 있다(*Forerunners of Dante*, Edinburgh, 1903).

움의 이데아와 좋은 것의 이데아 사이의 결정적으로 중요한 구분을 흐려버리고, 아무런 설명도 없이 전자를 후자로 대체했다. 하지만 어떤 불멸하고 비가시적이며 육신 없는 영혼과, 고통에 민감한 신체가 형벌을 받는 어떤 내세적 삶의 구분에 대해서도 그렇게 했다고는 말할 수 없다.

이런 신화들의 정치적 성격을 암시하는 확실한 증거들 가운데 하나는 실제로 그 신화들이 육신의 형벌을 의미했기 때문에 플라톤의 육신사멸론에 명백한 모순을 제기한다는 점이다. 플라톤 자신도 이 모순을 결코 모르지 않았다.[51] 더욱이 그는 자신의 비유들을 설명할 때, 다음의 내용은 진실이 아니며 "마치 진실인 것처럼 해서"[52] 군중을 더 잘 설득하기 위한 어떤 가능성 있는 의견임을 상세히 설명해 사전에 확실한 주의를 주었다. 끝으로 〔한 가지 질문을 덧붙이자면〕, 특히 『국가』에서, 동굴의 비유를 이해하고 지하 세계가 실제로는 지구상의 삶이라는 것을 알고 있는 사람들에게는 사후의 삶이라는 개념 전체가 아무 의미도 없다는 점이 오히려 분명하지 않은가?

플라톤이 어떤 내세의 삶에 관한 자신의 묘사와 관련해 아마도 오르페우스파(Orphic)와 피타고라스파(Pythagorean)의 전통에 의존했을 것이라는 사실은 거의 의심할 나위가 없다. 마치 교회가 거의 천년이 지난 후 당시에 우세했던 신념들과 추측들 가운데서 어떤 것은 교회의 강령으로 삼고, 어떤 것은 이단으로 선언하는 등 자유로운 선택을 한 것처럼 말이다. 플라톤과 그의 선배들—그들이 누가 되었든—의 차이는 그가 그런 신념들 속에 내재한 거대하고 순전히 정치적 성격의 잠재력을 처음으로 인식했다는 점이다. 이는 마치 지옥·

---

51) 플라톤, 『고르기아스』, 524를 보라.

52) 같은 책, 522/3과 『파이돈』, 110을 보라, 『국가』, 614에서 플라톤은 심지어 율리시스(Ulysses)가 알키노우스(Alcinous)에게 한 이야기를 암시하고 있다.

연옥·천국에 관한 아우구스티누스의 아주 상세한 가르침들과, 오리게네스나 알렉산드리아 출신인 클레멘트(Clement of Alexandria)의 추측들이 구별되는 것과 마찬가지다. 아우구스티누스(아우구스티누스 이전에는 아마도 테르툴리안Tertullian이 그랬을 것이다)는 이러한 강령들이 어떤 미래의 삶을 추측할 수 있는 가치들과 별개로 현세에서 위협으로 사용될 수 있음을 어느 정도 이해하고 있었다.

이런 맥락에서 '신학'이라는 단어를 만들어낸 사람이 바로 플라톤이라는 사실보다 더 시사적인 것은 없다. 이 새 단어가 순전히 정치적인 논의, 즉 도시〔국가〕의 정초 작업을 다루는 대화편인 『국가』의 한 단락에서 다시 사용되고 있기 때문이다.[53] 이 신학적 성격의 새로운 신은 살아 있는 하느님도, 철학자의 신도, 이단의 신도 아니다. 그는 하나의 정치적 장치(裝置), "척도 중의 척도"[54], 즉 도시〔국가〕 건설의 기준이고 다수 대중을 위해 마련된 행동 규칙이다. 게다가 신학은, 인간 정의가 혼돈에 빠진 경우, 즉 사형 선고조차도 과분한 사람이나 처벌에서 〔교묘히〕 빠져나가는 범죄의 경우에 그러한 기준들을 절대적으로 강제하는 방법을 가르친다.

내세의 삶과 관련된 '주된 논지'는 플라톤이 공공연히 설파했듯이 "죄진 자들은 모두 자신이 타인에게 주었던 고통의 열 배로 고초를 당한다"[55]라는 사실이다. 분명한 것은 플라톤이 신성불가침한 문헌인 성경에 의거해 신의 말씀을 주해하는, 〔현재〕 우리가 이해하는 신학에 관해서는 전혀 알지 못했다는 점이다. 플라톤에게 신학은 '정치학'의 구성 요소이자, 특히 소수에게 다수를 다스리는 방법을 가르

53) 플라톤, 『국가』, 379a.

54) 베르너 예거는 언젠가 플라톤적 신이라고 부른 바 있다(*Theology of the Early Greek Philosophers*, Oxford, 1947, p.194 각주).

55) 플라톤, 위의 책, 615a.

치는 부분일 뿐이었다.

다른 역사적 영향력들이 지옥론을 정교화하는 작업에 어떤 작용을 해왔는가와 상관없이 이 작업은 고대를 통틀어 소수가 다수 대중에 대해 어떤 도덕적·정치적 통제력을 보유하려는 정치적 목적에서 지속되었다. 문제의 요점은 언제나 동일했다. 진실은 본질상 자명하므로 만족스럽게 논쟁이 이루어지거나 증명될 수 없다는 점이다.[56] 그러므로 믿음은, 자명하나 눈에 보이지 않으며 논쟁의 범위 밖에 존재하는 것을 동시에 볼 수 있는 눈을 결여한 사람들에게 필요한 것이다. 플라톤적으로 말해서 소수는 대중에게 진실을 설득할 수 없다. 진실은 설득의 대상일 수 없기 때문이다. 그런 한편, 설득은 대중을 상대하는 유일한 방법이다. 저 무책임한 시인들과 이야기꾼들의 이야기에 도취한 대중은 거의 모든 것을 믿도록 설득당할 수 있다. 소수의 진리를 대중에게 전달하는 적절한 이야기들은 내세의 보상과 처벌에 관한 것이다. 지옥의 현존함에 대해 시민들을 설득하는 일은 시민들이 마치 그 진리를 알고 있기나 한 것처럼 행동하게 할 것이다.

기독교가 세속적 이해관계와 책임 의무의 부재 상태로 남아 있는 동안에는 내세에 대한 신념과 추측들이 고대에 그랬던 것만큼 자유롭게 방치되었다. 그러나 새로운 교리가 순수하게 종교적으로 발전되는 시기가 지나자 교회는 정치적 책임을 의식해 그것을 기꺼이 떠맡았고 스스로 플라톤의 정치철학에 발생했던 것과 유사한 난제에 직면했음을 깨달았다. 인간사와 인간관계로 구성된, 따라서 본질상 상대성이 지배하는 듯한 영역에 절대적인 기준들을 부과하는 문제

56) 특히, 진실은 말과 논쟁 너머에 있다는 플라톤의 확신은 그의 *Seventh Letter*를 보라.

에 다시금 봉착한 것이다. 이 상대성은, 한 인간이 다른 인간에게 가할 수 있는 최악의 행동은 살인, 즉 언젠가 어떤 방식으로든 〔숙명적으로〕 인간에게 닥칠 일을 〔의도적으로〕 일으키는 것이라는 사실과 조응한다. 이와 같은 한계에 관한 '개선책'은, 저 지옥의 이미지 속에 제시된 처벌이 정확히 초기 기독교에서 죄에 대한 적절한 대가로 생각했던 '영원한 죽음' 그 이상이라는 것이다. 요컨대 이 영원한 죽음은 영원한 고통과 비교했을 때 차라리 구원을 뜻할 수도 있기 때문이다.

교회는 기독교의 교조적 신념 체계에 플라톤의 지옥론을 도입함으로써 세속 권력과 벌이는 그 어떤 싸움에서도 승리자로 남을 수 있다고 장담할 수준까지 종교적 권위를 신장시켰다. 그러나 이 추가적인 힘의 대가로 로마적 권위 개념은 희석되고 서구의 종교사상과 교회의 계급 질서에 폭력이라는 요소가 스스로 스며들도록 허용하고 말았다. 실제로 이 대가가 얼마나 큰 것이었는가는 다음의 대단히 수치스러운 사실을 통해 가늠해볼 수 있을 것이다. 의문의 여지없는 품격을 지닌 사람들—테르툴리안과 토마스 아퀴나스(Thomas Aquinas)도 포함된다—도 천국에 있는 즐거움 가운데 하나가 지옥에서 벌어지는 형용할 수 없는 고통의 광경을 바라보는 특권이라고 확신할 수 있었다는 사실이다. 정교한 미래의 형벌 목록과 현대의 마지막 단계에 와서야 그 공적·정치적 중요성을 상실한 공포를 통한 강압의 엄청난 위력은 수 세기에 걸친 기독교 발전사 전체에서 나사렛 예수가 준 복음의 교사와 정신으로부터 가장 멀고도 낯선 것으로 밝혀졌다. 종교사상에 관한 한 그것은 확실히 지독한 역설이다. 복음의 '기쁜 소식' '영원한 삶'과 같은 기독교적 언명이 결국 기쁨이 아닌 두려움을 증대시켜야 했고, 인간의 죽음을 더 편안하게 만드는 게 아니라 더 고통스럽게 만들어야 했으니 말이다.

그런 역설은 차치하더라도, 현대에 발생한 세속화의 가장 의미 있는 결과는 공적인 삶에서 종교와 함께 전통 종교에서 유일하게 정치적인 요소였던 지옥에 대한 두려움을 제거했다는 사실일 것이다. 히틀러와 스탈린 시대에 어떤 완전히 새롭고 전혀 예상치 못한 범죄가 어떻게 그 나라들에서 거의 아무런 도전도 받지 않고 정치영역에 침범하는지를 목도해야 했던 우리는 그러한 범죄들이 양심의 기능에 미치는 '설득력 있는' 영향력을 절대로 과소평가할 수 없다. 이러한 경험들이 주는 충격은 더욱 커질 수 있다. 우리가 바로 그 계몽의 시대에 미국의 건국 선조들과 마찬가지로 프랑스혁명의 투사들 역시 어떤 '복수의 신'에 대한 공포와 '어떤 미래 국가'에 대한 신념을 새 정치 체제의 구성 요소로 삼을 것을 역설했다는 사실을 상기한다면 말이다.

모든 민족의 혁명가들이 이상하게도 자기 시대의 일반적 관점에서 벗어나는 가장 분명한 이유는 그들이 교회와 국가의 새로운 분리라는 사실로 인해 자신들이 그 옛날 플라톤이 겪었던 곤경에 빠져 있음을 깨달았기 때문이다. 공적인 삶에서 지옥에 대한 공포를 제거하는 것이 "살인 자체를 〔새총으로〕 물새 떼를 쏘는 것인 양 아무렇지도 않게 만들고, 로힐라(Rohilla)라는 나라를 없애는 일을 마치 작은 치즈 조각을 삼키는 것인 양 천연덕스럽게 만드는"[57] 길을 열게 될 것이라고 경고하는 혁명가들의 말은 우리의 귀에 거의 예언자의 경고처럼 들릴 수도 있다. 그러나 그런 말들은 '복수의 신'이라는 교조적 신앙의 표현이 아니라 인간의 본성에 대한 불신에서 비롯된 것이다.

결과적으로 플라톤이 의식적으로 고안한 모종의 정치적 장치로서

---

57) 존 아담스(John Adams)의 "Discourses on Davila," *Works*(Boston, 1851), vol. Vl, p.280을 예로 들 수 있다.

보상과 처벌 체계를 가진 미래 국가에 대한 신념은, 그레고리우스 대제에 의해 아우구스티누스 판본 형태로서 역시 〔플라톤 못지않게〕 의식적으로 채택되었으며 서구의 역사 속에서 함께 권위를 확립했던 다른 모든 종교적 · 세속적 요소들보다 오래 살아남을 운명이었다. 세속적 권위를 위한 종교의 유용성이 재발견된 시기는 종교가 정치적 수단으로 쓰일 수 없을 정도로 세속적 삶이 종교적이던 중세가 아니라 현대였다. 재발견의 진정한 동기는 '왕관과 제대(祭臺)'의 다양하며 대체로 악명 높은 동맹들로 인해 다소 무색해졌다. 왕들이 혁명의 전망에 경악해 '국민들이 종교를 잃게 놔둬서는 안 된다'고 믿었기 때문이었다. 하이네(Heine)의 말대로 "자신의 신으로부터 떨어져나간 사람은 속세에서도 권위적 주체들을 버릴" 것이기 때문이다. 요점은 오히려 저 혁명가들 자신이 어떤 미래 국가에 관한 신념을 설교했다는 것이다. 심지어는 로베스피에르조차 결국 어떤 '불멸의 입법자'가 혁명을 재가(裁可)하기를 호소했고, 초기 미국의 〔주州〕 헌법들 가운데 그 어느 것에서도 미래의 보상과 처벌을 다룬 적절한 조항이 빠진 경우는 없었다. 존 아담스와 같은 사람들 〔즉 건국 선조들〕은 미래의 보상과 처벌을 "도덕의 유일하고 사실적인 토대"로 간주했다.[58)]

붕괴하고 있는 종교 · 권위 · 전통의 체계로부터 유독 폭력이라는 요소 하나만을 보전해 그 참신하고 세속적인 정치 질서의 안전장치로 사용하려는 모든 시도가 공허할 수밖에 없다는 것은 분명 놀라운 사실이 아니다. '종교는 인민의 아편'이라는 사회주의나 마르크스주의 신념의 등장 또한 결코 그것들〔종교 · 권위 · 전통〕을 파국으로 몰고 가지 않았다. (일반적으로는 진정한 종교, 특수하게는 기독교 신

58) 매사추세츠주 헌법 전문의 초고에서 인용함(*Works*, vol.Ⅳ, p.221).

앙—즉 구원과 관련해 개인에게 가차 없이 부담을 지우고 그가 담당하는 역할을 강조하는 종교는 다른 종교보다 훨씬 더 정교한 죄의 목록을 작성한다—은 결코 사람의 마음을 안정시키는 용도로 사용될 수 없다. 현대의 이데올로기들은 그것이 정치적이든 심리적이든 사회적이든, 현실의 경악할 만한 충격에 대해 인간의 영혼을 우리가 알고 있는 어떤 전통 종교보다 훨씬 더 효과적으로 면역시킨다. 20세기의 다채로운 미신들과 비교한다면, 신의 의지에 경건하게 모든 것을 맡기는 일은 마치 아이의 주머니칼을 가지고 핵무기를 상대하는 꼴이다.)

시민사회 속에서 '적합한 도덕들'이 궁극적으로 또 다른 삶에 대한 두려움과 바람에 좌우된다는 확신은 18세기 정치인들에게 여전히 건전한 상식 정도로 보였을 수도 있다. 〔그러나〕 19세기의 정치인들에게는, 예를 들어 영국 법정이 비단 정치적 이유에서뿐 아니라, "지옥의 공포가… 〔지옥의 존재를〕 믿는 자들이 거짓말하는 것을 막을 수 있다"는 〔도덕적〕 이유로 "어떤 미래 국가의 존재를 믿지 않는 사람의 선서는 가치가 없다"[59]라는 입장을 당연시한 사실이 솔직히 수치스럽게 보였을 뿐이다.

표면상 어떤 미래 국가에 대한 믿음을 상실했다는 것은, 비록 정신적인 면에서는 확실히 그렇지 않더라도 정치적인 면에서만큼은 우리 시대와 이전의 수 세기 사이의 가장 중대한 차이점이다. 이 믿음의 상실은 확증적이다. 세계가 다시 얼마나 종교적으로 변할 수 있든, 세계 속에 진정한 신앙심이 얼마나 남아 있든, 우리의 도덕 가치가 우리의 종교 체계 속에 얼마나 깊숙이 뿌리내릴 수 있든, 이 모든 것과 상관없이 지옥에 대한 공포는 더 이상 절대 다수의 행위들을 막거나 자극하는 동기에 포함되지 않는다. 세계의 세속성이 삶의 종교

---

59) 존 스튜어트 밀(John Stuart Mill), 『자유론』(*On Liberty*), ch.2.

적 영역과 정치적 영역의 분리와 관련되는 한 이것은 불가피한 사실로 보인다. 이런 상황 아래서 종교는 〔정교분리로 인해〕 마치 공적인 삶이 초월적 권위의 종교적 재가(裁可) 능력을 상실했던 것처럼 그것의 〔지옥에 대한 두려움과 내세의 삶에 대한 기대라는〕 정치적 요소를 상실하게 되었다. 여기서 대중에게 소수의 기준들을 따르도록 설득하기 위해 플라톤이 고안한 장치가 종교의 재가를 얻기 이전에는 비현실적인 것으로 남아 있었다는 사실을 상기해봄직하다. 그것의 목적, 즉 다수에 대한 소수의 지배를 수립하겠다는 목적을 너무 드러내놓고 밝힌 까닭에 장치의 유용성이 저해되었던 것이다. 똑같은 이유로 미래 국가에 대한 신념들은, 교조적 신념들의 체계 전체에서 유독 보전의 가치를 지닌다고 여겨진 덕분에 그것의 정치적 유용성이 떠들썩하게 주목을 받자마자 공영역에서 자취를 감추었다.

VI

이 맥락에서 특히 우리의 시선을 끄는 것이 하나 있다. 그리스에 기원을 두고 있는, 권위적 〔인간〕 관계와 관련된 모든 모델·원형·사례—〔즉〕 치유자와 의사로서의 정치가, 전문가로서의 정치가, 선장으로서의 정치가, 사물의 이치를 아는 주군(主君)으로서의 정치가, 교육자로서의 정치가, 지혜로운 자로서의 정치가라는 모든 사례들—는 충실하게 보전되어왔고 더욱 정교해졌다. 그것들이 공허한 상투어가 되기 전까지는 말이다. 반면에 권위라는 단어·개념·실재를 우리 역사 속으로 들여온 단 한 가지 정치적 경험—저 로마의 정초 경험—은 완전히 상실되고 망각된 듯이 보인다. 이 사태는 우리가 정치사상의 중심 개념 가운데 하나인 권위에 관해 이야기를 시작하거나 생각하는 순간, 마치 모든 것이 다른 무엇으로 간주되거나 오인될 수 있는 추상·은유·화법과 같은 것들로 이루어진 미궁에 빠져 있는 듯한 느낌이 들 정도로 심각한 수준이다. 그 이유는 우리가 역사 또는 일상의 경험 속에 〔권위 개념과 관련해〕 만장일치로 소구(訴求)할 수 있는 어떤 실재도 가지고 있지 않기 때문이다. 무엇보다도 이 상황은 다른 것으로 드러날 수 있다는 사실도 암시한다. 요컨대 그리스적 개념들은 로마인들이 〔그들의〕 전통과 권위〔라는 인식 장치〕를 통해 축성(祝聖)한 이후 역사의식에서 그들의 틀에 들어맞지 않을 가능성이 있는 모든 정치적 경험들을 간단히 제거해버렸던 것이다.

그럼에도 이 진술이 전적으로 옳은 것은 아니다. 우리의 정치사에는 정초라는 관념이 결정적으로 중요하게 작동하는 어떤 유형의 사건이 현존하고, 우리 사상사에는 정초 개념이 핵심을 이루는 저작을 남긴—최고는 아닐지라도—정치사상가 한 명이 존재한다. 그 사건들이란 〔바로〕 근대혁명들이고 그 사상가는 〔바로〕 마키아벨리다. 그는 근대의 문턱에서 비록 혁명이라는 말을 결코 사용한 적은 없었지만 최초로 모종의 혁명을 인식한 사람이었다.

정치사상사에서 마키아벨리의 독특한 지위는, 흔히 그를 칭송하는 표현이지만 논쟁의 여지가 다분한 현실주의(realism)와는 아무런 관련이 없다. 또한 그는 빈번히 일컬어지는 것처럼 정치학의 아버지도 아니었다. (가령 정치학을 정치이론으로서 이해한다면 정치학의 아버지는 분명 마키아벨리보다는 플라톤이다. 가령 정치학의 과학적 성격을 강조한다면, 그것의 탄생을 모든 근대 과학의 등장 시기인 16세기와 17세기 이전으로 거슬러 올라가 특정하는 것은 거의 불가능하다. 내 생각에 마키아벨리의 이론들이 보유하는 과학적 성격은 종종 심하게 과장되었다.) 마키아벨리가 보여주는 도덕적 판단들에 대한 무관심과 편견에서 자유로운 태도는 충분히 놀라운 것이지만 그것이 문제의 핵심을 관통하지는 못한다. 그러한 마키아벨리의 특성은 그의 저작에 대한 이해보다는 명성에 더 크게 기여했다. 독자 대부분에게 그의 저작은 그 당시나 오늘날에나 너무 충격적이어서 제대로 이해하기조차 힘들었을 것이기 때문이다.

그가 공적·정치적 영역에서 인간은 "선하지 않게 되는 법을 배워야 한다"[60]라고 역설할 때, 그 말은 결코 사람들이 악해지는 법을 배워야 한다는 뜻이 아니었다. 더욱이 "사람이 실제로 영광이 아니라 권력을 얻는 방법들"[61]에 관해 그처럼 격렬한 경멸을 표현한 정치사상가를 다시 찾아보기도 힘들다. 진실은, 우리가 전통 속에서 발견하는 좋은 것(the good)의 두 가지 개념 — '무엇을 위해 좋은'(good for) 또는 적합성이라는 그리스 〔즉 플라톤〕적 개념과 현세의 일부일 수 없는 절대 선(an absolute goodness)이라는 기독교적 개념 — 에 마키아벨리가 반대했다는 것뿐이다. 그의 견해 속에서 이 두 개념은 인간 삶의 사영역에서만 타당하다. 그것들은 정치라는 공영역에서 정반대의 개념인 부적합성·무자격·악 못지않게 설 자리를 찾지 못한다.

다른 한편, 마키아벨리에 따르면 명확히 정치적 〔성격을 띠는〕 인간 특질인 비르투(virtu)는 로마의 비르투스(virtus)처럼 도덕적 함의를 가진 것도 아니고, 그리스의 아레테(ἀρετή, 탁월함)처럼 도덕적으로 중립적인 탁월함이라는 함의를 가진 것도 아니다. 비르투는 인간이 세계를 상대하기 위해, 아니 그보다는 세계가 인간에게, 다시 말해서 인간의 비르투에게 자신을 개방하고 현시하며 제공하는 포르투나(fortuna, 운)의 집합체를 상대하기 위해 불러들인 대응 방식

---

60) 니콜로 마키아벨리, 『군주론』(*The Prince*), ch.15.
61) 같은 책, ch.8.

이다. 그러므로 포르투나 없는 비르투는 성립하지 않고, 비르투 없는 포르투나도 성립하지 않는다. 양자 간의 상호작용은 인간과 세계 사이의 조화—서로를 상대로 작용하고 함께 성공하는—를 가리킨다. 이 상호작용은 정치가의 지혜로부터 멀리 떨어져 있는 것만큼이나 개인의 도덕적 혹은 다른 탁월성과도 거리가 멀고, 또한 전문가들의 능력과도 거리가 멀다.

마키아벨리가 자기 시대의 투쟁 속에서 얻은 개인적 경험들은 그에게 교회가 제시하고 자양분을 공급하고 재해석한 모든 전통(기독교와 그리스의 전통)에 대한 깊은 경멸감을 안겨주었다. 그의 경멸은 이탈리아의 정치적 삶을 부패하게 만든 저 타락한 교회를 겨냥하고 있었고, 교회의 부패는 그것의 기독교적 성격 때문에 불가피했다고 주장했다. 그가 목도한 것은 부패뿐 아니라 그것에 대항하는 반동도 있었다. 프란체스코회(Franciscans)와 도미니쿠스회(Dominicans)에서 시작된 매우 종교적이고 신실한 신앙부흥 운동은 사보나롤라(Savonarola)의 광신적 행위로 귀결되었는데, 마키아벨리는 그에 대해 상당한 존경심을 가지고 있었다.

마키아벨리는 이러한 종교 세력들을 향한 〔개인적〕 존경심과 교회에 대한 경멸 때문에, 기독교 신앙과 정치 사이에 존재하는 근본적인 모순에 관한 몇 가지 결론을 도출하게 되었다. 그의 결론은 신기하게도 우리 시대의 처음 몇 세기를 상기시킨다. 그의 요점은 종교와 정치의 접촉은 반드시 양쪽 모두를 부패시킨다는 것, 부패하지 않는 교회는 상당히 존경할 만하기는 하지만, 현재의 타락한 교회보다 공영역에 훨씬 더 파괴적이라는 것이었다.[62] 마키아벨리가 보지 못했던 것은, 그리고 아마도 그의 시대에는 볼 수 없었던 것은 저 로마가 가

62) 특히, 니콜로 마키아벨리, 『로마사 논고』(*Discourses*), book III, ch. 1을 보라.

톨릭 교회에 끼친 〔정치적〕 영향력이었다. 사실 로마의 영향력은 그것의 기독교적인 내용과 그리스 이론의 준거 틀보다 훨씬 눈에 덜 띄었다.

마키아벨리가 로마인들의 핵심적인 정치 경험들을 기독교적 신앙심과 그리스 철학으로부터 떼어내 본래 제시되었던 모습대로 탐구하도록 이끌었던 것은 애국심이나 당시에 다시 일었던 고대에 관한 관심 이상의 어떤 것이었다. 마키아벨리의 재발견이 지니는 위대함은, 그가 단지 명료한 개념적 전통을 되살리거나 그것에 의존하지 않고, 로마인들이 스스로 개념화하려는 의도보다는 표현의 명료성이라는 목적 때문에 통속화한 그리스 철학을 통해 제시했던 경험들을 자기 스스로 명료하게 표현했다는 사실에 있다.[63] 그는 로마사와 로마의 사고방식 전체가 건국의 경험에 기대고 있다고 보았으며, 통일 이탈리아를 향한 정초 작업을 통해 로마의 경험을 재현하는 일이 마땅히 가능해야 할 것으로 믿었다. 이는 저 영원한 도시(the Eternal City)의 정초 작업이 이탈리아 국민을 위한 것이었듯, 하나의 통일된 이탈리아는 저 이탈리아라는 국가의 '영원한' 정치 체제를 위한 신성한 초석이 되어야만 할 것이었기 때문이다.

마키아벨리는 당시 민족국가들의 탄생 흐름과 새로운 정치 체제의 필요성을 인식했으므로 그때까지 알려진 바 없던 국가(lo stato)라는 용어를 사용했다. 그래서 그는 통상적으로, 그리고 정당하게 현대 국민국가(nation-state)와 그 '국가의 존재 이유'(a reason of state)라는 관념의 창시자로 인식되었다. 비록 덜 알려지기는 했어도 이보다 훨씬 더 놀라운 사실은 마키아벨리와 로베스피에르가 동일한 언어

63) 마키아벨리의 저술에 키케로의 이름이 얼마나 드물게 등장하는가. 그가 자신의 로마사 해석에서 얼마나 용의주도하게 키케로를 회피하는지를 살펴보는 것은 흥미롭다.

를 매우 빈번히 구사하는 듯하다는 점이다. 로베스피에르가 공포, 즉 "전제정에 대항한 자유권의 폭정"을 정당화할 때 그는 이따금씩 마치 새로운 정치 체제의 건설과 부패한 정치 체제의 개혁을 위한 폭력의 필요성을 역설하는 마키아벨리의 유명한 진술들을 거의 토씨 하나 다르지 않게 반복하고 있다는 인상을 준다.

이런 관점에서 마키아벨리와 로베스피에르는 로마인들 스스로 국가 정초에 관해 말해야 했던 바를 넘어서고 있기 때문에 그들의 유사성은 더 큰 놀라움을 자아낸다. 국가 건설과 독재 사이의 연관성은 분명 로마인들로부터 배울 수 있었을 것이다. 일례로 키케로는 스키피오(Scipio)에게 독재자가 되라고, 즉 공화국을 복원하기 위해 독재 권력을 획득하라고 공개적으로 간청하고 있다.[64] 마키아벨리와 로베스피에르는 저 로마인들처럼 건국을 핵심 정치행위로 생각했다. 〔왜냐하면〕 건국은 공적·정치적 영역을 수립하고 정치를 가능하게 만드는 유일무이하고 위대한 실천행위였기 때문이다. 그것을 과거의 사건으로 보았던 로마인들과 달리, 마키아벨리와 로베스피에르는 〔지금〕 이 최고의 '목적'을 위해서라면 모든 '수단'—주로 폭력 수단—이 정당화된다고 생각했다.

그들은 국가의 정초라는 행위를 전적으로 만듦(making)의 이미지를 통해 이해했다. 그들에게 문제는 말 그대로 어떻게 하나의 통일된 이탈리아 또는 프랑스 공화국을 '만들' 것인가였고, 그들의 폭력에 대한 정당화는 다음과 같은 주장에 의해 인도되었으며 그것의 본질적 타당성을 확보했다. 〔즉〕 '당신은 나무를 죽이지 않고 책상을 만들 수 없고, 달걀을 깨지 않고 오믈렛을 만들 수 없으며, 또한 사람을 죽이지 않고 공화국을 만들 수는 없다.' 이런 측면에서 이 명제는

64) 마르쿠스 툴리우스 키케로, 『국가론』, VI, 12.

혁명들의 역사에 숙명적인 요소가 될 운명이었다. 그럼에도 마키아벨리와 로베스피에르는 로마인이 아니었으므로 그들이 자문을 구할 수 있었던 권위자는 오히려 플라톤이었을 법하다. 플라톤은 "가장 손쉽고 신속하게 변화를 일으킬 수 있는"[65] 정부로서 전제정을 추천한 사람이기도 했기 때문이다.

마키아벨리가 근대혁명의 선조로 간주될 수 있는 것은 그가 국가 정초의 경험을 재발견했고, 또 그것을 어떤 최고 목적을 위한 (폭력적) 수단의 정당화라는 맥락으로 재해석했다는 바로 이 이중적 측면 때문이다. 프랑스혁명이 로마인의 복장으로 역사의 무대에 출현했다는 마르크스의 언급은 모든 근대혁명들의 특징을 잘 요약해준다. 내가 보기에 국가 정초에 대한 저 로마적인 정념이 근대혁명을 고무했다는 점을 인정하지 않는 한, 서구의 혁명들이 지닌 위엄이나 비극을 올바로 이해할 수는 없다. 현재 〔우리〕 세계의 위기가 근본적으로 정치적 성격이라는 생각이 맞다면, '서구의 쇠퇴'라는 그 유명한 주장이 기본적으로는 저 로마의 삼위인 종교·전통·권위의 쇠퇴에서 기인하며 그것은 동시에 명확히 로마적인 토대들을 가지고 있는 정치영역을 손상시킨다는 생각이 맞다면, 저 근대혁명들은 이러한 〔손상된〕 토대들을 보수하려는, 끊어진 전통의 끈을 다시 잇고자 하는, 그리고 새로운 정치 체제들을 건설함으로써 지난 수백 년간 인간사에 특정의 위엄과 위대함을 부여해주었던 실체를 복원하려는 거대한 시도들처럼 보인다.

그러한 근대혁명의 시도들 가운데 오직 미국혁명만이 성공적이었다. 우리가 여전히 건국 선조라고 부르는 사람들은 매우 특색 있게도 폭력 없이 하나의 헌법에 의지해 완전히 새로운 정치 체제를 정초했

65) 플라톤, 『법률』, 711a.

다. 이 정치 체제는 적어도 현재까지는 잘 버텨주었다. 현대 세계의 특수한 현대적 성격이 미국 안의 모든 비정치적 삶의 영역들에서 창출한 것과 같은 극단적 표현들을 다른 어느 나라에서도 창출하지 않았다는 사실에도 불구하고 말이다.

여기서 가장 격렬하고 파괴적인 사회적 불안정성의 거센 공격 아래 놓였던 한 정치 구조의 경이로운 안정성의 원인에 대해 논하지는 않을 것이다. 폭력을 대체로 정규전에만 한정했던 미국혁명의 상대적 비폭력성이 성공의 한 가지 중요한 요인인 것은 확실하다. 건국 선조들이 유럽의 국민국가 〔체제로의〕 발전 과정에서 빗나가 있었으므로 본래의 로마 정신에 더 가까이 머물렀던 것도 이유가 될 수 있을 것이다. 이보다 더욱 중요한 사실은 아마도 저 정초 행위, 즉 미 대륙의 식민화가 독립선언에 앞서 진행되었기 때문에 헌법의 틀을 만드는 작업이 기존의 헌장들 및 협정들을 참조해 완전히 새로운 정치 체제를 만들기보다는 기존의 정치 체제를 추인하고 합법화하는 방식으로 진행되었다는 점일 것이다.[66] 그러므로 미국혁명의 행위자들은 '새로운 사물의 질서를 창시하는' 노력을 절약할 수 있었다. 요컨대 그들은 마키아벨리가 "〔새 질서의 창시보다〕 더 완수하기 어렵고, 성공을 자신할 수도 없으며, 더 다루기 힘든 것은 아무것도 없다"[67]고 말했던 그 한 가지 노역에서 면제되었던 것이다. 로베스피에르와 레닌 그리고 모든 위대한 혁명가들의 선조로서 마키아벨리는 그들과 마찬가지로 다른 무엇보다도 새로운 사물의 질서 창시를 열렬히 원했기 때문에 분명 〔그런 노고의 어려움을〕 알고 있었음이 틀림없다.

---

66) 물론 이러한 가정은 미국혁명을 상세히 분석함으로써 정당화될 수 있다.
67) 니콜로 마키아벨리, 『군주론』, ch.6.

마키아벨리가 알고 있었든 그렇지 않았든, 우리가 통상적으로 전통과의 급진적 단절로 간주하는 저 혁명들은 여전히 이 전통의 기원들에 의해 고무되고 그것들로부터 가장 위대한 저력을 끌어내는 인간의 행위들에 의해서 발생하는 사건들로서 우리의 맥락 속에 모습을 드러낸다. 혁명들이야말로 이 로마-서구 전통이 위기 상황들을 위해 제공해온 유일한 구원책처럼 보인다. [그런 반면] 20세기의 다양한 혁명들뿐 아니라 프랑스혁명이 잘못된 이후에 발생한 모든 혁명이 왕정복고나 전제정으로 끝났다는 사실은 전통이 제공한 최후의 구원 수단마저도 부적합해졌음을 암시하는 것 같다.

우리가 과거에 알았던 형태의 권위는 로마의 건국 경험으로부터 자라났고 그리스의 정치철학에 비추어 이해되었던 것으로서, 혁명을 통해서나 그보다 훨씬 덜 희망적인 복원의 수단을 통해서나, 또는 가장 가망성이 희박한 경우이기는 하지만 이따금씩 여론을 휩쓰는 보수적 분위기와 경향에 편승하는 방식으로도 다시는 그 어디에서도 세워지지 못했다. 따라서 [우리가] 어떤 정치영역 속에서 권위가 부재한 상태 또는 권위의 원천이 권력이나 권좌에 있는 자들을 초월한다는 동시적인 자각 없이 산다는 것은, [우리가 그리스도의 탄생이라는] 신성한 시발점을 믿는 종교적 신념도 없이, 그리고 전통적이기 때문에 [누구에게나] 자명한 행동 기준들의 보호막도 없이 인간의 함께-살아감(human living-together)에 수반되는 기초적인 문제들과 새롭게 당면하게 될 것이라는 사실을 의미한다.

4장 자유란 무엇인가?

I

'자유란 무엇인가?' 라는 질문을 제기하는 것은 모종의 가망성 없는 기획처럼 보인다. 그것은 마치 해묵은 모순과 이율배반이 정신을 논리적 불가능성의 딜레마 속에 강제로 밀어 넣으려고 드러누워 기다리고 있는 것과 같다. 그 결과 당신이 어떤 딜레마에 매달리느냐에 따라 당신이 자유나 그 정반대의 무엇을 인식하는 일은 어떤 네모난 원이라는 관념을 인식해야 하는 일만큼이나 불가능해진다. 그 어려움을 가장 단순한 형태로 표현하면, 자유롭기 때문에 책임을 져야 한다고 말해주는 우리 〔내부〕의 의식 및 양심과, 우리가 인과법칙에 따라 새로운 상황에 대처하는 외부 세계에서 얻는 일상 경험 사이의 모순으로 요약될 수 있을 것이다.

모든 실제적 문제, 특히 정치적인 문제에서 우리는 인간의 자유가 일종의 자명한 진실임을 주장한다. 이 공리적(公理的) 가정 위에서 인간 공동체의 법이 만들어지고, 결정이 이루어지며, 판결이 내려진다. 이와 대조적으로 모든 과학적 이론적 탐구의 영역에서, 우리는 무(無)에서 나온 것은 아무것도 없으며(nihil ex nihilo), 원인 없는 것은 아무것도 없다(nihil sine causa)는 〔앞의 자유 못지않게〕 자명한 진실, 즉 심지어 '우리 자신의 삶조차도 최종적으로는 인과 관계에 종속되고', 궁극적으로 자유로운 에고(ego)가 혹시라도 우리 속에 존재한다면 그것은 분명 현상세계에 자신의 선명한 의견을 드러내지 않을 것이므로, 결코 이론적 확증의 주제가 될 수 없다는 가설에서 출발한다. 그런 까닭에 자유는 심리학이 그것의 가장 깊은 영역이라고 추정하는 곳을 탐사하는 순간 하나의 신기루로 판명된다. 그 이유는 "운동의 원인인 힘이 자연 속에서 수행하는 역할이 정신 영역에 〔인간〕 행동의 원인인 동기라는 상대역(相對役)을 가지고 있"기 때문이다.[1)]

인과성—모든 원인을 알았을 때 가능해지는 결과의 예측성—의 검증이 인간사 영역에 적용될 수 없는 것은 사실이다. 그러나 이러한 현실적인 예측 불가능성은 자유의 존재 여부 때문이 아니라, 단지 우리가 작동하는 모든 원인을 다 알 수 있는 위치에 있는 것이 결코 아니라는 사실을 시사할 뿐이다. 이는 부분적으로 관련 요인의 수가 엄청나기 때문이고, 또한 자연의 힘과 구별되는 인간의 〔행위〕 동기가 모든 관객으로부터, 〔각자의〕 내관(內觀)은 물론 동료 인간들의 비교·관찰로부터도 은폐되어 있기 때문이다.

이런 불명료한 문제들에 대한 가장 명료한 설명은 특히 '자유는 우리가 세계를 파악하고 이해하는 감각을 통해 확인할 수 없듯, 우리의 내부 감각과 내부 경험의 장에서도 확인할 수 없다'는 칸트의 통찰에서 발견할 수 있다. 인과성이 자연과 우주의 일상사 내에서 작동하고 있는지의 여부와 상관없이, 자유는 분명히 모든 감각 자료—그 본

---

1) 나는 막스 플랑크(Max Planck)의 논문 "Causation and Free Will," *The New Science*(New York, 1959)를 따르고 있는데, 그 이유는 과학자의 관점에서 쓴 이 두 개의 논문이 단순화하지 않는 단순성과 명료함이라는 고전미를 가지고 있기 때문이다.

질이 무엇이든 간에—에 질서를 부여하는 어떤 정신의 범주다. 그러므로 그것이 경험을 가능하게 만든다. 각자의 영역에서 동일한 수준으로 공리적인 실천적 자유(practical freedom)와 이론적 비-자유(theoretical non-freedom) 사이의 이율배반은 과학과 윤리학의 이분법과 관계가 있는 것뿐 아니라 윤리학과 과학이 각자의 출발점으로 삼는 일상의 경험들 속에도 존재한다. 사유(思惟)에 대한 전(前)-과학적이고 전(前)-철학적인 이해 방식을 통해 우리의 실제적 행동이 기반하고 있는 자유를 무(nothingness)로 용해시키는 듯이 보이는 것은 과학이론이 아니라 사유 그 자체다.

우리가 한 사람의 자유로운 행위자라는 가정 아래서 취했던 행동을 되짚어보는 순간 자유는 두 종류의 인과성의 영향력 아래에 놓이게 되는 듯하다. 하나는 내적 동기의 인과성이고, 다른 하나는 외부 세계를 지배하는 인과법칙이다. 칸트는 '순수한'(pure) 또는 관조적 이성과 자유의지에 중심을 두고 있는 '실천적'(practical) 이성을 구분해 자유를 이러한 〔이중의〕 인과성 공격으로부터 구제했다. 그 결과로서 사실상 가장 중요한 자유롭게-의지하는 행위자(the free-willing agent)가 결코 현상세계에 등장하지 않는다는 점을 기억하는 것이 중요하다. 그것이 우리의 다섯 가지 감각으로 구성된 외부 세계든 아니면 내가 나 자신을 감지하는 내부 감각의 장이든 말이다.

이 해법은 의지의 명령을 이성의 이해와 견주어보는 방식으로서 기발하기 그지없고 심지어 자연법에 결코 뒤지지 않는 도덕법칙을 수립하기에 논리적 일관성 또한 충분할지 모른다. 그러나 그것은 가장 크고 위험한 난점, 즉 사유 자체가 그것의 전(前)-관조적 형식은 물론 관조적 형식 속에서 자유를 사라지게 만든다는 난점을 제거하는 데 거의 아무런 역할도 하지 못한다. 지시하고 명령하는 활동이 본질인 의지 능력이 자유의 은신처가 되어야 한다는 점이 매우 이상하게 보인다는 사실을 별개로 하더라도 그러하다.

정치와 관련된 질문에서 자유의 문제는 결정적으로 중요하며, 어떤 정치이론이라도 이 문제가 "철학이 길을 잃었던 컴컴한 숲"[2]에 귀착했다는 사실과 무관하게 남아 있을 수 없다. 다음에 이어지는 고찰들의 논점은 자유의 문제가 불명료한 상태로 남아 있는 이유다. 〔첫째는〕 자유라는 현상이 사유 영역에는 전혀 나타나지 않는다는 점, 〔둘째는〕 자유나 자유와 반대되는 관념이 위대한 철학적·형이상학적 질문들이 제기되는 '나와 나 자신의 대화' 과정 속에서 경험되지 않는다는 점, 〔끝으로〕 나중에 이런 측면에서 살펴보게 될 철학적 전통의 기원이 자유라는 관념 자체를 명백하게 설명하는 대신 그것을 왜곡했다는 점이다. 〔요컨대〕 자유라는 관념의 자리가 그것의 본령인 정치와 인간사 일반의 영역에서 자기 검열에 개방되어야 할 어떤 내부 영역, 즉 의지의 영역으로 옮겨짐으로써 지금과 같이 인간 경험 속에 편입되었다는 것이다.

이러한 접근법에 대한 최초의 가장 기본적인 정당화로서, 자유의 문제가 역사적으로 유서 깊고 위대한 형이상학적 질문들—즉 존재·무·영혼·자연·시간·영원성 등등—가운데 가장 나중에 포함된 철학적 탐구 주제였다는 사실을 지적할 수 있다. 소크라테스 이전부터 고대의 마지막 철학자였던 플로티노스(Plotinus)에 이르기까지 위대한 철학사 전체를 통틀어 자유에 대한 몰두는 존재하지 않았다. 자유가 처음 우리의 〔서구〕철학 전통 속에 모습을 드러냈을 때 그것은 종교적 개종(改宗)—처음은 사도 바울(Paul), 그다음은 아우구스티누스가 야기한—경험을 통해서였다.

자유가 어떤 〔해결을 요하는〕 문제로서가 아니라 하나의 일상적

2) 앞의 글.

사실로서 알려져왔던 장은 정치영역이었다. 우리가 알고 있든 그렇지 않든, 심지어 오늘날에조차 우리가 자유의 문제를 언급할 때면 반드시 정치의 문제와 함께 인간은 행위 능력을 부여받은 존재라는 사실이 항상 우리의 생각 속에 현전한다. 인간 삶과 관련된 모든 능력과 잠재력 가운데서 오직 정치와 행위만이 적어도 자유가 현존한다는 가정 없이는 생각할 수 없는 항목이기 때문이며, 또한 암묵적으로든 명시적으로든 인간의 자유권(man's liberty) 문제를 언급하지 않고는 단 한 가지 정치 논점도 다룰 수 없기 때문이다.

더욱이 자유에 관해 제대로 말하자면 그것은 정의·권력·평등처럼 정치영역의 많은 문제와 현상 가운데 하나인 것만이 아니다. 자유는 혁명이나 위기의 시점을 제외하면 좀처럼 정치행위의 직접적 목표가 되지 않지만, 실제로 사람들이 정치 조직 속에서 함께 사는 이유다. 가령 자유가 없다면 정치적 삶 자체는 무의미해질 것이다. [이런 견지에서] 정치의 존재 이유는 자유이며, 그것이 경험되는 장은 행위다.

우리가 모든 정치이론 속에서 당연시하고, 심지어 전제정을 찬양하는 사람들까지도 어김없이 고려해야만 할 이 자유는, 사람들이 외부의 강제로부터 도피해 자유로움을 느낄 수 있는 내부 공간의 '내적 자유'(inner Freedom)와 정반대 성격이다. 이 내적 느낌은 외적 명시화가 수반되지 않은 상태로 존재하기 때문에 정의상 정치적으로 부적합하다. 무엇이 그것의 정당성을 항변하든, 그리고 [처음 철학적 자유 개념이 등장한] 고대 후기에 그것이 얼마나 유려하게 기술되었든 그 내적 자유는 역사적으로 볼 때 어떤 최근의 현상이며, 원래는 세계로부터의 소외라는 현상의 결과로서 [외부] 세계 속에서의 경험들이 인간의 자아 내부 경험들로 변형된 것이다.

내적 자유의 경험들은 그것들이 자유가 거부된 세계에서 다른 누구도 접근할 수 없는 모종의 내향성(inwardness)으로의 퇴각을 항상 전제한다는 점에서 이차적 성격을 가진다. 자아가 세계와 등지고 은신하는 내부 공간(inward space)을 마음(the heart)이나 정신(the mind)으로 오인해서는 곤란하다. 왜냐하면 마음이나 정신은 세계와의 상호관계성 속에서만 현전하며 기능하기 때문이다. 마음이나 정신이 아닌 각자의 자아 속에 있는 절대적 자유의 장소인 내향성은 고대 후기에 세계 안에서 자기만의 자리를 가지지 못한, 그래서 고대 초기부터 거의 19세기 중반까지 모두가 자유의 전제 조건으로 생각했던 어떤 세계적 조건(a wordly condition)을 결여했던 사람들에 의해 발견되었다.[3)]

이러한 내적 자유와 "인간의 자유권에 적합한 영역"이 바로 "의식의 내부(inward) 영역"[4)]이라는 이론의 이차적 성격은 그 기원으로 돌아가보면 더욱 확실히 드러난다. 이 관점의 대표자들은 표출하고 발전하고 확장하려는 욕구와 사회가 자신의 개성을 유린하지나 않을까 하는 정당한 두려움을 가진, 창의력과 '천재의 중요성'을 강조하는 근대의 개인이 아니라, 철학과는 그 이름 말고 공유했던 것이 거의 없는 고대 후기의 대중적이고 대중화해가던 학파주의자들이다. 따라서 내적 자유의 절대적 우월성을 위한 가장 설득력 있는 주

3) 여기서 '세계적 조건'이란 사람들이 타인들과 만났을때 그들과의 상호작용 속에서 자신의 공적 자아를 확인할 수 있는 계기를 얻는 경우에서와 같이, 세계가 구성원들에게 제공하는 인간 삶의 조건을 지칭한다. 부연하면, 아렌트는 세계(world)를 두 가지 의미로 사용한다. 간단히 인간 삶의 물리적 환경, 즉 지구를 지칭하는 용법과 다양한 의사소통이 발생하는 인간관계망을 지칭하는 용법이다. 이에 덧붙여, 아렌트의 세계 개념은 문맥과 맥락에 따라 각기 다르게 읽혀야 할 때가 있는 한편, 때때로 두 가지 의미를 모두 포함하기도 한다. 따라서 세계에서 파생된 '세계의'(worldly)라는 용어도 이 점을 염두에 두고 독해해야 한다—옮긴이.

4) 존 스튜어트 밀, 『자유론』.

장은 에픽테투스(Epictetus)의 소논문에서 찾을 수 있을 것이다.

그는 '자신이 원하는 대로 사는 사람이 자유롭다'는 문장으로 논의를 시작하는데,[5] 이 정의는 이상하게도 아리스토텔레스의 『정치학』에 나오는 한 문장을 연상시킨다. 그것은 "자유(freedom)란 어떤 사람이 자신이 원하는 대로 하는 것을 의미한다"라는 문장인데, 이는 자유가 무엇인지를 알지 못하는 사람들의 입에서 나온 말이다.[6] 이어 에픽테투스는 스스로를 자신의 재량권 안에 있는 것에 한정시킨다면, 즉 자신이 가로막힐 수도 있는 영역에 들어가지 않는 한 인간은 자유롭다는 것을 보여준다.[7] 저 "삶의 과학"[8]은 사람이 아무런 권한도 행사할 수 없는 낯선 세계와, 자신이 적합하다고 생각하는 것을 〔재량껏〕 처분할 수도 있는 자아(the self)를 구별할 줄 아는 것에 바탕을 두고 있다.[9]

역사적으로 아우구스티누스의 철학 속에 등장한 자유의 문제 이전에 자유 개념을 정치로부터 분리하려는, 즉 세계 속에서 사람이 노예이면서도 여전히 자유로울 수 있는 어떤 공식에 도달하려는 의식적인 시도가 있었다는 것은 흥미로운 사실이다. 그러나 개념상 자기 자신의 욕망들로부터 자유로운 상태에 놓이게 되는 에픽테투스의 자유도 기껏해야 고대에 통용되던 정치적 관념들을 뒤집은 것에 불과하다. 이 대중 철학의 총체적 골격이 형성된 정치적 배경은 로마 제국 후기에 발생한 자유의 명백한 쇠퇴였는데 그 속에서 권력(power) · 지배(domination) · 재산(property)과 같은 관념들이 로마 제

5) Epictetus, "On Freedom," *Dissertations*, book IV, 1,§1을 보라.
6) 아리스토텔레스, 『정치학』, 1310a25 이하.
7) Epictetus, 위의 책, §75.
8) 같은 책, §118.
9) 같은 책, §81, §83.

국 내에서 수행했던 역할은 매우 명확하게 나타난다.

어떤 고대적 이해 방식에 따르면, 사람은 오직 타인들에게 행사하는 권력[10]을 통해서만 필요로부터 스스로를 해방시킬 수 있고, 세계 내 한 장소, 즉 모종의 안식처를 소유할 때에만 자유로울 수 있다. 에픽테투스는 이 세계적 〔성격의〕 관계들을 인간의 자아 속에 내재하는 관계들로 대체함으로써, 어떤 힘도 인간이 자기 자신을 상대로 휘두르는 권력만큼 절대적일 수는 없으며 인간이 자기 자신과 스스로 투쟁을 벌이고 제압하는 저 내부적 공간이 세계 내 다른 어떤 안식처보다도 훨씬 더 완전한 자신의 소유물이라는, 즉 외부의 간섭들로부터 더욱 안전하게 방호되는 공간이라는 사실을 발견했다.

그러므로 내부적·비정치적 자유 개념이 사유 전통에 행사해온 막대한 영향력에도 불구하고 인간이 세계 내 유형의 실재로서 자유로움의 조건을 먼저 경험하지 못했다고 한다면 그는 내적 자유에 관해서 아무것도 모른다고 말해도 무방할 듯하다. 우리는 자유 또는 그것과 반대되는 것을 우리 자신과의 교제가 아닌 타인들과의 교제 속에서 처음 자각하게 된다. 자유는 사유의 속성이나 의지의 특질이 되기 이전에 자유인의 지위에 수반되는 것으로 이해되었으며, 이러한 지위는 그가 〔자유롭게〕 이동하고, 집을 벗어나 세계 속에 들어와 말(word)과 행위(deed)를 통해 다른 사람들과 만날 수 있게 했다. 이 자유는 분명히 해방을 전제로 한다.

인간은 자유롭기 위해서 삶의 필요로부터 자신을 해방시켜야만 했

---

10) 여기서 그리스에서의 주인과 노예 관계를 떠올려 보면 이해가 한결 쉬워진다. 아렌트적 관점에서 보면 주인은 노예에게 힘을 행사함으로써 가정경제, 즉 자신의 필요를 충족시킴으로써 생활의 필요로부터 해방될 수 있었고 아테네 시민으로서 자신의 시간 대부분을 정치적 삶에 투입할 수 있었다—옮긴이.

을 것이다. 그러나 자유의 지위는 해방의 행위에 자동적으로 따라오는 것이 아니었다. 자유는 단순한 해방 말고도 동일한 지위에 있는 타인들의 동석(同席)을 필요로 했고, 또한 그들을 만날 공통의 공적 영역을 필요로 했다. 정치적으로 조직된 세계, 바꿔 말해서 자유로운 사람들 각자가 말과 행위를 통해 스스로를 끼워 넣을 수 있는 장소가 필요했던 것이다.

분명 모든 인간적 교제 형식과 공동체를 다 자유라는 것으로 성격화할 수는 없다. 사람들이 함께 살기는 하지만 정치 체제를 형성하지 않는 곳—예를 들어 원시 부족사회나 가정의 사생활 영역—에서 그들의 행위와 행실을 지배하는 요소는 자유가 아니라 삶의 필요와 삶의 보전에 대한 관심이다. 더욱이 인간이 만든 세계가 행위와 발언의 장이 되지 않는 곳—국민을 가정의 편협함 속으로 밀어 넣고, 그로 인해 공영역의 출현을 막는 독재 공동체의 경우—에서 자유는 어떤 세계적 실재도 보유하지 않는다. 정치적으로 보장된 공영역이 없다면 자유는 세계 내에서 외견을 드러낼 공간을 결여한다. 자유는 분명 욕망·의지·희망·동경과 마찬가지로 여전히 인간의 마음속에 머물겠지만 우리 모두가 아는 것처럼 인간의 마음은 매우 어두운 장소이므로, 그 불명료함 속으로 들어가는 모든 것은 모종의 입증 불가능한 사실로 변한다. 입증할 수 있는 사실로서의 자유는 정치와 동시에 발생하고 같은 동전의 양면처럼 서로 맞붙어 있다.

그럼에도 현재 우리의 정치 경험에 비추어볼 때 정치와 자유의 동시적 발생을 당연하게 생각할 수는 없다. 전체주의의 부상, 그것이 삶의 모든 영역을 정치의 요구들에 복속시켰다는 주장, 그리고 그것이 시민의 권리, 무엇보다도 사생활과 관련된 모든 권리와 정치로부터 자유를 누릴 권리를 일관되게 부정하는 사실 등은 우리에게 정치와 자유의 동시적 발생은 물론 그들의 양립 가능성마저도 의심하게 만든다. 우리는 정치가 끝난 지점에서 자유가 시작된다고 믿는 경향이 있는데, 그것은 우리가 이른바 정치적 고려 사항이라는 것이 다른 모든 것을 압도했을 때 자유가 사라지는 것을 목격했기 때문이다.

결국 '최소한의 정치 최대한의 자유'라는 자유주의의 강령이 옳았던 것 아닌가? 정치적인 것에 의해 점유된 공간이 작으면 작을수록 자유를 위해 더 큰 영역이 남게 된다는 것이 사실 아닐까? 실제로 우리는 어떤 공동체가 명백하게 비정치적인 활동과 자유로운 경제·교육·종교·문화·지적 활동의 자유 등에 부여하는 자유의 범위에 의해 그 공동체가 가진 자유의 정도를 올바르게 측정하지 않는가? 어쨌든 우리 모두가 믿고 있듯이 정치가 정치로부터 어떤 적절한 자유를 보장하기 때문에, 그리고 그것을 보장하는 한 정치와 자유가 양립 가능하다는 것은 사실이 아니겠는가?

정치로부터의 잠재적 자유로서 정치적 자유권(political liberty)이라는 정의는 단순히 우리의 최근 경험에 의해 촉구된 것이 아니다. 그것은 정치이론사에서 큰 역할을 담당해왔다. 우리가 정치적 자유권을 안전과 간단히 동일시했던 17세기와 18세기 정치사상가들 이전으로 돌아갈 필요는 없다. 정치의 최고 목적, 즉 '통치 목적'은 안전 보장이었다. 안전은 자유를 가능하게 했고, '자유'라는 단어는 정치영역 외부에서 발생하는 활동들의 진수(眞髓)를 상징했다. 정치의 본질에 대해 홉스나 스피노자와 상이하면서도 훨씬 더 고상한 견해를 가지고 있었던 몽테스키외조차도 여전히 가끔씩은 정치적 자유와 안전을 같은 것으로 간주했다.[11]

19세기와 20세기 초엽 정치적인 것〔의 개념〕과 사회과학의 등장

11) 샤를 드 몽테스키외, 『법의 정신』, XII, 2. "La liberté philosophique consiste dans l'exercice de la volonté … La liberté politique consiste dans la sureté."

은 자유와 정치 사이의 틈을 더욱 벌려놓았다. 그 이유는 근대의 개시 이래로 정치적인 것의 영역 전체와 동일시되어왔던 정부가 이제는 자유의 보호자라기보다는 생활 과정의, 사회 내 이익집단과 개인들의 지정된 보호자로 간주되었기 때문이다. 안전은 가장 중요한 기준으로 존속했지만, (모든 〔정치적〕 자유권의 조건은 공포로부터의 자유라고 설파한) 홉스가 기술한 것처럼 '폭력적 죽음'에 대항하는 개인의 안전이 아니라, 사회의 총체적 생활 과정이 흔들림 없이 발전할 수 있게 해주는 모종의 〔사회적〕 안전을 위해 존속했다. 이 생활 과정은 자유와 묶이는 것이 아니라 그 자체의 고유한 필요를 따른다. 그것은 자유로이 흐르는 시냇물의 자유라는 의미에서만 자유롭다고 말할 수 있다. 여기서의 자유는 심지어 정치의 비(非)정치적 목표도 아니며 단지 어떤 주변적 현상에 지나지 않는다. 아무튼 이 자유가 〔국민의〕 생명 자체와 그에 대한 즉각적인 관심과 필요가 걸려 있지 않은 한 정부가 침범하지 말아야 할 경계선을 설정한다.

따라서 자유를 위해 정치를 불신해야 할 이유들을 가지고 있는 우리는 물론이고, 저 근대라는 시대 전체가 〔스스로〕 자유와 정치를 분리시켰던 것이다. 나는 〔이 대목에서〕 과거 속으로 조금 더 깊이 파고 들어가서 보다 오래된 기억과 전통을 불러낼 수도 있다. 근대 이전의 세속적 자유 개념은 확실히 신민들의 자유를 정부 내 그 어떤 직접적인 지분으로부터도 분리해야 한다는 점을 강조했다. 저 단두대에 선 찰스 1세(Charles I)가 연설에서 요약한 것—국민의 "〔정치적〕 자유권과 〔정치로부터의〕 자유는 그들의 생명과 재산 대부분을 그들의 소유로 인정하는 법률을 보유한 정부를 가지는 일로 귀결되었다. 그것은 정부 내에서 어떤 지분을 갖기 위함이 아니다. 〔왜냐하면 정부 안에〕 그들에게 적합한 것은 아무것도 없기 때문이다"—처럼 말이다.

사람들이 결국 정부 내 자신의 지분이나 정치영역으로의 입장 허가를 요구한 것은 자유에 대한 욕구에 따른 것이 아니라 그들의 생명과 재산에 대한 권력을 쥐고 있는 자들을 불신했기 때문이다. 더군다나 기독교의 정치적 자유 개념은 공영역 자체에 대한 초기 기독교인들의 의구심과 적대감에서 자라났는데, 그들은 자유로워지기 위해서 공영역의 관심사들로부터의 면제를 요구했다. 우리가 앞에서 보았듯이 구원을 명분으로 삼은 기독교적 자유의 등장 이전에 철학자들은 가장 고결하고 자유로운 삶의 방식, 즉 '관조적 삶'을 향유하기 위한 필요조건으로서 정치에 대한 불개입을 역설했다.

이 전통의 거대한 무게와 우리 자신의 경험들이 가지는 더더욱 명백한 절박성에도 불구하고, 양자가 모두 정치와 자유의 분리라는 동일한 방향으로 떠밀려가고 있는 가운데 내가 '정치의 존재 이유는 자유이며 이 자유는 근본적으로 행위 속에서 경험된다'고 말했을 때, 독자는 자신이 단지 케케묵은 상투적 문구 하나를 읽었다고 생각할지도 모르겠다. 〔그게 사실이라면〕 나는 다음 절에서 기껏해야 그 케케묵은 상투적 문구를 반추하게 될 뿐이다.

II

정치와 관련된 자유는 의지의 현상이 아니다. 우리는 여기서 선택의 자유(liberum arbitrium)를 다루지 않을 것이다. 이 선택의 자유는 주어진 두 개의 사물들 혹은 선한 것과 악한 것 사이에서 중재하고 결정을 내리며, 그러한 선택 과정을 작동시킨다고 주장할 수밖에 없는 동기라는 것에 의해 사전에 정해진다. "고로 내가 연인이 될 수 없다면, / 온당하게 호평받은 날들을 기억 속에 간직해두기 위해, / 나는 악한으로 남기로 마음을 다져먹는다. / 그리고 이런 나날들의 나

태한 쾌감을 증오한다."[12]

계속 셰익스피어의 비극을 차용해 표현하면, 이것은 오히려 브루투스가 말하는 식의 자유다. "이것을 거기 있게 하겠네. 그렇지 않으면 우리가 그것에 속게 될 터이니."[13] 이 대사는 이전에 존재하지 않던, 주어진 것이 아닌, 심지어 인지(認知)나 상상의 대상조차 못 되는, 그러므로 정확히 말해서 〔인간이〕 알 수 없었던 것을 존재하도록 불러내는 〔인간의〕 자유에 관한 내용이다.

행위가 자유롭기 위해서는 한편으로는 동기로부터, 다른 한편으로는 예측 가능한 결과인 어떤 의도된 목표로부터 자유로워야만 한다. 이 말은 동기와 목표가 모든 개별 행위에서 중요하지 않다는 것이 아니라, 행위를 결정하는 요인들임에도 행위가 그것들을 초월할 수 있는 한 자유롭다는 의미다. 행위는 그것이 결정되는 한, 어떤 미래 목표에 의해 인도된다. 지성(the intellect)은 의지(the will)가 그 미래 목표를 의지하기(will)에 앞서 그것의 바람직함을 파악해 의지에게 통지한다. '의지만이 유일하게 행위를 지시할 수 있기 때문이다.' 이 과정에 관한 둔스 스코투스(Duns Scotus)의 특색 있는 기술을 쉽게 설명하자면 말이다.[14]

행위의 목표는 다양하며 변전하는 세계 상황들에 따라 달라진다. 그 목표를 인식하는 것은 자유의 문제가 아니라 시비(是非)를 판단하는 문제다. 의지는 독특하고 개별적인 인간 능력으로서 〔또 다른

12) 셰익스피어 비극 「리처드 3세」(Richard Ⅲ) 제1막 제1장에 나오는 리처드 글로스터(Richard Gloucester)의 대사 일부—옮긴이.

13) 셰익스피어 비극 「율리우스 카이사르」(Julius Caesar) 제2막 제1장에 나오는 브루투스의 대사 일부—옮긴이.

14) *lntellectus apprehendit agibile antequanm voluntas illud velit; sed non apprehendit determinate hoc esse agendum quod apprehendere dicitur dictare*. Oxon. IV, d.46, qu.1, no.10.

독특한 인간 능력인〕 판단, 즉 올바른 목표 인식〔의 결과〕에 따라 그것의 집행을 명령한다. 명령하는 힘, 즉 행위를 지시하는 힘은 어떤 자유의 문제가 아니라 강함 또는 약함의 문제다.

행위는 그것이 자유로운 한 지성의 인도나 의지의 지시 아래 놓이면 안 된다. 행위가 비록 특정 목표를 수행하기 위해서는 이 둘을 필요로 할지라도 말이다. 대신 행위는 내가 〔앞으로〕 (몽테스키외의 유명한 정부 형태 분석에 따라서) 하나의 원칙(a principie)이라고 부르게 될 어떤 것, 즉 완전히 다른 무엇에서 솟아난다. 원칙들은 대개 동기들이 그렇듯—'자신의 흉함' 또는 나의 '공정한 비율'을 찾아내듯—자아의 내부에서 작동하는 대신, 이를테면 외부에 존재하면서 〔행위를〕 고무한다.

일단 행위가 개시되면, 비록 모든 특수한 목표가 그것의 원칙에 비추어 판단될 수 있다 할지라도, 그 원칙은 너무 일반적인 성격이어서 특수한 목표들을 사전에 규정하지는 못한다. 행위에 선행하는 지성의 판단과 달리, 그리고 행위를 유발하는 의지의 명령과 달리, 〔행위를〕 고무하는 원칙은 오직 수행되고 있는 행위 자체에서만 온전히 명시화된다. 그러나 〔판단과 의지가〕 협동하는 방식으로 집행하는 행위의 과정 속에서 판단의 장점들이 타당성을 상실하고 명령하는 의지의 힘이 스스로 소진되는 반면, 행위를 고무한 원칙은 〔그것의〕 집행을 통해 힘이나 타당성의 그 어떤 것도 상실하지 않는다.

행위의 목표와 달리 행위의 원칙은 지속적으로 반복될 수 있고 소진되지 않으며, 행위의 동기와 달리 원칙의 타당성은 보편적이고 특정 인물이나 집단에 한정되지 않는다. 그러나 원칙의 명시화는 오직 행위를 통해서만 일어나며 원칙은 세계에서 행위가 지속되는 동안에만 명시적일 뿐 그 이상은 아니다. 그러한 원칙들에는 몽테스키외가 덕목 또는 독자성이나 탁월함(excellence)—그리스어로는 아에

이 아리스테우에인(ἀειἀϱισετὺειν, "언제나 최선을 다하고 모든 사람 가운데 최고가 되려고 노력하는 정신")—이라고 지칭했던 명예·영광·평등에 대한 애호와 같은 것들은 물론이고 두려움·불신·증오도 포함된다. 자유나 그것과 반대되는 어떤 것은 이러한 원칙이 실현될 때면 항상 세계 속에 출현한다. 자유의 출현은 원칙의 명시화와 마찬가지로 행위의 수행과 동시에 발생하기 때문이다. 인간은 이전이나 이후도 아닌 행위하는 동안에만—그들이 자유를 획득하는 천부적 재능을 소유하고 있다는 사실과 별개로—자유롭다. 그 까닭은 '자유롭게 되는 것'(to *be* free)과 '행위하는 것'(to act)은 동일하기 때문이다.

행위에 내재된 자유는, 아마도 마키아벨리의 비르투—세계가 포르투나로 위장해 인간 앞에 열어 보이는 기회에 화답하는 탁월함—라는 개념으로 설명하는 편이 가장 이상적일 것이다. 비르투의 의미는 우리가 공연예술(무엇인가를 만드는 창조예술과는 구별되는 것)의 속성으로 이해하는 탁월함, 즉 기교(virtuosity)로 바꿔 설명하는 것이 제일이다. 〔이 공연예술 활동의 경우에〕 완성은 수행 자체에서 찾아지며, 활동이 완수된 이후에도 존속해 활동과 별개의 존재가 되는 최종 산물에 있는 것이 아니다. 비르투의 거장 마키아벨리는 비록 그 자신이 잘 몰랐다 할지라도 그리스인들이 '정치적인 것'을 다른 활동과 구별하기 위해서 피리 연주·춤추기·치료 행위와 같은 은유를 사용했다는 사실, 즉 수행상의 기교가 결정적으로 중요한 예술 행위로부터 그들의 〔정치적〕 유추를 끌어냈다는 사실을 우리에게 환기시킨다.

모든 행위함이 기교의 요소를 포함하고 있는데다가 기교는 우리가 공연예술에 귀속시키는 탁월함이므로 흔히 정치는 일종의 예술로서 정의되어왔다. 물론 이것은 하나의 정의라기보다는 은유이기 때문에 누군가가 국가나 정부를 하나의 예술 작품으로, 즉 모종의 집합적 걸작으로 간주하는 통상적인 실수를 범한다면 이 은유는 완전히 거짓이 되고 만다. 유형의 사물을 생겨나게 하고, 생산된 물체가 그것 자체의 현존을 가진다는 점에서 인간의 사유를 물화(物化)하는 창조예술적 의미로 볼 때 정치는 예술과 정반대 성격이다. 부연하면 이 말은 정치가 모종의 과학이라는 의미도 아니다. 정치제도는 그것이 얼마나 훌륭히 또는 형편없이 고안되었는지에 관계없이, 행위하는 인간들에게 스스로의 지속적인 현존을 의탁하고 있다. 정치제도의 보존은 그것을 존재하게 한 바로 그 수단에 의해 달성된다. 〔만들어진 것의〕 독립적인 현존은 어떤 만듦의 산물로서 예술 작품이 지닌 특성이다. 그것의 현전을 지속시키려는 〔인간의〕 추가적 행위들에 대한 총체적인 의존은 어떤 행위의 산물로서 국가가 가지는 특성이다.

여기서 요점은 창조적 예술가가 창조 과정에서 자유로운지의 여부가 아니라 창조 과정이 공중에게 개방되지 않고 세계 속에 나타나지 않게 되어 있다는 점이다. 그러므로 창조예술에 확실히 현전하는 자유의 요소는 감추어진 채로 남겨진다. 최종적으로 출현하고 세계에 대해 중요성을 갖는 것은 자유로운 창조 과정이 아니라 예술 작품 그 자체, 즉 그 과정의 최종 산물이다. 이에 반해 공연예술은 정치와 매우 강한 친밀성을 가진다. 공연예술가들—무용가·연극배우·음악가 등—은 자신의 기교를 보여줄 관객을 필요로 한다. 이는 마치 행위하는 사람들이 자신을 보여줄 타인들의 현전을 필요로 하는 것과 마찬가지다. 공연예술가나 행위자는 자신의 '작품'을 보여주기 위해 어떤 공개적으로 조직된 공간을 필요로 하고, 양자 모두 행위 수행 그 자체를 위해 타인들의 현전에 의지한다. 〔그러나〕 그러한 외견들의 공간(a space of appearances)이 한 공동체 안에서 함께 사는 누구에게나 어디서든지 당연히 허용된다고 간주해서는 안 된다. 그리스의 폴리스는 사람들에게 행위할 수 있는 외견의 공간, 즉 자유가 출현할 수 있는 일종의 극장을 제공했던 '정부 형태'였다.

그리스 폴리스(Greek polis)의 의미에서 '정치적'(political)이라는 단어를 차용하는 것은 제멋대로이지도 억지스럽지도 않다. 단지 어원적인 이유나, 학식 있는 사람들만을 위해서가 아니라 이 단어—유럽의 모든 언어들은 여전히 그리스 도시국가라는 역사적으로 매우 독특한 조직으로부터 〔그 의미를〕 도출한다—는 정치적인 것의 본질과 영역을 처음으로 발견했던 그리스 〔정치〕공동체의 경험을 반영한다. 고대 그리스와 로마의 경험을 어느 정도 언급하지 않고서 정치와 그것의 가장 심층적 원칙에 대해 말하기는 대단히 어렵고, 심지어 오해를 불러일으키기까지 한다. 그 이전이나 이후 어느 때에도 정치 활동을 그렇게 높이 평가한 적이 결코 없었으며 정치영역에 그렇게 대단한 위엄을 부여했던 적이 없었다는 이유만으로도 그러하다.

정치에 대한 자유의 관계에 관한 한, 고대의 정치공동체들이 내부의 자유로운 사람들—그들은 타인의 강압에 종속되는 노예나 생활의 필요에 의해 추동되고 그것에 매일 수밖에 없는 노동자가 아니다—에게 복무한다는 명백한 목적만을 위해 건설되었다는 또 다른 부가적 이유도 있다. 만약 우리가 폴리스적 의미에서 '정치적인 것'을 이해한다면, 그것의 목적이나 존재 이유는 기교로서의 자유가 출현할 수 있는 어떤 공간을 설립하고 그것을 존속하게 하는 일이 될 것이다. 그것은 사람들이 경청할 수 있는 말, 감상할 수 있는 행위, 그리고 마침내 인류의 역사라는 위대한 이야기책으로 편입되기에 앞서 회자되고, 기억되며, 이야기로 변하게 되는 사건들 속에서 자유가 그것의 실체를 알아볼 수 있는 모종의 세계적 실재(a worldly reality)로서 존재하는 영역이다. 이 외견의 공간에서 발생하는 것이라면 정의상 모든 것이 정치적이며, 심지어 그것이 어떤 행위의 직접적 결과물이 아닐 때조차도 그러하다. 〔그런 반면〕 이민족 제국의 위대한 공적들처럼 이 영역의 외부에 존속하는 것은 비록 그것이 감동적일 수도, 또 주목할 만한 가치를 가질 수도 있겠지만 엄밀히 말해서 정치적 성격은 아니다.

정치영역 내의 경험으로부터 자유 개념을 도출하려는 시도는 모두 이상하고 놀랍게 들릴 것이다. 왜냐하면 이런 사안들과 관련된 모든 이론들이 자유는 행위보다는 오히려 의지와 사유의 부속물이라는 관념의 지배를 받기 때문이다. 그리고 이러한 〔의지와 사유의〕 우위성은 지성의 인지 행위와 그것의 결정을 집행하는 의지의 명령이 심리적으로 모든 행동에 선행해야 할 뿐 아니라, 어쩌면 훨씬 더 근본적 의미로 보면, '완전한 자유는 사회의 현존과 양립할 수 없기' 때문에 자유의 완전성은 오로지 인간사의 영역 밖에서만 허용될 수 있다는 통념에서 비롯된 것이다.

이러한 현재의 주장—이는 아마도 사실일 것이다—이 사유(thought)가 본질적으로 다른 어떤 인간 활동보다 더 많은 자유를 필요로 한다는 뜻은 아니다. 그것은 오히려 사유함(thinking) 자체는 위험하지 않으므로 오직 행위에만 제약의 필요성이 있다는 뜻으로 이해할 수 있다. "어느 누구도 행위들이 의견들처럼 자유로워야 한다고 주장하지는 않는다."[15] 물론 이것은 자유주의의 기본 강령 목록에 포함되어 있다. 〔아쉽게도〕 자유주의는 그 이름에도 불구하고 정치영역에서 자유 관념을 없애는 데 한몫했다. 자유주의 철학에 따르면 정치는 생활의 유지와 그것의 관심사를 보호하는 것에 거의 전적으로 매달려야 하기 때문이다.

---

15) 존 스튜어트 밀, 『자유론』.

가령 생활의 문제가 걸려 있다면 모든 행위는 정의상 필요의 지배 아래 놓이며 생활의 필요를 보살피는 데 적격인 영역은 거대한, 그리고 여전히 확대일로에 있는 사회적·경제적 삶의 영역이다. 근대가 시작된 이래 이 영역의 경영이 정치영역에 그림자를 드리웠다. 〔현재도〕 여전히 경제적 요인들로 환원될 수 없는 적대감과 호감을 숨기고 있는 국가 간 관계들만이 순수하게 정치적인 구역으로 남아 있는 듯하다. 심지어 여기서조차도 국제적 권력의 문제와 경쟁 관계는 궁극적으로 경제적 요인과 관심사에서 발생한다고 보는 것이 현재의 지배적 경향이다.

그러나 모든 이론과 주의들(isms)에도 불구하고 우리가 여전히 '자유는 정치의 존재 이유다'라고 믿는 것을 매우 상투적이라고 생각하는 것만큼이나 우리는 생활에 대한 명백히 배타적인 관심에도 불구하고 여전히 용기(勇氣)가 기본적인 정치 덕목 가운데 하나라는 것을 당연시한다. 비록—이 모두를 일관성의 문제로 생각한다면, 분명 그런 것은 아닐 것이다—우리가 용기를, 생활과 그것의 관심사들에 대한 어리석고 심지어 사악하기까지 한 경멸이라고, 즉 모든 재화 가운데 최고라고 알려진 것에 대한 경멸이라고 비난하는 첫 번째 경우일지라도 말이다. 용기라는 것은 거대한 말이지만, 나는 이것이 위험과 죽음에 직면해서나 가능한, 아주 철저히 강렬하게 살아 있음을 느끼기 위해 기꺼이 생명을 거는 대담한 모험을 의미한다고 생각하지는 않는다. 만용도 비겁함 못지않게 생활과 관련되어 있다.

여전히 정치행위와 불가분의 관계에 있다고 여겨지는, 처칠(Churchill)이 "다른 모든 특질을 보장하는 것이기 때문에 인간의 제1특질"이라고 지칭했던 용기는 우리의 생명력이라는 개별 감각을 만족시키지는 않지만 공영역의 본질 자체로서 우리에게 요구되는 특질이다. 우리의 것인 이 세계는 우리에 앞서 현전했고 우리가 세계 속에서 영위하는 우리의 생애보다 더 오래 지속될 것이기 때문에 단순히 〔우리의〕 개별적 삶이나 그와 관련된 관심사들에 우선적으로 관심을 부여할 여유가 없다. 그런 이유로 저 공영역은 가족과 가정의 보호 속에서 모든 것이 생활 과정의 안전한 유지에 복무하고, 또 그렇게 해야만 할 우리의 사영역과 첨예한 대립 관계에 놓여 있다. 심지어는 안전하게 보호받는 자신의 방을 떠나 공영역으로 들어서는 일에도 용기가 필요하다. 이는 우리를 기다리고 있을지도 모를 특수한 위험 요소들 때문이 아니라, 생활에 대한 관심이 그것의 타당성을 상실한 어떤 영역에 우리가 도착했기 때문이다. 용기는 세계의 자유를 위해 삶에 대한 걱정으로부터 인간을 해방시킨다. 〔이렇듯〕 정치에서는 생활이 아니라 저 세계가 관건이므로 용기는 정치에 필수불가결한 요소다.

III

명백히 이 자유와 정치의 상호 의존성이라는 관념은 근대의 사회 이론들과 모순 관계에 있다. 유감스럽게도 이 점이 우리가 더 오래되고 전근대적인 전통과 이론으로 되돌아갈 필요성만을 뜻하지는 않는다. 실제로 자유가 무엇인가를 이해하는 데 따르는 가장 큰 어려움은, 저 전통으로의 단순 회귀, 특히 우리가 위대한 전통이라고 부르곤 하는 것으로 돌아가는 것이 우리에게 별 도움이 되지 않는다는 사실에서 비롯된다. 자유가 모종의 사유 현상—인간이 세계에서 떨어져 나와 말 그대로 스스로 추론할 수 있게 된 현상—이 된 고대 후기에 처음으로 등장했던 자유의 철학적 개념도, 자유의지에 대한 기독교와 근대의 통념도 모두 정치적 경험에 근거하고 있지 않다. 우리의 철학 전통은 사람들이 다수(the many)가 점한 정치적 삶의 영역을 버리고 떠난 곳에서 자유가 시작된다는 것, 그리고 자유는 타인과의 관계가 아니라 자기 자신과의 대화 속에서 경험된다는 것을 거의 만장일치로 주장한다. 그 〔자신과의 대화라는〕 것이 소크라테스 이래로 우리가 사유함(thinking)이라고 부르는 내적 대화의 형식이든지, 아니면 내 안에 존재하는 갈등, 즉 내가 하고 싶은 바와 내가 하는 바 사이의 내적 갈등이든지 간에, 이러한 것들의 가혹한 변증법이 처음에는 바울에게, 그다음으로는 아우구스티누스에게 인간 마음의 애매성과 무기력을 드러냈다.

자유의 문제에 관한 역사 속에서 기독교 전통은 실제로 가장 중요한 요인이 되었다. 우리는 자유를 고전-고대(classical antiquity) 시기까지는 사실상 알려지지 않았던 자유의지(free will)라는 능력과 거의 자동적으로 동일시한다. 기독교가 발견했던 것처럼 의지는 욕구하고 의도하며 목표를 정하는 유명한 정신 능력들과 공통점이 거의 없기 때문에, 이것들과 갈등을 일으킨 후에야 비로소 관심을 끌게 되었다. 자유가 실제로 의지의 현상이라면, 우리는 고대인들이 자유를 알지 못했다고 결론 내릴 수밖에 없을 것이다. 물론 이는 가당치 않다. 하지만 가령 누군가가 그렇게 주장하고자 한다면 그는 내가 앞서 언급했던 것처럼 자유의 관념이 아우구스티누스 이전의 철학에서는 아무 역할도 하지 않았다고 말할 수 있을 것이다. 이 인상적인 사실의 근거는 고대 로마는 물론 그리스에서도 자유는 모종의 배타적인 정치적 개념이었고 사실상 도시국가와 시민권의 정수(精髓)였다는 점이다.

파르메니데스와 플라톤이 창시한 정치사상의 철학적 전통은 폴리스와 시민 사이의 극명한 대립 구도 속에서 수립되었다. 철학자가 선택한 삶의 방식은 정치적 삶의 방식과 대비적으로 이해되었다. 따라서 자유, 즉 그리스인들이 이해했던 정치의 본령이었던 그 관념은 거의 당연하게 그리스 철학의 틀 내로 진입할 수 없었다. 자유라는 개념은 초기 기독교도, 그 가운데서도 특히 바울이 정치와 무관한 자유의 유형을 발견했을 때 비로소 철학사에 진입할 수 있었다. 자유는 '나와 나 자신의 대화' 속에서, 그리고 사람들 사이의 대화의 외부에서 발생하는 어떤 것으로서 경험될 때, 철학의 주요 문제 가운데 하나가 되었다. 〔그 결과〕 자유의지와 자유는 동일한 관념이 되었고,[16] 자유의 현전은 "아무도 나와 나 자신이 벌이는 뜨거운 논쟁을 방해할 수 없는" 완전한 고독 속에서 경험되었다. 이것은 영혼의 "내적 거주 방식"(inner dwelling)과 캄캄한 "마음의 방"(chamber of the heart)에서 발생했던 지독한 갈등 〔경험〕이다.[17]

고전-고대가 고독이라는 현상을 결코 경험하지 못했다고는 말할 수 없다. 고독한 자는 결코 하나가 아니라 하나-속-둘(two-in-one)이라는 사실, 나와 나 자신의 대화는 나와 동료들 간의 대화가 어떤 이유에서든 중단되는 순간에 시작된다는 사실은 당시에도 잘 알려져 있었다. 사유의 실존적 조건인 이 이원론(dualism)에 덧붙여 플라톤 이래 고전 철학은 영혼과 육체 사이의 이원론을 고집해왔다. 〔그 이원론 덕분에〕 인간의 운동 능력은 영혼에 할당되었고, 영혼은 그 자신은 물론 육체도 움직이게 한다고 생각되었다. 이러한 능력을 영혼의 육체에 대한 지배권으로 해석하는 방식은 여전히 플라톤적 사

16) 라이프니츠(Leibniz)가 다음과 같이 주장할 때, 그는 기독교의 전통을 요약하고 명료화할 뿐이다. "우리의 의지가 자유를 소유할 수 있느냐의 문제는 결국 그에게 의지가 있느냐의 문제다. '자유스러운'과 '의지에 맞게'라는 단어는 이와 같은 사실에 대해 말하고 있다"(Die Frage, ob unserem Willen Freiheit zukommt, bedeutet eigentlich nichts anderes, als ob ihm Willen zukommt. Die Ausdrücke 'frel' und 'Willensgemäss' besagen dasselbe). "Bemerkungen zu den cartesischen Prinzipien," *Schriften zur Metaphysik* I, Zu Artikel 39.

17) 아우렐리우스 아우구스티누스, 『고백록』(*Confessions*), book VIII, ch.8.

유의 범위 내에 있었다.

그럼에도 영혼 자체 안에서 벌어지는 '뜨거운 논쟁'이라는 아우구스티누스 식의 고독은 아직까지 알려진 바 없었다. 이는 그가 연루되었던 싸움이 이성(reason)과 열정(passion) 사이, 오성(understanding)과 튀모스(θυμός, 기질) 사이,[18] 즉 인간의 두 가지 상이한 〔정신〕 능력 사이의 싸움이 아니라 의지 자체 안에서 벌어지는 갈등이었기 때문이다. 그리고 〔의지라는〕 동일 능력 안에 존재하는 이러한 이중성이 사유의 특성, 즉 내가 나 자신과 나누는 대화로 알려져왔다. 바꿔 말해서 사유의 과정을 움직이는 고독 속의 하나-속-둘은 의지에 대해 정반대의 효과를 갖는다. 〔예컨대〕 그것은 스스로를 마비시키고 자기 안에 묶어버린다. 고독 속에서 의지함(willing)은 항상 벨레(velle, 의지)와 놀레(nolle, 무의지), 즉 의지하는 일과 의지하지 않는 일을 동시에 진행하기 때문이다.

의지가 스스로에게 일으키는 것처럼 보이는 마비 효과는 의지의 명확한 본질이 바로 명령하고 복종하는 것이라는 이유 때문에 더욱 놀랍다. 그러므로 인간이 자신에게 명령은 하되 복종은 하지 않는다는 것은 일종의 '괴상함'으로 보이는 것이다. 이 괴상함은 오직 '나는-의지한다'(I-will)와 '나는-의지하지-않는다'(I-will-not)의 동시적 현전에 의해서만 설명된다.[19] 이것은 아우구스티누스가 이미

---

18) 에우리피데스(Euripides)에게서 우리는 이러한 갈등을 빈번하게 발견한다. 메디아는 자신의 자녀들을 살해하기 전에 다음과 같이 말한다. "나는 내가 무슨 죄악을 저지르게 될지를 안다. 하지만 튀모스는 나의 심사숙고보다 더 강력하다"(1078이하). 그리고 파이드라(Hippolytus, 376이하)도 같은 맥락에서 말한다. 문제의 핵심은 이성·지식·통찰 등이 항상 너무 나약해 욕망의 습격을 견뎌내지 못한다는 것이다. 그러므로 남성보다 추론의 영향을 덜 받는 여성의 영혼 속에서 이런 갈등이 일어나는 것은 우연한 일이 아닐 것이다.

19) 아우구스티누스가 의지와 의지의 힘을 다루고 있는 그 유명한 『고백록』(ch.9,

했던 설명이다. 이 대목에서의 역사적 사실은 의지 현상이 내가 원했던 바를 하지 않는 경험, 즉 내가-의지하지만-할-수-없는(I-will-and-cannot) 것도 있다는 경험을 통해 최초로 명시화되었다는 것이다.

고대에 알려지지 않았던 것은 '나는-알지만-의지하지-않는다'(I-know-but-I-will-not)가 가능하다는 사실이 아니라, '나는-의지한다'(I-will)와 '나는-할-수-있다'(I-can)가 동일한 것이 아니라는 사실이다. 〔요컨대〕 가능한 것이 〔곧〕 바랄 수 있는 것은 아니다(non hoc est velle, quod posse).[20] 나는-의지한다-그리고-나는-할-수-있다(I-will-and-I-can)는 표현은 물론 고대인들에게도 매우 친숙했다. 우리는 오직 자신을 지배하는 법을 아는 사람들만이 타인들을 지배할 수 있는 권리를 가지며 복종의 의무로부터도 면제된다는 사실을 플라톤이 얼마나 강조했는지를 기억해야 한다. 자기통제가 특별히 정치적인 덕목들 가운데 하나로 존속해온 것은 사실이다. 그 이유는 단지 그것이 '나는-의지한다'와 '나는-할-수-있다'가 매우 잘 조율되어 그 둘이 실제로 일치하는 어떤 특출한 현상으로서 기교이기 때문이다.

만약 고대 철학이 '내가 할 수 있는 바'와 '내가 의지하는 바' 사이에 발생할 수 있는 어떤 갈등에 대해서 알았었더라면, 그것은 자유 현상을 확실히 '나는-할-수-있다'의 어떤 고유한 특질로서 이해했거나 아니면 '나는-의지한다'와 '나는-할-수-있다'의 일치로 정의했을 것이다. 〔그랬더라면〕 고대 철학이 확실히 자유 현상을 나

book VIII)에서 적고 있듯이 "정신이 명령하는 한 정신은 의지하고, 명령된 일이 완수되지 않는 한 정신은 의지하지 않는다." 그에게 '의지하는 것'과 '명령하는 것' 이 동일한 것임은 당연했다.

20) 같은 곳.

는-의지한다(I-will)나 나는-의지했다(I-would)의 부속물로 생각하지는 않았을 것이다. 이는 결코 공허한 추측이 아니다. 심지어 인간의 영혼 속에 동시에 존재하는 이성과 기질 사이에 자리하는 에우리피데스(Euripides)적 갈등조차도 비교적 나중의 현상에 속한다. 좀더 전형적이고 우리의 문맥에 보다 적실한 사례는 열정이 인간의 이성을 마비시키기도 하지만, 일단 이성이 성공적으로 효력을 발휘하면 그 어떤 열정이라도 그가 옳다고 알고 있는 바를 하지 못하도록 막을 수 없다는 확신이다. 이 확신은 여전히 덕목이 일종의 지식이라는 소크라테스의 가르침에 기초하고 있다. 누군가가 덕목이 '이성적'인 것이며 배울 수 있고 또 가르칠 수도 있는 것이라고 생각했다는 사실에 대한 감탄은, 우리가 이성의 잘 알려진 〔열정에 대한〕 무력함에서 어떤 우월한 통찰 〔즉 이성의 통제력〕을 발견했다는 것보다는 오히려 그 자체 내에서 〔둘로〕 쪼개진 의지, 즉 의지하면서 동시에 의지하지 않는 저 의지의 존재를 알게 되었다는 것에서 비롯된다.

바꿔 말해서 의지(will), 의지력(will-power), 그리고 힘에의-의지(will-to-power)는 우리에게 거의 동일한 관념들이다. 자기 자신과의 대화 속에서 인간에게 알려지고 경험된 바, 즉 우리의 관점에서 볼 때 힘의 자리는 저 의지라는 것의 능력이다. 이 의지력을 위해서 우리는 추리력과 인지 기능은 물론이고, 다른 좀더 '실천적'인 기능까지도 무기력하게 만들었다. 그러나 핀다로스가 표현한 것처럼 "이것은 최대의 슬픔이다. 필요에 의해 (강제로 빼앗겼다고) 알고 있는 '올바른 것'과 '아름다운 것'의 외부에 자기 발로 선다는 것"은 우리에게도 보통의 일은 아니지 않은가?[21] 내가 알고 있고 의지하는 바

21) Pythian Ode IV, 287-280: φαντί δἔμμεν τούτ' ἀνιαρότατον, καλά γινώσκοντ' ἀνάγκᾳ ἐκτὸς ἔχειν πόδα.

를 못 하도록 막는 저 필요는 세계로부터 발생할 수도 있고, 내 몸으로부터 발생할 수도 있다. 아니면 인간에게 태생적으로 주어지는, 그리고 인간이 다른 상황에서보다 더 많은 통제력을 가지기 어려운 재능·재주·자질의 부족으로부터 발생할 수도 있다. 심리적 요인들도 포함해 이러한 모든 요인들이 '나는-의지한다'와 '나는-안다', 즉 자아(the ego) 자체에 관한 한 그 사람을 외부로부터 조건화한다. 이러한 상황에 대처하고, 이를테면 의지함과 앎을 필요라는 굴레로부터 해방시키는 힘은 '나는-할-수-있다'다. 〔앞에서 이미 언급했듯이〕 '나는-의지한다'와 '나는-할-수-있다'가 동시에 일어날 때에만 자유가 발생하게 된다.

종교적 난제 속에서 탄생해 자신보다 더 오래되고 엄격히 정치적인 자유의 경험에 맞서 철학적인 언어로 공식화된 현재 우리의 자유의지 관점을 점검하는 또 다른 방법도 존재한다. 근대와 더불어 일어난 정치사상의 부흥에서 우리는 자연과학의 새로운 발견으로부터 실마리를 얻었으므로 진정 정치 '과학'의 아버지라고 부를 수 있는 사상가들—가장 대표적인 사람은 홉스다—과, 이 전형적인 근대적 발전상에 상대적으로 방해를 받지 않은 사람들, 즉 과거 그 자체를 애호해서라기보다 단지 교회와 국가, 종교와 정치의 분리가 로마제국의 붕괴 이래로 알려진 바 없었던 모종의 독립된 세속적 〔성격의〕 정치영역을 낳았기 때문에 고대의 정치사상에 귀를 기울인 사람들을 구별할 수 있을 것이다.

이 정치적 세속주의의 위대한 대표자는 몽테스키외로, 그가 비록 엄격히 철학적인 성격의 문제들에는 무관심했을지라도 기독교와 철학자들의 자유 개념이 정치적 목적에 부적합하다는 것을 깊이 깨닫고 있었다. 그는 이 부적합성을 제거하기 위해 철학적 자유와 정치적 자유를 명확히 구분했다. 그 차이의 근원은 철학이 (상황들과 독립적으로, 그리고 의지가 설정한 목표의 달성과 무관하게 이루어지는) 의지의 실행에 요구되는 것 그 이상의 자유를 요구하지 않는다는 사실이었다. 그와 정반대로 정치적 자유는 반드시 의지해야만 할 바를 할 수 있는 상태 속에 존재한다(여기서 방점은 '할 수 있는'에 찍혀 있다).[22] 고대인들과 마찬가지로 몽테스키외의 경우에도 가령 행위자가 '할 수 있는 능력'을 결여했다면 그를 더 이상 자유롭다고 말할 수 없었음이 분명하다. 그러므로 이 '할 수 있는 능력'의 결여가 외부적 또는 내부적 상황에 따라 발생하는지의 여부를 따지는 일은 적실하지 않다.

내가 자기통제를 예로 삼은 이유는 우리에게 그것이 명백히 의지와 의지력의 현상으로 보이기 때문이다. 그리스인들은 영혼의 군마(軍馬)를 길들일 목적에서 다른 어떤 종족보다도 절제와 필요에 대해 숙고했다. 그러나 그들은 의지를 인간의 다른 능력과 구별되는 독특한 능력으로 인식하지 못했다. 역사상 처음으로 사람들이 의지를 발견한 것은 의지의 권능이 아니라 무능력을 경험했을 때였다. 그때 그들은 사도 바울을 떠올리면서 "〔비록〕 의지하는 일은 나와 함께 있으되, 나는 선한 것을 수행하는 방법을 알지 못한다"라고 말했다. 이 맥락에서 의지는 아우구스티누스가 "그것이 부분적으로 의지하고 또 부분적으로 무의지하는 것에 기괴함 같은 것은 전혀 없어 보인다"라고 불평했던 것과 동일한 〔바로〕 그 의지다. 아우구스티누스가 비록 의지를 '정신의 병'이라고 지적했을지라도 그는 이 병이 의지를 보유하는 정신에게는 자연스러운 것임을 인정했다. "의지는 하나의 의지가 존재하라고 명령하며, 다른 어떤 것이 아닌 바로 자신에게 그렇게 한다. …만약 의지가 〔분열되어 있지 않은 완전한〕 전체라면 그것

22) 샤를 드 몽테스키외, 앞의 책, 같은 곳 및 XI,3.

은 자신에게 존재하라는 명령조차 내릴 필요가 없다. 왜냐하면 의지는 이미 〔그곳에〕 존재할 것이기 때문이다."[23] 바꿔 말해서, 가령 인간이 어떤 의지를 가지고 있다고 한다면, 그것은 항상 같은 사람 안에 두 가지 의지가 있어서 그의 정신을 상대로 권력을 휘두르기 위해 서로 싸우고 있는 것처럼 보일 게 틀림없다. 결과적으로 의지는 강력한 동시에 무기력하며, 자유로운 동시에 자유롭지 못한 것이다.

우리가 의지의 무기력과 한계들에 관해 이야기할 때는 보통 주변 세계에 대한 인간의 무력감을 떠올린다. 그러므로 이러한 초기의 증언들에서 의지가 자연이나 환경이 압도하는 힘에 패배하지 않았음에 주목하는 것은 어느 정도 중요하다. 의지의 출현이 일으킨 논쟁은 다수를 상대로 하는 한 사람의 갈등이나 육체와 정신 사이의 투쟁이 아니었다. 그와 정반대로 아우구스티누스에게 육체에 대한 정신의 관계는 심지어 의지에 내재하는 거대한 힘을 보여주는 탁월한 예제였다. "정신이 육신(肉身)에게 명령을 하고 육신은 즉시 복종한다. 정신은 스스로에게 명령하고 그에 저항한다."[24] 육신은 이런 맥락에서 외부 세계를 표상하며 결코 자신의 자아와 동일한 것일 수 없다. 여전히 에픽테투스가 인간이 모종의 절대적 주인이 되어야 한다고 믿었고, 또한 인간이 자신과 갈등을 일으키며 〔결과적으로〕 의지가 패배한 장소는 인간의 자아, 즉 〔인간의〕 "내부 거주처"(interior domus)였다.

기독교적인 의지력은 자기해방을 위한 기관으로 인식되었고 즉시 그 가치를 인정받았다. 그것은 마치 '나는-의지한다'가 즉각적으로 '나는-할-수-있다'를 마비시키는 것처럼 보이고, 또 사람들이 자유

23) 앞의 책, 같은 곳.
24) 같은 곳.

를 의지하는 순간 자유로울 수 있는 능력을 상실하는 것처럼 보인다. 의지력이 세속적 욕망들 및 의도들로부터 자아를 해방시켜야 할 엄중한 갈등 상황에서 의지함(willing)이 가장 잘 달성할 수 있을 듯하게 보인 것은 억압이었다. 이는 의지의 무기력, 즉 그것이 진정한 힘을 발생시키지 못하는 무능함과, '나는-할-수-있다'는 것의 힘이 스스로 소진되어버리는 자아와의 투쟁을 통해 경험한 지속적인 패배 때문에 힘에의-의지(will-to-power)가 억압에의-의지(will-to-oppression)로 즉각 전환되었기 때문이다. 여기서 나는 자유가 곧 인간의 의지 능력이라는 등식이 정치이론에 가져올 치명적 결과들을 암시할 수 있을 뿐이다. 그것은 심지어 우리가 오늘날에도 힘과 억압, 또는 적어도 힘(권력)과 타인들에 대한 지배를 거의 자동적으로 동일시하는 이유 가운데 하나가 되었다.

아무튼 우리가 대체로 의지와 의지력이라는 어휘에 대해 이해하는 바는 모종의 의지함(a willing)과 어떤 수행적 자아(a performing self) 사이의 갈등과 '나는-의지하지만-할-수는-없다'(I-will-and-cannot)는 경험에서 자라났다. 이 말은 '나는-의지한다'라는 사실이, 의지되는 것이 무엇인지와 상관없이, 여전히 자아에 대한 종속 상태로 존재하며, 자아에 반격하거나 박차를 가하며, 자아를 한층 더 자극하거나 아니면 자아로 인해 낭패를 본다는 것을 뜻한다. 이는 저 '힘에의-의지'가 제아무리 세력을 확장할 수 있다 해도, 또 그것의 담지자가 세계 전체의 정복에 착수한다 해도 '나는-의지한다'라는 것은 항상 자아에 묶인 상태로 존재하고 사실상 자아의 속박 아래 놓여 있기 때문이다.

이 자아의 속박은 '나는-의지한다'를 '나는-사유한다'와 구별하는데, 이 역시도 '나와 나 자신'〔의 대화〕 속에서 진행된다. 그러나 이러한 대화 속에서 자아는 사유 활동의 대상이 아니다. '나는-의지한다'가 힘에 대해 심한 갈증을 느끼면 의지와 힘에의-의지가 실제로 같은 것이 된다는 사실은, 어쩌면 의지력이 애초에 의지의 무기력을 통해 처음으로 경험되었기 때문일 것이다. 좌우간 '나는-의지한다'에서 직접적으로 발원한 유일한 통치 형태인 전제정이 지닌 탐욕스러운 잔혹성은 이기주의의 소산이다. 이 이기주의는 철학자들이 인간에게 강제하려 했고, '나는-사유한다'의 모델에 입각해 착안했던 〔플라톤식의〕 유토피아적 이성의 전제 형태들 속에는 존재하지 않았다.

나는 앞에서 자유가 더 이상 행위함 및 타인들과의 교제함 속에서 경험되는 것이 아니라 의지함 및 자기 자신과의 내적 대화 속에서 경험된다고 할 때, 간단히 말해서 자유가 자유의지가 되었을 때 철학자들이 처음으로 자유의 문제에 관심을 보이기 시작했다고 말한 바 있다. 그때부터 자유는 제1순위의 철학적 문제가 되었다. 자유는 그런 상태로 정치영역에 적용되었고, 그런 이유로 또한 정치의 문제가 되었다. 그 철학적 전환, 즉 행위에서 의지력으로, 행위 속에 명시화된 어떤 상태로서의 자유에서 선택의 자유로의 전환으로 인해 자유의 이상이 우리가 앞서 제시했던 의미에서의 기교(virtuosity)이기를 멈췄고, 타인들로부터 독립적이며 종국에는 그들보다 우세해지는 주권(sovereignty), 즉 어떤 자유의지의 이상으로 대체되었다. 자유에 대해 현재 우리가 가지고 있는 정치적 관념의 철학적 기원은 18세기의 정치 저술가들에게서 매우 분명하게 나타난다. 예를 들어 토머스 페인(Thomas Paine)은 "자유롭기 위해서는 (인간이) 그것을 의지하는 일이면 충분하다"고 역설했는데, 라파예트(Lafayette)는 이 말을 국민국가(nation-state)에 적용했다. "국가가 자유롭기 위해서는 국가가 자유롭기를 원하기만 하면 된다"(Pour qu'une nation soit libre, il suffit qu'elle veuille letre).

이러한 말들은 명백히 주권론의 가장 견실한 대표자로 남아 있는 장 자크 루소의 정치철학과 공명한다. 루소는 주권론을 의지로부터 직접 끌어냈으므로 정치권력을 순전히 개별체의 의지력이라는 이미지를 통해 인식할 수 있었을 것으로 짐작된다. 그는 몽테스키외에 대항해 "어떤 분할된 의지라는 것은 생각조차 할 수 없기 때문에" 권력은 주권적, 즉 비분할적이어야 한다고 주장했다. 그는 이러한 극단적 개인주의의 결과를 회피하지 않았고, 어떤 이상국가에서는 "시민들이 서로 간에 어떠한 의견도 교환하지 않으며" 또한 파벌들을 피하기 위해서 "각각의 시민은 각자의 생각들만 해야 한다"고 주장했다. 현실적으로 루소의 이론은 "의지가 미래를 위해 스스로를 구속한다는 생각은 불합리하다"[25]라는 간단한 이유로 반박되었다. 이 주권적 의지 위에 세워진 공동체는 사상누각이라기보다는 차라리 유사(流砂) 위에 세운 것이라고 표현할 수 있을 것이다.

모든 정치적 업무는 항상 미래를 위한 연합과 결속의 정교한 틀—예컨대 법률·헌법·조약 및 동맹과 같은—내에서 집행되어 왔고 현재에도 그러하다. 이러한 것들은 모두 마지막 순간에 약속하는 능력과 미래의 본질적인 불확실성에도 불구하고 그 약속을 지키는 능력으로부터 파생한다. 더욱이 시민들 간에 아무런 의사소통도 안 일어나고, 각자가 자기 생각만 하는 〔국가의〕 상태는 정의상 전제정임이 자명하다. 다른 어떤 〔정신〕 능력들과도 연결되지 않은 의지와 의지력의 기능 자체는 본질적으로 비정치적이고 심지어 반정치

25) 루소의 『사회계약론』(*The Social Contract*) 제2권의 처음 네 개의 장을 보라. 근대의 정치이론가들 가운데 칼 슈미트(Carl Schmitt)가 주권 개념에 대한 가장 역량 있는 대변자다. 그는 주권의 뿌리가 의지라는 점을 명확히 인식하고 있었다. 군주는 의지하고 명령하는 자다. 특히 슈미트의 *Verfassungslehre*(Munchen, 1928), pp.7 ff.,146을 참고하라.

적이기도 하다는 점은 루소가 내몰리게 된 저 부조리들과 그가 그것들을 수용하면서 취했던 이상스러울 정도의 경쾌한 태도를 통해 가장 명확하게 드러난다.

정치적 차원에서 볼 때 자유와 주권을 동일시하는 것은 아마도 철학이 자유와 자유의지를 동격으로 취급한 사실의 가장 파괴적이고 위험한 결과일 것이다. 왜냐하면 그것은 일종의 인간 자유의 부인(否認)—즉 사람들이 어떤 일을 하는지와 관계없이 그들은 결코 주권자가 아니라는 것이 인식된다면—으로 이끌리거나, 아니면 한 사람의, 한 집단의, 또는 한 정치 체제의 자유가 다른 모든 사람의 자유, 즉 주권의 포기를 대가로 얻어질 수 있다는 통찰로 귀결하게 될 것이기 때문이다. 전통철학의 개념 틀 내에서 자유와 비-주권(non-sovereignty)이 어떻게 공존할 수 있는지, 바꿔 말해서 비주권의 조건 아래 있는 사람들에게 어떻게 자유가 주어질 수 있었는지를 이해하는 것은 정말로 어려운 문제다. 인간은 자신이 주권적일 때에만—개인으로든 집단으로든—자유로울 수 있다고 믿는 것이 위험천만한 생각이듯, 인간이 비-주권적이라는 사실을 근거로 자유를 부정하는 것도 실제로 비현실적이다.

정치 체제들의 잘난 주권이라는 것은 언제나 하나의 착각이었다. 게다가 그것은 폭력 수단, 즉 본질적으로 비정치적인 수단에 의해서만 유지될 수 있다. 한 명의 인간이 아니라 다수의 인간들이 지구상에 함께 살고 있다는 사실에 의해 설정되는 저 인간 조건들 아래서는 자유와 주권이 동일시되기 어렵기 때문에 동시적으로 존재할 수조차 없다. 사람들이 개별적으로 또는 조직의 일원으로서 주권적이고자 할 때, 그들은 의지—이것을 내가 나 자신을 강제하는 개별 의지로 간주한다면—의 억압에 굴복해야만 하거나 아니면 어떤 조직된 집단의 '일반의지'에 굴복해야만 한다. 그것은 정확히 사람들이 자유스럽고자 할 때 반드시 포기해야 할 것이 바로 주권이기 때문이다.

IV

자유에 관한 총체적 문제가 한편으로는 기독교적인 전통의 지평에서, 다른 한편으로는 본래 반정치적이고 철학적인 전통의 지평에서 발생한 이래로, 우리는 의지의 부수물이 아니라 실행함(doing)과 행위함(acting)의 부속물로서의 자유가 현존할 수 있다는 것을 인식하기 어렵다는 사실을 깨달았다. 여기서 다시 한번 고대로, 즉 그것의 정치적 · 전(前)-철학적 전통으로 되돌아가보기로 하자. 〔이렇게 하는 것은〕 물론 박식함을 요구하는 것도 아니고, 전통의 연속성〔을 발견할 목적〕 때문은 더더욱 아니다. 그것은 단지 다른 어떤 것도 아닌 바로 행위함의 과정 속에서 경험된 어떤 자유—물론 인류가 이 경험을 통째로 상실하지 않았을지라도—가 결코 〔그리스〕 고전 시대의 〔개념적〕 명료성과 더불어 정교하게 표현된 적이 단 한 번도 없었기 때문이다.

그러나 우리가 여기서 재론하지 않지만 앞서 언급했던 이유들로 인해 이 〔자유에 관한〕 명료화된 표현을 포착해내는 일이 철학자들의 저술에서보다 어려운 곳도 없다. 물론 일단(一團)의 비철학적 문헌, 즉 시나 희곡, 역사 및 정치적 저술에서 합당한 개념들을 본모습대로 추출해보려는 시도는 기껏 헛수고에 지나지 않을 것이다. 그런 것들 속에서 이루어진 명료화는 경험들을 모종의 개념적 사유의 영역이 아니라 어떤 광휘의 영역(a realm of splendor)으로 들어 올리기 때문이다. 우리의 목적상 이러한 시도는 불필요하다. 고대 라틴 문학은 물론 그리스 문학이 그 내용이야 무엇이 되었든 이러한 사안들과 관련해 우리에게 알려주는 바는, 그리스어와 라틴어 양자가 현재 우리가 '행위하다'(to act)라는 동사로써 지칭하는 것을 가리키는 두 개의 동사를 보유하고 있다는 흥미로운 사실에 궁극적으로 뿌리를 내리고 있다는 것이다.

그 두 개의 그리스어 동사 가운데 하나는 아르케인(ἄρχειν), 즉 시작하다(to begin)·선도하다(to lead)·지배하다(to rule)라는 뜻이고, 다른 하나는 프라테인(πράττειν), 즉 무엇을 완수하다(to carry something through)라는 뜻을 가진 말이다. 이에 해당되는 라틴어 동사는 무엇을 운동하게 만든다는 의미의 아게레(agere, 앞으로 가게하다)와, 번역이 거의 불가능하지만 과거의 행위를 지속하고 지탱하는 연속성을 뜻하며 우리가 역사적이라고 지칭하는 행적(the deeds)과 사건들(events), 즉 레스 게스타이(res gestae, 사적史績)를 결과로서 가지게 되는 게레레(gerere, 운반하다)다.

이 두 경우에 행위(action)는 두 개의 상이한 단계에서 발생한다. 그것의 첫 번째 단계는 무언가 새로운 것을 세계 속으로 등장시키는 어떤 시발점(a beginning)이다. 자유인들의 특출한 자질인 시작함·선도함·지배함의 의미를 전부 망라하는 그리스어 '아르케인'은 '자유로운 상태임'(being free)과 무언가 새로운 것을 시작하는 능력이 일치하는 어떤 경험의 증거다. 오늘날 우리가 자유라고 부를 만한 것은 자발성(spontaneity)을 통해 경험되었다. 아르케인의 다중적 의미는 다음과 같은 것을 암시한다. 이미 지배자(즉 노예와 가족을 지배하는 가정의 우두머리)로서 먼 타지에서의 업무 또는 폴리스의 시민 〔자격〕을 유지하기 위한 생활의 필요들부터 자신을 해방시킨 자들만이 무언가 새로운 것을 시작할 수 있다. 그 둘 가운데 어느 경우라도 그들은 더 이상 지배하지 않지만 이미 지배자들 가운데 지배자였고, 동료 〔시민〕들과 함께 어울리며 어떤 새로운 업무를 시작했다. 지도자들로서 무언가 새로운 것을 시작하기 위해서는 동료들의 도움을 받아야 했다. 오로지 타인들의 도움 덕분에 아르콘(ἄρχων), 즉 지배자·개시자·선도자가 된 자는 진정한 의미에서 행위를 수행하고 프라테인, 즉 자신이 일단 시작한 일은 무엇이든 완수할 수가 있었다.

비록 다른 방식이기는 하지만 라틴어에서도 역시 '자유롭게 되는 것'과 '시작하는 것'의 의미는 서로 맞물려 있다. 로마적 자유는 로마의 선조들이 후손에게 물려준 모종의 유산이었다. 후손의 자유는 선조들이 도시 건설을 통해 구축했던 그 시발점과 결부되어 있었는데, 그들은 선조들의 업적들을 관리해야 했고 그것들의 결과들도 떠안아야 했으며 건국의 토대들을 '증대'해야 했다. 이 모든 것들이 저 로마공화국의 행적과 사건들(res gestae)이다. 로마의 역사 편찬은 본질적으로 그리스의 역사 편찬만큼 정치적이었고 단순히 위대한 행위와 사건을 기술하는 것만으로는 결코 만족할 수 없었다. 투키디데스나 헤로도토스와 달리 로마의 역사가들은 언제나 로마사의 시발점에 대해 정신적 유대감을 가졌다. 그 시발점이 진정한 로마적 자유의 요소를 담지하고 있었고, 그들의 역사를 정치적인 것으로 만들었기 때문이다. 그들이 관계를 맺어야 하는 것이 무엇이든 그들은 도시의 건설로부터(ab urbe condita), 즉 로마적인 자유를 보증하는 도시의 정초 〔역사〕와 더불어 시작했다.

이미 나는 고대의 자유 개념이 그것의 배타적인 정치적 기원으로 인해 그리스 철학 속에서 아무 역할도 하지 못했다는 점을 언급한 바 있다. 로마의 저술가들이 때때로 소크라테스학파의 반(反)-정치적 경향에 반기를 들었던 것은 사실이지만, 그들의 기이한 철학적 재능 결여가 명백히 그들 자신의 경험들은 물론 로마공화국에 현전했던 그들의 위대한 자유권 제도들에 적합했을 수도 있을 어떤 이론적 자유 개념의 발견을 막았다. 로마의 역사가들이 이따금씩 상상했던 것처럼 사상사가 일관된 것이었다면, 우리가 사도 바울의 자유의지를 그것의 난제들과 함께 사실상 철학사에 도입했던 위대한 기독교 사상가 아우구스티누스에게서 자유의 타당한 정치적 관념을 찾아보려는 희망을 훨씬 덜 가졌어야 했을 것이다. 그럼에도 우리는 아우구스티누스에게서 선택의 자유로서의 자유에 대한 논의—이 논의가 〔서구의 사유〕 전통에 결정적으로 중요한 것이 되었지만—뿐 아니라, 그의 유일한 정치적 저술인 『신국론』에 특징적으로 나타나는 어떤 완전히 다른 방식으로 인식된 〔자유의〕 관념도 발견하게 된다.

아우구스티누스는 다른 어떤 저술에서보다 그 책에서, 그저 자연스러운 일 같기는 하지만, 로마적 경험들을 배경으로 더 많은 것을 이야기한다. 여기서 자유는 인간의 내적 성향이 아니라 세계 내 인간 실존의 특성으로서 인식되고 있다. 〔부연하면〕 인간이 자유를 소유한다기보다 오히려 그가 세상 속으로 탄생하는 일이 바로 자유가 우주 속에 출현하는 현상에 비견할 만한 것이다. 인간은 하나의 시발점(a beginning)이며, 이미 우주가 존재하게 된 이후에 창조되었기 때문에 자유롭다. "인간이 창조되었기에 하나의 시발점이 수립되었다" (Initium ut esset, creatus est homo, ante quem nemo fuit).[26] 인간 각각의 탄생에서 그 최초의 시발점이 재확인된다. 왜냐하면 각각의 〔탄생〕 사건에서는 무언가 새로운 것이 이미 현전하는 세계 속으로, 개인들 각각의 죽음 이후에도 계속 현전할 그 세계 속으로 진입하기 때문이다. 그 자신이 곧 하나의 시발점이므로 인간은 시작할 수 있는 것이다. 〔이런 견지에서〕 인간이 된다는 것과 자유롭게 된다는 것은 한 가지이고 동일한 사안이다. 신은 세계 속에 시작의 기능을 도입하기 위해서 인간을 창조했다. 그 기능이 바로 자유다.

초기 기독교의 강력한 반-정치적 경향들은 매우 잘 알려진 터라

26) 아우렐레우스 아우구스티누스, 『신국론』, book Xll, ch.20.

〔아우구스티누스라는〕 한 기독교 사상가가 자유에 대한 고대의 정치적 발상에 내포된 철학적 함의들을 최초로 이론화했다는 의견이 우리에게는 역설적으로 들린다. 〔이 대목에서〕 문득 떠오르는 유일한 설명은 아우구스티누스가 한 사람의 기독교인인 동시에 로마인이었다는 사실과 자신의 저작 가운데 이 〔『신국론』이라는〕 책에서 고대 로마의 핵심 정치 경험을 이론화했다는 사실이다. 이 정치 경험은 시작으로서의 자유가 로마의 정초라는 행위 속에서 명시화되었다는 것이다. 그럼에도 만약 나사렛 예수의 가르침을 그것이 담지한 철학적 함의들과 함께 좀더 진지하게 고려한다면 이러한 인상은 상당히 바뀌게 될 것이라고 나는 확신한다.

우리는 신약 성경의 〔예수의 가르침 속〕 자유에 대한, 특히 인간 자유에 내재된 힘에 대한 색다른 이해 방식을 발견하게 된다. 그러니 이 힘에 조응하는 인간의 능력, 〔이를〕 복음서의 표현으로 바꾸면 산을 움직일 수 있는 인간의 능력〔의 원천〕은 의지(will)가 아니라 신앙(faith)이다. 저 신앙의 거사(巨事), 실제로 그 거사의 산물은 복음서에서 '기적들'로 지칭하는 것으로서, 신약 속에서 다양한 의미로 나타나기 때문에 곧바로 이해하기가 어렵다. 여기서는 그러한 난점들을 잠시 접어두고 다음 구절들만 주목해보자. 〔언급된〕 기적들은 확실히 초자연적인 사건이 아니며, 모든 기적들—신을 대리하는 자에 의해 수행된 것 못지않게 〔보통〕 사람들에 의해 수행된 것들도—이 항상, 이를테면 자연적 사건들의 연쇄에 의한 중단 〔상황〕들, 또는 그 맥락 속에서 전혀 예상치 못했던 일이 발생하는 어떤 자동적 과정의 중단 〔상황〕임에 틀림없다.

의심할 여지 없이 지구상에서의 인간 삶은 자동적 과정들로 에워싸여 있다. 지구상의 자연적 과정들은 순차적으로 우주적 과정들에 둘러싸이고, 우리 자신 역시 유기물적 자연의 일부분이기 때문에 같은 힘들에 의해 추동된다. 게다가 우리의 정치적 삶은 그것이 행위 영역임에도 불구하고 우리가 역사적이라고 부르는 과정들의 한가운데서 펼쳐진다. 이 〔역사적〕 과정들은 비록 그것들이 인간들에 의해서 개시되었다 할지라도 자연적 또는 우주적 과정들과 마찬가지로 모종의 자동적 과정들로 바뀌는 경향이 있다. 〔요컨대〕 자동성은 그것의 기원이 무엇인가에 상관없이 모든 과정들 속에 내재한다는 것이 진리다. 그렇기 때문에 어떤 단 하나의 행위나 단 하나의 사건이 단번에 문제를 해결하거나, 한 인간 또는 한 민족, 또는 인류를 구원할 수는 없는 것이다.

비록 인간이 자동적 과정들의 법칙에 종속적이기는 하지만, 동시에 인간은 그 과정들 안에서 그 법칙에 대항하는 행위를 통해 자신을 천명할 수 있다. 인간 삶에 영락(零落)의 주술을 걸 수 있는 유일한 것이 바로 그러한 과정들에 내재된 〔자동성의〕 법칙이다. 인간이 만든 역사적 과정들이 일단 자동성을 띠게 되면, 그것들은 우리의 유기체를 추동하고 자체적 법칙에 따라, 즉 생물학적으로 존재에서 비존재, 탄생에서 죽음으로 이끄는 자연적 삶의 과정만큼이나 파멸적이다. 역사학은 마치 모종의 생물학적 필연성인 양 이미 파멸이 예정되어 있는 듯이 보이는, 돌처럼 굳어버리고 가망 없이 쇠퇴하는 문명의 사례들을 너무나 잘 알고 있다. 또한 그러한 역사 과정들의 침체기가 수 세기에 걸쳐 지속되어 그 생명을 유지할 수도 있기 때문에, 심지어는 지금까지의 역사 기록에서 가장 큰 자리를 차지하기도 했다. 인류의 역사에서 〔인간들이〕 자유로웠던 시기는 언제나 상대적으로 단명했던 셈이다.

저 〔문명들이〕 석화(石化)하거나 예고된 파국을 맞는 시기들에도 대체로 원형 그대로 남는 것은 자유 자체의 기능, 즉 〔무언가를〕 시발할 수 있는 능력, 즉 모든 인간 활동을 가동시키고 고무하는 능력이다. 이것은 또한 모든 위대하고 아름다운 것을 생산하는 숨은 원천이다. 그러나 이 원천이 숨겨진 채로 있는 한, 자유는 어떤 세계적 실체를 가진 실재가 아니다. 다시 말해서 그것은 정치적 성격이 아니라는 것이다. 자유의 원천은 심지어 정치적 삶이 석화되고 정치행위가 무력해서 자동적 과정들을 중단시킬 수 없을 때조차도 현전하므로 〔사람들이〕 자유를 본질적으로 비정치적인 현상으로 오인하기 쉽다. 이런 상황이라면 자유는 스스로의 '덕목'과 기교를 지닌 어떤 존재 양식으로서 경험되지 못하고, 지구상에 존재하는 피조물 가운데 오직 인간만이 부여받은 듯한 최고의 선물로서 경험될 것이다. 그 최고의 선물은 비록 우리가 인간의 거의 모든 활동들 속에서 그 흔적과 징후를 발견할 수 있을지라도, 오직 행위가 그것만의 공간을 세계 속에 창조해 자유가 말 그대로 자신의 은신처에서 나와 그것의 외견을 드러낼 수 있을 때에만 온전히 그것의 진가를 발휘하게 될 것이다.

행위자의 관점이 아닌 과정의 관점에서 볼 때 각각의 행위는 그 과정의 틀 속에서 발생하며 그 과정이 지닌 자동성을 중단시키기 때문에 모종의 '기적'—즉 전혀 기대할 수 없는 어떤 것—이라고 말할 수 있다. 만일 행위(action)와 시발(beginning)이 본질상 동일한 게 사실이라면, 기적을 행하는 역량 역시도 인간 능력들의 범위 안에 있어야 마땅할 것이다. 이 말은 말의 실제 내용보다 훨씬 더 이상하게 들릴 것이다. 어떤 '무한의 비가망성'(infinite improbability)으로서 세계 속으로 밀고 들어가는 것이 모든 새로운 시발의 본질이다. 바로 이 무한의 비가망적인 것들이 우리가 실재라고 부르는 모든 것의 얼개를 구성한다. 이는 결국 우리의 실존 전체가 말 그대로 어떤 기적들의 연쇄에 얹혀 있다는 것이다. 지구적 존재로서 출생하는 것, 지구상에서 유기물적 삶을 전개하는 것, 동물 종으로부터 인류로의 진화 등이 모두 그런 예에 해당한다.

우주와 자연의 과정들과 그것들이 통계적으로 보여주는 압도적 가망성이라는 관점에서 보면, 우주적 과정들로부터 지구적 존재로 태어나는 것, 비(非)유기물적 과정들로부터 유기물적 삶을 형성하는 것, 마침내 유기물적 삶의 과정들로부터 인간으로 진화하는 것 등은 다 '무한의 비가망성들'이기 때문에, 그것은 어떤 언어적 표현상으로도 '기적들'일 〔수밖에 없을〕 것이다. 바로 이 모든 실재 속에 현전하는 '기적적인 것'이라는 요소 때문에 사건들은 〔그것들이〕 두려움 또는 희망〔의 언어〕를 통해 얼마나 잘 예상되었는가와 상관없이, 일단 발생하게 되면 어떤 경이로운 충격으로 우리에게 다가오는 것이다. 한 사건의 영향력은 결코 총체적 설명이 불가능하다. 그것의 사실성은 원칙적으로 말해서 모든 예상을 초월하기 때문이다. 우리에게 사건은 기적이라고 알려주는 경험은 결코 자의적이거나 고차원적인 것이 아니다. 그와 정반대로 그것은 가장 자연스럽고 실제로 평범한 삶 속에서 거의 다반사인 경험이다. 이런 평범한 경험이 아니라면 종교가 초자연적인 기적들에 할당한 역할을 이해하기는 거의 불가능할 것이다.

나는 우리가 평범한 경험 속에서 실재라고 부르는 것이 대개 허구보다도 더 신비스러운 우연의 일치들을 통해 나타나게 된다는 점을 설명하기 위해 어떤 '무한의 비가망성'의 출현으로 인해 중단된 자연적 과정들이라는 예제를 선택했다. 물론 이 예제는 그것의 한계를 가지고 있어서 인간사의 영역에 간단히 적용할 수는 없다. 비록 〔그 실현 가능성을〕 완전히 배제할 수는 없다 해도 자동성의 역사 과정이나 정치적 과정의 맥락 속에서 기적들, 즉 '무한히 비가망적인 것'을 바라는 일은 순전히 미신에 지나지 않을 수도 있다. 역사는 자연과 대조적으로 사건들로 가득 차 있다. 역사 속에서는 사건 및 무한의 비가망성이라는 기적이 아주 빈번히 발생하기 때문에 기적에 관해 말하는 것 자체가 이상하게 생각될 정도다. 그러나 이 빈번함의 단순한 원인은, 저 역사 과정들이 창출되지만 그것들이 인간의 창발(initiative)에 의해 지속적으로 중단된다는 사실이다. 〔요컨대〕 그가 한 사람의 행위하는 존재인 한 인간은 시발점(initium)이다. 그러므로 정치영역 속에서 〔우리가〕 예견할 수 없는 것과 예측할 수 없는 것을 탐색하는 일, '기적들'을 준비하고 기대하는 일은 결코 조금도 미신적이지 않으며, 오히려 어떤 현실주의적인 태도일 것이다. 그리고 저울의 눈금이 재앙 쪽으로 기울면 기울수록 자유와 함께 수행된 행적이 더욱 더 기적적으로 보일 것이다. 언제나 자동적으로 발생하는 까닭에 항상 저항할 수 없어 보이는 것은 구원이 아니고 재앙이기 때문이다.

객관적으로, 즉 인간이 하나의 시발점(a beginning)이고 한 사람의 시발자(a beginner)라는 점을 고려하지 않은 관점으로 보면 내일이 어제와 같을 가능성은 언제나 압도적이다. 설령 그것이 그렇게 압도적이지 않을지라도, 분명 우주적 사건의 발생들로부터 지구가 탄생하지 않았을 가능성, 무기물의 과정들로부터 생명이 자라나오지 않았을 가능성, 동물적 삶의 진화 과정들에서 인간이 출현하지 않았을 가능성이 희박한 것은 사실이다. 우리의 지구적 삶의 실재가 얹혀 있는 '무한의 비가망성들'과 역사적 실재를 수립하는 사건들에 내재된 기적의 특성 사이에는 결정적으로 중요한 차이가 있다. 그것은 인간사 영역 속에서 우리는 그 '기적들'의 주인공이 누구인지를 알고 있다는 사실이다. 그 기적들을 수행하는 자가 바로 인간이다. 인간들은 자유와 행위라는 이중의 선물을 부여받았기 때문에 그들 자신만의 실재를 수립할 수 있다.

제3부
현대 사회의 위기와 해법

5장 교육의 위기

I

현대 사회의 곳곳에서 삶의 거의 전 영역을 접수한 총체적 위기는 상이한 영역들과 관련되고 다른 형태들을 띠면서 나라마다 각기 다르게 스스로 명시화한다. 미국의 경우에 그러한 위기의 가장 특징적이고 시사적인 측면들 가운데 하나는 바로 교육 영역에서 반복되는 위기다. 그것은 적어도 지난 10년 사이 가장 중요한 정치 문제가 되었고 거의 하루도 거르지 않고 일간지에 보도되다시피 했다. 분명히 말하지만 학교 체제 전반에 걸쳐 기초적인 기준들이 지속적으로 쇠퇴함에 따라 초래된 위험을 간파하는 데는 거대한 상상력이 요구되지 않는다. 문제의 심각성은 이러한 추세를 저지하기 위해 숱한 헛수고를 했던 교육 당국에 의해서 〔이미〕 제대로 부각된 바 있다.

그럼에도 〔미국 내〕 교육의 위기를 다른 나라들이 20세기에 겪은 경험들과 비교한다면, 그리고 제1차 세계대전 이후의 혁명적인 혼란상이나 나치의 유대인 학살 캠프 또는 제2차 세계대전 이래 외견상으로 번영을 구가하던 유럽 전역에 확산된 심오한 불안감과 비교할 경우에는 그 교육의 위기라는 사안을 그것이 받아 마땅한 수준으로 심각하게 다루기에는 다소 어려움이 있다. 사실 교육의 위기는 20세기의 큰 문제들과 상관없는 어떤 지엽적 현상으로 간주되기 쉽고, 세계의 다른 어느 곳에서도 유례(類例)를 찾기 어려운 미국적 특이성 탓으로 여겨지기 쉽다.

그러나 이러한 견해가 사실이라면 우리 학교 체제의 위기가 모종의 정치 문제로 비화하지도 않았을 것이고, 교육 당국이 그것을 제때 다루지 못했을 리도 만무하다. 분명 여기에는 '왜 조니(Johnny)는 읽지 못하는가'[1]라는 당혹스러운 질문 그 이상이 관련되어 있다. 더욱이 우리가 역사적·국가적 경계 안에 한정된, 그리고 직접적으로 영향을 받는 사람들에게만 중요성이 있는 특수한 문제들을 다루고 있다고 믿고자 하는 유혹도 항상 존재한다. 우리 시대에 일관되게 허구로 입증된 것이 바로 이 믿음이었다. 어떤 한 나라에서 가능한 것이라면 그것이 무엇이든 조만간 다른 모든 나라에서도 가능하게 된다는 것을 20세기의 일반 원칙으로 간주할 수도 있을 것이다.

전문가적 안목으로 볼 때 교육에 관해 아무것도 모르는 문외한(이는 물론 전문 교육자가 아닌 내가 교육의 위기를 다루는 경우에도 해당된다)마저 이 영역의 문제들에 관심을 가지게 할 만한 이러한 일반적인 이유들과 별개로, 자신과 직접적으로 관련되어 있지도 않은 이 〔교육의〕 위기 상황에 스스로 관심을 가지게 되는 훨씬 설득력 있는 이유가 하나 더 있다. 그 이유는 위기라는 바로 그 사실—이것은 겉치레를 없애고 편견을 지운다—이 〔교육의 위기라는〕 사안의 본질

1) 이것은 1955년에 처음 출간된 루돌프 플레시(Rudolf Flesch)의 『왜 조니는 읽지 못하는가: 그리고 당신이 그것에 대해 할 수 있는 일』(*Why Johnny Can't Read: And What You Can Do about It*)이라는 책의 제목에서 따온 것이다. 이 책은 발음을 중심으로 철자와 읽기를 가르치는 어학교수법(phonics)을 다루고 있으며, 미 교육당국의 추천도서이기도 했다—옮긴이.

에 대해 드러난 것이라면 무엇이든 탐구하고 조사할 수 있는 기회를 제공했다는 것이다. 여기서 교육의 본질이란 탄생성(natality), 즉 '사람들은 세계 속으로 태어난다'는 사실이다.

편견들의 실종이란 간단히 말해서 우리가 심지어 편견이 애당초 〔특정〕 질문에 대한 답변으로서 제시된 것이었다는 사실도 인식하지 못한 채 통상적으로 의존하는 〔바로 그런 종류의〕 답변들을 상실했다는 의미다. 하나의 위기는 우리를 질문들 자체로 되돌아가도록 강제하며 우리에게 새로운 혹은 옛날의 답을 요구한다. 그리고 어떤 〔답의〕 경우든 직접적인 판단을 요구한다. 우리가 어떤 위기를 맞아 사전에 형성된 판단, 즉 편견으로 대응한다면 그것은 모종의 재앙이 된다. 그러한 태도는 위기를 더욱 첨예화할 뿐만 아니라 우리에게서 그 위기가 제공하는 현실 경험과 성찰의 기회를 박탈한다.

비록 어떤 위기 속에서 모종의 일반적인 문제가 스스로 모습을 드러낸다 해도 그 구체적이고 특수한 상황에서 보편적인 요소를 완전히 분리하는 것은 불가능하다. 교육의 위기가 세계 전체에 영향을 미칠 수 있다고 할지라도 우리가 그것의 가장 극단적인 형태를 미국에서 발견하게 된다는 것이 특징적인데, 이는 아마도 오직 미국에서만 교육의 위기가 실제로 정치의 한 요인이 될 수 있기 때문일 것이다.

사실 미국에서는 교육이 정치적으로 다른 어떤 나라들과 비교도 할 수 없을 만큼 상이하고도 중요한 역할을 한다. 기술적으로는 물론 미국이 언제나 이민자들의 땅이었다는 사실 속에 그에 대한 설명이 들어 있다. 각양각색의 인종 집단들을 함께 융합시키는 일—충분히 성공적이지는 않지만 지속적으로 기대 이상의 성공을 거두고 있는—의 지대한 어려움은 명백히 정규 학교 수업과 교육, 이민 자녀들의 미국화를 통해서만 해소될 수 있다. 이러한 아이들 대부분에게 영어는 모국어가 아니라 학교에서 습득해야 할 언어이기 때문에,

〔미국의〕 학교들은 민족국가에서라면 마땅히 가정에서 수행되었을 기능들을 확실히 떠맡아야만 한다.

우리가 결정적으로 중요하게 고려해야 하는 것은 계속되는 이민이 그 나라의 정치의식과 사고의 틀 속에서 수행하는 역할이다. 미국은 비록 정치 구조상 그들과 무관할지라도 자국의 국토를 채워줄 이민자들을 필요로 하는 어떤 단순한 식민 국가가 아니다. 미국에서 항상 결정적인 요소는 모든 달러 지폐에 찍혀 있는 '시대의 새로운 질서'(Novus Ordo Seclorum)라는 모토였다. 이민자들, 즉 신참자들은 미국이 새로운 질서를 표상한다는 것에 대한 일종의 보증이다. 이 새 질서의 의미, 즉 구세계에 대비되는 신세계의 정초는 빈곤과 〔종교적〕 억압에서 벗어난다는 것이었고 지금도 〔여전히〕 그러하다.

동시에 그것의 위대함은 이 새 질서가 어떤 완벽한 모델과 더불어 외부 세계와 대결할 목적으로—다른 나라의 유토피아 정초 과정에서 관행이 되어온 것처럼—처음부터 자신을 외부와 단절시키지 않았을 뿐 아니라, 그 〔새 질서의〕 목적이 제국적인 요구들을 집행하거나 타자들에게 일종의 복음으로서 설교되지 않았다는 사실에 있다. 오히려 미국과 외부 세계의 관계는 가난과 노예제를 폐지하겠다고 결심한 미합중국이 지구상의 모든 빈자와 예속된 자들을 애초부터 환영했다는 사실에 의해 그 성격이 규정되었다. 존 애덤스는 1765년 독립선언을 발표하기에 앞서 다음과 같이 말했다. "나는 항상 아메리카 정착지를 지구상에 있는 모든 인류 가운데서 노예화된 일부의 광명과 해방을 위한 신의 섭리로 이루어진 장대한 계획과 설계의 개막이라고 생각합니다." 이것은 미국이 자신의 역사적·정치적 현존을 개시할 때 가졌던 기본 의도 또는 기본 법칙이다.

미국 내 일상적 삶의 거의 모든 측면에서 나타나는 새로운 것에 대한 비상한 열광과 동시에 어떤 '막연한 완전화 가능성'(indefinite perfectibility)—토크빌이 평범한 "무식자"의 신조로서 주목한 바 있으며 그 자체로 서구의 다른 나라들보다 거의 백 년 앞서는 태도—에 대한 신뢰가 추정컨대 출생을 통해 신참자가 된 사람들, 즉 그리스인들이 새로운 구성원이라는 의미로 간단히 호이 네오이(οἱ νέοι, 새로운 자들)라고 불렀던, 유년기를 지나 청년이 되면 성인들의 공동체로 진입할 아이들에 대해 더 큰 관심과 의미를 부여하는 것으로 귀결되었던 듯하다.

그러나 거기에 교육의 의미가 결정적으로 중요해졌다는 한 가지 사실이 추가되었다. 이 '새로운 것'(the new)이라는 정서는 비록 그것이 〔근대 시민혁명기인〕 18세기보다 훨씬 더 오래된 것일지라도 20세기에 와서야 비로소 개념적으로 그리고 정치적인 요소로 발전했다. 이 〔정서적〕 원천으로부터 루소주의가 가미된, 사실상 루소에게 직접적으로 영향을 받은 교육의 이상이 도출되었다. 그러한 이상 속에서 교육은 하나의 정치 수단이 되었고 정치적 활동 자체는 모종의 교육 형태라고 인식되었다.

고대로부터 현재에 이르기까지 모든 정치적 유토피아에서 교육이 담당한 역할을 살펴보면 출생과 본성 면에서 새로운 사람들과 함께 어떤 새로운 세계를 여는 것이 얼마나 자연스러운 것인지를 알 수 있다. 정치에 관한 한 이 〔교육이 담당한 역할이라는〕 생각은 물론 심각한 오해와 관련된다. 〔정치의 장에는〕 자신과 동등한 사람 〔즉 시민〕들과 합류해 설득의 노력을 자임하고 실패의 위험을 감수하는 방식 대신에 성인(成人)이라는 절대적 우월성에 바탕을 둔 독재적인 개입 〔관행〕이 존재하며, '새로운 것'(the new)을 마치 그것이 이미 존재했던 것인 양 기정사실화(fait accompli)하려는 시도가 존재한다. 이런 이유로 유럽에서는 새로운 〔삶의 또는 정치의〕 조건들을 창출하려면 아이들과 함께 시작해야 한다는 믿음이 주로 전제적 성격을 띠는 혁명운동에서 독과점을 유지해왔다. 이 믿음은 그들이 집권했을 때 부모들로부터 아이들을 떼어내어 단순히 그들〔에게 혁명〕을 세뇌하도록 만들었다.

교육은 정치에서 그 어떠한 역할도 하지 못한다. 왜냐하면 〔실제로〕 정치의 장에서 우리는 언제나 이미 교육받은 자들을 다뤄야 하기 때문이다. 성인들을 교육하고자 하는 사람은 누구든 실제로 그들의 보호자로서 행동하길 원하며 그들이 정치 활동을 하지 못하도록 막는다. 그러므로 성인들을 교육할 수 없는 정치의 장에서 '교육'이라는 단어는 모종의 사악한 소리로 들리는 것이다. 실제로는 힘을 사용하지 않는 강제가 목적인 상황에서 교육을 가장하는 것이기 때문이다. 무력이나 강요 또는 설득이 아닌 교육을 통해 새로운 정치 질서의 창출을 진지하게 고려하는 사람은 끔찍한 플라톤적 결과를 초래할 것이다. 그것은 새로 정초될 국가에서 나이 든 사람들을 몽땅 제거하는 방식이기 때문이다.

그러나 심지어는 모종의 유토피아적인 내일의 시민으로 교육되어야 하는 아이들조차도 실제로 정치 체제 속에서 그들 자신의 미래를 위한 역할이 거부된 상태다. 그 신참자들의 관점에서는 성인 세계가 어떤 새로운 것을 제안하더라도 그것은 불가피하게 그들 자신보다 오래된 것이기 때문이다. 바로 그 인간의 조건이라는 본질을 통해 각각의 신세대는 모종의 구세계 속으로 성장해 진입한다. 그러므로 신세계에 적합한 신세대를 준비시킨다는 것은 단지 누군가가 새내기들의 수중에서 새로운 것에 대한 그들 자신의 기회를 낚아채고자 한다는 의미일 뿐이다.

이 모든 것이 결코 미국의 경우에만 해당되지 않는다는 점이 그러한 〔교육의〕 문제들에 대해 정확하게 판단하기 어렵게 만든다. 〔미국과 같은〕 이민자의 땅에서 교육이 실제로 수행하는 정치적 역할, 학교가 아이들을 미국화할 뿐 아니라 부모들에게도 영향을 미치고 있다는 사실, 여기서 사실상 어떤 구세계의 유산을 떨쳐버리고 모종의 새로운 세계로 진입하도록 돕는 누군가의 〔정치적〕 역할까지 현재 아이들의 교육을 통해 모종의 신세계가 건설되고 있다는 착각을 부채질한다. 물론 실제 상황은 결코 이와 다르다. 아이들이 진입하는 세계는, 심지어 미국의 경우조차도, 모종의 구세계다. 구세계는 이미 현존하거나 이미 세상을 떠난 사람들이 구축한 기성 세계이며 단지 이민을 통해 새롭게 진입한 사람들에게만 새로울 뿐이다. 그러나 환상은 실재보다 더 강력하다. 그것은 새로운 질서가 정초될 수 있으며, 그것도 어떤 역사적 연속성이라는 충만한 의식과 함께 정초될 수 있다는 기본적인 미국적 경험에서 직접적으로 발생하기 때문이다. 이 "신세계"(New World)라는 표현은 "구세계"로부터 그것의 의미를 획득했다. 구세계는 다른 측면에서는 감탄할 만하지만 그것이 가난과 억압에 대해서는 그 어떠한 해결책도 찾아낼 수 없었다는 이유로 거부되었다.

교육 그 자체와 관련해 '새로운 것'에 대한 정서로부터 일어난 환상은 20세기에 들어와서야 비로소 심각한 결과들을 창출했다. 우선 그것은 중세 유럽에서 유래된 진보 교육이라는 깃발 아래 교육 체계 전체에서 가장 급진적인 혁명을 완수하려는 〔목적을 가진〕 상식과 비상식의 어지러운 잡동사니들로 구성된 복잡한 근대 교육이론들을 가능하게 했다. 유럽에서는 〔일종의〕 실험으로 남았던 것이 여기저기 개별 학교와 분리된 교육기관에서 시범적으로 실시되고 점차 특정한 영역들로 영향력을 확대했으며, 특히 미국에서는 약 25년 전에 교육과 학습의 모든 전통과 기법을 완전히 뒤집어버렸다.

나는 여기서 세부 사항을 다루지는 않을 것이며 사립 학교들과 특히 로마 가톨릭이 교구별로 운영하는 학교 체계는 예외로 할 것이다. 중요한 사실은 특정 이론들을 위해서, 그것이 좋은 것이든 아니든, 모든 건전한 인간이성(human reason)의 법칙들을 옆으로 제쳐놓았다는 것이다. 그러한 절차는 항상 치명적인 중요성을 가지며, 특히 정치적 삶 속에서 상식에 크게 의존하고 있는 나라에서는 더욱 그러하다. 건전한 인간이성을 통해 정치적 질문들에 대한 답을 제공하려는 시도가 좌절되거나 포기될 때마다 우리는 위기에 직면하게 된다. 이런 종류의 이성은 실제로 우리와 우리의 오감이 모두에게 공통인 어떤 단일한 세계에 적합해지고 그 안에서 운신할 수 있게 만드는 상식이기 때문이다. 오늘날 상식의 실종이야말로 위기의 가장 확실한 신호다. 각각의 위기마다 세계—우리에게 공통적인 어떤 것—의 일부가 파괴된다. 상식의 실패는 마치 점괘(占卦) 지팡이인 양 그러한 함몰 지점을 〔정확히〕 가리킨다.

어떤 경우든 '왜 조니가 읽지 못하는가'라는 질문 또는 '미국 내 보통 학교의 지식 습득 기준들이 어째서 유럽 내 모든 나라의 평균치보다 그처럼 많이 뒤처지는가'라는 좀더 일반적인 질문에 대한 답은 안타깝게도 이 나라가 젊어서 아직 구세계의 수준을 따라잡지 못했다는 것이 아니다. 그와 정반대로 그 답은 이 나라가 이 교육이라는 특수한 영역에 관한 한 가장 '선진화된', 그리고 전 세계를 통틀어 가장 근대적이라는 것이다. 이것은 다음의 이중적 의미에서 사실이다. 〔요컨대〕 대중사회의 교육 문제가 여기보다 더 예민한 사안인 곳은 없으며, 교육의 장에서 최신의 근대 이론들이 이 나라만큼 무비판적이고 맹목적으로 수용되는 곳도 없다는 것이다. 따라서 미국 교육의 위기는 한편으로 진보적 교육의 파산 선포이며, 다른 한편으로는 대단히 어려운 어떤 문제의 제시로 보인다. 왜냐하면 그것은 대중사회의 요구라는 조건 아래서, 그리고 그에 대한 대응 방식에서 발생한 문제이기 때문이다.

이런 맥락에서 우리는 분명히 이 위기를 일으킨 원인은 아니지만, 그 위기 상황을 상당 정도 악화시킨 또 다른 일반적인 요인을 생각해 보아야 한다. 그것은 평등이라는 개념이 미국적 삶 속에서 담당하고 있는 그리고 항상 담당해온 독특한 역할이다. 이것 〔즉 평등 개념〕에는 법 앞의 평등과 계급 구분의 평준화 그 이상이 걸려 있고, 심지어는 '기회균등'이라는 구절 속에 표현된 것 그 이상이 걸려 있다. 왜냐하면 미국인의 관점에서 교육에 대한 권리는 양도할 수 없는 공민권(civic rights) 가운데 하나이기 때문이다. 이 마지막 요인은 유럽의 중등학교(secondary schools)에 해당하는 학교들이 단지 예외적으로만 존재하는 〔미국〕 공교육 체계의 구조에 매우 중요한 작용을 해왔다. 의무교육 기간이 16세까지로 늘어난 이래 모든 아이가 고등학교에 진학해야만 하고, 고등학교는 기본적으로 초등학교 연장 〔교육〕의 일종이 된 셈이다. 그 결과 〔유럽식〕 중등학교가 부족해 대학 과정에 대한 준비는 대학들이 자체적으로 제공해야 하며, 대학의 교육 과정은 늘 만성적인 과부하에 걸려 있는 상태다. 이는 당연히 대학 교육의 질에 〔부정적〕 영향을 미치게 된다.

누군가는 이러한 비정상성의 이유가 교육이 더 이상 부유층의 특권이 아닌 대중사회의 본질에 있다고 피상적으로 생각할지도 모른다. 〔그러나〕 최근 모든 국민이 중등교육을 받게 된, 누구나 알고 있는 영국의 예를 잠깐 들여다보면 이것은 사실이 아님을 금방 알 수 있다. 영국에서는 초등학교 교육이 끝나는 11세의 학생들에게 상급 교육에 적합한 약 10퍼센트의 학생만을 추려내는 무서운 시험을 준비하게 한다. 이러한 엄격한 선별 방식은[2] 영국에서조차도 〔시민적〕

2) 영국에서는 매년 11~14세 학생을 대상으로 중등교육종합인증시험(GCSE)을 실시해 고등교육 진학자를 선별해왔다. 2002년 9월 영국의 교육부는 GCSE 체제를 대폭 손질해 응용미술과 디자인, 여가와 관광 등과 같은 직업교육 관련 과

항거 없이 수용되지 않았다. 물론 미국이었다면 당연히 불가능했을 일이다.

영국이 목표로 삼은 것은 '능력주의제'(meritocracy), 즉 다시금 모종의 과두제[3]를 구축하는 것인데 이번에는 부나 신분이 아닌 재능에 그 바탕을 두고 있다. 그러나 이 말은, 비록 대다수 영국인이 이에 대해 명확한 입장을 가지고 있지 않더라도 그 나라가 기억할 수 없는 시절부터 그래왔듯이, 사회주의 정권 아래서조차도 군주제나 민주제가 아니라 귀족정치 또는 과두제에 의해 통치될 것이라는 뜻이다. 후자의 경우 최고로 재능 있는 자가 가장 훌륭한 자라는 견해를 이끌어낼 수도 있겠지만, 어떤 확실성이 있는 주장은 결코 아닌 듯하다. 미국에서는 아이들을 재능의 유무에 따라 나누는 식의 거의 자연적 〔차원의〕 구분은 참을 수 없는 것으로 여겨질 것이다. 능력주의제는 여타 과두제 못지않게 평등의 원칙, 즉 어떤 '평등주의적인 민주주의'의 원칙과도 상충한다.

결과적으로 미국에서 교육의 위기를 첨예화하는 것은 이 나라의 정치적 기질이다. 미국은 나이의 많고 적음, 재능 있는 자와 없는 자, 마침내는 아이와 어른 사이의, 특히 학생과 교사 사이의 차이를 평등하게 하려고 하거나 가능한 한 그들 사이의 차이를 없애려고 안간힘을 쓰고 있다. 그러한 평등화는 분명 교사의 권위를 무너뜨리고, 학생들 가운데 재능 있는 자를 희생시켜야 달성될 수 있을 것이다. 그러나 미국의 교육 체계를 아는 사람이라면 적어도 〔이러한〕 미국의 정치적 태도에 뿌리를 둔 이 난관이 커다란 이점을 갖는다는 사실도 동시에 알고 있을 것이다. 이 점은 단순히 인간적 차원에서만이 아니

목을 다수 포함시켜 보다 많은 학생이 혜택을 보도록 조치한 바 있다—옮긴이.

3) 여기서 과두제는 '소수의 교육받은 사람들', 즉 엘리트 계급을 지칭하는 의미로 이해할 수 있다—옮긴이.

라 교육적 맥락에서도 그러하다. 〔그러나〕 어떤 경우에도 이러한 일반적 요인들이 우리가 현재 처한 교육의 위기를 설명하지 못하며 또한 그 위기를 촉발시켜온 조치들을 정당화하지도 못한다.

II

그러한 파멸적 조치들은 우리에게 너무나도 친숙한 세 가지 기본 가정들을 체계적으로 되짚어보면 설명이 가능해진다. 첫째, 아이들에게는 가능한 한 그들이 다스리도록 남겨둬야 하는 아이들만의 자율적인 세계와 모종의 사회가 현존한다. 어른들은 단지 그들의 통치 체제를 돕기 위해 거기 있는 것이다. 개별 아이에게 무엇을 하고 무엇을 하지 말라고 지시하는 권위는 아이들 집단 자체에 주어져 있다. 그 결과 다른 무엇보다도 어른이 개별 아이 앞에 무력하게 서 있고 그 아이와의 접촉에서 이탈하는 상황이 창출된다. 어른은 단지 아이가 원하는 것을 하라고 말할 수밖에 없고, 그렇게 해서 최악의 상황이 발생하는 것을 막는다. 모든 연령층이 항상 세계 속에 동시에 함께 존재한다는 사실로부터 발생하는 아이들과 어른들 사이의 현실적이고 정상적인 관계들은 깨져버린다. 이 첫 번째 기본 가정의 본질은 그것이 한 사람의 개별 아이가 아닌 오직 아이들 집단만을 고려하고 있다는 점이다.

집단의 일원으로서의 개별 아이에 관해 말하자면, 그는 물론 〔집단의 일원이 되기〕 이전보다 형편이 좋지 않다. 비록 아이들 집단이라 하더라도 한 집단이 지닌 권위는 언제나 한 개별 인격체가 가질 수 있는 가장 엄중한 권위보다 훨씬 강력하고 전제적인 성격이다. 누군가가 그 개별적인 아이의 관점에서 이 점을 생각해본다면 그가 반항하거나 자기가 하고 싶은 대로 할 기회는 사실상 전무하다. 아이는 더 이상 자신에게 절대적인 우월성을 가진 어떤 사람과의 매우 불평등한 대결 상태에 있는 것이 아니라, 그 자신이 〔집단적〕 연대감을 느끼고 있는 다른 아이들, 즉 자신의 동종 집단과 대결 상태에 있다. 바꿔 말해서 그는 다른 모든 사람이라는 모종의 절대적 다수에 맞서는, 정의상 명백히 가망 없는, 어떤 소수자 집단의 위치에 있다. 심지어 외부적 강제가 없을 때조차도 그러한 상황을 견딜 수 있는 성인은 거의 없다. 아이들의 경우라면 이러한 상황을 다루는 것에 완전히 무력할 것이다.

그러므로 아이는 어른들의 권위로부터 해방되는 방식을 통해 자유로워진 것이 아니라, 어떤 훨씬 더 공포를 자아내며 정말로 전제적인 성격의 권위, 즉 '다수의 전제'(the tyranny of the majority) 밑으로 복속된 것이다. 결과는 아이들이 성인들의 세계로부터 말 그대로 사라졌다는 것이다. 〔이제〕 그들은 자기 자신들에게 되돌려보내진 것이거나, 아니면 자기 집단의 전제 밑으로 넘겨진 것이다. 아이들은 집단의 수적 우월성 때문에 자기 집단의 전제에 대해 반항하지 못하고, 아이들이기 때문에 그것에 대해 이성적으로 생각할 수 없으며, 성인들의 세계는 그들에게 금지된 구역이므로 다른 어떤 세계로도 도망칠 수가 없다. 이러한 압력에 대한 아이들의 반응은 순응주의 또는 청소년 비행(非行)으로 나타나는 경향이 있으며, 종종 이 두 가지가 혼합된 형태를 보여준다.

현재 교육의 위기 상황에서 문제시되어온 두 번째 기본 가정은 교수법과 관련이 있다. 교육학은 현대 심리학과 실용주의 강령의 영향 아래서 모종의 교수법 일반에 관한 학문으로 발전되었다. 그것은 학습되어야 할 실제 교재로부터 총체적으로 해방되는 방식으로 이루어졌다. 그래서 교사는 그저 무엇인가를 가르칠 수 있는 사람으로 생각되었고, 그의 교직 훈련의 목적은 교수법이지 어떠한 특정 과목의 통달이 아니었다. 이러한 태도는 우리가 현재 목도하는 것처럼 자연스럽게 학습법에 관한 기본 가정과 매우 긴밀한 관계를 맺게 되었다. 더욱이 이러한 태도는 최근 몇십 년간 교사들이 자신의 교과목과 관련된 훈련 과정을 아주 심각한 수준으로 무시하는 결과를 초래했는데, 특히 공립학교에서 그러했다. 교사가 자신이 가르치는 교과목을 알 필요가 없으므로 그의 교과목에 대한 지식은 단지 자신의 수업보다 한 시간 정도 앞서는 경우가 드물지 않게 발생했다. 이는 결과적으로 학생들이 사실상 자기 자신의 자료들을 알아서 공부하도록 남겨진다는 의미일 뿐만 아니라, 교사의 가장 정당한 권위의 원천, 즉 누군가가 그의 권위를 그 어떤 방식으로 전환한다 해도, 그가 여전히 〔학생들보다〕 더 많이 알고 더 많은 것을 할 수 있는 사람이라는 사실이 더 이상 효과적이지 않다는 의미이기도 하다. 그러므로 자기 자신의 권위에 기댈 수 있다는 이유에서 모든 강제 방식들을 삼가고자 하는 비(非)권위주의적인 교사는 더 이상 현존할 수가 없다.

그러나 현재 교육의 위기에서 교육학과 교육대학들이 떠맡고 있는 이러한 치명적인 역할은 오로지 어떤 현대적 학습이론 때문에 가능했다. 간단히 말해서 이것은 우리의 세 번째 기본 가정을 논리적으로 적용한 결과다. 이 가정은 근대적 세계가 수백 년 동안 지지해왔던 것으로, 그것의 체계적이고 개념적인 표현은 실용주의에서 나타났다. 이 기본 가정은, '당신은 당신이 스스로 한 일만을 알 수 있고, 이해할 수 있다'는 생각이다. 이것을 교육에 적용한 결과는 명백한 만큼이나 미개한 것이기도 하다. 그것은 가능한 한 학습을 실천으로 대체하는 것이었기 때문이다.

교사가 자신의 교과목을 통달하는 일에 아무런 중요성도 부여하지 않았던 이유는 그가 지속적인 학습 활동을 수행해 '죽은 지식'을 전달하지 않고 지식이 어떻게 생산되는지를 보여주도록 하기 위함이었다.

〔이것의〕 의식적인 의도는 지식을 가르치는 것보다 모종의 〔학습〕 기술을 배양하는 것이었지만, 그 결과는 학습기관에서 직업기관으로의 변형이었다. 이러한 기관들은 자동차 운전법, 타자기 사용법 또는 그보다 훨씬 중요한 살아가는 '기술'인 타인과 어울리는 법, 인기를 얻는 법을 가르치는 데는 성공적이었던 반면, 아이들이 어떤 표준 교과과정의 정상적인 선수 지식을 습득하게 만들지는 못했다.

그러나 〔나의〕 이러한 서술에는 결함이 있다. 논점을 명확하게 전달하기 위해 명백히 과장하고 있을 뿐만 아니라, 이 과정에서 놀이(play)와 공부(work) 사이의 구분—전자의 편을 들면서—을 가능한 한 없애는 일에 특별한 중요성을 부여하고 있다는 사실을 고려하지 않기 때문이다. 놀이는 아이가 세계 속에서 제 몫을 담당하는 가장 활기 넘치고 적합한 방식으로 여겨졌고, 아이가 한 아이로서 자신의 현존으로부터 자발적인 방식으로 진화하는 유일한 활동 형태로 여겨져왔다. 오직 놀이를 통해 학습될 수 있는 것만이 이러한 쾌활함을 제대로 보여준다. 〔그래서〕 아이의 특징적인 활동은 놀이 속에 있다고 생각되었다. 그리고 아이를 모종의 수동적 태도로 몰아가는 옛날식 학습법이 아이에게 자신의 명랑한 주도성을 포기하도록 강제했다고 보았다.

이 두 가지 사안—학습을 실천으로, 공부를 놀이로 대체한 것—사이의 긴밀한 연관성은 언어 교수법에서 직접적으로 설명된다. 아이는 문법이나 통사론의 학습을 통해서가 아니라 말을 하는 방식으로, 즉 실천을 통해 배운다. 바꿔 말해서 그는 유아기에 모국어를 배웠던 것과 같은 방식으로 외국어를 배워야 한다는 뜻이다. 마치 놀이하듯이, 그리고 단순한 현존의 중단 없는 연속성 속에 있는 듯이 말이다. 그것이 가능한지 아닌지—아이를 외국어로 말하는 환경에 온종일 놓아둘 수 있다면 이것은 어느 정도 가능하다—라는 질문과 별개로 이러한 절차가 〔이미〕 유아기를 넘긴 아이를 의식적으로 유아 수준에 놓아두려고 시도한다는 점은 명백하다. 아이가 어른들의 세계에 진입할 때를 준비시키는 바로 그것, 즉 놀지 않고 일하는 습관을 점진적으로 들이는 일이 아동 세계의 자율성을 위해서 폐지되는 것이다.

실천(doing)과 앎(knowing) 사이의 연관성이 무엇이든 또 실용주의 공식의 타당성이 무엇이든 간에, 교육, 즉 아이의 학습 방식에 그것을 적용하는 것은 바로 우리가 첫 번째 기본 가정의 경우에서 주목했던 것과 동일한 방식으로 아동 세계를 절대적인 것으로 만드는 경향이 있다. 여기서도 아이의 독립성을 존중한다는 핑계로 그 아이는 성인들의 세계로 진입을 금지당하고 부자연스럽게, 〔우리가〕 그것을 하나의 세계라고 부를 수 있다면, 그 자신의 '세계' 속에 가두어진다. 이런 식으로 아이를 그 〔아동〕 세계 속에 잡아두는 것은 부자연스럽다. 그렇게 하는 것이 다른 무엇보다도 가르침과 배움으로 이루어지는 성인들과 아이들 사이의 자연스러운 관계를 단절시키기 때문이며, 그와 동시에 그 아이가 발전 중인 한 사람의 인간이라는 사실과 아동기는 성인기를 준비하는 한시적 단계라는 사실과 모순을 일으키기 때문이다.

현재 미국 교육의 위기는 이러한 〔세 가지〕 기본 가정들의 파괴성을 인식하고 교육 체계 전반에 걸친 개혁을 단행하려는 절박한 시도, 즉 교육 체계를 완전히 변혁하려는 시도에서 비롯된 결과다. 이러한 실행 과정에서 실제로 시도되고 있는 것—자연과학과 기술 분야의 훈련을 위한 엄청난 시설 확충 계획을 제외하면—은 단지 원상회복일 뿐이다. 수업은 다시금 〔교사의〕 권위에 기초해 진행될 것이다. 교과 시간에는 놀이가 금지될 것이며, 다시금 진지한 학습이 이루어질 것이다. 강조점은 교과 과정 밖의 기술 습득에서 교과 과정이 정한 지식의 습득으로 옮겨갈 것이다. 끝으로, 교사들을 위해서 현재의 교과 과정을 변형해 교사 자신도 아이들에게 방임적인 태도를 취하기에 앞서 무엇인가를 배워야만 할 것이라는 이야기가 회자되고 있다.

여기서 아직 논의 단계에 있고 순수하게 미국적인 관심을 반영하고 있는 이러한 개혁안이 우리의 관심을 끌 이유는 없다. 또한 내가 여기서 좀더 기술적이고 어쩌면 장기적으로 훨씬 더 중요한 질문인 '현재 세계의 완전히 새로운 요구들에 부응하기 위해서 모든 국가가 어떻게 초등 및 중등학교 교과 과정을 개혁해야 할 것인가'라는 것에 답할 수도 없다. 우리의 논의에서 중요한 것은 다음의 중첩적인 질문이다. 현대 세계와 그것의 위기가 지닌 어떠한 측면이 교육의 위기 속에서 실제로 모습을 드러냈는가, 즉 사물들이 수십 년 동안이나 상식과 그처럼 명백히 모순을 일으키는 방식으로 이야기되고 다루어질 수 있었던 진정한 이유는 무엇인가? 둘째, 이 위기로부터 우리가 교육의 본질과 관련해서 배울 수 있는 바는 무엇인가. 〔나는 여기서〕 우리가 해서는 안 될 것을 하는 실수로부터 항상 무엇을 배울 수 있다는 의미에서가 아니라 교육이 각각의 문명 속에서 담당한 역할을 성찰함으로써, 즉 아이들의 현존이 각각의 인간사회에 지우는 의무에 관해 성찰함으로써 이 질문에 대한 답을 찾아보고자 한다. 나는 두 번째 질문과 더불어 그 일을 시작할 것이다.

III

교육의 위기는 비록 그것이 현재의 사건에 나타나는 것처럼 〔그렇게〕 현대 사회의 훨씬 더 총체적인 위기와 불안정성을 반영하지 않았더라도 언제든 심각한 우려를 자아낼 수 있을 것이다. 교육은 인간사회의 가장 기초적이고 불가피한 활동 가운데 하나이고, 인간사회는 결코 있는 그대로 남아 있는 것이 아니라 출생을 통해, 즉 새로운 인간들의 진입을 통해 끊임없이 경신하기 때문이다. 게다가 그러한 신참자들은 완성된 자들이 아니라 모종의 생성(becoming) 〔또는 되어감〕의 상태에 있다. 따라서 아이, 즉 교육의 대상은 교육자에게 어떤 이중적인 측면을 가진다. 〔요컨대〕 아이는 그 자신에게 낯선 어떤 세계에 들어선 신참이며, 일종의 생성 과정에 있다. 그는 한 명의 새로운 인간이고 모종의 되어가는 인간(a becoming human being)이다. 이러한 이중적 측면은 결코 자명한 것이 아닐뿐더러 동물적 삶의 형태들에는 적용되지 않는다. 그것은 모종의 이중적 관계와 상응하는데, 한편으로는 세계에 대한 관계이고 다른 한편으로는 삶에 대한 관계다.

아이는 〔자신이〕 생성의 상태〔에 있다는 사실〕을 다른 모든 생명체와 공유한다. 그의 삶과 그것의 전개라는 측면에서 아이는 생성 과정 속에 있는 어떤 인간이다. 이는 마치 새끼 고양이가 〔성체〕 고양이가 되어가는 과정에 있는 것과 마찬가지다. 아이는 자신에 앞서 이미 거기에 있었고 그의 죽음 이후에도 계속 있게 될 어떤 세계와의 관계에서만 신참자이며, 그는 그 세계 속에서 자신의 생을 보내게 될 것이다.

아이가 이 인간 세계에 진입한 모종의 새내기가 아니라 그저 어떤 미완의 생명체일 뿐이라면 교육은 그저 삶의 한 가지 기능에 불과할 것이며, 그것은 삶의 유지에 대한 고려와 모든 동물이 그들의 어린 생명과 관련해 염두에 두는 생존을 위한 훈련과 연습 외에는 그 어떠한 것도 필요가 없을 것이다. 그러나 인간의 부모는 임신과 출산을 통해 아이들에게 생명을 주었을 뿐만 아니라, 그와 동시에 그들을 어떤 세계 속으로 진입시켰다. 또한 그들은 교육을 통해 아이의 삶과 성장, 그리고 그 세계의 존속 책임을 자임한다. 이 두 가지 책임은 결코 어떤 면으로도 일치하지 않으며, 사실 서로 모순을 일으킬 수도 있다. 아이의 성장에 대한 책임은 어떤 의미에서 세계에 대해 모순적이다. 아이는 그가 세계로부터 그 어떤 파괴적인 일도 당하지 않도록 특별한 보호와 보살핌을 받아야만 한다. 한편 세계 역시도 각각의 새 세대가 쏟아붓는 '새로운 것'(the new)의 습격으로 인해 〔용량이〕 초과되고 파괴되지 않도록 자신을 지켜야 한다.

아이는 세계에 대해서 보호되어야만 하므로 그의 전통적 자리는 가족 속에 있다. 가족의 성인 구성원들은 매일 외부 세계로부터 가정으로 귀가하며, 네 개의 벽으로 둘러싸인 사생활의 안전 속으로 철수한다. 사적인 가족의 삶이 영위되는 이 네 개의 벽은 세계에 대한, 특히 세계의 공적 측면에 대한 모종의 방패막이가 된다. 벽들은 어떤 안전한 장소를 품고 있다. 이러한 장소가 없다면 그 어떤 생명체도 잘 자랄 수 없다. 이는 아동의 삶뿐 아니라 인간의 삶 일반에도 적용되는 사실이다. 인간이 사생활과 사적인 안전망의 보호 없이 세계에 끊임없이 노출된다면 그의 활력적 특질은 파괴될 것이다. 모두에게 공통인 공적 세계 속에서 사람들은 중요하며, 그와 마찬가지로 우리 각자가 우리의 공동세계에 공헌하는 바로서의 일, 즉 우리의 수공이 든 일 역시도 중요하다. 그러나 삶으로서의 삶(life *quo* life)은 세계 속에서 중요하지 않다. 세계는 〔개개인의〕 삶에 대해 경의를 표할 수 없다. 그러므로 〔개별적인〕 삶은 세계로부터 감추어지고 보호되어야만 한다.

식물의 삶뿐만 아니라 살아 있는 모든 것은, 스스로 빛 속으로 뻗어나가려는 그것의 자연적 경향이 얼마나 강한지와 관계없이, 어둠으로부터 출현한다. 그럼에도 그것이 성장하려면 어둠의 안전이 필요하다. 이것이 유명한 부모를 가진 아이들이 종종 잘못되는 진짜 이유일지도 모른다. 〔부모의〕 유명세가 네 개의 벽을 관통해 그들의 사적인 공간을 침범하고, 그와 더불어 특히 오늘날의 조건에서는 공적 영역의 무자비한 시선이 당사자들의 사적인 삶의 모든 측면에 침투해 그들의 아이들이 더 이상 성장을 위한 안전지대를 가질 수 없게 되기 때문이다. 그러나 〔누군가가〕 아이들 스스로를 일종의 세계로 전환하려는 시도가 이루어지는 곳마다 이와 정확히 동일한 실생활 공간에 대한 파괴가 일어난다. 그러면 이러한 또래 집단들 사이에 모종의 공적인 삶이 등장하게 된다. 그것은 진짜 세계가 아니며 그러한 시도 전체가 일종의 사기라는 사실과 별개로, 그로 인해서 아이들—즉 완성된 상태가 아니라 생성의 과정에 있는 인간들—자신이 모종의 공적 현존의 빛에 강제로 노출되어 손해를 입게 된다는 사실이 남는다.

현대 교육이 아이들로 구성된 어떤 세계를 구축하려고 시도하는 한 그것이 〔아이들의〕 생기 넘치는 발전과 성장의 필수 조건들을 파괴할 것은 명백해 보인다. 그러나 아이의 발전에 끼치는 그러한 해악이 현대 교육의 결과일 수 있다는 사실이 누군가에게는 정말로 이상하게 들릴 것이다. 왜냐하면 〔현대〕 교육이 그것의 배타적인 목적은 아이에게 복무하는 것이라고 주장했고, 아이의 내적 본성과 필요를 충분히 고려하지 않았던 과거의 방법들에 반기를 들었기 때문이다. 우리가 기억하는 것처럼 '어린이의 세기'(The Century of the Child)는 아이를 해방해 어른 세계에서 파생된 기준들로부터 자유롭게 해주기로 되어 있었다. 그런데 아이의 성장과 발전에 필요한 삶의 가장 기초적인 조건들 대부분이 간과되고 간단히 부인되는 일이 어떻게 일어날 수 있었을까? 과거의 모든 교육이 아이를 단지 작은 체구를 가진 성인으로 간주해온 것이 실수였다는 결론에 도달한 이후, 아이들이 어떻게 다른 어떤 것보다 더 어른 세계의 특성으로 보이는 그것의 공적 측면에 노출되는 일이 일어날 수 있었던 것일까?

일이 이렇게 이상한 사태가 된 이유는 교육과 아무런 직접적인 연관이 없다. 그 이유는 오히려 근대의 개시 이래 현대 사회의 특성이 되어온 사적인 삶과 공적 세계의 본질에 관한, 그리고 그 둘의 상호 관계에 관한 판단 및 편견들 속에서 발견될 것이다. 비록 늦은 감은 있었지만, 교육자들이 마침내 교육의 근대화 작업에 착수했을 때 그들은 그것들이 불가피하게 아이의 삶에 가져오게 될 결과들을 인식하지 못한 채 그것들을 자명한 가정들로 수용했다. 삶, 즉 가족뿐 아니라 개인의 세속적 삶을 최고선으로 간주하는 것이 현대 사회의 특이성이다. 그렇지만 그것이 결코 당연시되는 것은 아니다. 이런 이유로 〔현대 사회는〕 이전의 모든 세기에서와 대조적으로 현세적 삶과 그것의 보전 및 비옥화와 관련된 모든 활동을 사생활의 은폐된 공간으로부터 해방시켰으며 그것들을 공적 세계의 빛 속으로 노출시켰다. 이것이 노동자와 여성의 해방이 가지는 실제적 의미다. 분명히 말하건대, 그들이 인격체로서가 아니라 사회 속 삶의 과정에서 필수적인 기능을 수행하는 〔존재인〕 한 말이다.

이 해방의 과정에서 가장 피해를 입어서는 안 될 것이 아이들이었다. 그리고 노동자와 여성에게 어떤 진정한 해방이 의미했던 바로 그것—왜냐하면 그들은 단지 노동자와 여자일 뿐만 아니라 인격체이기도 했으므로 공적 세계에 대한 권리, 즉 〔그 세계 속에서〕 자신이 〔타인을〕 보고 〔타인에게〕 보여질 수 있는 권리, 〔타인을 상대로〕 발언을 하고 〔타인의〕 발언을 경청할 수 있는 권리를 보유했다—은, 아직 생명과 성장이라는 단순한 사실이 인격 요인보다 더 중요시되는 단계에 있는 아이들에는 모종의 유기(遺棄)와 배신을 의미했다. 현대 사회가 사적인 것과 공적인 것의 구분, 그리고 오직 은폐 속에서만 잘 자라는 것과 공적 세계의 충일한 빛 속에서 모두에게 보여질 필요가 있는 것 사이의 구분을 없앨수록, 그 일은 점점 더 사적인 것과 공적인 것 사이에 어떤 사회 영역(a social sphere)을 틈입시키게 된다. 그 사회 영역에서는 사적인 것이 공적 성격을 획득하고 반대로 공적인 것이 사적인 성격을 획득한다. 그러므로 이 점은 방해받지 않고 성숙하기 위해 본질적으로 은폐〔된 공간〕의 안전이 필요한 아이들을 위한 일들을 더욱더 어렵게 만든다.

이러한 〔아이〕 성장의 필수 조건들에 대한 침해가 얼마나 심각한 것인지 모르겠으나, 그것이 전적으로 비의도적 결과였다는 것은 확실하다. 현대 교육이 시도한 모든 노력의 중심 목표가 아이의 복지를 겨냥한 것이었음을 부정할 수 없다. 요컨대 이것은 물론 모든 교육적 노력들이 애당초 바랐던 방식으로 아이의 복지를 증진하는 데 항상 성공적이지만은 않았다는 것 못지않은 하나의 사실이다. 그러나 이 상황은, 〔가령〕 더 이상 아이(the child)가 아니라 젊은 인격체(the young person)를 대상으로 하는, 다시 말해서 자신이 알지 못하는 어떤 기존의 세계 속으로 태어난 신참자이자 이방인을 대상으로 교육적 임무들을 수행하는 영역에서라면 완전히 다르게 해석될 수 있다. 이러한 〔교육적〕 임무들은 배타적으로 그러한 것은 아니지만 기본적으로는 학교의 책임이다. 이는 학교가 수업 및 학습과 관계를 맺고 있기 때문이다. 그리고 이 영역에서의 실패가 현재 미국의 가장 급박한 문제로 드러났다. 대체 무엇이 이 문제의 밑바닥에 놓여 있는 것인가?

통상적으로 아이는 학교에서 처음으로 세계와 만나게 된다. 지금 학교는 결코 세계가 아니며 〔절대로〕 그런 척을 해서도 안 된다. 그보다 학교는 〔아이가 자신의〕 가족으로부터 세계로 이행하는 것이 가능하도록 우리가 가정이라는 사적인 영역과 세계〔라는 공적인 영역〕 사이에 끼워 넣은 〔매개적 성격의〕 기관이라고 할 수 있다. 학교 출석은 가족이 아니라 국가, 즉 공적 세계가 요구하는 사항이므로,

학교는 비록 그것이 아직 세계까지는 아닐지라도 아이와의 관계에서는 어떤 의미로 세계를 표상한다. 이 교육의 단계에서 어른들은 확실히 다시 한번 아이들에 대한 책임을 떠맡게 된다. 그러나 이제는 모종의 성장하는 사물에 결정적으로 필요한 복지에 대한 책임보다는 우리가 일반적으로 인성적 자질 및 재능의 자유로운 발달이라고 부르는 것에 관한 책임을 떠맡는다. 이것은 일반적·본질적 관점에서 볼 때 각각의 인간을 다른 인간과 구별 짓는 〔개인의〕 독특함이며, 바로 그 특질 덕분에 그는 세계 속에서 모종의 이방인이자 이전에 결코 존재한 적이 없는 어떤 것 〔즉 새로운 구성원〕이다.

아이가 아직 세계와 친숙해지지 못했다면 아이는 점진적으로 세계에 입문해야 한다. 그가 신참인 한, 세계는 이 새 요소가 그것 자체와의 관계에서 성숙 단계에 이르도록 보살펴야 한다. 그러나 어떤 경우든 교육자들은 여기서, 비록 그들이 스스로 만들지 않았더라도, 또한 심지어 그들이 은밀하게 또는 공개적으로 그것의 현재 모습이 아닌 다른 모습이길 바랄지도 모르지만, 그들이 책임져야 할 어떤 세계의 대표들로서 그 연소자들과 관계를 맺고 있다. 이 책임은 교육자들에게 임의로 부과된 것이 아니다. 그것은 그 연소자들이 어른들의 손에 이끌려 어떤 끊임없이 변화하는 세계 속으로 입문해야 한다는 사실 속에 암시되어 있다. 세계에 대한 공동 책임을 거부하는 사람이라면 그게 누구든 〔애당초〕 아이를 갖지 말았어야 하며 또한 아이들의 교육에 참여하도록 허용해서도 안 된다.

교육의 장에서 세계에 대한 책임은 권위의 형태를 띤다. 교육자의 권위와 교사의 자격 요건은 같은 것이 아니다. 비록 어떤 자격의 척도가 권위와 불가분의 관계에 있을지라도 최고의 자격 요건은 결코 그것 하나만으로 권위를 발생시키지는 못한다. 교사의 자격 요건은 세계에 대해 알고 타인들에게 그것에 관해 가르칠 수 있는 능력에 있지만, 교사의 권위는 세계에 대한 책임을 떠맡는 일에 바탕을 두고 있다. 아이를 마주 대하는 교사의 책임은 자신이 마치 모든 성인 거주자의 대표인 양 아이에게 〔세계의〕 세부적 사항들을 알려주면서 '이것이 우리의 세계다'라고 말하는 것이다.

이제 우리는 현재 사물들이 권위에 대해 어떤 상태에 있는지를 잘 알고 있다. 이 문제에 대한 태도가 어떤 것이든, 공적이고 정치적인 삶에서 권위가—물론 전체주의 국가들이 행사하는 폭력과 공포는 권위와 아무런 관계가 없다—아무런 역할도 하지 못하거나, 한다 해도 고작해야 논쟁을 불러일으킬 법한 역할을 하는 것은 명백하다. 물론 이것은 본질적으로 사람들이 누군가에게 다른 모든 것에 대한 책임을 요구하거나 위임할 수 없음을 의미할 뿐이다. 진정한 권위가 존재하는 곳에서는 권위가 세계 내 사물들의 추이에 대한 책임과 함께 묶여 있기 때문이다.

만약 우리가 정치적·공적 삶에서 권위를 제거한다면 그것은 이제부터 세계에서 일어나는 일들에 대해 모든 사람에게 모종의 평등한 책임이 요구될 것이라는 의미다. 그러나 그것은 또한 세계의 요구와 내부 질서에 대한 요구들이 의식적으로 또는 무의식적으로 부인된다는 의미일 수도 있다. 세계에 대한 모든 책임이 거부되는 상황이라면 명령을 내릴 책임 못지않게 그것들에 대한 복종의 책임도 거부될 것이다. 현대의 권위 상실 현상에서 양자 〔즉 명령 책임과 복종 책임〕의 〔부인〕 의도들이 모종의 역할을 하고 있고, 종종 동시적으로 밀접하게 함께 작동하고 있다는 사실은 의심의 여지가 없다.

이와 정반대로 교육에서는 작금의 권위 상실 현상과 관련해 그러한 모호성이 있을 수 없다. 아이들은 마치 자신들이 어떤 성인 다수〔집단〕의 억압을 받는 위치에 놓여 있다는 듯이 교육적 권위를 내팽개칠 수 없다. 비록 아이들을 해방될 필요가 있는 모종의 억압된 소수〔집단으〕로 다루는 우스꽝스러운 일이 실제로 현대 교육의 방식으로서 시도된 바가 있을지라도 말이다. 권위는 어른들에 의해서 폐기되었다. 이것은 오직 한 가지를 뜻한다. 그것은 어른들 자신이 아이들을 데리고 들어간 세계에 대한 책임을 거부한다는 사실이다.

물론 공적·정치적 삶에서의 권위 상실과 가족과 학교라는 사적·전(前)-정치적 영역들에서의 권위 상실 사이에는 어떤 연관성이 존재한다. 공적 영역에서 권위에 대한 불신이 급진화하면 할수록 사적 영역이 손상되지 않은 모습으로 남아 있을 가능성은 자연히 점점 더 희박해질 것이다. 또한 다음과 같은 추가적인 사실이 존재하는데, 이것은 매우 중요한 것임이 분명하다. 이를테면 〔우리가〕 기억할 수 없는 과거에서부터 우리는 정치사상의 전통을 통해서 아이들에 대한 부모의 권위와 학생에 대한 교사들의 권위를 〔세계 속〕 정치적 권위를 이해하는 모델로 간주하는 데 익숙해졌다. 정치에서의 권위 개념을 그렇게 대단히 모호하게 만드는 것은 플라톤과 아리스토텔레스의 시대만큼 일찍부터 발견되는 바로 그 모델이다.

우선 그것 〔즉 권위 모델〕은 어른들 사이에는 결코 현존할 수 없고, 또 인간 존엄의 관점에서 볼 때 결코 현존해서는 안 될 그러한 절대적 우월성에 기초하고 있다. 둘째로 그것은 〔어린이〕 양육 모델을 따라 어떤 순수하게 일시적인 우월성에 바탕을 두고 있으므로, 본질상 일시적인 것이 아닌 관계들—예컨대 지배자들과 피지배자들 사이의 관계들—에 적용된다면 자기모순에 빠지게 된다. 따라서 정치영역에서 시작된 권위의 상실이 사적 영역 내 권위의 상실로 귀결되는 일은 그 〔권위의 상실이라는〕 사안의 본질—즉 현재 발생한 권위의 위기가 지닌 본질과 우리의 전통적 정치사상의 본질이라는 양자—에서 기인한다. 그러므로 정치적 권위가 처음으로 손상된 나라인 미국이 현대 교육의 위기가 가장 격심하게 노정된 장소라는 것은 결코 우연이 아니다.

사실 권위의 총체적 상실 현상이, 모든 역사적 변화 및 정치적 조건과 무관하게 자연 그 자체에 의해서 정해지는 듯이 보였던 공간인 전-정치영역을 침범했다는 것보다 더 급진적인 표현을 찾기는 어려울 것이다. 다른 한편, 현대인이 세계 속에 있는 사물들의 모습에 대한 염증 때문에 세계에 대해 느끼는 불만을 표출하는 가장 명확한 방식은 자기 자녀들과 관련해 모든 책임을 거부하는 것 말고 다른 것은 없을 것이다. 마치 부모들이 매일매일 다음과 같은 말을 하는 듯하다. "이 세계 안에서는 우리 〔어른들〕조차도 아주 확실하게 편안한 상태는 아니야. 그 속에서 어떻게 살아야 할지, 무엇을 알아야 할지, 또 어떤 기술에 통달해야 할지 등등의 문제들은 우리에게도 여전히 수수께끼란다. 넌 네가 할 수 있는 최대한의 노력을 기울여야 해. 그러나 어떤 경우에도 네가 우리에게 책임을 추궁할 권리는 없어. 우린 아무 잘못도 없고, 단지 네게서 손을 떼는 것뿐이니까."

물론 이러한 태도는 한때 미국을 움직였던 세계 내 새 질서(Novus Ordo Seclorum)에 대한 혁명적 열망과는 전혀 무관하다. 그보다도 그것은 어디서나 볼 수 있으며 특히 모종의 대중사회라는 조건 아래서 스스로 급진적이고 절망적인 형태로 나타나는 바로 그 현대의 소외현상이라는 것의 한 징후일 뿐이다. 현대 교육의 실험들이 미국에서뿐 아니라 다른 곳에서도 혁명적 태세를 취했던 것은 사실이다. 그리고 이 점이 그 상황을 명확하게 파악하는 것을 어느 정도 어렵게 했고 이 문제에 대한 논의에서 약간의 혼란을 야기하기도 했다. 그런 모든 형태와 모순되는 불문의 사실이 존재한다. 그것은 미국이 그러한 〔혁명〕 정신에 실제로 추동되었다면 미국은 결코 교육을 통해 새로운 질서를 창도하려고 꿈꾸지 않았을 것이고, 그와 정반대로 교육적 사안들에 있어 보수적인 상태로 남아 있었을 것이라는 사실이다.

오해를 피하기 위해서 부연하면, 내가 보기에 보수주의는 보존이라는 측면에서 교육 활동의 본질을 꿰뚫고 있는 듯하다. 교육 활동의 임무는 항상 무엇인가를 소중히 하고 보호하는 것—저 세계를 상대로 아이를, 아이를 상대로 저 세계를, 낡은 것을 상대로 새것을, 새것을 상대로 낡은 것을 보호하는 것—이기 때문이다. 그러므로 교육 활동이 떠맡고 있다고 추정되는 세계에 대한 포괄적 책임 역시도 모종의 보수주의적 태도를 내포한다. 그러나 이것은 오직 교육의 영역에서만 사실이며, 아니 그보다도 성인과 아이의 관계에서만 사실이고, 우리가 성인이자 동등한 사람들 사이에서 그들과 더불어 행동하는 정치영역에서는 사실이 아니다.

정치에서 이러한 보수주의적 태도—그것은 세계를 있는 그대로 수용하고, 오로지 기존 체제를 보전하기 위해 진력한다—는 오직 파괴로 이어질 뿐이다. 왜냐하면 세계는 총체적으로나 세부적으로나 인간이 끼어들고, 바꾸고, 새로운 것을 창조하려고 마음먹지 않는다면 불가역적인 시간의 파괴로 인도될 것이기 때문이다. "시간이 제대로 돌지 않는다. 오, 저주받을 악연이여! 나는 그것을 바로잡아야 할 운명을 지고 태어났구나"라는 햄릿(Hamlet)의 독백은 각각의 새로운 세대에게 대체로 들어맞는 내용이다.[4] 비록 우리 세기의 시작 이래 그것이 이전 어느 때보다 더 설득력 있는 타당성을 획득했을지라도 말이다.

기본적으로 우리는 〔현재〕 있는 모습 그대로의 또는 점차 혼란스러워져가는 어떤 세계를 위해 항상 교육을 실시하고 있다. 이것이 기

4) 셰익스피어의 비극 『햄릿』 제1막 제5장, 햄릿의 마지막 대사에서 인용—옮긴이.

본적인 인간의 상황이다. 그러한 상황 속에서 세계는 필멸할 인간들의 손에 의해 창조되어 정해진 시간 동안 필멸할 인간들에게 안식처를 제공한다. 필멸할 인간들에 의해 만들어지기 때문에 세계는 낡아간다. 그리고 세계가 계속 거주자들을 바꿔치기하기 때문에 그것은 사람들 이상으로 필멸하게 될 위기에 직면한다. 따라서 세계가 그것의 창조자와 거주자들의 필멸성을 상대로 자신을 보전하기 위해서는 늘 새로워져야 하는 것이다. 문제는 단지 세계가 늘 새로워질 수 있도록 〔새로운 세대를〕 교육하는 것이다. 물론 세계가 그렇게 될지 결코 확신할 수 없을지라도 말이다.

우리의 희망은 언제나 각 세대가 가져오는 새로운 것에 걸려 있다. 그러나 우리가 오직 이것에만 희망을 걸 수 있다는 이유로 새로운 것을 통제하고 우리, 즉 '헌것'이 '새것'에 대해 그것이 어떠해야 한다고 규정하려 한다면 모든 것을 파괴하게 된다. 각각의 아이 속에 있는 새롭고 혁신적인 바로 그것을 위해서라면, 교육은 보수주의적일 필요가 있다. 교육은 이 〔아이가 담지한〕 새로움을 보전해 그것을 하나의 새로운 사물로서 모종의 낡은 세계에 소개해야만 한다. 차세대의 관점에서 볼 때 세계는 그것의 행위들이 얼마나 혁신적일 수 있는지와 상관없이, 언제나 낡아빠지고 파괴 일보 직전의 상태이기 때문이다.

IV

현대 교육의 실질적인 어려움은, 어떤 새로운 보수주의에 관한 모든 유행성 이야기에도 불구하고 교육은 최소한 〔방금 우리가 논의한 정도〕의 보존과 보존하려는 태도 없이는 가능하지 않으며 우리 시대에는 이 최소한의 조건조차도 충족하기가 지극히 어렵다는 사실에 있다. 이에 대해서는 매우 타당한 이유들이 존재한다. 교육의 장에서 나타난 권위의 위기는 전통의 위기, 즉 과거의 영역에 대한 우리의 태도에서 드러난 위기와 매우 긴밀히 연결되어 있다. 이러한 현대적 위기의 측면을 교육자가 견뎌내기는 특히 어렵다. 왜냐하면 그의 임무는 '기성세대'(the old)와 '신세대'(the new)를 매개하는 것이므로 결과적으로 그의 직무가 그에게 과거에 대해 비상한 경의를 표할 것을 요구하기 때문이다. 여러 세기를 거치는 동안, 즉 로마-기독교 문명이 결합된 시기를 통틀어 교육자가 자기 속에서 이 특별한 자질을 의식해야 할 필요는 없었다. 과거에 대한 경외심은 로마의 정신적 틀의 본질에 해당하는 부분이었고, 이 점은 기독교에 의해 대체되거나 끝난 것이 아니라 단순히 다른 토대들로 옮겨졌을 뿐이기 때문이다.

로마적인 태도(비록 이것이 모든 문명이나, 심지어 서구의 전통 전체에 통용되는 것은 아니라 할지라도)의 정수는 과거로서의 과거를 모종의 모델로 간주하는 것이다. 〔요컨대〕 선조는 모든 경우에서 후손을 안내하는 사례들로 생각되었다. 모든 위대함은 이미 존재했던 것 속에 있고, 그래서 인간의 가장 알맞은 나이는 노년이다. 즉 나이 든 자는 이미 거의 선조가 될 시점에 가까워졌으므로 산 자를 위해 하나의 모델로서 복무할 수도 있을 것이기 때문이다.

이 모든 생각은 우리 시대와 르네상스 시대 이후의 근대와 모순을 일으킬 뿐 아니라, 예를 들어 그리스적인 삶의 태도에도 모순적이다. 괴테가 나이를 먹는다는 것은 "저 외견(外見)들의 세계로부터 점차 퇴각하는 것"이라고 말할 때 이것은 있음(being)과 출현함(appearing)이 동시적으로 발생한다고 믿는 그리스인들의 정신을 녹여낸 견해였다. 〔이에 비해〕 로마인들의 태도는 다음과 같이 설명되었을 것이다. '인간이 비록 저 외견들의 세계와 관련해 그것으로부터 사라져가는 과정에 있을지라도, 정확하게는, 그가 나이를 먹어가면서 천천히 필멸할 인간들의 공동체에서 서서히 사라져가는 과정을 통해 자신의 가장 특징적인 있음의 형태에 도달하는 것이고, 그제야 비로소 타인들에게 모종의 권위로서 인정될 현존[의 상태]에 도달할 수 있는 것이다'라고.

[로마처럼] 교육이 모종의 정치적 기능을 담당하는 전통(그리고 이것은 어떤 독특한 사례였다)을 확실한 배경으로 가지고 있다면, 사실 교육의 문제들을 제대로 처리하는 것은, 심지어 누군가가 실제로 무엇을 하고 있는가를 생각해볼 필요조차 없을 만큼 상대적으로 쉬운 일이 될 것이다. 왜냐하면 교육의 원칙에 대한 특수한 정서가 사회 전반의 기본 윤리, 도덕적 신념과 완전히 일치하는 상태에 있기 때문이다. 폴리비우스(Polybius)의 표현을 차용하면, [누군가를] 교육한다는 것은 "그가 총체적으로 그의 선조들만큼 가치가 있는지를 알아보게 하는 것"이며, 이 작업에서 그 교육자는 "동료-경쟁자"인 동시에 "동료-기술자"다. 그 역시도 비록 어떤 상이한 수준일 수는 있겠지만 자신의 시선을 과거에 고정시킨 채로 자기 삶을 살아왔기 때문이다. 이 경우에 동료애와 권위는 사실상 동일 사안의 양면일 뿐이며, 교사의 권위는 과거의 포괄적 권위 그 자체에 확고하게 근거하고 있다.

그러나 오늘날 우리는 더 이상 그런 위치에 있지 않다. 그리고 마치 우리가 여전히 그런 위치에 있으며 올바른 행로에서 이를테면 사고로 탈선한 것이므로 언제든 자유롭게 본궤도로 복귀할 수 있는 것처럼 행동하는 것은 조금도 이치에 맞지 않는다. 이 말은 현대 세계에서는 그러한 위기가 발생한 곳 그 어디에서도 누군가가 단순히 삶의 행보를 계속하거나 쉽사리 되돌릴 수 없다는 의미다. 그러한 식의 되돌림은 그 위기가 발생한 상황과 동일한 상황을 제외한 그 어떤 곳으로도 우리를 데려다주지 않을 것이다. 그리고 그 되돌림은 단지 모종의 반복 수행일 뿐이다. 아마도 형식은 다르겠지만, 학문의 세계에서는 최종 결과로서 공인될 수 있는 허튼짓과 변덕스러운 관념들에 대한 〔실험〕 가능성이 무한하기 때문이다.

다른 한편, 단순하고 비성찰적인 인내는 그것이 시간의 흐름에 굴복할 수밖에 없으므로 오직 멸망으로 인도될 뿐이다. 그것이 위기를 맞아 앞으로 나아가도록 압력을 받게 되든, 아니면 담담하게 위기가 삶의 특수한 영역을 집어삼키지는 않을 것이라고 믿음으로 늘 하는 일과에 몰두하든 상관없이 말이다. 좀더 정확히 말해서 인내는 우리가 이미 사방에서 위협받고 있는 저 세계로부터의 소외를 증대시킨다. 〔누군가가〕 교육의 원칙들에 대해 숙고한다면 이러한 세계로부터의 소외 과정을 반드시 고려해야 한다. 그것은 심지어 우리가 여기서 모종의 자동화 과정과 직면하고 있는 것으로 추정된다는 사실조차도 인정할 수 있다. 다만 그 자동화 과정이 그러한 과정들을 중단시키고 통제할 수 있는 인간의 사유와 행위 능력 안에 놓여 있다는 사실을 잊지 않겠다고 전제한다면 말이다.

현대 세계 속 교육의 문제는, 교육이 그것의 바로 그 본질상 권위 또는 전통을 저버릴 수 없는 반면에 권위에 의해서 구조화된 것도 아닌, 전통에 의해서 함께 묶인 것도 아닌 어떤 세계 속에서 이루어져야 한다는 사실에 있다. 그러나 이는 교사와 교육자뿐만 아니라 우리 모두가 하나의 세계 속에서 아이들과 함께 또한 젊은이들과 함께 살아가는 한 그들에 대해서 어른들이 서로에게 취하는 태도와 본질적으로 다른 태도를 취해야 한다는 의미다. 우리는 교육의 영역을 다른 영역들로부터, 무엇보다도 저 공적·정치적 삶의 영역으로부터 확실하게 분리시켜야 한다. 그 목적은 어떤 권위 개념과 과거에 대한 태도를 교육의 영역에만 적용하기 위해서다. 그것들은 교육의 영역에는 적합하지만 어떠한 일반적 타당성도 없으므로 성인들의 세계에 대해 요구해서는 안 되기 때문이다.

실제로 이렇게 했을 때의 첫 번째 결과는 학교의 기능이 아이들에게 살아가는 기술을 훈육하는 것이 아니라 세계가 어떠한 장소인지를 가르치는 것이라는 점에 대한 이해가 명확해질 것이다. 세계는 오래되었고 항상 아이들 자신보다 나이가 든 상태다. 따라서 〔그들의〕 생이 현재 속에서 얼마나 머물게 될지와 상관없이 배움은 불가피하게 과거를 향할 수밖에 없다. 둘째, 아이들과 어른들 사이에 그어진 선이 시사하는 바는 아마도 성인들을 교육할 수도 없고 아이들을 성인처럼 다룰 수도 없다는 점일 것이다. 그러나 이 선이 마치 아이들이 성인들과 같은 세계에서 살지 않는 것처럼, 마치 아동기가 그것 자체의 법칙에 따라 살아갈 수 있는 자율적인 인간 상태인 것처럼 아이들을 성인의 공동체로부터 분리시키는 모종의 벽으로 변하도록 허용해서는 절대로 안 된다. 아동기와 성년기 사이의 선이 어디에 그어져야 하는지가 어떤 일반 법칙에 의해 규정될 수는 없다. 그것은 연령의 측면에서 나라마다, 문명마다, 또한 개인에 따라 종종 달라지기 때문이다.

그러나 교육은 배움과 구별되며 반드시 예측 가능한 목적을 가져야 한다. 우리 〔서구〕 문명에서 교육의 목적은 아마도 고등학교 졸업이 아니라 대학교 졸업 시점에 맞춰져 있을 것이다. 대학이나 기술학교의 전문적 훈련은 비록 그것이 항상 교육과 관련되어 있다고는 해도 그것 자체는 일종의 전문화 과정이다. 그것은 더 이상 젊은이를 어떤 전체로서의 세계에 소개하는 목표를 세우지 않고, 오히려 세계의 특수하고 제한된 부분에 소개한다. 교육은 반드시 가르침과 동시에 이루어진다. 배움이 없는 교육은 알맹이가 없는 것과 같으며 쉽게 도덕적·감성적 수사(修辭)로 변질한다. 그러나 누군가는 교육하지 않으면서도 꽤 수월하게 가르칠 수 있으며, 그런 까닭에 누군가는 피

교육자가 되지 않으면서도 자신의 마지막 순간까지 계속 배울 수가 있다. 이 모든 특수한 사례들은 반드시 전문가와 교육학자에게 맡겨 두어야만 할 사안이다.

우리 모두가 관련되기 때문에 교육학이라는 특별한 학문으로 간단히 넘길 수 없는 교육의 문제는 어른들과 아이들 사이의 일반적 관계이며, 이를 한층 더 일반적이고 적확한 용어로 바꾸자면, '탄생성' 이라는 사실에 대한 우리의 태도다. 이 〔탄생성이라는〕 사실은 우리가 태어남으로써 모두 세계 속으로 진입했고, 그 세계는 출생을 통해 지속적으로 경신(更新)한다. 〔이런 관점에서 보면〕 교육은 우리가 세계에 대한 책임을 떠맡을 만큼 세계를 사랑할지, 같은 이유로 그것을 피폐함으로부터 구할지를 결정하는 지점이다. 세계가 스스로 경신하지 않는다면, 즉 새로운 젊은이들이 도래하지 않는다면 파멸은 불가피할 것이기 때문이다. 또한 교육은 우리가 아이들을 우리의 세계로부터 축출해 그들 자신의 고안 장치들과 함께 놔두지 않을 만큼 사랑할 것인지를, 그리고 그들로부터 무언가 새로운 일, 무언가 우리가 이전에 볼 수 없었던 일을 할 기회를 빼앗지 않는 대신, 그들이 모종의 공통 세계를 경신하는 임무를 감당할 수 있도록 미리 준비시킬 만큼 그들을 사랑할 것인지를 결정하는 지점이다.

6장 문화의 위기
그것의 사회적 · 정치적 의미

I

우리는 10년 넘게 지식인들 사이에서 대중문화라는 비교적 새로운 현상에 관한 우려가 커지고 있다는 사실을 목격했다. 대중문화(mass culture)라는 용어 자체는 확실히 별로 오래되지 않은 '대중사회'(mass society)라는 용어로부터 파생되었다. 이 사안에 관한 모든 논의의 바탕이 되는 묵시적 가정은 대중문화가 논리적으로 그리고 불가피하게 대중사회의 문화라는 것이다.

이 두 용어의 짧은 역사에 관한 가장 중요한 사실은 그것들이 불과 수년 전까지만 해도 비난의 의미—대중사회는 사회의 타락한 형태이고, 대중문화는 모순적인 용어라는 점을 내포한—로 사용되었던 반면, 이제는 존경심을 획득하게 되었고 수많은 학문과 연구 과제의 주제가 되었다는 점이다. 로젠버그(Harold Rosenberg)가 지적했듯이 이러한 연구들의 주된 효과는 "저속한 문화(kitsch)에 모종의 지적인 차원을 추가하는 것"이다. 이 "저속한 문화의 지성화"라는 현상은 우리가 원하든 아니든 대중사회가 가까운 미래에도 우리와 함께 존재할 것이라는 이유에서 정당화된다. 그런 이유로 그것의 '문화', 즉

"대중문화를 대중의 소관으로 남겨둘 수는 없다"[1]는 것이다. 문제는 대중사회에 진실인 것이 대중문화에도 진실인지, 바꿔 말해서 대중사회와 문화의 관계가, 필요한 변경을 가해 말하면, 그것 이전에 사회가 문화와 맺었던 관계와 동일한 것인가의 여부다.

대중문화의 문제는 무엇보다도 또 하나의 보다 근본적인 문제, 즉 사회와 문화의 관계라는 매우 골치 아픈 문제를 제기한다. 누군가가 이 앞선 시기의 관계에 아쉬운 점이 어느 정도였었는지를 알기 위해서, 그리고 그렇게 많은 대중문화 비평가들이 품었던 '어떤 훌륭하고 품위 있는 사회'라는 황금기에 대한 피상적 염원에 대해 경계하기 위해서는 단지 사회 자체에 대한 예술가들의 격렬한 반란(이는 그때까지 알려지지 않았던 대중사회에 대한 것이 아니다)과 함께 시작된 현대의 예술운동 전체를 떠올려볼 필요가 있다. 이러한 열망은 현재 유럽보다는 미국에 훨씬 더 광범위하게 퍼져 있다. 이는 미국이 신흥부자들의 야만적 실리주의에 매우 익숙해져 있다고는 해도, 거의 비등한 수준으로 성가신 유럽 사회의 문화적이고 교양 있는 실리주의에 대해서는 그다지 잘 알지 못한다는 간단한 이유 때문이다.

〔이미〕 유럽 사회에서는 문화가 속물-가치(snob-value)를 획득했고, 문화를 감상할 수 있을 만큼의 교육을 받는 일이 사회적 지위의 상징이 되었다. 어쩌면 이러한 경험의 부족이 심지어는 미국의 문학과 회화가 왜 갑자기 현대 예술의 발전에서 그렇게 중요한 역할을 담당하게 되었는지를 설명해줄지도 모른다. 또한 어째서 공공연히 반미(反美)적 태도를 채택한 나라들에서 지성인과 예술가 전위부대의 영향력이 느껴지게 되었는지도 설명해줄 것이다. 그러나 이러한 경

---

1) 해럴드 로젠버그의 탁월하며 재기발랄한 논문 "Pop Culture: Kitsch Criticism," *The Tradition of the New* (New York, 1959).

험 부족은 〔다음과 같은〕 불운한 결과를 초래한다. '문화'의 대표 사안들 사이에서 그 어휘가 불러일으킬 것 같은 심오한 불안감이 주목받지 못하거나 징후적 의미로 이해될 수 없을지도 모른다는 사실이다.

그러나 어떤 특정 국가가 근대의 도래 이후 사회 발전상의 모든 단계를 실제로 다 거쳤는지와 무관하게 대중사회는 "인구 대부분이 사회 속으로 편입되었을"[2] 때 출현했다. '좋은 사회'(good society)라는 의미에서의 사회는 인구 가운데 '문화'에 헌신하기 위해 부(富)는 물론 여가 시간을 마음대로 쓸 수 있는 부분들을 포함했으므로 대중사회는 사실상 인구 가운데 다수가 육체적으로 고된 노동에서 해방되어 그들 역시 충분히 '문화'를 위한 여가를 사용할 수 있는 어떤 새로운 〔사회적〕 상황을 가리킨다. 그러므로 대중사회와 대중문화는 서로 연관된 현상이지만 그들의 공통분모는 대중이라기보다 대중들이 편입된 사회다. 개념적으로는 물론 역사적으로도 대중사회는 사회에 뒤이어 나타났으며, 사회도 대중사회 못지않게 어떤 포괄적인 용어는 아니다. 사회 역시 연대를 따질 수 있고 역사적인 방식으로 기술될 수 있는데, 그것은 분명 대중사회보다 먼저 출현했고 현대보다는 나중에 출현했다.

사실 군중심리학이 그동안 대중의 일원에게서 발견한 모든 특질은 다음과 같다. 그의 적응력과 무관한 그의 외로움(loneliness)—이는 고립(isolation)이나 고독(solitude)이 아니다—과 흥분을 잘하는 성질과 기준 결여, 판단이나 심지어 구별의 불가능성이 수반되는 소비 능력, 무엇보다도 자기중심성 및 루소 이래로 자기-소외로 오인되

2) Edward Shils, "Mass Society and lts Culture," *Daedalus*(Spring, 1960)를 보라. 총체적 논점은 *Mass Culture and Mass Media*에 헌정되었다.

어온 저 세계로부터의 치명적인 소외. 이러한 모든 특질이 처음으로 '좋은 사회'에 출현했다. 거기서 수적인 의미에서의 대중들(masses)의 문제는 존재하지 않았다.

우리가 18세기와 19세기부터 알고 있던 '좋은 사회'는 아마도 절대주의 시대의 유럽 궁정들, 특히 루이 14세(Louis XIV)의 궁정 사회에 그 기원을 두고 있었을 것이다. 루이 14세는 프랑스의 귀족들을 정치적으로 무의미한 존재로 만드는 방법을 매우 잘 알고 있었다. 그는 귀족들을 베르사유 궁전에 불러들이는 간단한 수법으로 그들을 조신(朝臣)으로 바꾸고, 그들이 교묘한 술수와 음모, 그리고 계속되는 향연으로 인해 불가피하게 만들어지는 끝도 없는 가십을 통해 서로를 농락하게 했다. 그러므로 소설, 이 전적으로 근대의 예술 형식인 소설의 진정한 선구자는 악한을 주인공으로 한 탐험가와 기사들의 로맨스가 아니라 〔루이 14세의 궁정생활에 관해 기술한〕 생시몽(Saint-Simon)의 『메모레』(*Memoires*)인 셈이다.

반면에 소설 자체는 분명 심리학은 물론 사회과학의 등장을 예고했고, 이 두 학문은 지금까지도 사회와 '개인'(the individual) 사이의 갈등을 〔연구의〕 중심에 두고 있다. 현대 대중적 인간의 진정한 선구자는 바로 이 〔근대적 의미의〕 개인이다. 이 '개인'은 18세기의 루소나 19세기의 밀(John S. Mill)과 같이 사회에 대해 공개적으로 반항했던 사람들에 의해서 정의되었고 사실상 발견되었다. 그 이후부터 사회와 개인들 사이의 갈등에 관한 이야기는 허구의 형식은 물론이고 현실 속에서도 계속 반복되어왔다. 근대적 개인과 더 이상 그렇게 근대적이지 않은 개인이 사회의 중요한 부분을 형성한다. 개인은 사회를 상대로 자신을 천명하려고 노력하지만, 사회가 항상 그를 이긴다.

그러나 그 개인의 상황과 관련해서는 사회의 초기적 단계들과 대중사회 사이에 한 가지 중요한 차이점이 존재한다. 사회 자체가 〔그 나라〕 인구의 특정 계층들에 한정되는 한, 〔그 사회에 속한〕 개인이 그것의 압력에 대항해 생존할 기회를 얻을 확률은 오히려 높은 편이었다. 그러한 기회들은 그 개인이 도피할 수 있는 〔그 나라〕 인구의 다른 비-사회 계층들 내부에도 동시에 존재했다. 그리고 이러한 개인들이 그렇게 빈번히 혁명 정당에 합류하는 것으로 귀결되는 이유는, 그들이 사회로의 진입이 허용되지 않은 사람들에게서 사회에서 이미 자취를 감춰버린 특정의 인간적 특질들을 발견했기 때문이었다. 그러한 인간적 특질들은 소설의 형식으로, 잘 알려진 노동자들과 프롤레타리아에 대한 찬미의 형식으로 표현될 뿐만 아니라, 좀더 기민한 방식으로는 동성애자(예를 들면 프루스트Marcel Proust)나 유대인, 즉 사회가 결코 제대로 흡수한 적이 없는 집단들에게 할당된 역할을 통해 표현되었다.

19세기와 20세기에 걸쳐 혁명의 열기가 국가와 정부보다 사회를 상대로 훨씬 더 폭력적이었던 것은 사회 문제(the social problem), 즉 빈곤과 착취라는 이중의 곤경이 지배적인 성격이었기 때문만은 아니다. 〔다른 이유를 알기 위해서〕 우리는 프랑스혁명에 대한 기록을 읽을 필요가 있다. 그리고 바로 그 '인민'(le peuple)이라는 개념이 어느 정도로 상류사회(salons)의 부패와 위선에 대한 '가슴'의 분노—루소와 심지어 로베스피에르도 언급했음직한 표현—로부터 그 함의들을 접수했는지 상기하고, 또한 19세기 전체를 통틀어 '사회'의 진정한 역할이 무엇이었는지를 인식할 필요가 있다. 대중사회의 조건들 아래서 개인들이 느끼는 절망감은 대부분 사회가 인구의 모든 계층을 편입했기 때문에 그러한 도피로들이 이제는 폐쇄되었다는 사실에서 기인한다.

비록 대중사회에 남겨진 최후의 개인이 〔바로〕 예술가인 듯하다는 점에 언급할 만한 중요성이 있다고 해도 여기서 우리는 개인과 사회 사이의 갈등에 관심을 두지 않는다. 우리의 관심은 문화, 아니 그보다도 사회 그리고 대중사회의 상이한 조건들 아래서 문화에 어떤 일이 발생했는지를 검토하는 데 있다. 그러므로 예술가에 대한 우리의 관심은 그의 주관적 개인주의가 아니라 그가 각각의 문명이 스스로 생명력을 불어넣은 정신의 정수이자 영속적 증거로 남긴 작품들의 진정한 생산자라는 사실에 있다. 최상의 문화물, 즉 예술 작품의 생산자들이 사회에 등을 돌려야 했다는 바로 그 사실, 현대 예술의 발전 전체—이것은 과학의 발전과 함께 우리 시대의 가장 위대한 성취로 남을 것이다—가 사회에 대한 적개심에서 출발해야만 했고 그 적개심을 품은 채로 남아 있어야만 했다는 사실이 대중사회의 등장 이전부터 사회와 문화 사이에 현존해온 모종의 적대감을 입증한다.

정치 혁명가와 구별해 예술가가 사회에 대해 내놓은 비난은 18세기의 전환기와 같이 꽤 이른 시점에 한 단어로 요약되었으며 그 이후 한 세대에서 다음 세대로 넘어가도 계속 되풀이되고 재해석되었다. 그 단어는 '실리주의'(philistinism)다. 이 말의 기원은 그것의 구체적인 사용보다 약간 오래되었을 뿐 별 의미는 없다. 그것은 독일 대학생들이 〔자신들에게 적대적인〕 '도시'(town)와 〔교회 사제와 대학생의 상징물인〕 '제복'(gown)을 구별할 목적으로 처음 사용한 〔'philister'라는 대학 외부의 비非교양인을 가리키는〕 은어였다. 그러나 그 용어가 성서와 결부된 사실은 이미 수적으로 우세한 〔세속적인〕 적의 수중에 떨어질지도 모른다는 것을 가리켰다. 그 말이 처음 하나의 용어로 사용되었을 때—내 생각으로는 독일 작가 브렌타노(Clemens von Brentano)가 '속물적인 것'의 역사 이전 · 한가운데 · 이후에 관한 풍자물을 썼을 때가 처음이다—그것은 어떤 정신상태(a mentality)를 지칭했다. 요컨대 모든 것을 즉각적인 유용성과 '물질적 가치들'로 판단해 문화와 예술에서 암시된 것들처럼 무용한 작품과 직업에는 아무 관심도 가지지 않는 정신 상태를 지칭했다는 것이다. 이러한 모든 것은 오늘날에조차도 상당히 친숙하게 들린다. 그리고 심지어 '스퀘어'(square)[3]와 같은 최근의 속어조차 이미 브렌타노의 초기 소책자에서 발견된다는 사실도 언급할 만한 가치가 있다.

문제가 거기서 끝났다면, 가령 사회에 대해 제기된 주된 비난이 문화의 결핍과 예술에 대한 관심 부족을 지적하는 것에 머물렀다면, 우리가 여기서 다루고 있는 현상은 실제보다 상당히 덜 복잡한 것일 수 있다. 같은 이유로 어째서 현대 예술이 간단하고도 공개적인 방식으로 그것 자신의 '문화적' 관심사들을 위해 싸우는 대신 '문화' 자체에 대한 반란을 일으켰는지는 도저히 이해할 수 없는 부분이다. 문제의 요점은 이런 유의 '실리주의', 즉 '교양 없고' 평범한 유형의 실리주의가 매우 신속하게 또 다른 발전상에 의해 계승되었다는 것이다. 그것은 〔앞의 유형과〕 정반대적인 경향인데 여기서 사회는 이른바 모든 문화적 가치에 지나칠 정도로 관심을 쏟기 시작했다.

사회는 그것의 사회적 지위나 위상과 같은 목적을 위해 '문화'를 독점하기 시작했다. 이 현상은 열등한 사회적 지위에 있었던 유럽 중산층과 매우 깊이 관련되어 있었다. 그들은—필요한 부와 여가를 획득하자마자—자신들이 귀족을 상대로 그리고 무모한 재산 증식의 저속함을 경멸하는 귀족들의 태도에 맞서 신분 상승을 위한 힘겨운 싸움을 벌이고 있다는 사실을 깨달았다. 이러한 사회적 지위 획득을 위한 싸움에서 문화는 가장 적합한 무기까지는 아니더라도 무기들 가운데 하나로서 대단한 역할을 담당하기 시작했다. 그가 자기 자

3) 이 단어는 '실속 있는' '알찬' '충분한'의 뜻이며, 속어로는 융통성이 없는 고리타분한 사람을 지칭함—옮긴이.

신의 사회적 지위를 상승시키고, 또 "자기 자신을 교육해", 그가 현실적으로 자리하고 있었을 것으로 추정되는 하위 구역들을 벗어나 아름다움과 영혼의 안식처로 추정된 보다 상위의 비현실적인 구역들로 상승하기 위한 무기로서 말이다.

이러한 식의 예술과 문화를 통해 현실로부터 도피하는 일은 중요하다. 왜냐하면 그것은 문화적이거나 교양 있는 속물들의 인상학에 가장 뚜렷한 표식을 남겼을 뿐만 아니라, 아마도 예술가들이 새로 찾은 후원자들에게 반항하게 된 결정적인 요인이었을 것이기 때문이다. 그러나 그들은 현실에서 축출되어 자신이 했던 것이 모든 의미를 잃게 될 모종의 세련된 대화의 영역으로 들어가는 것의 위험을 감지했다. 〔그래서〕 그 〔문화라는〕 단어는 오히려 사회가 너무나 '공손해진' 결과로, 예컨대 아일랜드의 감자기근 시기[4]에 스스로 천박해지거나 아니면 그 〔감자라는〕 단어를 정상적으로 사용해 〔감자기근이라는〕 그 유쾌하지 않은 현실과 결부되는 위험을 감수하기보다, 그들이 엄청나게 먹어댔던 채소를 그 이후부터 '그 뿌리'(that root)라고 지칭한 사회에 의해서 인정받게 될 모종의 미심쩍은 찬사였다. 이 일화는 교양 있는 속물의 정의를 매우 단적으로 잘 보여준다.[5]

여기에 걸린 것은 예술가들의 심리적 상태 그 이상이다. 문제는 문화적 세계의 객관적 위상이다. 문화적 세계가 유형의 사물들—서적·그림·조각·건물·음악—을 담고 있는 한 그것은 나라들, 민족

---

4) 감자를 주식으로 하던 아일랜드에 1845년부터 5년간 감자마름병이 창궐해 발생한 대기근. 이로 인해 800만 명 인구 가운데 200만 명 이상이 죽고 100만 명 이상이 미국과 영국 등지로 이민을 떠났다. 이것은 아일랜드 역사를 통틀어 가장 비극적인 사건으로 남아 있다—옮긴이.

5) 이 이야기는 G. M. 영(Young)의 *Victorian England. Portrait of an Age*(New York, 1954)에서 차용했다.

들, 그리고 궁극적으로는 인류의 기록된 과거 전체를 포함하며 그것들에 대한 증언을 제공한다. 따라서 이러한 구체적인 문화의 산물들을 판단하는 유일하게 비(非)사회적이며 진정성 있는 기준은 그것들의 상대적 영속성, 그리고 심지어는 궁극적 불멸성이 된다. 이는 오직 수 세기를 견디는 것만이 궁극적으로 문화적 작품이 될 권리를 요구할 수 있기 때문이다. 〔여기서〕 요점, 아니 문제는 과거에 만들어진 불멸의 작품들이 사회적·개인적 세련화와 그것에 수반되는 〔사회적〕 위상을 표상하는 물건으로 변한 순간, 〔다가올〕 수 세기에 걸쳐 독자나 관객을 사로잡고 감동시킬 가장 중요하고 기초적인 특질을 상실한다는 사실이다.

'문화'라는 바로 그 단어는 그것이 단지 "완벽의 추구"를 암시했다는 이유로 의혹의 대상이 되었다. 매슈 아널드(Matthew Arnold)[6]에게 〔완벽의 추구〕는 "달콤함과 빛의 추구"와 동일한 것이었다. 위대한 예술 작품들은 다른 어떤 목적에 복무할 때 못지않게 자가-교육(self-education)이나 자기-완성(self-perfection)이라는 목적을 위해 사용될 때도 잘못된 것이다. 벽에 난 구멍을 가리기 위해 그림을 사용하는 것이 유용하고 정당한 일일 수 있듯이, 주어진 시기에 자신의 지식을 완성하기 위해 그림을 보는 것도 유용하고 정당하다고 할 수 있기 때문이다. 이 두 가지 사건에서 예술품은 감추어진 목적을 위해 사용되었다. 누군가가 이러한 사용 방식의 정당성 여부와 상관없이 그것이 예술과 제대로 교감을 형성하지 않는다는 점을 인식한 상태라면 모든 것이 괜찮다.

교양 있는 속물의 문제는 그가 고전을 읽었다는 사실이 아니라 자

6) 1822년에 태어나 1888년에 사망한 영국의 시인이자 비평가다. 다음의 구절은 그의 『교양과 무질서』(*Culture and Anarchy*)에서 인용한 것이다—옮긴이.

기-완성이라는 감추어진 동기에 의해 자극되어 읽었다는 사실이다. 그 결과 그는 셰익스피어나 플라톤이 그에게 자신을 스스로 교육하는 방법보다 더 중요한 것들을 말해야 했을지도 모른다는 점을 전혀 의식하지 못한 채로 남았다. 문제는 그가 자기 삶에서 현실—예를 들어 그 감자기근과 같은 '따분한' 것들—을 떼어내기 위해서 또는 어떤 '달콤함과 빛'이라는 베일을 통해 현실을 보기 위해서 '순수 시정(詩情)'의 구역으로 도망쳤다는 사실이다.

우리 모두 이러한 태도가 촉발했고 동시에 그것들에 의해서 자양분을 공급받은 차라리 개탄할 만한 예술품들, 간단히 말해서 19세기의 〔저속한〕 키치(kitsch)에 대해 알고 있다. 이 저속한 문화가 형식과 스타일 감각을 결여한다는 것은 역사적으로 매우 흥미로운 사실인데, 이는 예술을 현실에서 떼어낸 사실과 긴밀히 연관되어 있다. 20세기에 발생한 창조예술의 경이로운 회복 징후와 그보다 약간 덜 눈에 띄기는 하지만 역시 실제로 일어난 위대한 과거의 회복 징후는, 그 점잖은 사회가 인구 전체에 대한 지배적인 지위를 잃고 그와 더불어 문화에 대한 장악력을 상실하자 스스로 모습을 드러내기 시작했다. 이전에 일어났었고 심지어 현대 예술이 처음 출현한 이후에도 얼마간 실제적으로 계속된 것은 유럽 전역에 뿌려진 신고전주의 · 신고딕주의 · 신르네상스주의 구조물들을 '영구적 기념물'로서 보유하고 있는 어떤 문화의 분해(disintegration of culture) 과정이었다. 이 분해 과정에서 문화는 다른 어떤 실재들보다도 사람들이 그때서야 비로소 '가치'라고 부르기 시작한 것, 즉 모종의 '사회적 상품'이 되었다. 이 사회적 상품은 사회적이거나 개인적인 성격의 다른 모든 종류의 가치들과의 교환을 통해 순환되고 현금화될 수 있었다.

바꿔 말해서 그 문화적 속물이 사회 내에서 더 높은 지위를 사고, 더 높은 수준의 자부심—즉 그의 의견상 그가 자연적으로나 태생적으로 얻을 자격이 있는 것보다 높은 수준—을 획득할 수 있는 모종의 통화로서 문화물들(cultural objects)을 장악하기 전까지 그것들은 쓸모없는 것으로 경멸받았다. 이 과정에서 문화적 가치들은 다른 모든 가치와 마찬가지로 취급되었고, 가치들이 늘 그러했듯이 교환가치로서 취급되었다. 그것들은 손에서 손으로 건네지면서 낡은 동전처럼 닳아갔다. 또한 본래 모든 문화적 산물의 특수한 기능, 즉 우리의 관심을 사로잡고 감동시키는 기능을 상실했다. 이런 일이 일어났을 때 사람들은 '가치의 평가절하'에 관해 이야기하기 시작했고, 그러한 전 과정의 끝은 독일의 경우 1920년대와 1930년대에, 프랑스의 경우는 1940년대와 1950년대에 '가치들의 바겐세일'(Ausverkauf der Werte)과 함께 찾아왔다. 결국 문화적·도덕적 '가치들'은 그때 완전히 매진되었던 것이다.

그때부터 유럽에서 문화적 실리주의는 과거지사가 되었다. 누군가가 '가치들의 바겐세일'에서 위대한 서구 전통의 우울한 종말을 보고 있을지도 모르는 동안, 교양 있는 실리주의의 쓰레기 더미로부터 위대한 창작자들을 구원하는 일보다, 어떤 전통의 도움 없이 과거의 위대한 창작자들을 발견하는 일이 더 힘든지 아닌지가 여전히 하나의 열린 질문으로 남았다. 전통의 도움 없이, 때로는 전통의 기준과 해석에 반해 과거를 보존하는 임무는 서구 문명 전체에 대해 동일하게 적용된다. 사회적인 측면에서는 아니더라도 지적인 측면에서만큼은 미국과 유럽이 똑같은 상황에 있다. 즉 미국과 유럽 모두에서 전통의 맥이 끊어졌고, 각기 〔그것들의〕 과거를 스스로 발견해야 하는 상황이다. 이를테면 마치 어느 누구도 읽어본 적 없는 것처럼 과거의 저자들을 독해해야 한다는 것이다.

이 임무에 관한 한, 좋고 교양 있는 사회보다는 대중사회가 우리에게 훨씬 덜 방해된다. 나는 이런 방식의 독해는 19세기 미국에서는 별로 드문 일이 아니었을 것으로 생각한다. 바로 이 나라가 여전히 많은 작가와 예술가들이 도망치려고 시도했던 그 '역사에 나오지 않은 황야'였기 때문이다. 미국적인 행위와 시가는 휘트먼(Walt Whitman)과 멜빌(Herman Melville)이 관여한 이래로 매우 풍요로운 자기 방식으로 등장했다. 그러나 대중문화와 대중사회의 딜레마와 산란함으로부터 무언가 더 나은 것이 아니라 단지 약간 더 구식인 상태에 대한, 전적으로 부당하고 나태한 동경이 일어난다면 그것은 정말로 유감스러운 일이 될 것이다.

아마도 사회와 대중사회의 주된 차이점은, 사회가 문화〔의 소유〕를 원했고 문화적 산물을 사회적 상품으로서 평가하고 또 평가절하했으며 그것을 이기적 목적들을 위해 사용하고 악용했지만 '소비'되지 않았다는 점에 있을 것이다. 문화적 산물들은 심지어 가장 닳아빠진 모습 속에서도 사물들(things)로 남아 있었고, 객관적 특성을 보전하고 있었다. 그것들은 쓰레기 더미처럼 보일 때까지 분해되었지만 아예 사라지지는 않았다. 이와 대조적으로 대중사회는 문화가 아니라 오락을 원하며 오락 산업이 제공한 〔문화〕 상품은 사회에서 다른 소비재와 똑같은 방식으로 소비된다. 오락에 필요한 상품은 빵과 고기처럼 삶에 〔직접적으로〕 필요한 것이 아닐지라도 사회 속 삶의 과정에 복무한다. 그것은 말 그대로 느긋하게 시간을 보내는 일에 복무한다. 하지만 이렇게 보낸 공허한 시간은 엄격히 말해서 여가 시간—즉 우리가 삶의 과정이 요구하는 모든 염려와 활동으로부터 해방되고, 세계와 그것의 문화를 위해 자유롭게 쓸 수 있는 시간—이 아니라, 본질적으로 여전히 생물학적인 시간이며, 필요한 노동과 수면에 쓰고 남은 잔여 시간이다. 오락이 채우게 될 공허한 시간은 생물학적으로 조건화된 노동—즉 마르크스가 "자연과 인간의 신진대사"라고 말하곤 했던 것—의 주기에 끼어 있는 모종의 중단이다.

현대적 〔노동〕 조건 아래서 이 중단은 계속 길어진다. 오락으로 채워져야 할 해방된 시간은 점점 늘어나고 있지만, 이 빈 시간의 엄청난 증가가 그것의 성격을 바꾸지는 않는다. 노동과 수면처럼 오락은 어쩔 수 없이 생물학적 삶의 과정 일부로서 존재한다. 생물학적 삶은 노동을 하든 휴식을 취하든, 소비 활동을 하든 수동적으로 재미를 얻든 간에 항상 사물들을 집어삼킴으로써 그것들을 살찌우는 방식의 신진대사 과정이다. 오락 산업이 제공하는 상품들은 '사물들', 즉 문화물들이 아니다. 〔그 상품들은〕 삶의 과정을 지탱하고 세계의 영구적 부속품이 될 수 있는 능력에 의해 그 탁월함이 평가되는 문화물들이 아니므로 이러한 표준에 따라 판단되어서는 안 되며, 또한 그것들은 사용되고 교환되기 위해 현존하는 가치들도 아니다. 그것들은 단지 다른 모든 소비품과 마찬가지로 소비되어 없어질 운명을 가졌을 따름이다.

'빵과 서커스'(panis et circense)[7]는 사실상 서로에게 속한다. 둘 다 삶에, 그리고 삶의 보전과 충전에 필요하며 양자는 삶의 과정에서 사라진다. 즉 이 과정이 완전히 멈추지 않으려면 그 두 가지가 항상 새롭게 생산되고 제공되어야 한다. 이 〔빵과 서커스〕 양자를 판단하는 기준은 신선함과 참신함이다. 또한 오늘날 우리가 문화적 · 예술적 물체들을 판단하는 데 이러한 기준들을 사용하는 정도, 즉 우리가 떠난 뒤에도 세계 속에 남게 될 사물들을 판단하는 데 이러한 기준을 사용

7) 우민 정책의 비유로 자주 사용되는 명언이자 경구. 고대 로마의 시인 유베날리스가 고대 로마 제정 초기 로마 주민이 공화정 시기와는 달리 정치적 소신도 없이 물질적 이득과 쾌락만 좇는다고 비난하면서 "그들은 조바심을 내면서 두 가지 것만을 간절히 바라고 있으니, 빵과 서커스가 그것이다"라고 조롱했다. 히틀러는 이 말을 변용해 "대중을 다루는 데는 빵과 서커스면 충분하다"고 했다고 한다—옮긴이.

하는 정도는 확실히 오락에 대한 필요가 문화적 세계를 위협하기 시작한 정도를 가리킨다. 그럼에도 난점은 대중사회나 그것의 필요에 부응하는 오락 산업에서 기인하지 않는다. 그와 정반대로 문화는 원치 않고 오로지 오락만을 원하는 대중사회는 아마도 좋은 사회의 실리주의보다 문화에 덜 위협적일 것이다. 자주 기술되는 예술가와 지식인들의 불쾌감—이는 어쩌면 부분적으로는 대중오락의 요란한 무익함을 꿰뚫지 못하는 그들의 무능력 때문일 것이다—에도 불구하고 모든 정치적 사안들과 대조적으로 계속해서 융성할 것은 바로 그 예술과 학문이다.

어떤 경우라도 오락 산업이 그것 자체의 소비재를 생산하는 한, 우리는 그것이 내구적이지 못한 것들을 생산한다는 이유로 비난할 수 없다. 그것은 빵집에서 빵이 상하지 않도록 굽는 즉시 소비해야 할 제품을 만들어낸다고 비난할 수 없는 것과 마찬가지다. '가치'를 찾을 수 없다는 이유로 오락과 재미를 경멸하는 일은 항상 교양 있는 실리주의의 상징이 되어왔다. 진실을 말하자면 우리는 모두 이러저러한 형태의 오락과 재미를 필요로 한다. 우리는 모두 삶의 위대한 주기에 종속되어 있기 때문이다. 또한 우리가 동료 대중들과 정확히 같은 것들에 의해 재미와 즐거움을 얻는다는 사실을 부인하는 것은 단순한 위선이나 사회적 체면치레일 뿐이기 때문이다.

문화의 생존에 관한 한, 그것은 자신의 사회적 위상을 높이기 위해 되는대로 만든 특정의 교육적 장치로 공허한 시간을 채우는 사람보다는 그것을 오락으로 채우는 사람에 의해 훨씬 덜한 위협을 받는다. 그리고 예술적 생산성에 관한 한, 세련된 사회의 정교한 유혹과 문화적 속물들의 교활한 잡음을 피하는 일보다 대중문화의 엄청난 유혹을 견디거나 대중사회의 소음과 속임수에 의해서 방향 감각을 잃지 않도록 주의하는 일이 〔결코〕 더 어렵지는 않을 것이다.

불행히도 사정이 그리 단순하지는 않다. 오락 산업은 거대한 욕망들과 직면해 있고 상품들이 소비로 사라지기 때문에 끊임없이 새로운 상품들을 내놓아야 한다. 이런 곤경에 처한 대중매체의 〔프로그램〕 제작자들은 적당한 재료를 발견하리라는 바람을 가지고 과거와 현재의 전체 문화 영역을 샅샅이 뒤지고 있다. 더군다나 이 재료는 있는 그대로의 모습으로 제공되지 않는다. 그것은 재미를 자아내기 위해서 변경되어야만 하고, 쉽게 소비될 수 있도록 준비되어야만 한다.

대중문화는 대중사회가 문화물들을 포획할 때 그 실체가 드러난다. 그것의 위험은 사회의 과정이 (마치 모든 생물학적 과정이 가능한 모든 것을 신진대사 주기 속으로 게걸스럽게 빨아들이는 것처럼) 말 그대로 문화물을 소비하고 먹어치우며 파괴할 것이라는 데 있다. 물론 대량 유통을 말하고 있는 것은 아니다. 재생산 과정에 있는 책이나 그림이 시장에 싼 가격으로 나와 큰 판매고를 올릴 때 그것은 물건의 성격에 영향을 미치지 않는다. 그러나 이 물건들 자체가 변하면—개작되고, 축약되고, 요약되고, 재생산 과정이나 영화화 과정에서 저속한 문화로 전락하면—그것들의 성격도 영향을 받는다. 이것은 문화가 대중 속으로 확산되는 것이 아니라, 재미를 만들어내기 위해 파괴되고 있음을 의미한다.

그 결과는 〔문화의〕 분해가 아니라 타락이고, 이것을 활발하게 촉진시키는 사람들은 틴 팬 앨리(Tin Pan Alley)[8]의 작곡가들이 아니라, 많이 읽고 학식도 풍부한 특별한 종류의 지식인들이다. 그들의 유일한 기능은 대중에게 『햄릿』이 「나의 귀여운 여인」(My Fair Lady)처럼 재미있고 교육적이기도 하다는 것을 설득하기 위해 문화물을 구성

8) 뉴욕시의 대중음악 관계자들이 모이는 구역—옮긴이.

하고 선전하고 개작하는 일이다. 수 세기 동안의 망각과 무시 가운데서도 살아남은 위대한 예술가들은 많다. 그러나 그들이 전달하고자 하는 바가 오락의 형태로 가공되었을 때도 그들이 살아남을 수 있을지는 여전히 미지수다.

문화는 물체들과 관계를 맺고 있으므로 그것은 세계의 한 현상이다. 반면에 오락은 사람들과 관계를 맺고 있으므로 그것은 삶의 한 현상이다. 어떤 물체가 〔세월을〕 견딜 수 있는 한 그것은 문화적이라고 말할 수 있다. 그것의 내구성은 기능성과 정반대의 특성이다. 기능성은 사용됨으로써 그리고 완전히 소모됨으로써 현상의 세계에서 다시 사라지게 되는 특성이다. 물체의 위대한 사용자와 소비자는 〔결국〕 삶 그 자체, 즉 개인의 삶이자 하나의 총체로서 사회의 삶인 셈이다. 삶은 어떤 물체의 사물성에는 관심이 없으며 모든 것은 기능적이어야 하고 특정 필요들을 충족시켜야만 한다고 강요한다. 과거 또는 현재에 생산된 모든 세계 내 물체와 사물이 마치 필요를 충족시키기 위해 거기 있는 것처럼 〔그것들을〕 사회의 진행 과정을 위한 단순한 기능들로서 취급할 때 문화는 위협받게 된다. 이러한 '기능화' 방식에서는 문제의 필요들이 상위 등급인지 하위 등급인지는 거의 무의미하기 때문이다.

예술은 기능적이어야 하고, 성당은 사회의 종교적 필요를 만족시키며, 그림은 화가의 자기표현이라는 개인적 필요로부터 탄생하고 관객의 자기완성 욕구 때문에 관람된다는 식의 모든 관념은 예술과 무관하며 역사적으로 새로운 것이므로 누군가가 그것들을 현대적 편견이라고 간단히 일축하고 싶은 마음이 들 수 있다. 성당들은 '신의 더 큰 영광을 위해'(ad maiorem gloriam Dei) 지어졌다. 그것들은 건물로서 공동체의 필요에 확실히 복무했지만, 그 정교한 아름다움은 결코 이러한 필요를 통해 설명되지 않는다. 이러한 필요는 정체불

명의 다른 건물에 의해 충족될 수도 있었기 때문이다. 성당의 아름다움은 모든 필요를 초월했고 그 건축물이 수 세기에 걸쳐 존속할 수 있도록 만들었다. 그러나 아름다움, 즉 성당의 아름다움은 다른 세속 건물의 아름다움처럼 필요 및 기능을 초월하는 반면, 세계를 초월하지는 못한다. 비록 그것의 내용이 종교적이라고 할지라도 말이다.

이와 대조적으로, 종교적이고 내세적인 내용과 관심사를 세계의 유형적인 실체들로 변형시키는 것은 바로 종교예술의 아름다움이다. 이런 의미에서 모든 예술은 세속적이다. 그리고 종교예술의 독특함은 단지 그것이 세계의 외부에 이미 현존했던 것을 '세속화'—모종의 '객관적'이고 유형적인 세계의 현전으로 물화(物化)하고 변형시키는 것—한다는 점뿐이다. 따라서 우리가 전통 종교를 좇아 이 '외부'를 피안의 내세로 국한하든 아니면 현대적 설명들을 좇아 그것을 인간 마음의 가장 깊은 곳에 국한하든 별 관계가 없다.

그것이 사용재든 소비재든 또는 예술작품이든 이러한 것들은 모두 나타남을 통해서 어떤 형체를 가지게 된다. 어떤 것이 형체를 가지는 한 우리는 그것을 하나의 사물(a thing)이라고 말한다. 우리는 자연에서는 나타나지 않고 오직 인간이 만든 세계 속에만 나타나는 사물들 가운데서 사용재(use objects)와 예술 작품(art works)을 구분한다. 이 두 가지 사물 유형은 보통의 내구성을 지닌 것부터 예술 작품의 경우처럼 잠재적 불멸성을 지닌 것에 이르기까지 모종의 영구성을 갖는다. 그것들은 한편으로 세계에 머무는 기간이 그것들을 준비하는 데 필요한 시간을 거의 넘기지 못하는 소비재와 구별되고, 다른 한편으로는 사건 · 행위 · 말과 같은 행위의 산물과도 구별된다. 이 모든 행위의 산물은 그 속성이 매우 한시적이기 때문에 일차적으로 인간의 기억 속에 보존되고, 다음으로 인간의 가공 능력들을 통해 이야기로서 직조되지 않는다면 단 한 시간 혹은 단 하루도 이 세계에 살아남아 있을 수 없다.

단순히 내구성이라는 관점에서만 본다면 예술 작품이 확실히 다른 모든 사물보다 우월하다. 그것은 다른 것들보다 세계 속에 오래 머물기 때문에 모든 것 가운데서 가장 세계적이다. 게다가 그것은 사회의 진행 과정에서 아무런 기능도 담당하지 않은 채 존재하는 유일한 것이다. 엄밀히 말해서 그것은 인간을 위해서 만들어지는 게 아니라 세대들이 거쳐가는, 인간의 수명보다 더 긴 생명력을 가진 세계를 위해서 만들어진다. 또한 예술 작품은 소비재처럼 소비되지 않을 뿐만 아니라 사용재처럼 소모되어 없어지지도 않는다. 그것은 의도적으로 소비와 이용에서 제외되고, 인간 삶의 필요 영역으로부터 격리된다. 이러한 격리는 아주 다양한 방식으로 이루어지는데, 그렇게 되었을 경우에만 문화는 구체적인 의미로 그것의 실체를 가지게 되는 것이다.

여기서 문제가 되는 것은 세계성(worldliness), 즉 어떤 세계를 구성하고 창조하는 능력이 인간 '본성'의 중요한 부분인지 아닌지가 아니다. 우리는 비세계적(unworldly)인 사람들을 알고 있듯이 무세계적(worldless)인 사람들의 현존 [사실]에 대해서도 알고 있다. 인간이 지구상에 머무는 동안 안식처가 필요하다는 바로 그 점에서 인간의 삶 자체는 모종의 세계를 필요로 한다. 인간이 은신처를 마련하기 위해, 그리고 머리 위에 지붕을 얹기 위해 취하는 모든 조치—유목 부족의 텐트조차도—는 분명히 그 당시 생존하고 있는 사람들에게 지구상의 안식처로서 복무할 수 있다. 그러나 그러한 조치들이 문화는 말할 것도 없고 세계를 [스스로] 출현하게 한다는 의미는 결코 아니다. 지구상의 안식처는 가공된 사물들 전체가 잘 조직되어, 그 속에 사는 사람들의 소모적 삶의 과정을 버텨내고 그들보다 오래 살아남을 때에야 비로소 그 [세계라는] 단어의 의미에 어울리는 어떤 세계가 되는 것이다. 우리는 그러한 〔세계의〕 생존이 보장될 때에만 문화에 대해 말할 수 있고, 모든 공리주의적이고 기능주의적인 언급들과 무관하게 항상 그 특질이 동일하게 남아 있는 사물들과 마주할 때에만 예술 작품에 관해 말할 수 있다.

이러한 이유들 때문에 문화에 관한 그 어떠한 논의라도 반드시 예술 현상을 그것의 출발점으로 삼아야만 하는 것이다. 우리를 둘러싸고 있는 모든 사물의 사물성(thingness)은 그것들이 어떤 형태를 가지고 있다는 사실에 있다. 모든 사물은 그것의 형태를 통해 〔세계 속으로〕 출현한다. 오직 예술 작품들만이 외견(appearance)이라는 유일한 목적을 위해 만들어진다. 외견을 판단하는 올바른 기준은 아름다움(beauty)이다. 만약 우리가 물체들, 심지어 평범한 사용재를 외견—즉 그것이 아름다운가, 추한가, 아니면 그 중간 어디쯤인가—과 상관없이 오로지 사용가치로만 판단하기를 원한다면 우리는 먼저 우리의 눈을 뽑아버려야만 할 것이다.

물론 〔사물의〕 외견을 인식하기 위해서는 우선 우리 자신과 그 물체 사이의 거리를 자유롭게 설정할 수 있어야 한다. 그리고 어떤 사물의 순수한 외견이 중요하면 할수록 올바른 감상을 위한 거리가 한층 더 요구된다. 만약 우리가 우리 자신, 즉 우리 삶과 관련된 관심사·이해관계·충동을 잊어버리지 않는다면 이러한 거리는 생길 수 없지만, 우리는 감탄하는 것을 소유하는 것이 아니라 그것을 있는 그대로, 즉 그것의 외견 속에 놓아두게 될 것이다. 이러한 초연한 기쁨의 태도(칸트의 용어로는 사심 없는 즐거움uninteressiertes Wohlgefallen)는 살아 있는 유기체의 필요들이 충족된 이후에야 경험될 수 있으므로 삶의 필요에서 해방된 자들만이 세계를 위해 자유로울 수 있을 것이다.

사회의 초창기 단계들에서 발견된 고민거리는 구성원들이 삶의 필요로부터 해방된 다음에도 대체로 자신과 관련된 관심사, 자신의 사회 내 지위와 입장, 그리고 이러한 변수들이 자신의 신변에 미칠 영향에 대한 고려에서 자유로워질 수 없었던 반면, 물체들로 이루어진 세계와 그 물체들과 함께 세계 속으로 끌려들어 온 객관성과는 그 어떠한 관계도 맺지 않았다는 점이다. 대중사회의 상대적으로 새로운 고충은 어쩌면 그것보다 훨씬 더 심각한 성격일 수 있다. 그러나 그것은 대중 자신 때문이라기보다 그 사회가 본질적으로 여가 시간을 더 이상 자기완성이나 더 나은 사회적 지위를 획득하는 데 쓰지 않고 점점 더 많은 소비와 오락을 위해 사용하는 '소비자의 사회'이기 때문이다. 더 이상 노동하는 육체의 수고와 노력에 쓰이지 않게 된 삶의 에너지가 소비를 통해 소진되어야만 하는 어떤 삶의 과정 속에서, 이제 소비재가 점점 커져만 가는 〔소비〕 욕구들을 다 충족시킬 만큼 충분하지 않은 상황으로 전개되기 때문에 마치 삶이 스스로 나서서 결코 삶을 위해 존재하는 것이 아닌 사물들에까지 손을 뻗어 그것들을 취하고 있는 듯하다.

물론 그러한 결과는 엄밀히 말해서 존재하지도 않는 대중문화의 탄생이 아니라 세계의 문화물들을 먹고사는 대중오락의 탄생이다. 내 생각에 시간이 지나고 교육이 효과를 발휘하면 이러한 사회가 보다 '교양 있는' 사회가 될 것이라고 믿는 것은 어떤 치명적인 착각에 지나지 않는다. 요점은, 어떤 소비자의 사회는 세계와 배타적으로 그 외견들의 공간에 속하는 사물들을 보살피는 방법을 알 리가 없다는 것이다. 소비자의 사회가 모든 물체에 대해 취하는 핵심적인 태도, 즉 소비 태도는 그것이 접촉하는 모든 것을 파괴로 몰아가기 때문이다.

II

앞에서 나는 예술 작품들은 탁월한 문화물이기 때문에 문화에 관한 논의는 예술 현상을 그것의 출발점으로 삼게 되어 있다고 말했다. 비록 문화와 예술이 긴밀히 연관되어 있다고 해도 결코 동일한 것은 아니다. 〔또한〕 그 둘을 구별하는 것이 '사회와 대중사회의 조건 아래서 문화에 무슨 일이 발생하는가'라는 질문에 크게 중요하지도 않다. 그러나 그 구별은 '무엇이 문화인가' '문화가 정치영역과 어떤 관계에 있는가'라는 문제에는 적실성이 있다.

문화, 그것의 단어와 개념의 기원은 로마다. '문화'라는 단어는 콜레레(colere)—경작하다·거주하다·보살피다·가꾸고 보존하다—라는 단어에서 파생했고, 기본적으로 자연을 인간의 거주(居住)에 적합해질 때까지 경작하고 가꾼다는 의미에서 자연과 인간 사이의 상호 교제와 관련된다. 그러므로 그것은 모종의 자애로운 보살핌의 태도를 말하며 이는 자연을 인간의 지배에 종속시키려는 모든 노력과 첨예한 대조를 이룬다.[9] 또한 그것은 땅을 개간하는 것뿐 아니라 신들에 대한 '숭배'(cult), 즉 신에게 정당하게 속하는 것들을 보살피는 일을 가리킨다.

이 단어를 처음 영성(spirit)과 정신(mind)의 일을 지칭하는 데 사용한 이는 키케로였던 듯하다. 그는 '정신을 경작함'이라는 뜻의 엑

9) 라틴어에서 이 단어의 어원과 사용에 대해서는 *Thesaurus linguae latinae* 이외에 A. Walde, *Lateinisches Etymologisches Wörterbush*(1938)와 A. Ernout & A. Meillet, *Dictionnaire Etymologique de la Langue Latine. Histoire des Mots*(Paris, 1932)를 보라. 고대 이래의 단어와 개념의 역사에 대해서는 Joseph Niedermann, *Kultur: Werden und Wandlungen des Begriffesund seiner Ersatzbegriffe von Cicero bis Herdr. in Biblioteca dell' Archivum Romanum*(Firenze, 1941), vol.28을 보라.

스콜레레 아니뭄(excolere animum, 영혼을 가꾸다)과, 심지어 오늘날 우리가 '모종의 계발된 정신'(a cultured mind)을 말할 때와 같은 의미에서의 쿨투라 아니미(cultura animi, 정신의 경작)에 관해서도 이야기한다. 단지 우리가 이 어법의 은유적 내용을 더 이상 온전히 인식하지 못하는 것뿐이다.[10] 이 단어의 로마적인 사용법에 관한 한, 주요 논점은 항상 문화와 자연의 연관성이다. 문화는 본래 농경을 의미했는데, 로마에서는 농경이 시가(詩歌)예술이나 제작예술과 정반대로 매우 높이 평가되었다. 앞에서 이미 암시된 것처럼 철학을 통한 훈련의 결과로 제안된 키케로의 쿨투라 아니미는 그리스어인 파이데이아(παιδεία, 교육 또는 양육)[11]를 〔로마어로〕 번역하기 위해 〔신조어로서〕 도입된 것으로서, 모종의 제작자나 예술 작품의 창조자가 되는 것과는 정반대의 의미였다.

'문화'에 대한 개념은 농경을 기본으로 하는 사람들 사이에서 처음으로 나타났다. 그리고 이 문화와 연관되었을 듯한 예술적 함의들은 이탈리아의 유명한 풍광을 창조한 자연과 라틴 민족 사이의 비교가 불가하리만큼 친밀한 관계와 관련이 있다. 로마인들에 따르면, 예술은 시골〔의 풍경〕처럼 자연적으로 발생한 것이어야만 했다. 예술은 〔당연히〕 잘 보살핀 자연이어야만 했고, "숲의 고독한 녹음(綠陰) 속에서 나뭇잎들이 스스로에게 부르는 노래"를 통해서 모든 시의 원천을 알아보았다.[12] 이것이 비록 어떤 탁월한 시적인 사유일지언정 위대한 예술이 그것 〔즉 숲의 고독한 녹음〕에서 나왔다는 말은 사실이

---

10) 키케로는 *Tusculan Disputations*(1, 13)에서 정신은 제대로 갈지 않으면 생산적일 수 없는 농토와 같다고 공공연히 말하고는, "영혼의 경작이 철학이다"(Cultura autem animi philosophia est)라고 선언했다.

11) Werner Jaeger, *Antike*(Berlin, 1928), vol.IV.

12) 테오도르 몸젠, 『몸젠의 로마사』(*Romische Geschichte*), book l, ch.14.

아닐 것이다. 예술을 창조하는 것이 〔그 숲을 보살피는〕 정원사의 심성일 리는 만무하기 때문이다.

위대한 로마의 예술과 시가는 그리스 유산의 영향 아래서 출현했다. 그 유산을 관리하고 보존하는 법을 알았던 사람들은 그리스인들이 아니라 로마인들이었다. 그리스에 로마의 '문화' 개념에 해당하는 단어가 존재하지 않았던 이유는 그리스 문명에서 제작예술(fabricating arts)이 우세한 지위를 차지하고 있었기 때문이다. 로마인들은 심지어 예술을 일종의 농경, 즉 자연의 개간으로까지 간주하는 경향을 보였다. 이에 비해 그리스인들은 농경을 제작의 한 부분이자 거기 있는 다른 모든 것보다 두려움을 자아내는 〔만물의 영장으로서의〕 인간이 자연을 길들이고 지배하는 간교하고 능수능란하며 '기술적'인 고안품에 속하는 것으로 여기곤 했다. 아직도 로마의 유산이라는 마술에 걸려 있는 우리가 가장 자연스럽고 평화로운 인간의 활동으로 꼽는 밭 가는 일을, 그리스인들은 소진되지 않고 지칠 줄 모르는 대지를 매년 어지럽히고 모독하는 무엄하고 폭력적인 일로 이해했던 것이다.[13)]

그리스인들은 무엇이 문화인지를 알지 못했다. 왜냐하면 그들은 자연을 경작한 것이 아니라 신이 감추어둔 열매를 대지의 품으로부터 끄집어냈기 때문이다(Hēsiodos). 이와 긴밀히 연관된 것은 과거 그 자체의 증언에 대한 위대한 로마인들의 경외심인데, 로마인들의 이러한 태도 덕분에 우리는 그리스의 유산을 보존할 수 있었을 뿐만 아니라 전통의 연속성도 얻을 수 있었다. 물론 이것은 그리스인들에게는 대단히 낯선 것이었다. 두 가지 문화 개념이 함께, 즉 과거의 기념물들을 보살핀다는 의미에서의 문화 개념과 자연을 개발해 사람

13) 『안티고네』(332 이하)의 유명한 합창곡을 보라.

들이 주거할 수 있을 만한 곳으로 만든다는 의미에서의 문화 개념이 오늘날까지도 우리가 문화를 이야기할 때 염두에 두는 내용과 의미를 규정한다.

그럼에도 '문화'라는 단어의 의미가 이렇게 엄격히 로마적인 요소들에 의해 온전히 설명되지는 않는다. 키케로의 쿨투라 아니미조차도 취향과 같은 어떤 것을, 그리고 아름다운 것을 제작하는 사람인 예술가에게는 부재하지만 아름다운 것들 사이에서 살아가는 관객에게는 있는, 일반적인 의미로 아름다움에 대한 감수성을 암시한다. 물론 그리스인들은 이 아름다움에 대한 사랑을 엄청난 정도로 보유했다. 이런 의미에서 우리는 '문화'라는 말로 가장 덜 유용하고 가장 세계적인 사물들, 즉 예술가·시인·음악가·철학자 등의 작품들에 대한 태도, 또는 약간 더 나은 표현을 사용하자면, 그것들에 대해 문명들이 규정했던 교제의 양식으로 이해한다.

우리가 '문화'를 인간과 세계 내 사물들 사이의 교제 양식이라는 의미로 사용한다면, 투키디데스가 페리클레스의 것으로 기록한 다음의 언명을 상기함으로써 그리스 문화(그리스 예술과 구별해)를 이해할 수 있다. "우리는 아름다움을 사랑하지만 절제하고, 지혜를 사랑하지만 유약하지 않다"(φιλοκαλούμεν γάϱ μετ' εὐτελείας καί φιλοσσοφούμεν ἄνευμαμακίας).[14] 이 문장은 지극히 간단하지만 거의 번역이 불가능하다. 우리가 아름다움에 대한 사랑 또는 '지혜에 대한 사랑'(〔우리가 흔히〕 '철학'이라고 부르는 것)과 같은 상태 또는 특질로서 이해하는 바는 여기서 '아름다운 사물들을 사랑하는' 활동 못지않게 그것들을 만드는 활동으로도 묘사된다. 게다가 '조준의 정확성'(accuracy of aim)이나 '유약성'(effeminacy)과 같은 수식어

---

14) Thucydides, *Thucydides II*, 40.

에 대한 우리의 번역은 이 두 용어가 엄격히 '정치적'인 성격이었다는 점을 전달하지 못한다. 유약성은 야만인의 악덕을, 조준의 정확성은 행위하는 방법을 아는 사람의 미덕을 의미한다. 그래서 페리클레스는 다음과 같은 이야기를 추가했다. "우리는 정치적 판단의 한계 안에서 아름다움(美)을 사랑한다. 그리고 우리는 유약성이라는 야만인들의 악덕이 부재한 상태로 철학한다(philosophize)."

상투적인 번역에서 탈피하기는 매우 어렵지만, 일단 이 단어들의 의미가 우리에게 확실해지기 시작하면 놀랄 만한 일이 많아진다. 첫째, 우리는 분명히 지혜와 아름다움에 대한 사랑에 한계를 설정한 것이 정치의 영역인 폴리스(the polis)라는 이야기를 들었다. 그리고 우리는 그리스인들이 야만인들과 자신을 구별해주는 것이 폴리스와 '정치'(결단코 우월한 예술적 성취들이 아니었다)였다고 생각했음을 알고 있으므로 우리는 이러한 차이가 '문화적' 차이이자 '문화적' 사물과의 교제 양식상의 차이이고, 또한 아름다움과 지혜에 대한 서로 다른 태도라고 결론지어야 한다. 아름다움과 지혜는 오직 폴리스라는 제도가 설정한 한계 안에서만 애호될 수 있었다.

다시 말해서 그 차이는 일종의 과도한 세련화, 즉 야만적인 것으로 여겨져야 할 것을 가려낼 줄 모르는 분간 없는 감수성이었다. 그리고 그것은 우리가 이해하고 있는 바로서의 어떤 원시적인 문화 결여 상태도 아니고, 또 문화물들 자체 속에 있는 어떠한 구체적인 특질도 아니었다. 심지어 더욱 놀라운 것은 남자다움의 결여, 즉 그 '유약성이라는 악덕'—우리는 이것을 아름다움이나 심미주의에 대한 지나친 애호와 연결할 수 있을 것이다—이 여기서 철학에 대한 특수한 위험으로서 언급되고 있다는 사실이다. 그리고 조준하는 방법이나 우리가 이미 앞에서 말했듯이 판단하는 방법에 대한 지식, 즉 우리가 철학을 위한 어떤 자격 요건이 되어줄 것으로 기대했음직하고 또한 진리를 조준하는 법을 틀림없이 알고 있음직한 지식이 여기서는 '아름다운 것'(the beautiful)과의 교제에 필수적인 것으로 간주되고 있다.

그리스적 감각에서의 철학—'타우마제인'(θαυμάζειν, 경이)과 더불어 시작하고 실체가 드러난 특정의 진리를 말없이 바라보는 것으로 끝나는(적어도 플라톤과 아리스토텔레스의 경우에는) 것—이 '아름다움에 대한 사랑'보다 비활동(inactivity)으로 인도될 가능성이 더 클 수 있을까? 다른 한편으로 '아름다움에 대한 사랑'에 가령 에우텔레이아(εὐτελεία, 절제), 즉 판단·분별·식별을 통해 목표를 조준하는 능력이 수반되지 않는다면, 간략히 말해서, 우리가 통상적으로 '취향'이라고 부르는 그 특이하며 애매하게 정의된 능력이 수반되지 않는다면 그것이 야만적인 성격으로 남을 수 있을까? 끝으로, 이 아름다움에 대한 올바른 사랑, 즉 아름다운 사물들과의 올바른 교제—인간을 세계 속에 있는 사물들을 보살피기에 적합하도록 만드는, 그리고 키케로가 그리스인들과 대조적으로 철학에 귀속시켰던 쿨투라 아니미—가 정치와 관련이 있을 수 있을까? 취향이 정치적 능력〔의 범주〕에 속할 수 있을까?

이러한 질문들이 제기하는 문제를 이해하기 위해서는 문화와 예술이 서로 같지 않다는 사실을 염두에 두는 것이 중요하다. 이 둘 사이의 차이를 인식하는 한 가지 방법은 다음 사실을 환기하는 것이다. 〔이를테면〕 '아름다운 것'과 '정신의 문화'에 대한 사랑을 찬양했던 사람들이, 당시에 전시되고 감탄을 자아냈던 사물들을 실제로 제작한 예술가들과 장인들에 대해 고대 〔그리스〕의 깊은 불신을 공유한 사람들과 동일인이었다는 사실 말이다.

저 〔고대의〕 로마인들이 아니라 그리스인들이 '실리주의'를 뜻하는 단어를 가지고 있었다. 그 단어는 신기하게도 예술가들과 장인들을 지칭하는 단어인 바나우소스(βὰναυσος, 장인)로부터 파생되었다. 그 당시에도 속물(a philostine), 즉 실리적인 성정을 가진 사람이 된다는 것은 오늘날과 마찬가지로 그것의 기능 또는 효용과 별개로 특정 사물을 사유하거나 판단할 수 없는 어떤 완전히 공리주의적인 사고방식을 가리켰다. 예술가 자신은 한 사람의 바나우소스로서 실리주의에 대한 비난에서 결코 제외되지 않았다. 그와 정반대로 실리주의는 테크네(τέχνη, 기술)에 통달한 사람들, 즉 제작자들과 예술가들에게 일어날 가능성이 가장 큰 악덕으로 간주되었다. 그리스인들의 이해방식으로는 필로칼레인(φιλοκαλετν, 아름다운 것에 대한 사랑)에 대한 찬양과 실제로 아름다운 것을 생산해내는 사람들에 대한 경멸 사이에는 털끝만큼의 모순도 없었다.

예술가에 대한 불신과 현실적인 경멸은 정치적 고려에서 비롯되었다. 예술 작품의 생산을 포함해 물건을 제작하는 일은 정치적 활동의 범위에 포함되지 않는다. 그것은 심지어 서로 대척점에 서 있다. 모든 형태의 제작에 대한 불신의 주된 이유는 바로 그것의 본질이 공리주의적이라는 사실 때문이다. 제작은 행위나 발언과 달리 항상 목적이나 수단과 관련이 된다. 사실 수단과 목적의 범주는 만듦(making)과 제작함(fabricating)의 영역으로부터 그것의 정당성을 도출한다. 그 영역에서는 명확히 인식될 수 있는 목적, 즉 최종 산물이 그 〔제작〕 과정의 일부를 담당하고 있는 모든 것—재료·연장·활동 자체 그리고 심지어는 그것에 참여하고 있는 사람들—을 규정하고 조직한다. 그것들은 모두 그 목적을 위한 단순한 수단이 되고, 또 모든 것이 그런 식으로 정당화된다. 제작자들은 모든 사물을 목적을 위한 수단으로 간주하거나, 또는 경우에 따라 모든 사물을 그것의 구체적인 유용성으로 판단할 수밖에 없다. 이런 관점이 일반화되어 제작 현장 이외의 다른 영역들로 확산되는 순간 그것은 실리적인 사고방식을 창출할 것이다.

그리스인들은 이러한 실리주의가 정치의 영역을 위협한다고 생각했다. 왜냐하면 실리주의는 제작에 적합한 효용이라는 동일 기준으로 행위를 판단하고, 행위가 미리 정해져 있는 목적을 획득하고 이 목적을 달성할 것으로 보이는 모든 수단을 손에 넣도록 요구할 것이기 때문이다. 또한 실리주의는 사물들의 가치 저하로 인도됨으로써 문화 영역 그 자체도 위협한다. 가령 사물을 현존하게 만든 그 〔공리주의적〕 사고방식이 보급되는 것을 허용한다면 사물은 다시금 효용의 기준에 따라 판단될 것이고, 결과적으로 그것의 내재적·독립적 가치를 상실하고 결국 단순한 수단으로 전락하고 말 것이다. 바꿔 말해서 완성된 작품의 현존에 대한 가장 큰 위협은 바로 그것을 탄생시킨 사고방식으로부터 발생한다는 것이다. 이러한 사실로부터 다음과 같은 결론이 도출된다. 우리가 움직이고 있는 사물들의 세계를 세우고, 건축하고, 또 장식하는 데 꼭 필요한 기준과 규칙들을 완성된 세계 그 자체에 적용한다면 그것들은 타당성을 상실할 것이며 절대적으로 위험한 요소가 될 것이다.

물론 이것이 정치와 예술의 관계에 관한 이야기 전체를 말해주는 것은 아니다. 초창기 로마는 예술가와 시인이 로마 시민에게 어울리는 그라비타스(gravitas), 〔즉〕 진지함과 위엄을 따르지 않는 유치한 게임을 추구했다고 확신한 결과, 그리스의 영향을 받기 이전의 공화국에서 번성했었음직한 예술적 재능들을 가벼이 탄압했다. 그와 정반대로 아테네는 정치와 예술의 갈등을, 어느 한쪽의 편을 드는 방식으로 해결하지 않았다—말이 나온 김에 덧붙이자면, 이것이 고전〔시기〕 그리스에서 예술적 천재가 이례적으로 많이 배출된 이유 가운데 하나일지도 모른다—아테네는 그 갈등을 살려두었고, 두 영역이 서로에 대해 무관심한 채로 있도록 방치하지 않았다.

말하자면 그리스인들은 이구동성으로 "올림피아에 있는 페이디아스(Phidias)의 제우스(Zeus)를 보지 못한 자는 헛산 것이다"라고, 동시에 "페이디아스 같은 사람들, 즉 조각가들은 시민권에는 어울리지 않는다"라고 말할 수 있었다. 페리클레스는 올바른 필로소페인(φιλοσφετν, 지혜를 사랑하다)과 필로칼레인, 즉 지혜와 아름다움의 활발한 교제를 찬양했던 바로 그 연설에서 아테네는 "호메로스와 그 일당"이 자신의 분수를 알게 할 방법을 찾을 것이며, 아테네의 행적들은 한없이 위대하므로 〔아테네인들의〕 살아 있는 말과 생생한 행위를 영구적인 사물들 〔즉 이야기들〕로 변형시키고 전환하는 방식으로 물화(物化)해 그것들의 위대함을 불멸의 명성으로 바꿔줄 시인이나 예술가 같은 전문적인 영광의 제작자가 없어도 될 것이라고 호언장담했다.

오늘날 우리는 정치영역과 공적 사안에 적극적으로 참여하는 일이 실리주의를 발생시키고, 사물의 기능과 효용을 따지기보다는 그것의 진정한 가치로 평가하는 어떤 양식 있는 정신의 발전을 가로막는다고 많이들 생각하는 듯하다. 이렇듯 강조점이 옮겨 간 이유 가운데 하나는 물론—이러한 고려의 외부에 있는 이유들 때문에—우리가 제작보다 행위가 훨씬 더 수단과 목적이라는 범주에 의해 규정되는 것이 당연하다고 여길 정도로 제작의 사고방식이 정치영역을 침범했다는 사실이다. 그러나 이 상황은 제작자들과 예술가들이 이 사안에 대해 자신의 견해를 표출하고, 행동하는 사람들에 대한 적대감을 분명하게 드러낼 수 있었다는 이점도 가지고 있었다. 이 적대감의 이면에는 공중의 이목을 끌기 위한 경쟁보다 더 많은 것이 있다. 문제는 호모 파베르(Homo faber, 제작하는 인간)가 자신이 만든 사물들이 스스로의 외견·형상·형태들과 더불어 공영역(the public realm) 및 그것의 공개성과 맺고 있는 관계와 동일한 관계를 맺고 있지 않다는 점이다. 이미 현존하는 세계 속으로 새로운 사물들을 지속적으로 추가하는 〔사회적〕 위치를 유지하기 위해서 그 자신은 반드시 공중과 격리되어야만 하고, 공중으로부터 피신해야만 하며, 또 은신해야만 한다.

다른 한편, 진정한 의미의 정치적 활동, 즉 행위함(acting)과 발언함(speaking)은 타인들의 현전(現前)과 공중, 그리고 다수로 구성된 어떤 공간이 없으면 결코 수행될 수 없다. 그러므로 예술가와 장인의 활동은 정치 활동을 둘러싸고 있는 조건들과 매우 다른 조건들에 종속된다. 그리고 정치적 사안들에 관해 자신의 의견을 내기 시작하자마자 그 예술가가 특수한 정치영역 및 그것의 공개성과 관련해, 저 〔아테네〕 폴리스가 제작의 사고방식과 조건들에 대해 느꼈던 것과 동일한 불신을 느끼게 될 것임은 전적으로 이해할 수 있는 부분이다. 이것은 예술가가 사회가 아니라 정치에 대해서 가지고 있는 사실적 불쾌감의 본질이고, 정치 활동에 대한 예술가의 망설임과 불신은 행동하는 사람들이 호모 파베르의 사고방식에 대해 가지는 의혹 못지않게 정당하다. 이 지점에서 예술과 정치 사이의 갈등이 발생한다. 그리고 이 갈등은 해소될 수도 없겠지만 해소되어서도 안 된다.

그러나 문제의 핵심은, 각자의 활동 〔성격〕에 따라 정치가와 예술가를 가르는 이 갈등이 우리가 우리의 관심을 예술 제작에서 그것의 산물, 즉 세계 속에서 자신의 자리를 찾아야 할 사물들 자체로 이동하게 되면 더는 적용하기 어렵다는 점이다. 이러한 사물들은 그것들이 출현하고 보여질 수 있는 특정의 공적 공간이 필요하다는 점에서 정치적 '산물들'인 말과 행위와 명백히 동일한 특질을 공유한다. 그것들은 그것 자신의 있음, 즉 '외견'을 모두에게 공통적인 어떤 세계 속에서만 구현할 수 있다. 예술물들은 사적인 삶과 사적인 소유의 형식으로 은폐되어 있어 그것 자신의 고유한 타당성을 획득하지 못하지만, 이와 반대로 그것들은 반드시 개인들의 소유욕으로부터 보호되어야만 한다. 〔그것들이 보호된다면〕 그 보호가 사원이나 교회처럼 거룩한 장소에서 이루어지든 아니면 박물관이나 기념물 관리인의 보살핌을 받는 형태든 간에 전혀 문제가 되지 않는다. 비록 우리가 그 예술물들을 놓아두는 장소가 우리의 '문화', 즉 우리가 그것들과 교제하는 양식의 성격에 좌우된다고 하더라도 말이다.

일반적으로 말해서, 문화는 행동하는 사람들이 정치적으로 안전하다고 간주하는 공영역이 출현하는 것(to appear)과 아름답게 되는 것(to be beautiful)을 본질로 가지고 있는 사물들을 위해 그것의 전시 공간을 제공하는 것을 가리킨다. 다르게 표현하면 문화는, 예술과 정치가 갈등 및 긴장 관계에도 불구하고 서로 연결되어 있고 심지어는 상호 의존적이기도 하다는 사실을 암시한다. 그냥 놔두면 세계 속에 아무런 자취도 남기지 않고 지나가버릴 정치적 경험이나 활동과 달리, 아름다움은 바로 비소멸성의 명시화다. 〔인간의〕 말과 행위의 찰나적 위대함은 그것에 아름다움이 부여되는 한 세계 속에서 〔시간의 흐름에 따른 망각의 위험을〕 버텨낼 수 있다. 아름다움이 아니라면, 즉 잠재적 불멸성이 인간 세계 속에서 명시화된 형태로서의 찬란한 영광이 아니라면 모든 인간의 삶은 허망할 것이고 그 어떤 위대함도 지속되지 못할 것이다.

예술과 정치를 연결하는 공통 요소는 양자 모두 공적인 세계의 현상이라는 점이다. 예술가와 행동하는 사람 사이의 갈등을 중재하는 것은 바로 쿨투라 아니미, 즉 아름다움을 기준으로 가지고 있는 저 외견의 세계를 가꾸고 보살필 수 있도록 훈련되고 계발된 정신이다. 키케로가 문화에 철학을 통한 훈련을 귀속시켰던 이유는 그가 보기에 오직 철학자들, 즉 지혜의 애호가들만이 자신을 위해 무엇인가를 얻으려고 의도하지 않은 채 단순한 '관객들'로서 사물들에 접근하기 때문이었다. 이런 관점에서 키케로는 철학자를 큰 경기나 축제에서 "영광스러운 월계관의 영예를 따내고자" 하거나 "이득을 사고팔지 않"지만, "〔펼쳐진〕 광경에 매료되어 〔경기의〕 내용과 방법을 면밀히 주시하는" 사람에 비유할 수 있었다. 오늘날 우리 식으로 표현하자면, 철학자들은 〔모든 것에〕 완전히 초연한 사람들이었으며, 이 때문에 판단에 가장 적합하고, 광경 자체에 가장 매료된 사람들이었다. 키케로는 철학자들이 하고 있었던 것—보기 위해 보는 것만이 모든 〔인간의〕 추구함 가운데서 가장 자유로운(liberalissimum) 것—을 고려해 〔그들을〕 자유롭게 태어난 자들 가운데 가장 고귀한 집단이라는 의미로 막시메 인게누엄(maxime ingenuum, 최고 재능)이라고 불렀다.[15)]

아름다움에 대한 적극적인 사랑—페리클레스가 말한 '아름다움을 사랑하고 절제하다'라는 표현—의 요소를 구별하고, 분별하며, 판단하는 더 나은 단어가 없는 까닭에 나는 '취향'이라는 말을 사용하기로 한다. 내 생각에 이 용법을 정당화하는 동시에 '문화'가 그것 자체로서 스스로를 표현하는 한 가지 활동을 지적하기 위해서, '심미적 판단 비판'(Critique of Esthetic Judgment)으로서 칸트 정치철학의 가장 위대하고 독창적인 면을 담고 있는 『판단력 비판』(*Critique of Judgment*)의 제1권에 주의를 돌리고자 한다. 제목이 가리키는 것처럼 그것은 기본적으로 판단하는 관객의 관점에서 '아름다운 것'에 관한 분석을 담고 있고, 아름다운 것과 모종의 적극적인 관계를 형성하는 것으로 이해된 취향이라는 현상을 그것의 출발점으로 삼고 있다.

올바른 〔맥락의〕 관점에서 판단 능력을 이해하고, 그것이 어떤 순

15) Marcus Tullius Cicero, *Tusculan Disputations*, V, 9.

전한 이론적 활동보다는 모종의 정치적 활동을 함축하고 있다는 점을 이해하기 위해서 우리는 통상 칸트의 정치철학으로 간주되고 있는 『실천이성비판』(*Critique of Practical Reason*)을 간략하게나마 환기해야만 한다. 이 책은 이성의 입법 능력을 다루고 있다. 칸트가 '정언명법'(the categorical imperative)을 통해 규정한 것과 같은 입법 원칙—"항상 네 행위의 원칙이 하나의 일반 법칙이 될 수 있는 방식으로 행동하라"—은 이성적 사유가 그것 자신과 일치되어야 할 필요성에 기초하고 있다. 예를 들어 도둑은 실제로 자신에게 모순되는 행동을 한다. 그는 자신의 행위 원칙, 즉 남의 재산을 훔치는 일이 하나의 일반 법칙이 되기를 바랄 수 없다. 왜냐하면 그러한 법칙은 즉시 그에게서 모든 획득물을 박탈할 것이기 때문이다. 이러한 자기 자신과의 합의 원칙은 아주 오래된 것이다. 사실상 그것은 소크라테스가 발견했는데, 플라톤이 공식화한 그 핵심 강령은 다음의 문장 속에 담겨 있다. "나는 하나이기 때문에 나 자신과 불일치 상태에 있는 것보다는 저 세계 전체와 불일치 상태에 있는 것이 낫다."[16] 바로 이 문장이, 자기 양심과의 합의를 강조하는 서구 윤리학과 모순의 원칙을 역설하는 서구 논리학 양자의 출발점이었다.

그러나 『판단력 비판』에서 칸트는 어떤 상이한 사유법을 고집하고 있다. 이 사유법은 자기 자신과의 합의 상태에 있는 것만으로는 충분하지 않기 때문에, '다른 모든 사람의 입장에서 사유'할 수 있는, 그래서 그가 "확장된 사유 방식"(eine erweiterte Denkungsart)이라고 부르는 것을 포함하고 있다.[17] 판단의 힘은 타인과의 어떤 잠재적 합의에 근거하고 있다. 그런데 무엇인가를 판단할 때 활성화되는 사유함

---

16) 플라톤, 『고르기아스』, 482.
17) 임마누엘 칸트, 『판단력 비판』, §40.

의 과정은 순수한 추론의 사유 과정과 달리 나와 나 자신 사이의 대화가 아니다. 이 사유 과정은, 비록 내가 결정을 내릴 때는 완전히 나 혼자나 다름없을지라도, 항상 그리고 기본적으로 내가 궁극적으로 특정 합의에 함께 도달해야 한다고 알고 있는 사람들과의 예상된 의사소통 속에 있음을 발견한다.

판단은 이러한 잠재적 합의로부터 그것의 특수한 타당성을 도출한다. 이 말은 한편으로 그러한 판단이 '주관적이고 사적인 조건들', 즉 개인의 사생활 속에서의 외면을 자연적으로 결정하며 사적인 의견들로서 가지고 있는 한 정당하지만 시장(the market place)[18]으로 들어가기에는 적합하지 않고, 공영역에서는 모든 타당성을 결여하는 개인적 특이성들로부터 스스로를 해방시켜야만 한다는 것을 의미한다. 이 확장된 사유 방식은 곧 판단으로서 자신의 개별적 한계를 초월하는 방법을 알고 있다. 다른 한편으로, 그것은 엄격한 고립이나 고독 속에서는 기능할 수 없다. 이 사유 방식은 타인들의 현전을 요구하는데, 그 이유는 그것이 '그들의 입장'에서 사유해야 하고, 그들의 관점을 고려해야 하며, 그들이 없다면 결코 그것이 작동할 기회를 가질 수 없기 때문이다.

논리가 건전해지기 위해서는 자아가 현전해야 하듯, 판단이 타당해지기 위해서는 타인들이 현전해야 한다. 그러므로 판단은 특수한 타당성을 부여받고 있지만 결코 보편적으로 타당한 것은 아니다. 판단의 타당성 요구는 판단자가 그들의 입장에서 사유하기 위해 자신의 고려에 집어넣은 타인들의 범위 이상으로 결코 확장될 수 없다. 이런 견지에서 칸트는 판단은 "판단하고 있는 모든 개별 인

18) 이는 고대 아테네 아고라가 낮에는 시장으로 저녁에는 공론 영역 또는 정치 영역으로 사용된 데서 비롯된 표현법이며, 여기서는 후자의 의미로 쓰임—옮긴이.

간”[19]에게 타당하다고 말했다. 그러나 이 문장에서 강조되는 부분은 ‘판단하고 있는’이다. 판단은 판단하지 않는 사람 또는 판단의 대상들이 출현하는 저 공영역의 일원이 아닌 사람들에게는 타당하지 않다.

칸트가 규정한 바로 그 의미 속에서 판단하는 능력은 곧 어떤 구체적인 정치적 능력, 즉 자기 자신의 관점뿐 아니라 어쩌다 보니 거기 현전하게 된 사람들 모두의 관점에서 사물들을 바라볼 수 있는 능력이다. 심지어 판단은 그것이 인간에게 공영역, 즉 공통의 세계 내에서의 방향성을 가질 수 있게 허용하는 한, 모종의 정치적 존재(a political being)로서 인간이 가진 근본적인 능력 가운데 하나일 수 있다. 이러한 관점들은 〔고대 아테네의〕 정교화된 정치적 경험만큼이나 오래된 통찰이다. 그리스인들은 이 능력을 프로네시스(φρόνησις) 또는 통찰(insight)이라고 불렀으며, 철학자의 지혜와 구별해 정치가의 주된 미덕 또는 탁월성이라고 간주했다.[20]

이 ‘판단하는 통찰’과 ‘사변적 사유’의 차이를 제시하자면, 전자는 우리가 보통 ‘상식’(common sense)이라고 부르는 것에 뿌리를 내리고 있고 후자는 끊임없이 상식을 초월한다는 사실에 있다. 상식—프랑스인들이 매우 암시적으로 ‘좋은 감각’(le bon sens)이라고 부르는 것—은 우리에게 세계가 공통 세계인 한 그것의 본질을 드러낸다. 우리는 상식 덕분에 엄격히 개인적이고 ‘주관적인’ 오감과 그것의 감각 자료를 우리가 공동으로 소유하며 타인들과 공유하는 모종의 비(非)주관적이며 ‘객관적인’ 세계에 적합하도록 조정할 수 있다는 사실을 알게 된다. 판단함(Judging)은, 비록 그것이 최고로 중요한

19) 임마누엘 칸트, 앞의 책, 서문, VII.

20) 아리스토텔레스는 『니코마코스 윤리학』 제6권에서 의도적으로 정치가의 통찰을 철학자의 지혜와 대비시키는데, 자신의 정치적 저술에서 자주 그러하듯 그는 아마도 당시 아테네 도시국가의 여론을 따르고 있는 듯하다.

활동은 아니더라도, '저 세계를-타인들과-함께-공유함'이라는 것의 의미가 발생하는 중요한 활동이다.

칸트의 『판단력 비판』에 나오는 명제 가운데서 상당히 신선하고 심지어 깜짝 놀랄 정도로 새로운 것은 그가 취향이라는 현상을 검토하고 있던 바로 그 시점[21]에 이 〔판단〕 현상을 발견했다는 점이다. 그것은 단지 심미적 사안들과 관련되어 있으므로 항상 이성의 영역은 물론 정치영역의 바깥에 존재할 것으로 여겨졌던 판단들 가운데 유일한 유형이다. 칸트는 잘 알려진 취향의 자의성과 주관성('취향에 대해서는 논쟁해서는 안 된다'de gustibus non disputandum est. 이것은 물론 사적인 특이성들에 전적으로 적용되는 주장이다)에 대해 당혹스러워했다. 이 자의성이 그의 심미적 감각이 아니라 그의 정치적 감각에 위반되었기 때문이다. 아름다운 사물들에 대해 확실히 과민한 태도를 견지하지 않았던 칸트였지만, 아름다움의 공적 특질에 대해서는 대단히 의식하고 있었던 것이다. 그는 아름다운 사물들의 정치적 적실성을 인정했기 때문에 주변에 널린 금언과 반대로 취향 판단은 논의의 대상이라고 역설했다. "우리가 동일한 기쁨이 다른 사람들과 공유되기를 바라므로" 취향은 논쟁의 대상이 될 수 있고, 이는 취향이 "다른 모든 사람과의 합의를 기대"하기 때문이다.[22]

따라서 취향이 그 밖의 다른 판단처럼 상식에 호소하는 한 그것은 '사적인 느낌들'과 정확히 정반대의 성격을 가진다. 정치적 판단 못지않게 심미적 판단의 경우에도 모종의 결정이 내려진다. 비록 그 결정이 항상 어떤 특정의 주관성에 의해, 즉 각각의 개인이 세계를 바

---

21) 아렌트의 주장은 칸트의 시대에 흄(D. Hume)을 비롯한 일부 유럽의 지식인들 사이에서 '취향'에 관한 연구가 활발히 전개되었다는 사실을 배경에 깔고 있다—옮긴이.

22) 임마누엘 칸트, 앞의 책, §6, 7, 8.

라보고 또 판단하는 자기만의 자리를 점유하고 있다는 단순한 사실에 의해 이루어진다 해도, 그 결정은 또한 세계 자체가 객관적 자료라는 사실, 즉 모든 거주자에게 공통적인 무엇이라는 사실의 영향을 받기도 한다. 취향의 활동은 이 세계가, 그것의 효용과 그 안에 있는 우리의 핵심적인 관심사들과 무관하게, 어떻게 보이고 들릴 것인지, 그리고 그 세계 내 사람들이 무엇을 보고 또 듣게 될 것인지를 결정한다.

취향은 세계를 그것의 외견과 세계성을 통해 판단한다. 취향이 세계에 대해 가지는 관심은 〔키케로가 언급한 철학자들의 태도처럼〕 순수하게 '초연한' 성격이며, 이는 개인의 삶과 연관된 관심사나 〔그의〕 자아가 지닌 도덕적 관심사가 여기에 개입하지 못한다는 것을 뜻한다. 취향의 판단들에서는 세계가 주된 〔고려〕 대상이지 인간 또는 인간의 삶이나 그의 자아가 〔핵심은〕 아니라는 것이다.

더욱이 취향 판단들은 논쟁을 통해 입증된 진실이 동의를 강제한다는 의미에서 〔무언가를〕 강제하지 않기 때문에 근래에 들어서는 자의적이라고 주장되고 있다. 취향 판단들은 정치적 견해들과 함께 설득적이라는 특성을 공유한다. 판단하고 있는 사람—칸트가 매우 아름답게 표현한 것처럼—은 궁극적으로 자신과 의견 일치에 도달시키겠다는 바람으로 다만 "다른 모든 사람의 동의를 구애할" 뿐이다.[23] 이 '구애함' 또는 설득함은 저 〔고대〕 그리스인들이 페이테인(πείθειν, 설득하다)이라고 불렀던, 즉 사람들이 서로 대화하는 전형적인 정치 형태로서, 〔사람들에게〕 확신을 심어주고 〔사람들을〕 설득하는 연설과 매우 긴밀히 조응한다. 설득은 물리적 폭력을 배제했으므로 폴리스 시민들의 교제를 지배하게 되었다.

23) 앞의 책, §19.

그러나 철학자들은 설득이 다른 비폭력적인 형태의 강제, 즉 진리에 의한 강제와 구별된다는 점을 잘 알고 있었다. 아리스토텔레스에게 설득은 디알레게스타이(διαλέγεσθαι, 대화하다), 즉 철학적 형식의 화법과 정반대의 것으로 나타나는데, 그것은 이런 유형의 〔철학적〕 대화가 지식과 진리의 발견에 관심을 두고 있는 까닭에 거역할 수 없는 입증 과정을 요구했기 때문이다. 그러므로 문화와 정치는 서로에게 속한다. 여기서 관건은 지식이나 진리보다는 판단과 결정이기 때문이다. 요컨대 〔문화와 정치는 각기〕 공적 삶의 영역과 공통의 세계에 관한 신중한 의견 교환, 그리고 그 영역과 세계 속에서 어떤 행위 예절을 갖추어야 하는지, 그 영역과 세계가 장차 어떻게 보여야 하는지, 그 속에 어떤 종류의 사물들이 출현해야 하는지 등에 대해 결정을 내리는 문제와 관련되어 있다는 것이다.

취향, 즉 주요한 문화 활동을 정치 능력들 가운데 하나로 분류하는 것이 이상하게 들리므로 훨씬 더 〔우리에게〕 친숙하지만 이론적으로는 거의 중요시되지 않는 또 다른 사실을 이러한 고려에 추가할 수도 있을 것이다. 우리는 사람들이 기분 좋은 것과 나쁜 것의 문제에서 유사성을 발견하면 얼마나 빠르게 서로를 알아보고, 얼마나 확실하게 서로에게 속함을 느낄 수 있는지에 대해 잘 알고 있다. 이런 일반적인 경험의 관점에서 본다면 마치 취향이 세계가 어떤 모습이어야 하는지뿐 아니라 누가 그 속에 함께 속해야 하는지까지도 결정하는 듯한 게 사실이다. 이 소속감을 정치적 용어로 생각해본다면 우리가 이 취향을 모종의 본질적으로 귀족적인 조직 원칙쯤으로 간주하고 싶어질 것이다.

그러나 그것의 정치적 의미는 아마 훨씬 더 파급적일 것이며, 동시에 한층 더 심오할 것이다. 사람들이 그들에게 공통적인 세계 내 사물들을 판단할 때면 언제나 사물들 자체보다 그들 자신의 판단들이 더 많은 것을 함축한다. 인간은 자신의 판단 양식을 통해서 자신이 어떤 종류의 사람인지를 어느 정도 드러낸다. 그리고 이러한 무심결의 노출은 그것이 단순한 개인적 특이성들로부터 스스로 해방되었다는 측면에서 일정 정도 타당성을 획득한다. 그런데 행위함과 발언함의 영역, 즉 활동들의 용어상으로는 정치의 영역인 그곳이 바로, 개인적 특질이 공개적으로 표면화되며 그가 보유한 특질들 및 개인적 재능들보다는 '그가 누구인지'(who one is)가 명시화되는 공간이다.

이런 점에서 정치의 영역은 다시금 예술가와 제작자가 살아가며 그들의 작업을 수행하고, 궁극적으로 항상 질적인 측면이 중요시되는, 즉 생산자의 재능들과 그가 생산한 사물의 '특질'(quality)이 중요시되는 영역과 대척점에 서 있게 된다. 그러나 취향은 이러한 〔사물들의〕 특질을 간단히 판단하지 않는다. 그와 정반대로 특질은 논쟁의 피안에 놓이게 되며, 진실과 마찬가지로 거역할 수 없을 정도로 자명해 판단의 결정들 너머에, 설득과 동의를 구애할 필요성 너머에 존재한다. 비록 특질의 자명성을 수용하는 사람이 거의 없는 문화와 예술의 쇠퇴기들이 존재하더라도 말이다.

취향은 진정으로 잘 닦은 정신—쿨투라 아니미—의 활동으로서 특질에 대한 의식이 광범위하게 펴져 있는 곳, 즉 진정으로 아름다운 것이 쉽게 인식되는 곳에서 작동하기 시작한다. 취향은 특질들을 구분하고 결정하기 때문이다. 그런 이유로, 세계의 사물들에 대해 늘 경계를 늦추지 않는 취향의 판단은 단지 아름답기만 한 것에 대한 모종의 무차별적이고 무절제한 애호에 대해 자신의 한계를 설정한다. 취향은 제작과 특질의 영역 속으로 개인적 요인, 즉 어떤 인본주의적 의미(a humanistic meaning)를 도입한다. 취향은 '아름다운 것'의 세계에 압도당하지 않음으로써 그 세계를 탈(脫)야만화한다. 취향은 아름다운 것을 그것 자신의 '인격적'(personal) 방식으로 보살피고, 그러한 결과로서 모종의 '문화'를 생산한다.

물론 인본주의(humanism)도 문화처럼 로마적인 기원을 가진다. 그리스어에는 라틴어의 후마니타스(humanitas)[24]에 해당하는 단어가 없다. 따라서 내가 로마적인 사례를 통해 취향이 진정으로 아름다운 것에 인간성을 부여하고 문화를 창조하는 정치적 능력이라는 말의 의미를 설명—이러한 논점에 대한 결론을 내기 위해—하더라도 그리 부적절한 일은 아닐 것이다. 키케로의 진술 가운데 이상한 것이 하나 있는데, 그것은 마치 당시 로마의 범례를 거스르면서 의도적으로 짜 넣은 것처럼 들린다. "[오] 나의 친구 소크라테스, [오] 나의 친구 플라톤, 그러나 나는 진리를 선택하겠노라"(Amicus Socrates, amicus Plato, sed magis aestimanda veritas). 누군가가 이 오래된 격언에 동의하든 그렇지 않든, 이것이 로마적 의미의 후마니타스, 즉 인간으로서 그 사람의 고결성(integrity)이라는 의미를 위반했음이 틀림없다. 이 진술에서 인간의 가치와 인간의 계급이 우정과 함께 '절대적 진리'의 우선성에 의해 희생되었기 때문이다.

---

24) 단어와 개념의 역사를 위해서는 앞서 언급한 니더만(Niedermann)의 책과 Rudolf Pfeiffer, *Humanitas Erasmiana, Studien der Bibliothek Warburg*(1931) no.22, 그리고 Richard Harder, "Nachtragliches zu Humanitas," *Kleine Schriften*(Munchen, 1960)을 보라. 후마니타스는 그리스어 필란트로피아(φιλανθρωπία, 인류애)를 번역하기 위해 사용된 것인데, 이것은 원래 신과 지배자들의 언어였으므로 전적으로 다른 함의를 담고 있다. 키케로가 이해했던 대로, 후마니타스는 본래 로마의 오래된 덕목인 클레멘티아(clementia, 침착함·온전함—옮긴이)와 긴밀히 연관되어 있으며, 라틴어인 그라비타스(gravitas, 무거움·권위—옮긴이)와는 확실히 대척점에 있는 개념이었다. 그것은 분명히 교양 있는 사람의 상징이었다. 그러나 다음 설명은 우리의 문맥상 중요한데, '인간성'(humanity)으로 귀착된다고 믿어졌던 철학보다는 예술과 문학에 관한 학문이었다.

아무튼 키케로가 해야 했던 다음 표현보다 그 절대적이고 거역할 수 없는 진리의 이상(理想)에서 진전될 수 있는 것은 아무것도 없다. "플라톤의 적대자들과 사실적 견해들을 같이하기보다 차라리 천국의 문 앞에서 플라톤과 함께 길을 잃는 것을 택하겠노라"(Errare mehercule malo cum Platone… quam cum istis vera sentire).[25] 이 영어 번역은 원문에 나타난 어떤 애매성을 흐리고 있다. 그 문장은 다음과 같은 의미일 수도 있을 것이다. 내가 피타고라스적 비합리성이 말하는 진리를 '느끼기'(sentire)보다는 차라리 플라톤적 합리성과 함께 길을 잃는 쪽을 택하겠다. 그러나 이 해석은 〔키케로의〕 그 대화편에 주어진 대답으로 미루어볼 때 불가능해 보이는 것이다. "그러한 사람과 함께 길을 잃는 것을 주저할 내가 아니다"(Ego enimipse cum eodem isto non invitus erraverim). 여기서는 다시 길을 잃는 사람이 강조된다. 결국 다음의 영어 번역을 따르는 일이 안전해 보인다. 그 문장은 다음과 같이 명확하게 말한다. "비록 그렇게 하는 것이 우리를 진리로부터 길 잃게 하더라도, 플라톤과의 동행 그리고 그의 사유와의 동행을 선호하는 것은 취향의 문제다." 이것은 매우 과감한 진술, 특히 그것이 진리를 말하고 있다는 점에서 건방질 정도로 대담하기까지 한 진술이다.

아름다움과 관련해서도 명백히 똑같은 방식으로 이야기하고 결정할 수 있다. 아름다움은 우리 대부분이 정신을 단련하는 것처럼 자신의 감각들을 단련한 사람들에게 진리 못지않게 강제성을 띠기 때문이다. 키케로가 주장하는 바는 사실 진정한 인본주의자에게는 과학자의 진실성이나 철학자의 진리 또는 예술가의 아름다움 그 어느 것

25) Marcus Tullius Cicero, *Tusculan Dipsutations*(I, 39-40). 나는 J. E. 킹(King, Loeb's Classical Library)의 번역을 따랐다.

도 절대적일 수 없다는 점이다. 인본주의자는 어떤 전문가가 아니기 때문에 각각의 전문성이 우리에게 부과하는 강제성 너머에 놓인 판단과 취향의 능력을 행사한다. 이러한 로마적인 후마니타스는 모든 면에서 자유로운 사람들에게 적용되었다. 그들에게는 자유의 문제, 즉 강제되지 않음이 결정적인 요소였기 때문이었다. 〔이 점은〕 심지어 철학 · 과학 · 예술에서도 마찬가지였다. 키케로는 다음과 같이 말했다. "내가 관계하는 사람들 및 사물들이 관련된 경우라면 나는 진리와 아름다움에 의해 강제되는 것조차도 거부하겠노라."[26]

이러한 인본주의는 쿨투라 아니미, 즉 세계의 사물을 보살피고 보존하고 아끼는 방법을 아는 태도가 가져온 결과다. 그런 이유로 그것은 여러 가지 측면에서 서로 대치되는 순수하게 정치적인 활동과 순수하게 제작적인 활동 사이에서 그것들을 중재하고 매개하는 임무를 가진다. 우리는 인본주의자들로서 자유를 통해 우리가 반드시 배우고 추구해야 할 전문성을 초월할 수 있듯이, 정치가와 예술가 사이에 발생하는 갈등들도 뛰어넘을 수 있다. 우리가 자신의 취향을 자유롭게 행사하는 법을 배운다면 온갖 종류의 전문화와 실리주의를 딛고 올라설 수 있다. 그러고 나면 플라톤이나 과거의 다른 위대한 저자들이 설 자리를 잃었다고 자주 말하는 사람들에게 응수하는 법을 알게 될 것이다. 또한 플라톤에 대한 비판이 전부 옳다고 하더라도,

---

26) 키케로는 『법률론』(3, 1)에서 유사한 맥락으로 말하고 있다. 그는 아티쿠스(Atticus)를 "[그의] 삶과 말이 내게는 위엄과 인간성의 가장 어려운 조화를 성취한 것처럼 들린다"(cuius et vita et oratio consecuta mihi videtur difficillimam illam societatem gravitatis cum humanitate)라며 칭찬한다. 따라서 하르더(Harder)는 앞서 언급한 책에서 아티쿠스의 인간성은 플라톤에 대한 그의 존경심에 의해 나타나는 반면, 그의 위엄은 그가 품위 있게 에피쿠로스 철학을 고수한 것에 기초하고 있고, 이것은 그의 내적 자유를 입증한다고 지적하고 있다.

우리는 여전히 그를 비판하는 사람들보다 플라톤과의 동행이 더 나은 선택임을 이해하게 될 것이다. 어쨌든 우리는 로마인들—그들은 우리가 그러하듯 문화를 진지하게 생각했던 최초의 국민이었다—이 '정신을 잘 닦은 사람'이 어떠해야 한다고 생각했었는지를 기억할 수 있다. 〔로마인들이 생각하는〕 정신을 잘 닦은 사람이란 과거는 물론 현재의 사람들 가운데서, 사물들 가운데서, 사상들 가운데서 자신의 동행을 선택하는 방법을 아는 자다.

7장 진실과 정치[1)]

I

이 '진실과 정치'는 하나의 평범한 성찰 주제다. 지금껏 그 누구도 진실과 정치가 서로 좋지 않은 관계에 있다는 사실을 의심하지 않았고, 또 그 누구도 내가 아는 한 진실성(truthfulness)을 정치의 덕목으로 간주한 적이 없었다. 거짓말은 항상 정치꾼이나 선동가뿐 아니라

---

1) 본 논문은 [1963년] 이른바 『예루살렘의 아이히만』(*Eichmann in Jerusalem*) 출간 이후 벌어진 논쟁으로 인해 작성되었다. 논문의 목적은 내가 이전에 미처 깨닫지 못했고, 그 중요성이 논쟁 자체를 초월하는 듯 보였던 서로 연계된 두 가지 상이한 논점을 명료화하기 위한 것이다. 첫 번째 논점은 '진실을 말하는 것이 언제나 정당한 것인가'라는 문제와 관련된다—내가 '저 세계가 멸망할지라도 진리가 실현되게 하라'(Fiat veritas, et pereat mundus)라는 경구를 무조건적으로 믿은 것인가? 두 번째 논점은 그 '논쟁'에 이용된 엄청난 양의 거짓말에서 기인했다—한편으로는 내가 서술한 바를 둘러싼 거짓말들, 다른 한편으로는 내가 [예루살렘 재판정에서 본 것들에 관해] 보고한 사실을 둘러싼 거짓말들이다. 다음의 성찰은 이 두 개의 논점을 다뤄보자는 취지에서 시도하는 것이다. 또한 그것은 대단히 시의성을 띤 주제가, 아마도 모든 성찰이 발생하는 올바른 장소일 과거와 미래 사이의 틈새에 끼어들 때 어떤 일이 발생하는지를 보여주는 예로 복무할 수도 있을 것이다. 이 책의 독자라면 이 틈새에 대한 개략적이고 예비적인 고려 사항들을 책의 서문에서 찾아볼 수 있다.

정치가라는 직업에 필수적이고 정당화될 수 있는 도구로 여겨져왔다. 어째서인가? 그 사실이 한편으로 정치영역의, 그리고 다른 한편으로 진실과 진실성의 특질과 위엄에 대해 함의하는 바는 무엇인가? 〔혹시〕 무기력해지는 것이 진실의 진짜 본질이고, 사람을 속이는 것이 권력의 진짜 본질이라는 것인가?

만약 태어나서 죽어가게 될 인간들—즉 비-있음(non-being)에서 출현했으며 얼마 지나지 않아 다시 그것에게로 사라질 것임을 알고 있는 존재자들(beings)—에게 인간 삶의 다른 어떤 영역들보다도 현존의 실재성을 보장하는 저 공영역(the public realm)에서 진실이 무력하다면, 진실은 과연 어떤 종류의 실재성을 보유하는 것일까? 끝으로, 무기력한 진실은 진실에 대해서 아무런 관심도 기울이지 않는 권력만큼이나 경멸스러운 것이 아닐까? 〔지금까지 언급한〕 이것들은 불편한 질문들이지만 현재 우리가 이 〔진실과 정치라는〕 문제에 관해 가지고 있는 〔그릇된〕 확신들로 인해 불가피하게 제기되는 것들이기도 하다.

이 일상다반사인 것에 그것의 고도의 가망성을 부여하는 이유는 다음 라틴어 격언에 잘 요약되어 있다. '비록 세계가 멸망할지라도 정의를 실현하라'(Fiat iustitia, et pereat mundus). 16세기에 이 말을 했을 것으로 추정되는 사람[2)]을 제외하면 다음의 수사학적 질문 이외의 다른 방식으로 이를 사용한 사람은 아무도 없었다. '세계의 생존이 경각에 달린 상황이라도 정의가 실현되어야만 하는가?' 이 질문의 성격에 대놓고 거부감을 표시했던 단 한 명의 위대한 사상가는 임마누엘 칸트였다. 칸트는 그 "속담 같은 문장을… 단순한 표현으로 바꾸면, '비록 그 〔정의의〕 결과로서 세계 속에 있는 악한들이 다 패퇴

2) 카를 5세(Charles V)를 계승한 페르디난트 1세(Ferdinand I)를 말한다—옮긴이.

하더라도 정의가 우세해야 할 것임'을 뜻한다"라고 대담하게 설명했다. 〔이에 대해 스피노자는〕 사람들이 정의가 완전히 박탈된 어떤 세계 속에서 사는 것을 가치 있게 생각하지는 않을 것이므로 "기존 권력들의 희생이 얼마나 요구되는지와 관계없이… 또 그로 인한 물리적 결과들이 무엇이 될 것인지와 관계없이 인권은 항상 신성한 것으로 여겨져야만 한다"라고 주장한 바 있다.[3)]

그러나 이 대답은 불합리하지 않은가? 이것이 확실히 〔인간의〕 현존에 대한 배려가 다른 모든 것—각각의 덕목과 원칙—에 선행하지 않는가? 가령 그 덕목과 원칙들이 명시화될 수 있는 유일한 장소인 세계가 〔사라질〕 위험에 처한다면 그것들이 단지 키메라(chimeras)로 돌변하게 될 것임은 명확하지 않은가? 모든 국가가, 스피노자의 표현에 따르면, "〔그것〕 자신의 영역에 대한 안전보다 상위 법은 아무것도 없음"을 인정할 의무가 있다고 거의 만장일치로 선언했던 17세기가 옳았던 것은 아닐까?[4)]

순전한 현존을 초월하는 모든 원칙이 분명히 정의의 자리에 놓일 수 있으므로 우리가 가령 〔앞에서 인용한〕 '비록 세계가 멸망할지라도 정의를 실현하라'라는 문장에서 '정의'의 자리를 '진실'로 대체한다면 그 오래된 격언을 훨씬 더 받아들이기 어려울 것이다. 우리가 정치행위를 '수단과 목적'의 범주로 이해할 경우, 심지어 우리는 '거짓말하기'(lying)가 어쩌면 진실 탐구의 조건들을 구축하거나 보호하

3) 임마누엘 칸트, 「영원한 평화」, 부록 1(국내 출간된 도서 『영원한 평화』와 『비판기 저작 II(1795~1804)』에 수록되어 있다—옮긴이).

4) 이 문장은 스피노자의 『신학-정치론』(*Theologico-Political Treatise*)로부터 인용했다. 그에게 통치의 진정한 목적은 리베르타스 필로소판디(libertas philosophandi, 철학할 수 있는 자유)였으므로 그가 매우 급진적인 입장을 취할 수 있었다는 점도 주목할 만한 가치가 있다.

는 데 적합할 수도 있다는 단지 겉보기에만 역설적인 결론에 도달할지도 모른다. 마치 홉스가 오래전에 지적했던 것처럼 말이다. 홉스의 가차 없는 논리는 항상 그것의 불합리성이 명확해지는 극단까지 논의를 몰고 간다.[5] 그리고 거짓말들이 종종 훨씬 더 폭력적인 수단을 대체하기 위해 사용되기 때문에 그것들은 정치행위라는 무기고(武器庫) 속에 있는 상대적으로 무해한 도구로 생각되기 쉽다.

앞의 라틴어 격언을 되짚어보자면, 세계의 생존을 위한 진실의 희생이 다른 어떤 원칙이나 덕목의 희생보다 훨씬 더 무익한 일이 될 것이라는 생각은 매우 놀라운 발상으로 들린다. 우리가 정의와 자유라는 관념들이 박탈된 세계 속에서 사는 것이 여전히 가치 있는 일인지에 대해서 스스로 묻는 것조차 거부할지도 모르는 한편, 기이하게

---

5) 홉스는 『리바이어던』(*Leviathan*)의 제46장에서 "불복종은 그들 사이에서 합법적으로 처벌할 수 있고, 법률들에 비추어 심지어는 진정한 철학조차도 가르칠 수 있다"라고 설명한다. "여가는 철학의 어머니, [국가]공동체는 평화와 여가의 어머니" 아닌가? 그것은 철학이 평화의 기초를 훼손하는 어떤 진실을 억압할 때 [국가]공동체가 철학의 이익을 대변해 행동할 것이라는 사실을 설파하지 않는가? 그러므로 자기 자신의 육신과 영혼의 평화에 불가피한 어떤 일에 협력하기 위한 목적으로 진실을 말하는 사람은, 자신이 '거짓 철학이 될 것임'을 알고 있음에도 그것을 기술하기로 결심한다. 이와 관련해 홉스는 다른 모든 사람보다도 아리스토텔레스가 [시민재판을 통해 처형당한] "소크라테스의 운명을 [자신도 맞게 될까] 두려워해 그것[거짓 철학]을 (그리스인들의) 종교와 일치하는 것, 그리고 그 종교를 뒷받침하는 형식으로 적은 것"은 아닌지 의심했다. 홉스는 모든 진실 탐색의 조건들이 의도적인 허위에 의해서만 보장될 수 있다면, 자멸적인 것이 될 것이란 생각은 결코 하지 못했다. 실제로 모든 사람은 홉스가 이해했던 아리스토텔레스처럼 한 사람의 거짓말쟁이로 드러날 수도 있다. 홉스의 논리적 환상의 단면과 다르게 실제의 아리스토텔레스는 소크라테스의 운명이 자신에게 닥쳐올 수도 있다는 두려움이 느껴지자 아테네를 떠날 만큼 분별력이 있었으며, 또한 자신이 거짓으로 알고 있는 바를 기술할 정도로 사악하지 않았을 뿐만 아니라 자신이 대변하는 모든 것을 파괴하는 방식으로 자신의 생존 문제를 해결할 정도로 어리석지도 않았다.

도 진실이라는 표면상 훨씬 덜 정치적으로 보이는 관념과 관련해서는 같은 이야기를 할 수가 없다.

〔여기에〕 걸려 있는 것은 생존, 즉 '현존을 위한 노력'(in suo esse perseverare)이다. 그리고 인간의 짧은 수명보다 오래 지속될 운명을 타고난 그 어떤 인간 세계라 해도 〔고대 그리스의 역사가〕 헤로도토스가 최초로 의식적으로 떠맡은 일—즉 '실재하는 것에 대해 이야기하는 일'(λἐγειν τα ἐόντα)—을 기꺼이 수행하지 않는다면 결코 생존할 수 없을 것이다. 〔요컨대〕 사람들이 실재하는 것에 대해서 그리고 실재하기 때문에 그들 앞에 나타나는 것에 대해서 기꺼이 증언하지 않는다면 그 어떠한 영구성도, 그 어떠한 현존을 위한 노력도 심지어 인식될 수조차 없다는 것이다.

진실과 정치 사이의 갈등에 관한 이야기는 어떤 오래되고 복잡한 유형이므로 단순화나 도덕적 비난을 통해서는 아무런 소득도 얻을 수 없을 것이다. 역사 속에서 진실을 추구하는 사람들과 진실을 말하는 사람들은 자신의 임무에 수반될 위험성을 잘 인식하고 있었다. 그들은 세계의 작동 과정에 개입하지 않는 한 놀림감으로 전락했다. 그런가 하면 사람들을 거짓과 환상에서 해방시키려는 시도를 통해 동료 시민들이 그를 진지하게 여기도록 강제한 사람은 목숨이 위태로워졌다.

플라톤은 동굴의 비유 마지막 구절에서 "그들이 〔그러한〕 사람에게 손을 댈 수만 있었다면… 그를 죽였을 것이다"라고 말한다. 플라톤이 간파했던 바로서 진실을 말하는 사람들과 시민들 사이의 갈등은 〔앞에서 살펴본〕 라틴어 격언으로는 설명이 되지 않는다. 또한 가령 도시의 생존이 걸린 경우에는 여러 위반 사항 가운데 〔유독〕 거짓말하기를 암묵적으로나 명시적인 방식으로 정당화했던 〔플라톤〕 이후의 이론들 가운데 그 어느 것으로도 〔그 갈등은〕 설명될 수가 없다.

플라톤의 이야기에는 적에 대한 언급이 없다. 그 많은 수의 사람들은 동굴 속에서 그저 이미지들을 바라보는 관객으로서 자기들끼리 평화롭게 살아가며 어떤 행위에도 관여하지 않기 때문에 누구에게도 위협받지 않는다. 이 공동체의 구성원들은 진실과 진실을 말하는 사람들을 그들의 가장 나쁜 적으로 간주할 아무런 이유도 가지고 있지 않다. 플라톤은 기만과 허위를 향한 그들의 잘못된 애호에 대해 아무런 설명도 제공하지 않는다.

만약 플라톤이 후대의 동료 정치철학자들 가운데 한 사람, 즉 홉스의 "그 어떠한 인간의 이득 또는 쾌락에 반하지 않는 진실만이 모든 사람에게 환영받는다"(이것은 모종의 명백한 진술이며, 그는 이 문장으로 자신의 『리바이어던』을 끝맺을 만큼 그것을 중요하게 생각했다)라는 주장과 대면할 수 있었다면 이득과 쾌락에 관해서 의견의 일치를 보일지도 모르겠지만, 모든 사람에게 환영받을 만한 어떠한 진실의 유형이 현존했다는 주장에는 그러하지 않을 수 있다.

중립적인 진실의 현존, 즉 '인간이 관심을 두지 않는 주제들'—일례로, '선과 숫자의 원칙'처럼 '그 어떠한 인간의 야망·이득·탐욕'과도 서로 엇갈리지 않는 수학적 진실—의 현존 사실로써 자신을 위무한 것은 플라톤이 아니라 홉스였다. 그러므로 홉스는 "삼각형의 세 각의 합은 사각형의 두 각의 합과 같아야 한다는 원칙이 어떠한 인간의 지배권 또는 그 지배권을 가진 자들의 이익에 반하는 것이었다면, 그 강령은 이견이 제기되지 않는 한 그대로 남아 있어야 마땅했을 것임에도, 그것과 관련된 자는 능력이 되는 한 모든 기하학 서적을 불태우는 방식으로 이 삼각형 공식을 금지했을 것이라는 사실을 나는 의심하지 않는다"라고 적었다.[6)]

6) 앞의 책, 11장.

물론 홉스의 수학적 공리와 플라톤의 〔동굴의 비유 속〕 철학자가 이데아의 하늘로 떠났던 여행에서 가지고 돌아와야 할 인간의 처신을 위한 진정한 표준 사이에 어떤 중요한 차이가 있다는 것은 의심의 여지가 없다. 비록 수학적 진실이 모든 진실을 알아보는 정신의 눈을 뜨게 했다고 믿었을지라도 플라톤은 그러한 차이를 알아채지 못했다. 홉스의 사례는 우리에게 상대적으로 무해한 자극을 준다. 우리는 인간의 정신이 '삼각형의 세 각의 합은 사각형의 두 각의 합과 같다'라는 것과 같은 공식적인 진술을 언제나 재생산할 수 있다고 가정하는 성향이 있고, '모든 기하학 서적을 불태우는 일'도 본질적으로 효과적이지 못할 것이라고 결론짓는다. 과학적인 진술들과 관련해서는 그 위험이 상당히 더 클 것이다. 역사가 어떤 다른 방향으로 선회했더라면 갈릴레오에서 아인슈타인에 이르는 근대 과학의 발달은 아마 이루어지지 못했을지도 모른다. 확실히 이러한 유형의 가장 취약한 진실은, 사람들이 그것들을 통해 태곳적부터 지금까지 인간 지식의 한계를 넘어 이성적으로 생각하려고 노력해온 고도로 차별화된 그리고 항상 독특한 사유의 맥(脈)들일 것이다. 그것들 가운데 플라톤의 이데아론이 가장 탁월한 사례다.

근대는 진실이 주어지는 것 혹은 드러나는 것이 아니라 인간의 정신에 의해 생산되는 것이라고 믿었으므로 라이프니츠(Leibniz) 이래로 수학적·과학적·철학적 진실들을 사실적 진실(factual truth)과 대비되는 이성적 진실(rational truth)의 동종(同種)으로 지정해왔다. 편의상 나는 이 구분을 그것의 내재적 정당성에 관한 논의 과정 없이 그대로 사용할 것이다. 우리는 정치권력이 진실에 입힐 수 있는 손해가 무엇인지 알아보기 위해 철학적 이유보다 정치적 이유의 관점에서 이러한 문제들을 검토할 것이므로 '진실이 무엇인가'라는 질문을 무시할 수 있고, 또한 이 〔'진실'이라는〕 단어를 사람들이 통상적으로 이해하는 의미로 사용할 수도 있다. 가령 우리가 이제 사실적 진실들—러시아혁명 기간에 트로츠키(Trotsky)라고 불리는 사람이 담당한 역할과 같은 겸허한 사실들. 그는 소비에트 러시아의 역사책 그 어디에도 나타나지 않는다—에 관해 생각해보자면, 우리는 사실적 진실들이 이성적 진실의 온갖 유형을 다 모아 비교하더라도 얼마나 더 취약한지를 즉각 인식하게 된다. 더욱이 사실들과 사건들—사람들이 함께 살며 행동함으로써 초래되는 일정한 결과—이 저 정치영역의 얼개를 구성하기 때문에 여기서 우리가 가장 관심을 가지는 것은 물론 사실적 진실이다.

(홉스의 용어를 차용해 설명하면) 지배권이 이성적 진실을 공격할 때는, 말 그대로 자기 영역의 한계를 넘어서는 반면, 사실들을 왜곡하거나 거짓말로 없애버릴 때는 자기 자신의 영역 내에서 공격을 진행한다. 사실적 진실이 권력의 습격으로부터 살아남을 기회는 정말로 희박하다. 그러므로 사실적 진실은 한시적으로 뿐만 아니라 잠재적으로 영구히 저 세계 밖으로 교묘하게 제거될 위험에 처해 있다. 사실과 사건은 인간의 정신이 만들어낸 공리·발견·이론—심지어 가장 거칠게 추론된 것들도 포함해—보다 한량없이 더 허약한 유형이다. 사실과 사건은 항상 변화하고 있는 인간사의 장에서 발생하며, 이러한 유동성으로 인해 그곳에는 인간 정신의 구조가 보유한다고 생각되는 상대적인 영구성보다 더 영구적인 것이 아무것도 존재하지 않는다. 그것들은 한 번 상실되면 어떤 이성적 노력으로도 다시 복원할 수 없다. 아마도 유클리드의 수학 또는 아인슈타인의 상대성 이론—플라톤 철학은 차치하더라도—이 가령 그것의 원래 저자들에 의해서 후손에게 전수하지 못하도록 금지되었다면 어느 정도 시간이 흐른 후에 재생산될 수 있을 확률은 거의 없을 것이다. 그럼에도 그 확률이 어떤 중요한 사실이 잊히거나 아니면, 약간 더 가능성

이 큰 경우로서, 거짓에 의해 제거되었다가 어느 날 재발견될 확률보다는 말할 나위 없이 나을 것이다.

II

비록 정치적으로 가장 적실한 진실들이 사실적인 성격을 띤다고 해도 진실과 정치 사이의 갈등은 이성적 진실과의 관계 속에서 처음 발견되고 명료화되었다. 이성적으로 참된 진술의 반대편에 놓인 것은 과학의 경우 실수(error) 또는 무지(ignorance)이고, 철학의 경우 환상(illusion) 또는 의견(opinion)이다. 의도적인 허위, 즉 뻔한 거짓말은 사실적 진술들의 영역에서만 역할을 수행한다. 그리고 플라톤에서 홉스에 이르는 진실과 정치 사이의 적대감에 관한 오랜 논쟁을 통해 오늘날 우리가 알고 있는 것처럼, 체계적으로 거짓말을 하는 것이 진실을 상대하는 적절한 무기일 수 있음을 그 누구도 명백히 믿지 않았다는 것은 중요하고도 차라리 기이한 일처럼 보인다.

플라톤의 경우 진실을 말하는 자는 〔소크라테스처럼〕 목숨이 위태로운 상태에 놓인다. 홉스의 경우는 〔그가〕 책을 썼을 때 그것을 불살라버리겠다는 위협을 받았다. 여기서 문제가 되는 것은 단순한 허위가 아니다. 플라톤의 사상을 차지한 사람들은 거짓말쟁이가 아니라 궤변론자와 무지한 자들이었다. 더욱이 플라톤은 실수와 거짓—즉 '비의도적 프세우도스(ψεύδος, 거짓)와 의도적 프세우도스'—을 구별한 대목에서 과연 그답게 거짓말쟁이들보다 "돼지처럼 무지의 진흙탕에서 뒹구는" 사람들에게 더 혹독함을 보인다.[7] 이

7) 나는 누구도 더 이상 플라톤이 '고상한 거짓말'(noble lie)의 창조자였다고 말하지 않기를 바란다. 이 견해는 『국가』의 중요한 문장(414C)을 오독한 결과다. 거기서 플라톤은 그의 신화 가운데 하나— '페니키아 이야기'(Phoenician

것은 스스로 자신의 운을 시험해보는 사적인 거짓말쟁이와 구별되는 것으로서 저 〔현대의〕 공영역을 지배하는 '조직화된 거짓말하기'(organized lying)가 〔그의 시대에는〕 아직 알려지지 않았기 때문일까? 그게 아니면, 조로아스터교를 제외하고는 주요 종교 가운데 그 어떤 것도 거짓말하기 자체를 '거짓 증언'과 구별해 중죄의 목록에 포함시키지 않았다는 놀라운 사실과 관련이 있는 것일까? 단지 체계화된 과학의 등장과 동시에 발생한 청교도적 도덕성의 부상과 더불어 거짓말은 심각한 반칙 행위로 간주되었던 것이다. 이는 과학의 진보가 모든 개별 과학자의 절대적 진실성과 신뢰성이라는 공고한 토대 위에서 보증되어야만 했기 때문이다.

그야 어찌 됐든, 역사상 진실과 정치 사이의 갈등은 두 개의 대척점에 놓인 삶의 방식—처음에는 파르메니데스가, 그다음으로는 플라톤이 해석한 바 있는 '철학자의 삶의 방식' 그리고 '시민의 삶의 방식'—에서 기인했다. 인간사는 항상 유동적 상태에 놓여 있었고 그것들에 대한 시민들의 간단없이 변화하는 의견들을 상대로, 그

---

tale)—를 프세우도스(ψεύδος)의 사례로 설명한다. 같은 그리스어인 ψεύδος가 문맥에 따라 '허구'(fiction), '실수'(error), '거짓말'(lie)을 가리키므로—실수와 거짓말을 구별하고자 했을 때 플라톤은 비의도적 프세우도스와 의도적 프세우도스라는 표현을 쓰도록 그리스 언어(체계)적으로 강제되었다—그 텍스트는 콘포드가 말했듯이 "대담한 언어 구사적 비약"으로 읽히거나 에릭 푀겔린(Eric Voegelin, *Order and History: Plato and Aristotle*, Louisiana State University, 1957, vol. 3, p.106)의 경우에서처럼 의도적 풍자로 읽힐 수 있다. 그러나 그 어떤 상황에서도 그것은 우리가 이해하는 것처럼 거짓말하기를 추천하는 것으로 설명되어서는 안 된다. 물론 플라톤은 적이나 정신이 이상한 사람들을 속여 넘기는 경우에 한해서 거짓말을 간헐적으로 허용했다—『국가』 382; 그것(거짓말)들은 "치료제로서… 유용하며… 다른 사람이 아닌 [질병, 번민 등을 고치는] 의사에게만 허용되어야" 한다. 그리고 폴리스의 경우에 그 의사는 통치자다(388). 그럼에도 이 문장들은 동굴의 비유에서와 달리 그 어떤 원칙과도 관련이 없다.

〔플라톤이라는〕 철학자는 본질상 항구적인, 인간사를 안정화하기 위한 원칙을 도출할 수 있었던 것들에 관한 진실을 대비시켰다. 결과적으로 진실의 반대는 환상과 동일시되었던 단순한 의견이었고, 그 〔진실과 정치 사이의〕 갈등에 정치적 예민함을 부여한 것은 바로 이러한 식의 의견에 대한 폄하였다. 진실이 아니라 의견이 모든 권력의 필수 불가결한 전제 조건에 속하기 때문이다. 제임스 매디슨(James Madison)은 "모든 정부는 의견에 기초하고 있다"라고 말했다. 그리고 심지어 가장 독재적인 통치자나 전제자도 동조자들의 지지가 없다면 권력을 지키기는커녕 권좌에 오를 수조차 없다.

같은 이유로, 인간사의 영역에서 어떤 절대적 진실에 대한 요구는 의견의 측면에서 그 어떠한 지지도 필요치 않은 타당성을 보유하며 모든 정치와 모든 정부의 바로 그 근간을 뒤흔든다. 플라톤이 (특히 『고르기아스』에서) 정교화한 이 진실과 의견 사이의 적대감은, 〔한편으로는〕 철학적 진실에 적합한 어법인 '대화'(dialogue)의 형식으로 소통하는 것과 〔다른 한편으로는〕 오늘날 우리 식으로 말하자면 선동가가 다중을 설득하는 방식인 '수사'(rhetoric)의 형식 사이에 존재하는 적대감으로서 한층 자세하게 설명되었다.

이 근원적 갈등의 흔적들은 현재 우리가 사는 세계에서는 거의 찾아보기 어렵지만, 근대의 초기 단계까지도 여전히 찾아볼 수 있다. 예컨대 우리는 홉스의 저작에서 두 개의 '상반된 기능', 즉 '견실한 추론'과 '강력한 언변'으로 이루어진 대립 구조를 독해할 수 있는데, 전자는 "진실의 원칙들에 근거하고 있고, 후자는 의견들과… 사람들의 상이하고 변덕스러운 정념들과 관심사들에 근거하고 있다."[8] 한 세기 이상이 지난 후인 계몽의 시대(the Age of Enlightenment)에 이

8) 토마스 홉스, 『리바이어던』, 결론.

르자 이러한 〔갈등의〕 흔적들이 거의 사라졌지만 완전히 다 없어진 것은 아니었다. 그러나 고대적인 적대감이 아직 남아 있는 곳에서도 그 강조점은 바뀌었다.

전근대 철학의 용어로 표현된 레싱(Lessing)의 "각자가 진실이라고 여기는 바를 말하게 허용하라, 그리고 진실이 스스로 신에게 의탁하도록 하라"(Sage jeder, was ihm wahrheit dunkt, und die Wahrheit selbst sei Gott empfohlen)라는 탁월한 구절은 다음과 같은 평이한 의미였을 것이다. '인간은 진실을 다룰 능력이 없으며 그의 모든 진실들은 애석하게도 독사이(δόξα), 즉 단지 의견들일 뿐이다. 그러나 레싱에게는 그것이 오히려 우리가 그 진실(*the* truth)을 모르는 것에 대해 신에게 감사해야 할 이유라는 의미였다.' 심지어 환호—〔즉〕 동료들과 더불어 사는 사람들에게는 소진되지 않는 인간 담론의 풍요로움이 그 어떤 유일한 진실(any One Truth)이 도달할 수 있는 수준보다 훨씬 더 중요하고 유의미하다는 통찰에 대해—의 기색이 부재한 곳에서조차도, 18세기 이래로 인간 이성의 허약성에 대한 인식은 불평이나 비탄을 자아내지 않으면서 널리 확산되었다.

우리는 이 사실을 칸트의 장엄한 『순수이성비판』(*Ctitique of Pure Reason*)에서 찾아볼 수 있다. 거기서 우리는 〔마치〕 매디슨(Madison)의 언어를 통해 듣고 있듯, 이성은 그것 자신의 한계를 인식하도록 이끌리게 된다. 매디슨은 "인간의 이성은, 인간 자신처럼, 홀로 남겨지면 소심하고 신중하지만, 그것에 결합하는 숫자와 비례해 견고함과 자신감을 획득한다"라고 한 차례 이상 강조했다.[9] 이러한 종류의 고려 방식은 개인의 자기표현에 대한 권리라는 관념 이상으로 언론 및 출판과 관련된 사상의 자유를 획득하기 위해 벌인 대체로 성공적

---

9) James Madison, *The Federalist*, no. 49.

이었던 투쟁에서 마침내 모종의 결정적인 역할을 담당했다.

이에 여전히 인간 이성의 무오류성을 믿었고, 〔지금까지도〕 종종 자유로운 사상과 표현의 승리자라는 그릇된 찬사를 받는 스피노자는 "모든 인간은 빼앗을 수 없는 자연권에 의해 자기 사상의 주인이 된다. 각자의 오성(惡性)은 그 자신의 소유이며, 〔인간의〕 두뇌는 〔그들의〕 미각만큼이나 다양하다"라고 주장했다. 이로부터 그는 "폐기할 수 없다면 허용하는 것이 최선"이며, 또 자유로운 사상을 금지하는 법은 단지 "인간들이 이것을 생각하면서 다른 것을 말하도록 하는" 결과를 초래함으로써 결국 "선한 신념의 타락"과 "불신을… 조장"할 뿐이라고 결론지었다. 그러나 스피노자는 다른 어떤 곳에서도 표현의 자유를 주장하지 않았다. 인간 이성은 타인들과의 의사소통이 필요하며, 그런 이유로 그것 자신의 목적상 널리 홍보할 필요가 있다는 〔스피노자의〕 주장은 그것 〔즉 표현의 자유에 대한 요구〕가 부재하므로 한층 더 눈에 띈다고 하겠다. 그는 심지어 인간의 의사소통 필요성, 즉 자신의 생각들을 숨기지 못하고 또 침묵할 수 없는 무능력을 철학자가 〔다른 사람들과〕 공유하지 않는 "〔인간의〕 일반적인 약점"(common failings)에 포함하기도 했다.[10)]

이와 정반대로 칸트는 "인간으로부터 그의 생각을 공개적으로 소통할 수 있는 자유를 박탈하는 외부의 힘은 **그와 동시에 그로부터 그의 사유할 자유도 함께 박탈한다**"[11)]라고 주장했다. 그리고 우리의 사유함(thinking)이 '올바름'을 보장받을 수 있는 유일한 방법은 "우리가 타인들이 자신의 생각을 우리와 소통하듯이 우리도 그들과 우리의 생각을 소통하는 장소인, 이를테면, 타인들과 함께 구성하는 공동체 안

10) 바뤼흐 스피노자, 『신학-정치론』, ch. 20.
11) 강조는 아렌트—옮긴이.

에서 사유한다"라는 사실에 있다고 주장했다. 인간 이성은 오류를 범할 수 있으므로 그것을 오직 '공적으로 사용'할 경우에만 기능할 수 있다. 이 점은 아직 '보호 감독' 상태에 있으므로 '다른 어떤 사람의 인도 없이는' 자신의 정신을 〔올바르게〕 사용할 수 없는 사람들의 경우와 자신의 〔연구〕 결과물을 전체 독자층이 검토하고 관리해주기를 기대하는 '학자'의 경우에도 해당된다.[12)]

이런 맥락에서 매디슨이 언급한 숫자의 문제는 특히 중요하다. 이성적 진실에서 의견으로의 전환은 단수의 인간들에서 복수의 인간들로의 전환이며, 매디슨이 말하듯, 한 인간의 '견실한 추론'만 의미가 있는 어떤 영역으로부터 "자신과 동일한 의견을 가졌다고 추정되는 사람들의 숫자"—첨언하자면 이 숫자가 동시대인들에게만 국한될 필요는 전혀 없다—에 의해서 '의견의 힘'의 강도가 결정되는 영역으로의 전환을 뜻한다. 매디슨은 여전히 이러한 복수로서의 〔인간〕 삶, 즉 '시민의 삶'과 그러한 고려 사항을 "반드시 무시해야만 할" 철학자의 삶을 구분했다. 그러나 이 구분은 어떠한 실천적 중요성도 가지지 못하는데, 그 이유는 "철학자들로 구성된 어떤 나라라는 것은 플라톤이 염원했던 모종의 철인왕들로 구성된 종족만큼이나 기대하기 어려운 이상이기 때문이다."[13)] 말이 나온 김에 덧붙이자면, 우리는 '철학자들로 구성된 어떤 나라'라는 바로 그 관념이 플라톤의 용어상으로도 하나의 모순이었을 수 있음에 주목해야 한다. 그것의 공공연한 전제적 특질들을 위시해 플라톤의 정치철학 전체가 진실은 다수 〔사람들〕 사이에서는 획득될 수도 또 소통될 수도 없다는 확신에 바탕을 두고 있기 때문이다.

12) "What Is Enlightenment?"와 "Was heisst sich im Denken orientierin?"을 보라.
13) James Madison, *The Federalist*, no. 49.

우리가 사는 세계 속에서 이러한 철학자의 진실과 시장 〔즉 정치영역〕의 의견들 사이의 고대 〔그리스〕적 적대감의 마지막 흔적들은 자취를 감추었다. 17세기의 정치사상가들이 여전히 어떤 성가신 요소로 취급했던 계시종교의 진실도, 고독 속에서 인간에게 드러나는 철학자의 진실도 이제 더 이상 세계의 일상사에 개입하지 않는다. 계시종교와 관련해 정교분리가 우리에게 평화를 가져다주었고, 후자인 철학적 진실이 지배권을 요구하는 일은 이미 오래전에 중지되었다. 가령 누군가가 근대의 이데올로기들을 진지하게 철학으로서 수용하지 않는 한 그러한 일이 일어나기란 정말로 어렵다. 왜냐하면 그러한 이데올로기 지지자들이 공개적으로 그것들을 정치 무기로 선언하고, 진실과 진실성의 문제 전체에 적실하지 않은 것으로 간주하기 때문이다. 전통의 용어상으로 생각한다면, 누군가는 이러한 사태에 비추어 그 〔철학과 정치 사이의〕 오랜 갈등이 마침내 해결되었고, 특히 그것의 원래 원인인 이성적 진실과 의견의 충돌이 자취를 감추었다는 결론을 내릴 수 있다고 생각할지도 모른다.

그러나 이상하게도 그것은 사실이 아니다. 오늘날 우리가 대대적으로 목격하고 있는 사실적 진실과 정치의 충돌—적어도 몇몇 측면에서는—이 매우 비슷한 특질들을 가지고 있기 때문이다. 이전의 그 어느 시대에도 종교나 철학적 사안들에 대해 오늘날처럼 그렇게 다양한 의견들이 허용되지는 않았었다. 반면에 사실적 진실은, 가령 그것이 특정 집단의 이득이나 즐거움에 반하는 경우라면, 이전 그 어느 때보다 훨씬 더 심한 적대감과 맞닥뜨리게 된다. 분명 국가적 비밀들은 항상 현존해왔다. 각각의 정부는 특정 정보를 기밀 사항으로 분류하고 공중의 이목에서 벗어나게 해야 했으며, 그 진상을 폭로하는 사람은 항상 반역자로 취급받았다.

내가 관심을 두는 것은 이러한 사안이 아니다. 여기서 염두에 두고 있는 사실들은 공개적으로 알려진 것들인 동시에, 그것들에 대해 알고 있는 공중이 성공적으로 그리고 종종 자발적으로 그것들에 관한 공개 토론을 금기시하고 마치 그것들을 실제와 다른 것인 양, 즉 비밀로 취급하는 것들이다. 그러한 사실을 천명하는 일이, 예를 들어 이전 시대에 무신론이나 다른 이단적 교리를 설교하는 것만큼이나 위험하다는 사실을 증명한다는 것은 모종의 기이한 현상으로 보인다. 이 현상을 어떤 이데올로기적인 정부가 전제적으로 통치하는 나라들 속에서 발견한다면 그것의 중대성은 확대된다. (심지어 히틀러의 독일과 스탈린의 러시아에서조차 수용소와 학살 캠프가 현존한다는 사실은 결코 비밀이 아니었음에도 그것들에 관해 말하는 일이 반유대주의·인종주의·공산주의에 대한 '반대론적' 견해를 말하는 것보다 훨씬 더 위험했다.) 더욱 혼란스러운 점은 환영받지 못하는 '사실적 진실들'이 자유로운 국가들 안에서 용인되는 경우라도 그것들은 의식적 또는 무의식적으로 종종 '의견들'로 둔갑한다는 사실이다. 마치 독일의 히틀러 지지 사실이나 1940년 독일군에 의한 프랑스의 붕괴 사실, 또는 제2차 세계대전 당시 바티칸의 정책 등에 관한 사실이 어떤 역사 기록의 문제가 아니라 어떤 의견의 문제인 양 변형되는 것처럼 말이다.

그러한 사실적 진실들은 직접적인 정치적 적실성이 있는 이슈들과 관련되기 때문에 모종의 일반적이며 공통으로 인식된 현실의 틀 내부에 있는 두 가지 삶의 방식 사이의 피할 수 없는 긴장 관계보다 더 많은 것이 걸려 있다. 여기서 관건은 이러한 공통의 사실적인 현실 그 자체이며, 이것이 실제로 제1급의 정치 문제다. 사실적 진실이 비록 철학적 진실보다 훨씬 더 논쟁에 개방되어 있고 모든 사람에게 훨씬 명확하게 파악될지라도 그것이 시장 〔즉 공영역 또는 정치영역〕에 노출될 때는 〔철학적 진실과〕 비슷한 운명—요컨대 거짓말이나 의도적인 허위가 아닌 의견이라는 적수와 맞닥뜨리게 된다는 점에서—을 겪는 듯이 보인다. 이런 견지에서 그 오래되고 겉보기에 진부한 진실 대(對) 의견의 문제는 다시 한번 논의할 만한 가치가 있을지도 모른다.

진실을 말하는 사람의 관점에서 본다면, 사실을 의견으로 변형해 둘 사이의 경계를 흐리는 경향은 진실을 말하는 사람의 곤경, 즉 저 〔플라톤의〕 동굴 비유에서 아주 생생하게 표현된 좀더 오래된 곤경 못지않게 당혹스러운 것이다. 동굴의 비유에서는 영원한 이데아의 하늘로 고독한 여행을 떠났다 돌아온 철학자가 자신의 진실을 〔동굴 안의〕 다중(多衆)과 소통하려고 하지만, 그 진실은 그의 눈에는 단지 환상에 불과한 의견의 다양성 속으로 사라지고, 또 불확실한 의견의 수준으로 격이 낮아지게 된다. 그 결과 이제 그가 복귀한 동굴에서는 진실 자체가 '도케이 모이'(δοκί μοι, '내게 보이는 대로')—그 철학자가 영원히 뒤에 남겨두고 싶어했던 바로 그 '의견', 즉 독사이(δόξαι)—로 가장해 나타난다.

그러나 사실적 진실을 보고하는 사람은 이보다 형편이 더 나쁘다. 그는 인간사의 영역 너머에 있는 구역들을 여행하고 돌아온 것이 아니기 때문에 자신이 이 세계에서 모종의 이방인이 되었다는 생각을 가지고 〔철학자처럼〕 스스로 위로할 수 없다. 이와 유사하게 우리는 그의 진실이, 가령 그것이 진실이어야만 한다면, 〔철학적 진실의 경우처럼〕 이 세계에 속한 것이 아니라는 관념을 가지고 우리 자신을 위로할 아무런 권리가 없다. 만일 그의 단순한 사실적 진술들—정신의 눈이 아닌 육신의 눈으로 보고 목격한 진실들—이 수용되지 않는다면 모든 종류의 진실을 부정하거나 왜곡하는 것이 정치영역의 본질에 속하는지도 모른다는 의구심이 일어난다. 마치 사람들이 진실의 단호하고 직설적이며 융통성 없는 완고함을 감당해낼 수가 없다는 듯이 말이다.

이것이 사실이라면 사태는 플라톤이 가정했던 것보다 훨씬 더 절망적으로 보인다. 고독 속에서 발견되고 실체화된 플라톤의 진실은 정의상 다수의 영역, 즉 인간사 영역을 초월하기 때문이다. 누군가는 그 철학자가 고독 속에서 자신의 진실을 인간사에 부과해야 할 모종의 기준으로 사용하려는 유혹에 빠졌다고 이해할 수 있다. 요컨대 철학적 진실에 내재한 초월을 완전히 다른 유형의 '초월', 즉 척도들 및 다른 측정 기준들을 그것들이 측정해야 할 무수한 물체로부터 분리시키는 유형의 초월과 동일시하려는 유혹에 빠졌다고 말이다.

또한 누군가는 다중이 이 〔철학자의〕 기준을 거부할 것이라는 점도 잘 이해할 것이다. 왜냐하면 그 기준은 실제로 인간사 영역과 이질적인 영역으로부터 도출되었고, 그 두 영역의 연계성은 오직 모종의 혼동을 통해서만 정당화될 수 있기 때문이다. 철학적 진실이 시장〔즉 정치영역〕에 진입하면 그 본질이 변해 '의견'이 된다. 그것은 이러한 종류의 추론에서 저러한 종류의 추론으로의 전환(μετάβασις εíς ἄλλο γένος, 메따바시스 에이스 알로 제노스)뿐만 아니라, 인간실존의 한 가지 방식에서 다른 방식으로의 전환이 〔함께〕 일어나기 때문이다.

이와 정반대로 사실적 진실은 언제나 타인과 관련된다. 이는 그것이 여러 사람이 연루된 사건 및 상황과 결부되고, 목격자에 의해 수립되며 증인의 진술에 의존하기 때문이다. 사실적 진실은 비록 그것이 사생활 영역에서 발생한다 해도 단지 그것이 〔공개적으로〕 언급되는 한 현존한다. 〔그러므로〕 그것은 본질상 정치적이다. 사실과 의견은 서로 분리된 것임이 틀림없지만 서로 적대적이지는 않다. 그것들은 〔정치의 장이라는〕 동일 영역에 속한다. 사실들이 의견들에 정보를 제공하며, 상이한 관심사 및 정념에 의해 고무되는 의견들은 크게 다르기는 하지만, 그것들이 사실적 진실들을 존중하는 한 여전히 정당화될 수 있다. 사실적 정보가 보장되지 않고 사실 자체가 논쟁의 대상이 되지 않는다면 의견의 자유는 모종의 소극(笑劇)에 지나지 않을 것이다. 바꿔 말해서 사실적 진실은 정치적 사유에 정보를 제공한다. 마치 이성적 진실이 철학적 성찰에 정보를 제공하는 것처럼 말이다.

그런데 사실들은 의견이나 해석과 별개로 현존하는가? 전 세대(世代)를 통해 역사가와 역사철학자들이 해석이 수반되지 않은 사실이란 생각할 수 없는 것임을 확인해주지 않았던가? 사실들은 우선 단순 발생 사건들의 혼돈 상태로부터 선별되어야 하며(그 선별 원칙들은 확실히 사실적 자료가 아니다), 다음으로는 본래의 사건들과 아무 관계없는 특정의 관점에서만 서술될 수 있는 어떤 이야기에 꿰맞춰져야 하기 때문이다. 분명 역사학 분과에는 이러한 문제들과 그보다 훨씬 더 많은 당혹스러운 요소들이 내재되어 있는 것이 현실이다.

그러나 그러한 것들은 결코 사실적인 문제의 현존에 대한 반론이 아니며, 또한 사실·의견·해석 사이의 구분선 흐리기에 대한 정당화나 역사가 자신이 원하는 방식으로 사실들을 조작하는 핑계로서 복무할 수도 없다. 각 세대가 자신의 역사를 기술할 권리가 있다는 점을 수용한다고 해도, 우리는 그것을 그들이 자기 세대의 시각에 따라 사실을 재배치할 권리를 가졌다는 것 이상으로 인정하지는 않는다. 〔요컨대〕 사실적 문제 그 자체에 손을 댈 권리는 인정하지 않는다는 것이다. 이 점을 설명하기 위해서, 그리고 이 문제에 더 이상 천착하지 않는 것에 대한 하나의 변명으로서 다음 이야기를 소개하고자 한다.

클레망소(Clemenceau)는 1920년대 자신의 죽음이 얼마 남지 않은 시점에 바이마르 공화국의 한 대표자와 제1차 세계대전의 발발에 대한 죄책감에 관해서 정담(情談)을 나누었다. 클레망소는 "당신 생각에 장차 역사가들이 이 골치 아프고 논쟁적인 문제에 관해 어떻게 생각할 것 같습니까?"라고 물었다. 그러자 그 대표자는 "그 점은 잘 모르겠네요. 그럼에도 그들이 벨기에가 독일을 침략했다고 말하지 않을 것임은 확실히 알 수 있습니다"라고 답했다. 여기서 이러한 종류의 냉엄한 기초적 자료의 파괴 불가능성은 심지어 가장 극단적이고 가장 정교한 역사주의(historicism) 신봉자조차 당연시해온 사항이다.

1914년 8월 4일 밤 독일군이 벨기에 국경을 건넜다는 사실을 기록에서 삭제하는 데에는 역사가들의 일시적인 변덕 그 이상이 요구될 것이라는 점은 분명한 사실이다. 그리고 문명 세계 전체를 망라하는 권력의 독점 그 이상이 요구될 것이다. 물론 그러한 권력 독점 현상을 생각할 수 없는 것은 아니다. 권력의 국가적 또는 사회적 차원의 관심사들이 이러한 문제들에 대한 최종적인 결정권을 가진다면, 사실적 진실의 운명이 어떻게 될지를 상상하는 일은 어렵지 않다. 이 점은 결국 정치영역이 모든 종류의 진실과 불편한 관계에 놓이게 되는 것은 그것의 본질에 속할지도 모른다는 의구심으로 우리를 되돌려 보낸다. 그리고 결과적으로 '심지어 왜 사실적 진실에 관한 신념조차 모종의 반정치적 태도로 생각되는 것인가'라는 질문으로 되돌아가게 한다.

III

내가 이성적 진실과 대립하는 것으로서 사실적 진실이 의견에 적대적이지 않다고 주장했을 때 나는 반쪽짜리 진실을 진술했다. 모든 진실—다양한 종류의 이성적 진실뿐 아니라 사실적 진실까지—은 그것들의 타당성 천명 양식 측면에서 의견과는 대조적이다. 진실은 그것 자체에 강제의 요소를 포함하고 있다. 그리고 통탄스럽게도 전문적으로 진실을 말하는 사람들 사이에 명백히 존재하는 전제적 성향은 성격상의 결함이라기보다 일종의 강박 관념 아래서 살아가는 습관적 기질 때문일지도 모른다.

'삼각형의 세 각의 합은 사각형의 두 각의 합과 같다'〔라는 수학적 진실〕, '지구가 태양의 둘레를 돈다'〔라는 천체물리적 진실〕, '남에게 해를 입히기보다 내가 해를 입는 편이 낫다'〔라는 철학적 진실〕, '1914년 8월 독일이 벨기에를 침략했다'〔라는 역사적 진실〕과 같은 진술들은 매우 다른 경로를 거쳐 나오게 되었지만, 그것들이 일단 진실로서 인식되고 진실로 간주되어야 한다고 선언된 이후에 동의·논쟁·의견·합의의 피안에 놓이게 되었다는 공통점을 가진다.

그러한 명제들을 수용한 사람에게 동일 명제를 지지하는 사람의 수가 많거나 적다는 이유로 그것이 변하는 일 따위는 일어나지 않는다. 또한 명제의 내용이 설득적인 성격이 아니라 강제적인 성격이므로 권유하거나 말리는 일이 유용하지도 않다. (그러므로 플라톤은 『티마이오스』에서 진실을 인식할 수 있는 사람과 우연히 올바른 의견들을 가지게 된 사람 사이에 선을 긋는다. 전자의 경우에는 진실nous을 인식하는 기관이 훈육을 통해 각성된다. 이것은 물론 〔교육 기회에서의, 또는 교육자와 피교육자 사이의〕 불평등을 암시하며 온건한 형태의 강제〔가 개입된 결과〕라고 말할 수도 있다. 반면에 후자는 단순히 설득당한 결과라고 볼 수 있다. 플라톤에 따르면 전자에 대한 견해들은 요지부동이지만, 후자의 견해들은 항상 생각을 바꾸라는 설득을 당할 수 있다.)[14]

언젠가 리비에르(Mercier de la Riviere)가 수학적 진실에 관해 말

14) 플라톤, 『티마이오스』, 51D-52.

했던 언명이 모든 종류의 진실에 두루 적용될 수 있을 것이다. "유클리드는 진정한 절대군주다. 그리고 그가 우리에게 전달한 기하학적인 진실은 진정한 전제 법칙이다"(Euclide est un veritable despote; et les verites geometriques quil nous a transmises, sont des lois veritablement despotiques). 이와 거의 같은 맥락에서, 리비에르보다 약 100년 앞선 시점에 그로티우스(Grotius)—그는 절대군주의 권력을 제한하고 싶어했다—는 다음과 같이 역설한 바 있다. "심지어 신조차도 2×2=4가 되지 않도록 만들 수는 없다." 그는 〔이 언명에서〕 정치권력에 대한 진실의 강제력을 소환하고 있었고, 〔그 언명 속에〕 암시된 신의 전능함이 가지는 한계에는 관심이 없었다.

이 두 가지 언급은 진실이 순수하게 정치적인 시각에서, 즉 권력의 관점에서 어떻게 보이는지를 설명하고 있다. 문제는 권력이 오로지 헌법과 권리장전, 그리고 견제와 균형 체계 속에서 나타나는 권력들의 다변화(多變化)에 의해서만 견제될 수 있고 또 견제되어야만 하는지다. 〔실제로〕 그 견제와 균형 체계 안에서는 몽테스키외의 표현처럼 "권력이 권력을 견제한다"(le pouvoir arrete le pouvoir). 즉 정치영역에서 발생하고 정치영역에 속하는 요인들에 의해 견제된다.[15] 그러나 〔여기서 우리의 관심사는〕 권력이 그러한 것들뿐만 아니라 외생적인, 즉 그 원천이 정치영역 외부에 있고 시민들의 바람 및 욕망은 물론이고 최악의 전제적 통치자의 의지와도 무관한 어떤 것에 의해서도 견제될 수 있고 또 견제되어야 하는지 여부다.

정치의 관점에서 볼 때 진실은 모종의 전제적 성격을 가진다. 따라서 자신이 독점할 수 없는 어떤 강제력과의 경쟁을 두려워하는 전제

15) 여기서 아렌트는 입법·사법·행정의 삼권분립 체계를 지칭하고 있다. 이와 관련해서는 아렌트의 『혁명론』을 참조—옮긴이.

자들의 미움을 받는다. 또한 진실은 합의에 기초하고 있으며 억압을 혐오하는 정부들의 시각에서 보면 상당히 불안정한 지위를 향유한다. 사실들은 동의와 합의 너머에 놓여 있으며, 사실들에 관한 모든 이야기—정확한 정보에 근거한 모든 의견의 교환—는 그 이야기들의 수립과 아무런 관계도 없다. 환영받지 못한 의견은 반론에 직면하거나 거부되거나 아니면 타협점에 이를 수도 있지만, 환영받지 못한 사실들은 뻔한 거짓말들을 제외하면 다른 어떤 것도 제거하지 못하며 격분시킬 정도의 완고함을 가진다. 여기서 문제는 사실적 진실이, 다른 모든 진실처럼, 인정받기를 단호히 요구하며 논쟁을 미리 배제한다는 것이다. 논쟁은 바로 그 정치적 삶의 본질을 구성한다. 정치의 관점에서 본다면 진실을 다루는 사상과 소통의 양식들은 부득이하게 위압적일 수밖에 없다. 이는 그것들이 타인의 의견들을 고려하지 않기 때문이다. 〔그와 대조적으로〕 타인의 의견들을 고려하는 것이 모든 엄격히 정치적인 사유함(political thinking)의 특징이다.

정치적 사유는 표상적(表象的, representative)이다. 나는 다양한 관점에서 주어진 문제를 숙고함으로써, 즉 부재하는 사람들의 입장을 내 정신 속에 현전하도록 만든 다음 〔그들과 무언의 대화 방식을 통해〕 모종의 의견을 형성한다. 요컨대 내가 그들〔의 입장〕을 표상하는 것이다. 이 표상의 과정은 다른 입장을 가진 다른 사람의 실제 견해들을 맹목적으로 수용하는 것이 아니므로 세계를 다른 시각에서 바라보게 한다. 이것은 내가 타인의 입장이 되어보려고 하거나 그처럼 느껴보려고 한 것과 같은 어떤 감정이입의 문제도 아니고, 인원수를 세어보고 다수 편에 합류하는 문제도 아니다.

이것은 내가 현실적으로 실재하지 않는 곳에서 나 자신의 주체성 속에 머물고 그 속에서 사유하는 문제다. 내게 주어진 어떤 문제를 숙고할 때 내가 더 많은 사람의 입장들을 내 정신 속에 현전하게 할 수록, 그리고 내가 그들의 입장이라면 어떻게 느끼고 생각했을지를 더 잘 상상하게 될수록, 나의 '표상적 사유함'(representative thinking)의 능력은 더욱 강해질 것이고 나의 최종 결론, 즉 내〔가 형성한〕 의견의 타당성은 더욱 증대될 것이다. (사람들이 판단하도록 만드는 '확장된 사유 방식'enlarged mentality이 바로 그 능력이다. 칸트가 그것을 『판단력 비판』의 제1부에서 발견했다. 그러나 그것의 정치적·도덕적 함의를 인식하지는 못했다.)

의견 형성 과정은 누군가가 타인들의 입장이 되어 생각하고 〔그렇게 하는 일에〕 자신의 정신을 사용하는 방식에 의해 결정된다. 이 격심한 상상력의 활동을 위한 유일한 조건은 초연함(disinterestedness), 즉 사적인 관심사들로부터의 해방이다. 그러므로 내가 의견을 형성하는 동안에 비록 모든 무리를 물리치거나 아니면 완전히 고립되어 있을지라도 나는 철학적 사유의 고독 속에 오로지 나 자신과만 더불어 있는 것은 아니다. 나는 〔여전히〕 이 보편적 상호의존의 세계 속에 남아 있으며, 그 속에서 다른 모든 사람의 대변자가 될 수 있다. 물론 나는 이 과정을 거부하고 나 자신이나 내가 속한 집단의 관심사만을 고려한 의견을 형성할 수도 있다. 실제로 고도로 세련된 사람들 사이에서조차도 상상력의 결핍과 판단의 실패가 명백히 드러나는 맹목적인 고집〔이 개입된 의견 형성〕의 사례는 다반사다. 그럼에도 판단의 진가와 마찬가지로 의견의 진가는 그것이 지닌 불편부당성의 정도에 달려 있다.

그 어떤 의견도 자명하지는 않다. 진실의 문제가 아닌 의견의 문제에 있어 우리의 사유함(thinking)은 진정으로 담론적인 성격이다. 이를테면 사유함은 이 장소에서 저 장소로, 저 세계의 한쪽 부분에서 다른 쪽 부분으로 이동하며 모든 종류의 상충적 견해들을 거쳐 마침내 그러한 〔주어진 의제들의〕 특수성에서 출발해 특정의 불편부당한 일반성에 도달할 때까지 〔담론적인 방식으로〕 진행된다. 이 〔사유함의〕 과정과 비교했을 때 하나의 진실에 관한 진술은 어떤 고유의 불투명성을 보유한다. 왜냐하면 〔사유함의 과정에서는〕 하나의 특수한 의제가 인간 이해력의 완전한 빛 속에서 실체가 투명하게 드러날 때까지 그것이 모든 방향에서 모든 가능한 관점을 통해 스스로 보여질 수 있는 '탁 트인 곳' 〔즉 사유함의 공간〕으로 진입하도록 강제되기 때문이다. 이성적 진실은 인간의 오성(悪性)을 계몽하고, 사실적 진실은 의견에게 정보를 제공해야만 한다. 그러나 이러한 〔두 가지〕 진실들은, 결코 모호하다고 할 수 없을지라도, 또한 투명한 것도 아니다. 그리고 마치 빛이 개명(開明)을 거부하는 것이 그것의 본질인 것과 마찬가지로 진실들은 본질상 추가적인 해명을 거부한다.

게다가 이러한 불투명성이 우리가 사실 및 사실적 진실과 직면해 있는 곳보다 더 명백하고 성가시게 느껴지는 곳은 없다. 사실들은 그것들이 왜 현재의 모습이어야 하는 것인지에 대해 어떠한 결정적인 이유도 가지지 않기 때문이다. 그것들은 항상 다르게 나타날 수도 있었을 것이며, 이 대책 없는 우발성〔이 개입될 가능성〕은 말 그대로 무제한이다. 현대 이전의 철학이 사실성(factuality)이 녹아 있는 인간사의 영역에 대해 진지하게 숙고하기를 거부한 것 또는 이 세계의 진행 과정을 구성하는 사건들의 연쇄 속에서, 즉 (칸트가 언급한) "우울한 우발성"(melancholy haphazardness) 속에서 어떠한 의미 있는 진실이 발견될 수 있으리라고 믿기를 거부한 것은 바로 그 사실들의 우발성 때문이었다.

그 어떠한 근대의 역사철학도 추적 불가능하고 비합리적인 완고함을 지닌 순전한 사실성과 화해할 수 없었다. 현대 철학자들은 사실들이 어떤 세계정신(a world spirit)의 변증법적 필연성이나 유물론적 조건들의 변증법적 필연성에서부터 불변한다고 주장했으며 〔이미〕

잘 알려진 어떤 인간 본성의 필요성에 이르기까지 온갖 종류의 필연성을 궁리해냈다. 이는 인간이 진정으로 자유로운 유일한 영역에서, 명백히 자의적인 "그것은 다른 것일 수도 있었을 텐데"(이것은 〔인간이 지닌〕 자유에 대한 대가다)라는 가능성의 마지막 흔적들을 씻어내기 위해서였다. 반추해보건대—즉 역사적인 관점에서—모든 사건의 순서는 비록 그것이 다른 순서로 발생할 수도 있었을 것처럼 보이지만, 그것은 모종의 광학적인, 아니 그보다는 어떤 실존적인 착각이다. 가령 현실이 어떤 주어진 상황에 본래 내재하는 〔그 밖의〕 다른 모든 잠재성을, 정의상 죽이지 않는다면 그 어떤 일도 결코 일어날 수 없을 것이기 때문이다.

바꿔 말해서, 사실적 진실이 자명하지 않은 것은 의견이 자명하지 않은 것과 같다. 이는 의견의 소유자들이 사실적 진실을 또 다른 의견으로 치부하기가 상대적으로 쉽다고 생각하는 이유 가운데 하나일 것이다. 더욱이 사실적 증거는 목격자들의 증언—극히 신뢰할 수 없는 것—과 기록물·문서·기념물 등을 통해 구축되는데, 이 모든 것이 위조된 증거 자료라는 의혹을 받을 수 있다. 어떤 분쟁 사건은 제3자와 사건에서 제외된 다른 목격자들만이 언급할 수 있으며, 대개 다수결의 방식으로 해결 방식이 도출된다. 요컨대 의견에 대한 분쟁들이 해결되는 방식과 같은 방식이라는 것이다. 이것은 전적으로 불만족스러운 절차인데, 왜냐하면 목격자 가운데 다수가 거짓 증언을 할 가능성을 막을 방도가 없기 때문이다. 그와 정반대로 어떤 특수한 상황에서는 다수에 속하고 싶은 마음 때문에 거짓 증언을 하게 될지도 모른다. 바꿔 말해서 의견의 보유자들이 사실적 진실에 대해 적대감을 가진 경우라면 적어도 사실적 진실은 이성적·철학적 진실만큼이나 취약해지게 된다는 것이다.

나는 앞에서 사실적 진실을 말하는 사람은 어떤 측면에서 플라톤의 철학자보다 더 나쁜 상황에 있다는 것을 확인했다. 그의 진실은 그 어떠한 초월적 기원도 가지지 않으며 심지어 인간의 행위를 고무하고 그 속에서 명시화되는 자유·정의·명예·용기와 같은 정치적 원칙들의 상대적인 초월적 특질조차 보유하지 않는다. 우리는 이제 이러한 불리함이 우리가 생각했던 것보다 훨씬 더 심각한 결과를 초래한다는 사실을 알게 될 것이다. 요컨대 이 결과는 진실을 말하는 그 사람뿐 아니라—더욱 중요하게는—그가 말한 진실이 살아남을 수 있는 기회들과 관련된다는 것이다. 인간 행위를 고무하고 인간 행위로 명시화하는 일이 진실에 대한 확실한 증거와 경쟁할 수 없을지도 모르지만, 우리가 앞으로 보게 되듯, 그것들은 의견의 고유한 설득성과는 경쟁할 수 있다.

나는 〔이 대목에서〕 "남에게 해를 입히는 것보다 내가 해를 입는 편이 낫다"는 소크라테스의 명제[16]를 인간의 처신과 관련된, 그래서 정치적 함의가 있는 어떤 철학적 진술의 사례로서 제시하고자 한다. 내가 이 명제를 제시하는 이유는 부분적으로 이것이 서구 윤리사상의 시발점이 되었기 때문이고, 또한 그것은 내가 아는 한, 구체적인 철학적 경험으로부터 직접 도출될 수 있는 유일한 윤리적 명제로 남겨졌기 때문이다. (이 분야에서 유일한 경쟁자인 칸트의 정언명법은 그것의 유대-기독교적 요소들이 제거될 수도 있었다. 그 요소들이 그것의 공식을 모종의 간단한 명제가 아닌 어떤 명령의 형태를 띠도록 했던 것이다. 정언명법의 바탕을 이루는 공리는 '비모순율'—〔예컨대〕 도둑은 훔친 재화를 자기 재산으로 지키고 싶어하기 때문에 그 자신에게 모순을 일으킨다—이다. 이 '비모순율'의 타당성은 소크라테스가 처음 발견한 사유의 조건들에서 기인한다.)

16) 이것의 출처는 플라톤의 대화편 『고르기아스』다—옮긴이.

플라톤의 대화편들은 이 소크라테스의 진술(이것은 어떤 명령이 아니라 하나의 명제다)이 얼마나 역설적으로 들렸는지를, 의견이 의견을 상대로 존립하는 시장에서 얼마나 손쉽게 논박을 당했는지를, 그리고 소크라테스가 그의 적뿐 아니라 친구들과 제자들이 만족할 수 있게 자신의 주장을 입증하고 증명하기가 얼마나 어려웠는지를 반복적으로 설명한다.

(이러한 문장들 가운데 가장 극적인 것은 『국가』의 모두冒頭에서 발견된다.[17] 〔거기서〕 소크라테스는 자신의 맞수인 트라시마코스Thrasymachus를 상대로 정의Justice가 비정의injustice보다 낫다는 점을 납득시키려던 노력이 허사로 돌아간 뒤, 제자인 글라우콘Glaukon과 아데미만토스Adeimantus로부터 그의 논증 방식이 전혀 설득력이 없었다는 이야기를 듣는다. 〔이에〕 소크라테스는 그들의 연설에 인사치레로 다음과 같이 칭찬을 건넨다. "가령 너희들이 비정의의 원인에 대해 그토록 유창하게 변론하고도 여전히 그것이 정의보다 낫다고 스스로 확신할 수 없다면 실제로 너희들의 본성 속에 어떤 신의 특질이 들어 있음에 틀림없다." 다시 말해서 그들은 논의가 시작되기 전에 이미 〔정의가 비정의보다 낫다는 명제에 대해〕 확신하고 있었다. 〔그러나 유감스럽게도 소크라테스가〕 그 명제의 진실성을 뒷받침하기 위해 이야기한 모든 것이 확신을 갖지 못한 사람들을 설득하는 데 실패했을 뿐만 아니라 심지어 그들의 신념을 확인시킬 힘조차 가지고 있지 못했던 것이다.)

우리는 그 명제를 방어하기 위해 말해질 수 있는 모든 것을 플라

---

17) 『국가』의 367을 보라. 또한 『크리톤』(*Crito*)의 49D와 비교해보라. "오직 소수만이 [현재] 이러한 의견을 지지하거나 [장차] 지지하게 될 것이기 때문이다. 그렇게 하는 사람과 하지 않는 사람 사이에는 공동 토론이 있을 수 없다. 그들은 자신의 상이한 목적들과 관련해 서로를 경멸의 눈초리로 바라볼 수밖에 없기 때문이다."

톤의 다양한 대화편 속에서 발견한다. 〔명제들의〕 주요 논점은 인간, 즉 '하나임'(being one)인 인간에게는 세계 전체와 부조화 상태에 있는 것이 자기 자신과의 부조화 상태에 놓이거나 자기 자신에게 모순을 일으키기보다 낫다는 것이다.[18] 이것은 철학자의 입장에서 볼 때 매우 설득력 있는 주장이다. 그 결과 철학자의 사유함은 플라톤에 의해서 '자기 자신과의 무언의 대화'(a silent dialogue with himself)로서 성격화되었다. 이제 철학자의 현존은 자기 자신과 부단히 명료화되는 교제, 즉 '실재하는 그 자신인 하나가 둘로 분열하는 일'(a spliting-into-two of the one he nevertheless *is*)에 좌우된다. 왜냐하면 사유함이라는 〔무언의〕 대화를 수행하는 그 두 파트너 사이의 어떤 기본적인 모순은 '철학함'(philosophizing)의 조건들 바로 그것을 파괴할 것이기 때문이다.[19] 바꿔 말해서 사람은 자기 안에 결코 떼어낼 수 없는 파트너를 데리고 있으므로 그의 파트너가 어떤 살인자나 거짓말쟁이가 아니라면 형편이 더 나을 것이다. 아니, 사유는 '나와 나 자신의 무언의 대화'이므로 나는 이 파트너의 고결성을 지키기 위해 주의를 기울여야만 한다. 그렇게 하지 않으면 내가 확실히 사유 능력을 통째로 상실하게 될 것이기 때문이다.

---

18) 『고르기아스』 482를 보라. 거기서 소크라테스는 논쟁 상대인 칼리클레스에게, 그는 "자기 자신과 합의 상태에 있지 못할 것이며, 전 생애를 통해 자신을 부인하게 될 것이다"라고 말한다. 그리고 다음과 같이 덧붙인다. "오히려 나는 저 세계 전체가 나와 합의 상태에 있지 않고 나에 대해 나쁘게 말하는 편이, 나, 즉 '하나임'(who am one) 상태에 있는 내가 자신과 불화 상태에 놓여야만 하고, 자가당착적인 이야기를 하는 것보다 낫다고 생각한다네."

19) '나와 나 자신의 무언의 대화'라는 사유에 대한 정의에 관해서는 특히 『테이이테토스』(*Theaetetus*), 189-190, 『소피스트』(*Sophist*), 263-264를 보라. 아리스토텔레스가 당신이 대화의 형식으로 이야기를 나누는 친구를 아우토스 알로스(αὐ τὸς ἄλλος), 즉 또 다른 자아(another self)라고 부른 것은 대체적으로 전통을 계승하고 있는 것이다.

철학자에게는—그보다도 인간이 사유하는 존재인 한 인간에게는—〔타인에게〕 해를 입히거나 〔내가〕 해를 입는 것에 관한 이 윤리적 명제가 수학적 진실 못지않게 설득력이 있다. 그러나 인간이, 그가 한 사람의 시민인 한, 즉 그가 자기 자신의 복리—일례로, 자신의 필멸할 육신의 필요들보다 '불멸할 영혼'의 건강을 우선시해야 할 것까지를 포함해서—를 염려하는 모종의 행동하는 존재인 한, 저 소크라테스적인 진술은 절대로 사실이 아니다.

〔지금까지〕 단수(單數)의 인간—그들이 소크라테스적이거나 플라톤적인 철학자든 또는 기독교적 사제든—으로부터 도출된 윤리적 계율들을 전면적으로 좇기 시작했던 공동체의 불운한 결과들은 빈번히 지적되었다. 마키아벨리가 정치영역을 (악에 대한 저항을 거부하는 자들은 저 사악한 자들에게 "그들이 원하는 대로 악을 행하도록" 허락하는 것과 진배없다고 믿는) 기독교 신앙의 엄정한 원칙들로부터 보호하자고 권고하기 한참 전에 아리스토텔레스는 철학자들에게 정치 문제에 관한 발언권을 줘서는 안 된다고 일찌감치 경고했다. (직업상의 이유로 '자신에게 좋은 것'에 관심을 두지 말아야 할 사람들에게는 타인들에게 좋은 것도 맡기지 말아야 하며, 다른 무엇보다도 저 '공동선'the common good, 즉 공동체의 현실적 관심사들을 맡겨서는 안 된다.)[20]

철학적 진실은 단수의 인간과 관련되므로 본질상 비정치적이다. 그럼에도 가령 철학자가 자신의 진실이 다중의 의견들을 제압하기를 바란다면 그는 패배를 겪을 것이고, 이 패배〔의 경험으〕로부터 '진실은 무기력하다'—이것은 원을 네모나게 만들 수 없는 수학자가 원은 사각형이 아니라는 사실을 개탄하는 것만큼 유의미한 어떤

20) 아리스토텔레스, 『니코마코스 윤리학』, 6권, 특히 1140b9와 1141b4.

진부한 이야기—라는 결론을 내릴 개연성이 있다. 그래서 그는 플라톤처럼 철학적 성향이 있는 전제군주의 신임을 얻으려는 유혹을 느낄 수도 있고,[21] 운이 극도로 좋다면 우리가 주로 다양한 정치적 유토피아들의 이야기로부터 알고 있는 '진실'의 전제정 가운데 하나를 수립할 수도 있을 것이다.

물론 그러한 유토피아들은 정치적으로 말해서 다른 독재의 형태들만큼이나 전제적이다. 사람들이 그것에 찬동하는 까닭에, 철학자의 진실이 폭력의 도움 없이 보급될 가망성이 약간은 있는 경우에도 그는 아주 힘든 승리를 쟁취했을 것이다. 그 경우 진실의 우세함은 그 자체의 거역할 수 없는 특질 덕분이 아니라 다수의 동의 덕분이었을 것이기 때문이다. 하지만 내일이 되면 그 다수가 변심할 수도 있고, 그것 아닌 다른 것에 동의를 표할 수도 있다. 〔굳이 철학자가 '힘든 승리'를 쟁취한다고 말하는 까닭은〕 철학적 진실이었던 것이 〔다수의 동의를 얻는 과정에서〕 한갓 의견으로 전락했었을 수도 있기 때문이다.

철학적 진실은 그 속에 어떤 강제의 요소를 지니고 있으므로 정치가를 특정한 조건 아래로 유인할지도 모르며 그에 못지않게 의견의 힘이 철학자를 유혹할 수도 있을 것이다. 그래서 제퍼슨(Jefferson)은 독립선언문에서 특정 "진실들은 자명해져야 한다"라고 선언했는

21) 주지하듯이 '철인왕'을 이상적인 군주로 기술한 바 있는 플라톤은 이 생각의 현실적 타당성을 직접 타진하고자 했던 듯하다. 그가 세 차례에 걸쳐 시라쿠사를 방문해 디오니시우스 1세와 그의 아들 디오니시우스 2세를 만났던 사실이 이를 증명해준다. 물론 이 세 차례의 방문은 모두 '오판'으로 판명되었고, 이 생생한 개인적 경험을 바탕으로 그는 『법률』에서 인치(人治)가 아닌 법치(法治)의 중요성을 강조하게 된다. 보다 자세한 내용은 마크 릴라, 서유경 옮김, 『분별없는 열정: 20세기 정치참여 지식인들의 초상』, 필로소픽, 2018, pp.222-247을 참조—옮긴이.

데, 그것은 혁명의 투사들이 기본적으로 동의하고 있는 사항들에 관한 논쟁이나 분쟁의 소지를 없애기 위해서였다. 진실은 수학의 공리와 마찬가지로 "사람들 자신의 의지에 좌우되지 않으며, 그들의 정신에 제시된 증거를 무심결에 따르는 인간의 신념들"을 표출해야 한다.[22] 그러나 제퍼슨은 "우리는 이러한 진실들이 자명해질 것으로 생각한다"라고 말함으로써, 비록 깨닫지는 못했더라도 '모든 사람이 평등하게 창조되었다'라는 진술은 자명한 것이 아니라 합의되고 동의될 필요가 있는 사항임을 시인했다. 평등, 그것이 정치적으로 적실해질 것인지 아닌지는 의견에 달린 문제이지 '진실'의 문제는 아니기 때문이다.

다른 한편, 이러한 '의견'과 조응하는 철학적 또는 종교적 진술들—〔예컨대〕 모든 사람은 신 앞에서, 죽음 앞에서, 또는 그들이 이성적 동물이라는 동일 종(種)에 속하는 한 평등하다 등과 같은 진술들—도 있다. 그러나 이들 가운데 그 어떤 것도 정치적이거나 실용적인 결과들을 얻지 못하는데 그 이유는 평등을 부여하는 요인이 신·죽음·자연 가운데 어느 것이든, 그것은 인간의 상호작용이 일어나는 영역의 경계를 초월했었고 그것의 외부에 남아 있기 때문이다. 그러한 '진실들'(truths)은 인간들 사이에 존재하는 것이 아니라 그들의 상부에 존재하며, 진실들의 어떤 유형도 근대적 또는 고대적—특히 그리스적—인 평등 〔관념〕에 대한 동의의 배후에 놓여 있지 않다. 〔따라서〕 '모든 사람이 평등하게 창조되었다'라는 진술은 자명하지도 않고, 또 증명될 수도 없다.

우리는 이 의견을 지지한다. 왜냐하면 자유는 오직 동등한 사람들

---

22) Jefferson, "Draft Preamble to the Virginia Bill Establishing Religious Freedom."

사이에서만 가능하며, 또한 자유로운 교제의 즐거움과 만족감이 지배권의 보유가 가져다줄 의심스러운 쾌락보다 선호될 것으로 믿기 때문이다. 그러한 선호 사항들은 정치적으로 커다란 중요성이 있으며 그것들만큼 서로 간의 차이를 뚜렷이 구별해주는 요인은 거의 존재하지 않는다. 누군가가 그들의 '인간적 특질'로 지칭하고 싶을 특질과 그것을 매개로 이루어지는 모든 종류의 교제는 선택들에 좌우된다. 게다가 이러한 것들은 의견의 문제이지 진실의 문제는 아니다. 제퍼슨이 자신의 의지를 상당히 거스르면서 수긍했듯이 말이다. 그러한 선택들의 타당성은 자유로운 동의와 합의에 의존한다. 동의와 합의는 담론적·표상적 사유함을 통해 도달된다. 그리고 설득과 반론을 통해서 소통된다.

소크라테스의 "남에게 해를 입히는 것보다 내가 해를 입는 편이 낫다"라는 명제는 어떤 '의견'이 아니라 모종의 '진실'로서의 지위를 요구한다. 비록 누군가는 그것이 어떤 직접적인 정치적 결과를 가진 적이 있었는지에 대해 회의적일지라도, 〔사람들의〕 실제 처신에 있어 모종의 윤리적 계율로서 작용했다는 점은 부정할 수 없다. 신앙 공동체의 구성원들을 절대적으로 구속하는 종교적 계명들만이 〔그 계율보다〕 더욱 강력한 인정을 요구할 수 있을 것이다. 이러한 사실이 일반적으로 수용된 철학적 진실의 무기력함에 대해 분명한 모순을 제기하지 않는가?

우리는 플라톤의 대화편을 통해 소크라테스가 자신의 진술을 입증하려고 시도할 때마다 그것이 얼마나 그의 친구와 적들에게 똑같이 설득력이 없었는지를 알고 있으므로 우리는 그것이 어떻게 그렇게 높은 수준의 타당성을 획득할 수 있었는지를 스스로 질문해야만 한다. 명백히 그것은 어떤 상당히 이례적인 설득 방식 덕분이었다. 소크라테스는 그 진실에 자신의 생명을 걸기로 결심했다. 그가 아테네 시민 법정에 출두했을 때가 아니라 사형 선고의 모면을 거부했을 때 그는 하나의 범례(範例)를 수립했다. 이러한 범례를 통한 가르침이야말로 사실상 철학적 진실이 곡해나 왜곡 없이 택할 수 있는 유일한 형태의 '설득' 방식이다.[23]

이와 마찬가지로 철학적 진실은 오직 범례의 형태로 명시화될 때만 '실천적'인 것이 될 수 있고, 정치영역의 규칙을 위반하지 않고도 행위를 고무할 수 있다. 이것은 어떤 윤리적 원칙이 타당성은 물론 진실성을 획득하는 유일한 기회다. 예를 들어 용기의 개념을 입증하기 위해서 우리는 아킬레스의 사례를 환기할 수 있을 것이고, 선의 개념을 증명하기 위해서는 나사렛의 예수 또는 성자 프란시스를 떠올리게 될 것이다.

이러한 범례는 통찰을 통해 가르치거나 설득하기 때문에, 용기 있는 행동이나 선행을 하려고 할 때면 우리가 꼭 타인의 흉내를 낸 것 같은 느낌이 든다. '예수의 모방'이든 다른 어떤 경우든 말이다. 제퍼슨도 말했듯이, "아들과 딸의 마음에 강렬하고 지속적인 효심을 효과적으로 각인시키기 위해서는 그동안 글로 쓰인 건조한 윤리학과 신학 서적을 죄다 읽게 하기보다 『리어왕』 한 편을 읽게 하는 게 더 효과적"[24]이라는 사실이 종종 언급되었다.

또한 칸트가 말한 것처럼 "사제나 철학자 밑에서 배운 일반 계율 또는 누군가가 자신의 정신적 자원들로부터 도출한 계율은 결코 미덕이나 거룩함의 예만큼 효과적이지 않다."[25] 칸트가 설명한 이유에

---

23) 이 점은 니체가 "Schopenhauer als Erzieher"라는 논문에서 "나는 철학자가 예를 들 수 있다는 점을 좋아할 뿐이다"(Ich mache mir aus einem Philosophen gerade so viel, als er imstande ist, ein Beispiel zu geben)라고 말한 이유다.

24) W. 스미스(Smith)에게 보낸 1787년 11월 13일의 서신.

25) 임마누엘 칸트, 『판단력 비판』, 단락 32.

따르면 우리는 항상 "우리가 가진 개념들의 실재성을 증명하기 위해서… 직관의 능력들"을 필요로 하기 때문이다. "가령 우리의 개념들이" 삼각형이라는 개념처럼 "순수한 오성의 개념들"이라면, "직관력들"(intuitions)은 오직 마음의 눈으로만 감지할 수 있지만 모든 실재하는 삼각형을 인지하는 데 필수 불가결한 이상적 삼각형처럼 "〔선험적〕 도식들"(schemata)이라는 이름으로 통용될 것이다. 그러나 만약 개념들이 실천적 성격이고 〔인간의〕 처신과 관련된다면 "직관력들은 **범례들**(examples)로 불리게 될 것"[26]이다. 우리의 정신이 상상력을 동원해 자발적으로 만들어내는 〔선험적〕 도식들과 달리 이러한 범례들은 역사와 문학으로부터 파생하며, 제퍼슨도 지적했듯이, 그것들을 통해서 전적으로 다른 어떤 "상상력의 장이 우리에게 열리게 되는 것"이다.

어떤 사변적이거나 추론적인 진술을 범례적 진실로 변형—오직 도덕철학만이 할 수 있는 변형—하는 일은 철학자에게 어떤 경계선상의 경험이다. 그 철학자는 범례를 수립하고 자신에게 열려 있는 유일한 방법으로 다중을 '설득'하면서 행동에 돌입했다. 오늘날에는 어떤 철학적인 진술도, 그것이 얼마나 혁신적인가와 상관없이, 철학자의 생명을 위태롭게 할 정도로 심각하게 받아들여지지 않는다. 심지어 이런 방식으로 철학적 진실에 정치적 타당성을 부여하는 드문 기회마저도 사라져버렸다.

그러나 우리의 문맥에서는 이성적 진실을 말하는 사람에게 그러한 〔변형〕 가능성이 〔여전히〕 현존한다는 사실에 주목하는 일이 중요하다. 왜냐하면 그 어떤 상황에서도 사실적 진실을 말하는 사람에게는 그러한 기회가 주어지지 않기 때문이다. 그는 다른 측면에서와 마찬

---

26) 앞의 책, 단락 59.

가지로 이 측면에서도 〔이성적 진실을 말하는 사람보다〕 사정이 훨씬 더 나쁜 편이다. 사실적 진술은 사람들이 준거로 삼아 행동할 수도 있으며, 그 결과 세계 속에 명시화될 그 어떠한 원칙들도 포함하고 있지 않을 뿐만 아니라, 그것의 내용 그 자체가 이러한 유형의 입증을 거부한다. 사실적 진실들을 말하는 어떤 사람이 모종의 특수한 사실을 위해 목숨을 걸기로 작정할 일은 거의 없겠지만, 가령 그렇다 하더라도 그는 낭패를 보게 될 것이다. 인간의 행위 속에 명시화될 수 있는 것은 그의 용기나 고집스러움이지 그가 말하려고 하는 진실이나 그 자신의 진실성은 아닐 것이기 때문이다. 어째서 거짓말쟁이가 용기백배해 특히 정치영역에서 자신의 거짓말을 고수하면 안 된다는 것인가? 그 정치영역에서는 그가 애국심 또는 다른 어떤 종류의 합법적인 집단 편파성에 의해 동기화될지도 모른다.

IV

사실적 진실의 특징은 그것과 반대되는 것이 개인적인 진실성을 반영하지 않는 실수·착각·의견이 아니고, 의도적 허위나 거짓말이라는 점이다. 물론 사실적 진실과 관련해서 실수는 가능하고 심지어 흔히 있는 일이다. 이러한 경우에 사실적 진실은 과학적 또는 이성적 진실과 조금도 다르지 않다. 그러나 요점은 사실과 관련해 또 다른 대체물이 존재한다는 것이다. 의도적 허위라는 이 대체물은 그것이 옳든 실수든 간에 실체가 무엇인지 혹은 무엇이 나에게 어떻게 보이는지를 말하려는 목적성을 띤 명제들과 동일한 부류에 속하지 않는다.

어떤 사실적 진술—예컨대 1914년 8월 독일이 벨기에를 침략했다는 진술—은 어떤 해석적 맥락에 놓였을 때에만 정치적 함의들을 획득한다. 그러나 역사〔를 뒤집는〕 재기술 방식에 아직 익숙하지 않았던 클레망소가 터무니없다고 생각한, 이 사실이 뒤집힌 명제가 정치적 중요성을 가지기 위해서는 그 어떤 맥락도 필요하지 않다. 그것은 명백히 기록을 변조하려는 모종의 시도에 해당하며 그 자체로서 〔이미 정치〕행위(action)[27]의 한 형태다. 그와 마찬가지로 자신의 허위가 살아남도록 만들 힘이 없는 거짓말쟁이가 자기 진술의 절대적인 진실성을 역설하지 않고, 허위를 마치 자신이 헌법적 권리를 요구하는 '의견'인 양 가장할 때도 그것은 〔이미 정치〕행위의 한 형태다. 이러한 유형은 흔히 체제를 전복하려는 집단들에 의해 자행되는데, 그 결과는 정치적으로 미숙한 공중에게 상당한 혼동을 일으킬 수 있기 때문이다. 사실적 진실과 의견 사이의 경계선을 허무는 일은 거짓말하기가 취할 수 있는 여러 형태 가운데 하나이며, 그것은 모두 〔정치〕행위의 형태들인 것이다.

거짓말쟁이는 〔정치〕행위를 수행하는 자인 반면, 진실을 말하는 사람은 그가 이성적 진실을 말하든 사실적 진실을 말하든 분명 〔정치〕행위를 수행하는 자가 아니다. 만약 사실적 진실을 말하는 사람이 모종의 정치적 역할을 원한다면 그래서 설득력을 얻고 싶다면, 그는 대부분 그의 특수한 진실이 어째서 특정 집단의 최고 이익들에 보탬이 되는지 장황하게 설명해야 할 것이다. 그리고 철학자가 자신의 진실이 의견-보유자들 사이에서 지배적인 의견이 될 때 그가 희생이 따르는 힘든 승리를 얻게 되는 것과 마찬가지로 사실적 진실을 말하는 사람이 정치영역에 진입해 특정의 편파적 이익이나 권력 형성에

27) 아렌트의 정치철학의 이론적 범주로서 '행위'(action)는 거의 모든 경우 '정치' 행위로 이해되어야 하며, 그 원칙은 여기서도 유효하다. 이 점에 관한 자세한 설명은 서유경의 논문 「한나 아렌트의 '정치행위'(action) 개념 분석」(2000)을 참조—옮긴이.

간여할 때 그는 자신의 진실을 수긍할 만한 것으로 만들어줄 수 있는 유일한 특질과 타협하게 된다. 그 특질이란 불편부당성·고결성·독립성 등이 보장하는 그의 개인적 진실성(truthfulness)이다.

진실과 이익 사이의 어떤 행복한 〔우연의〕 일치를 발견했다고 하는 직업상 진실을 말하는 사람만큼 의심을 자극하는 정치적 인물은 거의 없을 것이다. 그와 정반대로 거짓말쟁이가 정치의 장에 출현하는 일에는 그러한 수상한 타협이 전혀 필요 없다. 그리고 이를테면, 그는 항상 이미 정치의 장 한가운데 있다는 커다란 이점을 가지기 때문이다. 거짓말쟁이는 천성적으로 한 명의 배우다. 그는 사물들이 실제 모습과 달라지기를 원하기 때문에 실제 그들의 모습과 다른 것을 말한다. 즉 그는 세계를 바꾸려고 한다. 그는 우리의 행위 능력, 즉 현실을 변화시키는 〔정치적 행위〕 능력과, 폭우가 쏟아질 때도 '태양이 빛나고 있다'라고 말할 수 있는 우리의 신비로운 〔거짓말하기〕 재능 사이의 부정할 수 없는 유사성을 이용한다.

가령 몇몇 철학 〔학파〕들이 바랐던 것처럼 우리가 행태에서 철저히 조건화된 상태라면, 우리는 이 작은 〔정치행위의〕 기적을 결코 성취할 수 없을 것이다. 바꿔 말해서, 거짓말하기 능력—굳이 진실을 말하는 능력이 아니더라도—은 인간의 자유를 확인시키는 몇 안 되는 명백히 입증 가능한 자료에 속한다. 우리의 삶이 상황을 바꿀 수 있다는 것은 우리가 그러한 상황들로부터 상대적으로 자유롭기 때문이며, 부정직(不正直)을 통해 오용되고 왜곡되는 것이 바로 이 자유다. 가령 필연의 함정에 빠져서 행위의 자유를 암묵적으로 부인하는 것이 전문 역사가의 뿌리칠 수 없는 유혹이라고 한다면, 이 자유의 가능성을 과대평가하고 암묵적으로 사실들에 대한 거짓 부인이나 왜곡을 묵인하는 것은 전문 정치인의 거의 비슷한 수준의 저항할 수 없는 유혹이다.

물론 행위에 관한 한 '조직화된 거짓말하기'는 주변적 현상이지만 문제는 그와 정반대로 고작 사실을 말하는 일은 그 어떠한 행위로도 연결되지 않는다는 점이다. 정상적인 상황이라면 그것은 심지어 사물들을 있는 그대로 받아들이는 경향이 있다. (이 말이 물론 사실의 폭로가 정치조직들에 의해서 합법적으로 이용되거나, 또는 특별한 상황에서 공중의 이목을 집중시킨 사실적 문제들이 인종집단과 사회집단의 요구들을 적잖이 부추기고 강화할 수 있다는 점을 부정하는 것은 아니다.) [지금껏] 진실성은 결코 정치 덕목에 포함된 적이 없었다. 그 이유는 그것이 가장 합법적인 정치 활동에 속하는 세계의 변화와 상황의 변화에 실제로 기여할 것이 거의 없기 때문이다.

어떤 공동체가 특수한 것들과 관련해서뿐 아니라 원칙에 관해서 조직화된 거짓말하기에 착수한 곳에서만 오직 권력과 이익을 왜곡하려는 세력이 지지하지 않는 진실성 그 자체가 제1급의 정치적 요인이 될 수 있다. 모든 사람이 모든 중요한 것에 관해 거짓말을 하는 곳에서 진실을 말하는 사람은 그가 알고 있든 그렇지 않든 [정치]행위를 개시한 것이고, 동시에 [이미] 정치에 연루된 것이다. 그것은 그가 이 가망성 없는 사건에서 살아남는다면 세계를 변화시키는 일에 첫발을 내딛은 것과 다름 없기 때문이다.

그러나 이 상황에서 그는 이내 자신이 짜증이 날 정도로 불리한 입장에 있음을 다시 깨닫게 될 것이다. 앞에서 나는 사실들의 우발성을 언급한 바 있다. 사실들은 항상 자신이 아닌 다른 것이었을 수도 있으며, 그 자체로는 인간의 정신에 자명성과 그럴듯함을 증명하는 단서를 보유하지 않는다. 거짓말쟁이는 '사실들'을 청중의 이득과 쾌락, 심지어 단순 기대치에 들어맞도록 자유롭게 날조하기 때문에 진실을 말하는 사람보다 설득적일 수 있는 기회가 훨씬 많다. 사실 거짓말쟁이는 대개 그럴듯함을 자기 편으로 삼는다. 그의 설명은 고맙게도 비예측성—모든 사건의 두드러진 특징—의 요소가 〔거짓말을 통해〕 사라졌기 때문에 더욱 논리적으로 들린다. 헤겔의 표현대로 상식을 뒤집어엎는 것은 이성적 진실만이 아니다. 현실도 이득과 쾌락을 거스르는 것 못지않게 제법 빈번하게 상식적인 추론의 건실함을 거스른다.

이제 우리는 역사의 재기술, 이미지-메이킹, 그리고 정부의 실제 정책 등을 통해 분명해졌으며 비교적 최근에 나타난 현상인 사실과 의견의 대량 조작이라는 문제로 관심을 돌려야만 한다. 전통적으로 정치적 거짓말은 외교와 통치의 역사에서 매우 두드러졌고, 진짜 기밀—결코 공개된 바 없는 자료—이나 의도와 관련이 있었다. 그러한 것들은 아무튼 기성사실 정도의 신뢰성을 보유하지 않는다. 다만 우리의 내부에서 일어나는 모든 것과 마찬가지로 의도는 단지 잠재성일 뿐이고, 모종의 거짓말로 의도된 어떤 것도 결국은 사실로 드러날 수 있다.

이와 대조적으로 현대의 정치적 거짓말들은 결코 비밀이 아닌 것들, 사실상 모두가 알고 있는 것들을 효과적으로 다룬다. 이 점은 〔동시대에 사는〕 목격자들의 시선을 받으며 현대사를 재기술하는 경우에 명백하지만, 각종 이미지-메이킹 과정에서도 상황은 엇비슷하다. 이미지-메이킹 과정에서는 제아무리 잘 알려진 기성사실이라도 이미지에 해가 될 것으로 보이면 거부되거나 무시될 수 있다. 하나의 이미지는 구식 초상화의 경우처럼 실물보다 근사하게 그려야 하는 정도가 아니라 실물의 완전한 대체물을 제공해야 하기 때문이다. 그리고 이 대체물은 현대적 기술과 대중매체 덕분에 원형이 결코 도달할 수 없을 정도로 공중의 눈앞에 제시된다.

결국 우리는 프랑스가 제2차 세계대전의 승전국에 속했으므로 프랑스는 강대국의 일원이라는 것, 그리고 "국가사회주의의 야만성은 오직 독일의 비교적 작은 부분에 피해를 입혔다"[28]라는 것처럼 명백한 비-사실들(non-facts) 위에 자신의 기본 정책을 구축할 수 있었던 드 골(de Gaulle)이나 아데나워(Adenauer) 같은 대단히 존경받는 정치가들과 맞닥뜨리게 된다. 이러한 모든 거짓말은 그것을 지어낸 사람들이 알았든 그렇지 않든 어떤 폭력적 요소를 품고 있다. 오직 전체주의 정부들만이 거짓말하기를 살인의 첫 단계로서 의식적으로 채택했다 해도, 조직화된 거짓말하기는 항상 그것이 부정하기로 결정한 모든 것을 파괴하는 경향을 보인다. 트로츠키가 러시아 혁명사에서 자신이 한 역할이 아무것도 남아 있지 않다는 사실을 알았을 때 그는 자신의 사형 집행 영장이 발부되었다는 사실을 틀림없이 알았을 것이다. 확실히 어떤 공적인 인물을 역사 기록에서 삭제하는 일은 산 자들의 세계에서도 동시에 삭제할 수 있다면 한결 수월할 것이다. 바꿔 말해서 전통적인 거짓말과 현대적인 거짓말의 차이는 대체로 은폐와 파괴의 정도 차이와 맞먹게 된다.

더욱이 전통적 거짓말은 오직 특수한 사항들과 관련되며, 말 그대로 모든 사람을 속이려는 의도가 전혀 없는 유형이었다. 그것은 적을 겨냥하고 있었고, 오직 적을 속일 의도뿐이었다. 돌이켜보면 이 두 가지 한정 사항이 우리에게 거의 해가 없는 것으로 보일 수도 있다는 점에서 그것은 진실에 대해 제한적인 손상을 가할 뿐이었다. 사실들은 언제나 모종의 맥락 속에서 발생하기 때문에 어떤 특수한 거짓말—즉 전체 맥락을 변경하려는 그 어떠한 시도도 하지 않는 허

28) 프랑스에 관해서는 "De Gaulle: Pose and Policy"(*Foreign Affairs*, July 1965)라는 제목의 훌륭한 논문을 보라. 아데나워의 인용은 그의 『비망록 1945-1953』(*Memoirs 1945-1953*, Chicago, 1966, p.89)에서 발췌했다. 거기서 드 골은 그 생각을 점령군 당국자들의 의견으로 둔갑시켰다. 그러나 그는 총리 시절에 그것의 골자를 누차 이야기한 바 있다.

위 〔행위〕—은 사실성의 구조에 구멍을 낸다. 모든 역사가가 알고 있는 것처럼 누군가는 불일치, 구멍들, 또는 짜 맞춘 이음매 등을 알아차려 거짓말을 발견할 수 있기 때문이다. 그 〔원래의〕 구조 전체가 그대로 유지되는 한 거짓말은 결국 저절로 드러나게 마련이다. 두 번째 한정 사항은 기만하는 일에 개입한 사람들과 관련된다. 〔전통적 거짓말의 경우〕 그들이 대개 정치가나 외교관이라는 제한된 집단에 속해 있었으므로 자기들끼리는 여전히 진실을 알고 있었고 그것을 보존할 수도 있었다. 그러므로 그들은 자신이 만든 허위 때문에 피해를 볼 가능성이 없었다. 왜냐하면 자기 자신을 속이지 않고서 타인들을 속일 수 있었기 때문이다. 그러나 이러한 옛날식 거짓말하기 기술의 두 가지 허위 〔행위〕의 경감 상황들이 오늘날 우리가 직면한 사실들의 조작 〔과정〕에는 부재하다는 점이 두드러진다.

그러면 이 한정 사항의 중요성은 무엇이며, 우리가 그것을 경감 상황들로 지칭하는 일은 어째서 정당한 것일까? 이미지-메이킹에서는 어째서 자기기만이 필수불가결한 도구가 된 것일까? 단순히 타인들을 속이는 일보다 자신의 거짓말로 자신을 속이는 일이 왜 거짓말쟁이 자신은 물론 세계에도 훨씬 더 나쁜 것일까? 거짓말하기에 대한 혐오감이 너무 막대해서 타인에게 거짓말을 하기에 앞서 자신이 먼저 〔그것에 대해〕 확신을 가져야만 했다는 거짓말쟁이의 변명보다 더 나은 도덕적 변명이 또 있을까? 셰익스피어의 『템페스트』에 나오는 안토니오(Antonio)가 "자신의 거짓말에 신빙성을 부여하기 위해서" 자신을 "자기 기억을 왜곡한 한 사람의 죄인"으로 만들어야 했던 것처럼 말이다. 끝으로 그리고 아마도 가장 불안감을 불러일으키게 될 질문이 여기 있다. 예컨대 현대의 정치적 거짓말들이 너무나 방대해 그것의 사실적 구성 방식에 대한 전면적 재배치—이를테면 또 다른 현실을 만들어서, 마치 사실들이 그것들의 본래 맥락에 정확히 들어맞는 것처럼, 〔정치적 거짓말들이〕 접합선이나 갈라진 금 또는 벌어진 틈이 없이 들어맞도록—를 요구한다면, 무엇이 이 새로운 〔거짓〕 이야기들·이미지들·비-사실들을 현실과 사실성에 적합한 대체물이 되지 못하도록 막겠는가?

중세의 한 일화는 자신에게 거짓말하지 않고서 타인에게 거짓말하기가 얼마나 어려운지를 잘 보여준다. 어느 날 밤 어떤 마을에서 일어난 이야기다. 그 마을에는 사람들에게 적의 접근을 알리기 위해 파수꾼 한 명이 밤낮으로 보초를 서는 망대가 있었다. 마침 파수꾼은 짓궂은 장난을 좋아하는 자였는데, 그가 어느 날 밤 마을 사람들에게 약간 겁을 줄 생각으로 종을 울렸다. 그의 성공은 압도적이었다. 모든 사람이 방벽으로 달려갔고, 파수꾼 자신만 그대로 자리를 지키고 있었다. 이 이야기는 우리의 현실 인식이 우리의 동료들과 세계를 공유한다는 사실에 얼마만큼 의존하고 있는지, 공유되지 않은 무엇인가—그것이 진실이든 거짓말이든—를 고수하기 위해서는 어떠한 성격적 저력이 요구되는지를 암시한다.

요컨대 어떤 거짓말쟁이가 성공을 거두면 거둘수록 그가 자신이 날조한 것들의 먹잇감이 될 확률은 그만큼 더 커지게 된다. 게다가 피해자들과 같은 배에 탄 것으로 드러난 자기기만적인 사기꾼이 배 바깥에서 자신의 장난질을 즐기는 냉혹한 거짓말쟁이보다 훨씬 더 믿음직해 보일 것이다. 그러므로 오직 자기기만만이 진실성과 흡사한 어떤 것의 창조가 가능한 듯하다. 그리고 사실들에 관한 논쟁에서 때때로 즐거움·두려움·이익을 제압할 수 있는 어떤 기회를 창출하는 유일하고 설득력 있는 요인은 직접 모습을 드러내는 것이다.

최근에 나타난 도덕적 편견은 냉담한 거짓말하기에 관해서는 매우 엄중한 경향을 보이지만 고도로 발전한 자기기만의 기술에는 일반적으로 상당히 관대하고 포용적이다. 이러한 현재의 평가에 배치되는 것으로 인용할 만한 문학적 예제가 드문 와중에도 유명한 『카라마조프가의 형제들』의 첫 장면을 제시해볼 수는 있을 것이다. 속수무책의 거짓말쟁이인 아버지가 스타레츠(Staretz)에게 "내가 구원을 얻기 위해 해야 할 일은 무엇인지 아느냐?"라고 묻는다. 스타레츠는 "우선 아버지 자신에게 절대로 거짓말을 하지 마십시오"라고 대답한다.

도스토옙스키는 이 대답에 그 어떤 설명이나 해설을 덧붙이지 않는다. 사실 '당신 자신을 속이는 것보다 타인들에게 거짓말을 하는 편이 낫다'라는 진술을 지원하는 주장들은, 냉혹한 거짓말쟁이는 진실과 허위의 구분을 자각하고 있으므로 그가 타인들에게 감추고 있는 진실이 아직 세계의 외부로 완전히 퇴출되지 않았고 그것은 그를 최후의 피난처로 여기고 있다는 점을 지적했어야 했다. 〔이런 견지에서〕 현실이 입은 손상은 완결되거나 최종적인 것이 아니며, 같은 방식으로, 거짓말쟁이 자신이 입은 손상 역시 완결되거나 최종적인 것이 아니다. 그는 거짓말을 했지만, 아직은 거짓말쟁이가 아니다. 따라서 거짓말쟁이나 그가 속인 세계 둘 다 '구원'의 피안에 있는 것이 아니다. 스타레츠의 표현 방식을 차용하면 말이다.

이전 시대에는 알려지지 않았던 그러한 〔거짓말의〕 완전성과 잠재적 최종성은 현대의 사실 조작에서 비롯된 위험이다. 심지어 정부가 무엇이 사실인지 아닌지를 결정하고 공표하는 권력을 독점하지 못한 자유세계에서조차 거대한 이익집단들이 과거 외교 업무를 다루는 일과 그 최악의 형태로 분명하게 현전하는 위험 상황에 한정되었던 '국가의 존재 이유'(raison d'état)라는 프레임을 일반화했다. 정부 차원의 국가적 프로파간다들은 기업 관행과 〔광고업의 메카인〕 매디슨가(Madison Avenue)의 방법론에서 몇몇 묘기 그 이상을 학습했다.

외부의 적을 겨냥한 거짓말과 구별되며 내수(內需) 목적으로 만들어진 이미지들은 모든 사람의 현실이 될 수 있으며, 일차적으로는 이미지 조작자들 자신을 위한 현실이 될 수 있다. 그 이미지 조작자들은 자신의 '상품들'을 준비하는 동안 〔예상되는〕 희생자들의 잠재적 숫자를 생각하는 것만으로도 흥분감에 휩싸이게 된다. 확신하건대 숨은 목표 대상자들에게 '〔소비 영감을〕 불러일으키는' 허위 이미지의 창안자들은 여전히 자신이 사회적 차원 또는 국가적 차원에서 모종의 적을 속이려고 한다는 사실을 잘 인지하고 있다. 그러나 그 결과는 어떤 집단에 속한 사람들 전체, 심지어 나라 전체가 자신의 지도자들이 정적(政敵)들을 옭아맬 목적으로 쳐놓은 기만의 그물망으로부터 자신의 태도들을 도출할지도 모른다는 것이다.

그러면 다음과 같은 일들이 거의 자동으로 뒤따라 발생한다. 기만당한 집단과 기만한 사람들 양쪽 모두 그 프로파간다 이미지를 그대로 보존하는 데 집중할 것이다. 그 이미지는 적과 실제의 적대적인 이익집단들보다는, 그 집단 내부에서 어떤 방식으로든 그것의 주술에서 풀려나 이미지에 들어맞지 않는 사실이나 사건에 대해 말하기를 고집하는 사람들에 의해 위협받게 된다. 현대사는 실제로 반대파보다 사실적 진실을 말하는 사람들이 훨씬 더 위험하고 심지어 더 적대적으로 생각되었던 사례로 가득하다. 이렇듯 자기기만에 반대하는 논의와 '이상주의자들'의 항의를 혼동해서는 안 된다. 이상주의자들은 그것들의 덕목이 무엇이든 거짓말하기는 원칙적으로 나쁜 일이라고 반대하며, 적에 대한 옛날식 기만술에 대해서도 반대한다.

정치적으로 말해서, 요점은 현대의 자기기만술이 어떤 외부적 사안을 내부적 의제로 변형시킨 결과, 어떤 국제적 갈등이나 집단 간의 갈등이 국내 정치의 장으로 되돌아와서 〔재점화되는〕 효과를 내는 듯하다는 것이다. 냉전 기간에 〔동서〕 양 진영에서 자행된 자기기만의 사례는 너무나 많아서 다 열거하기도 어렵지만 이와 관련해서는 가장 적절한 사례를 제공한다. 대중 민주주의에 대해 비판적인 보수주의자들이 종종 이런 형태의 정부가 국제 관계에 초래할 위험들을 요약·제시했다. 그러나 군주제나 과두제의 특수한 위험에 대해서는 언급하지 않았다. 그들의 논의가 지닌 힘은 완전한 민주적 조건들 아래서는 자기기만이 수반되지 않는 기만은 거의 불가능하다는 부정할 수 없는 사실에 기초하고 있다.

많은 수의 독립 국가를 망라하는 현재의 세계적 통신 체계 아래서는 기존의 어떠한 정권도 자신의 '이미지'를 완벽히 조작할 수 있을 만큼의 위대한 수준에는 이르지 못한다. 그러므로 이미지들의 기대수명은 상대적으로 짧은 편이다. 이미지들은 위급 상황이 발생하거나 어떤 〔다른〕 현실이 다시 공중 앞에 모습을 드러냈을 때뿐만 아니라 그 이전에조차도 폭발할 가능성이 있다. 왜냐하면 사실들의 파편이 상충하는 이미지들 사이의 프로파간다 전쟁을 지속적으로 교란하고 궤도에서 벗어나게 하기 때문이다. 그러나 이것은 현실이 감히 자신을 무시하는 사람들에 대해 복수하는 유일한 길도 아니고 심지어 가장 유의미한 방법도 아니다.

그러나 이미지들의 기대수명은 어떤 세계 정부나 현대판 '로마에 의한 평화'(Pax Romana)하에서도 상당한 수준으로 늘어나기 어렵다. 이 점은 지금까지 이데올로기와 이미지들을 현실과 진실의 영향력으로부터 보호하는 데 가장 효과적인 〔정치〕 체제로 알려진, 상대적으로 폐쇄적인 〔정치〕 체제인 전체주의 정부와 일당독재 국가들이 잘 보여주고 있다. 물론 그러한 기록 정정은 결코 순탄하게 진행되지 않았다. 우리는 1935년 스몰렌스크 아카이브(Smolensk Archive)[29]

29) 1917~39년 소련 서부지역의 당 조직이 기록한 것으로, 1941년 독일군이 소련을 침공했을 때 노획한 것을 2차 대전 이후 미국이 가져갔다. 미국은 2002년 12월 3일 자로 이 문서를 러시아 연방에 공식적으로 반환했다—옮긴이.

에서 발견된 비망록에서 이런 종류의 계획이 무수한 어려움을 야기한다는 사실을 읽을 수 있다. 예를 들면, "지노비예프(Zinoviev)·카메네프(Kamenev)·리코프(Rykov)·부하린(Bukharin) 등이 전당대회와 당중앙위원회 총회, 코민테른(Comintern)과 소비에트 총회, 그리고 그 밖의 장소에서 했던 연설들을 어떻게 할 것인가? 레닌, 지노비예프, …그리고 다른 사람들이 공동으로 저술하고 편집한… 마르크스주의 명문 선집은? 카메네프가 편집한 레닌의 저작들은? …트로츠키가… 『국제공산주의』(*Communist International*)에 글을 기고했다면 그것을 어떻게 해야 하는가? 그 많은 문건이 전부 압수되어야 하는가?"[30] 이러한 것들은 정말로 당혹스러운 질문이지만 아카이브는

---

30) 문서의 일부는 Merle Fainsod, *Smolensk Under Soviet Rule*, Cambridge, 1958, Mass., p.374에 수록 및 간행되었다. [지노비예프는 1919-26년 코민테른의 집행위원장으로 국제혁명운동을 지도했고, 1924년 레닌이 사망한 후에는 스탈린, 카메네프와 함께 트로이카 지도체제를 형성해 당의 주류가 되었으며, 반(反)트로츠키 운동을 벌였다. 그러나 1925년 카메네프와 함께 레닌그라드 반대파 (당내 좌파)를 이끌고 스탈린파와 대립해 트로츠키와 제휴했다가 패배해 1927년 당에서 제명되었다. 1934년 키로프 암살사건에 연루되어 1936년 처형되었다. 카메네프는 1917년 볼셰비키 최초의 정치국 국원이 되었고, 1919년 모스크바 소비에트 총회의 의장으로 선출되면서 당과 정부의 요직을 역임했다. 1920년대의 지도권 쟁탈전에서 처음에는 스탈린과 결탁했으나 나중에는 반(反)스탈린파가 되어 당내 투쟁에서 패배했다. 1934년 키로프 암살사건에 연루되었다는 혐의를 받아 처형되었다. 리코프는 레닌 사후 그 뒤를 이어 1924년 인민위원회 의장(총리)에 취임했다. 그러나 당내 논쟁에서 부하린 등의 우파에 가담, 스탈린의 농업 집단화에 반대했다가 실각해, 1930년 몰로프에게 그 지위를 넘겨주었다. 이후 1930년대 후반의 대숙청 때 우익 트로츠키스트 음모사건에 연루되어 1938년 트로츠키스트 재판에서 사형을 선고받아 처형되었다. 부하린은 브레스트리토프스크 강화조약을 둘러싸고 레닌과 대립해 '좌익 공산주의자' 지도자가 되었으며, 그 후 스탈린과 합세해 트로츠키를 실각시켰다. 1927년 지노비예프를 대신해 코민테른 집행위원회 의장이 되었으나, 후에 '우익 반대파'로서 주류파와 대립하다가 실각했다. 그 후 대숙청의 소용돌이 속에서 1938년 총살되었다. 코민테른(제3인터내셔널)

이에 대한 대답들을 담고 있지 않다.

이런 국가들의 고충은 자신들이 진실한 이야기의 대체물로 제공한 거짓을 계속해서 변화시켜야 한다는 것이다. 상황의 변조는 이 역사책을 저 역사책으로 교체하거나 백과사전과 참고서적 속의 관련 페이지들을 다른 것으로 대체하기 전까지 전혀 알려지지 않았거나 알려졌더라도 미미한 수준으로 알려졌던 이름을 위해 특정 이름을 삭제하도록 요구한다. 비록 이 지속적인 불안정성이 진실이 어떠한 것이었는지를 암시하지 않더라도 그것 자체가 모종의 암시이며, 또한 사실적인 세계와 관련된 모든 공적인 발화들의 허위적 특성에 대한 강력한 암시다. 확실하고 장기적인 세뇌의 결과는 특이한 유형의 냉소주의—어떤 것의 진실이 얼마나 확고하게 수립된 것인지와 상관없이 절대로 믿지 않겠다는 거부—라는 사실이 자주 눈에 띄었다. 바꿔 말해서 사실적 진실을 거짓말들로 지속적이고 완전한 방식으로 교체한 결과는, 이제 거짓말이 진실로 수용되고 진실이 거짓으로 폄하된다는 것이 아니라, 우리가 현실 세계에서 우리 자신의 태도를 결정하는 감각—그리고 '진실 대(對) 허위'라는 범주는 이 목적을 〔실현하기〕 위한 정신적 수단에 속한다—이 파괴되어간다는 것이다.

이 문제에 대한 처방책은 아무것도 없다. 그것은 단지 모든 사실적 실재의 혼란을 일으키는 우발성의 다른 측면일 따름이다. 인간사의

은 제1차 세계대전으로 제2인터내셔널이 와해된 후 레닌의 지도 아래 각국 노동운동 내의 좌파가 모여 1919년 모스크바에서 창립한 것으로, 마르크스-레닌주의를 사상적 기초로 삼았다. 중앙집권적인 조직을 가지며 각국 공산당에 그 지부를 두었다. 프롤레타리아 독재를 통한 사회주의의 달성이라는 노선에 입각하고 있다는 점에서 제2인터내셔널과 구별된다. 제1·2차 세계대전 사이에 공산주의자들의 투쟁을 촉진시키며 7회의 대회를 가졌으나, 스탈린에 의해 다수의 지도자들이 숙청된 후 1943년 해산되었다—옮긴이.]

영역에서 실제로 일어나는 모든 것은 다른 것이 될 수도 있었으므로, 거짓말하기의 가능성은 무한하고 이 무한성이 〔거짓말쟁이의〕 자멸에 기여한다. 어쩌다 한 번씩 거짓말을 하는 사람은 확고한 일관성을 가지고 자신의 특수한 허위성을 고수할 수 있다고 생각할 것이다. 그러나 이미지와 이야기를 간단없이 변화하는 상황에 짜 맞추려는 사람은 활짝 열린 잠재성의 지평 위에서 자신이 하나의 가능성에서 다른 가능성으로 부유(浮遊)하고 있음을 알게 될 것이며, 자신이 조작한 것들 가운데 그 어느 것에도 달라붙을 수 없을 것이다. 그들은 현실과 사실성에 적합한 어떤 대체물을 얻기는커녕 사실들과 사건들을 그것의 기원인 잠재성으로 다시 변형시켰다. 사실들 및 사건들이 가지는 사실성의 분명한 신호는 바로 이 완고한 '맥락성'(thereness)[31] 이다. 이것의 고유한 우발성은 궁극적으로 모든 최종적인 설명 시도들을 거부한다.

이와 대조적으로 이미지들은 항상 설명될 수 있고 그럴듯하게 꾸며질 수도 있지만—이 점이 그것들에게 사실적 진실과 비교되는 일시적인 편의를 부여하지만—결코 그저 있는 모습 그대로 거기에 실재하는 것의 안정성과는 경쟁할 수 없다. 왜냐하면 그것은 어쩌다 보니 다른 모습이 아닌 그냥 그러한 모습이 되어 있었기 때문이다. 은유적으로 말해서, 바로 이것이 일관된 거짓말하기가 우리 발밑의 땅을 파놓은 다음, 우리가 발 딛고 설 땅을 제공하지 못하는 이유다. (몽테뉴의 표현으로 바꾸면, "허위가 진실처럼 오직 한 개의 얼굴뿐이라면 우리는 우리가 현재 어디에 있는지에 대해 더 잘 알 수 있을 것이다.

31) 여기서 아렌트는 하이데거의 Dasein의 da, 즉 there의 개념을 원용하고 있는 듯하다. 하이데거의 실존주의적 사유 방식을 전유한 아렌트의 관점에서 어떤 사물에 대한 진정한 이해는 그것의 특수한 시간 및 공간적 맥락과 분리될 수 없다—옮긴이.

그 경우에 우리는 거짓말쟁이가 우리에게 말하는 것의 반대를 확실히 알 수 있기 때문이다. 그러나 진실의 반대는 수천 가지의 모습이고 무한정한 〔활동의〕 장을 가지고 있다.") 우리가 방향 감각과 현실감을 얻기 위해 의존하는 사물들 각각이 무섭게 흔들거리는 움직임에 대한 경험은 전체주의 통치하에서 사람들이 경험하는 가장 공통적이고 가장 생생한 경험 가운데 하나다.

그러므로 거짓말하기가 행위, 즉 세상을 변화시키는 일—간단히 말하자면 정치—에 대해 가지는 부정할 수 없는 유사성은 인간의 행위 능력에 개방된 사물들의 본질 바로 그것에 의해서 제한된다. 확신에 찬 이미지 조작자가 모든 사람이 어떻게든 제거하고자 하는 사실적인 사안들에 관해 거짓말을 함으로써 변화들을 예상할 수 있다고 믿을 때 그는 실수를 하고 있는 것이다. 저개발국의 정치인들과 선동가들에게 아주 소중한 '포템킨(Potemkin) 마을들의 건설'[32]은 결코 실제 상황으로 연결되지 못하고 단지 사기 행각의 확산과 완성으로 귀결될 뿐이다.

〔정치〕행위에 개방되어 있는 것은 과거—물론 모든 사실적 진실은 과거와 관련되지만—또는 과거의 산물인 현재가 아닌 미래다. 가령 과거와 현재가 미래의 일부로 취급된다면—즉 과거와 현재를 그것들의 이전 상태인 잠재성으로 다시 돌려놓을 수 있다면—정치 영역은 그것의 주된 안정화하는 힘뿐 아니라, 변화를 위한 출발점, 즉 어떤 것을 새롭게 시작하는 출발점마저 박탈당한다. 그렇게 되면

32) 러시아의 예카테리나 여제가 낙후된 지역 순방 계획을 밝히자 당시 그곳을 다스리던 포템킨이라는 귀족은 예카테리나 여제가 배를 타고 지나가는 길목마다 두꺼운 종이에 발전된 마을의 모습을 그려 넣은, 말 그대로, '가짜 마을'을 건설해 보여주었다. 그 결과 예카테리나 여제는 마치 자신이 부유하고 발전된 마을들을 지나가고 있는 것으로 착각했다고 한다—옮긴이.

어떤 프로파간다의 시대에 탄생하게 된 불운을 가진 여러 신생 국가의 특징인 총체적 불임성 속에서 계속 바꾸고 뒤집어버리는 국면으로 넘어가게 되는 것이다.

사실들이 권력의 수중에서 안전하지 못한 것은 분명하다. 그러나 여기서의 핵심은, 권력은 본질상 결코 사실적인 실재가 확보한 안정성을 대신할 만한 어떤 대체물을 만들어내지 못한다는 것이다. 사실적 실재는 〔곧〕 과거이므로 우리가 닿을 수 없는 어떤 차원이 되었다. 사실들은 완고함〔을 견지하는 방식〕을 통해 자신을 천명한다. 그리고 그것들의 허약성은 기이하게도 대단한 탄력성(彈力性)과 결합되어 있다. 〔사실들이 보여주는 것과 같은〕 동일한 철회 불가능성이 모든 인간 행위의 특징이다.

완고함에 관한 한, 사실들이 권력보다 우월하다. 사실들은 권력의 형성 양태들보다 덜 한시적이다. 권력은 사람들이 어떤 목적을 위해 함께 모일 때 발생하지만 그 목적이 달성되거나 상실되면 이내 사라지기 때문이다. 이러한 한시적인 성격이 권력을 어떤 종류의 영구성이든 그것을 획득하는 일에서 매우 신뢰할 수 없는 도구로 간주되게 한다. 따라서 권력의 수중에서는 진실과 사실들뿐 아니라 비진실과 비사실들도 불안하기는 마찬가지다. 〔한마디로〕 사실들에 대한 정치적 태도는, 인간이 사실들을 막을 수 없으므로 속수무책으로 필연적인 과정의 결과로서 받아들이는 위험과, 사실들을 부인하고 조작해 세계의 외부로 퇴출시키려고 시도하는 위험 사이의 매우 협소한 통로를 실제로 밟고 지나가는 것이다.

V

결론적으로 나는 내가 글의 처음에서 제기했던 질문들로 복귀한다. 진실은 비록 무력하고 기존의 권력들과 정면충돌해 늘 패할지라도 그것만의 저력을 보유한다. 권력을 쥔 사람들이 무엇을 획책하든 간에 그들은 진실을 대체할 수 있는 것을 찾아내거나 고안하지는 못한다. 설득과 폭력이 진실을 파괴할 수 있을지언정 그것을 대체할 수는 없다. 이 점은 이성적 또는 종교적 진실에 적용된다. 마치 그것이 한층 명백하게 사실적 진실에 적용되는 것처럼 말이다. 진실의 관점에서 정치를 바라보는 일은, 내가 이 글에서 시도했던 것처럼, 정치영역 외부의 입장에서 정치를 들여다보는 것을 의미한다. 여기서 입장이란 진실을 말하는 사람의 입장인데, 가령 그가 인간사에 직접적으로 개입해 설득의 언어나 폭력의 언어로 말하려고 하면 자신의 입장—그가 말해야 하는 것의 타당성도 함께—을 잃게 된다. 우리는 이제 바로 그 입장과 그것이 정치영역에서 가지는 중요성으로 관심을 옮겨야만 한다.

정치영역 외부—우리가 속해 있고, 우리의 벗들과 함께 사는 공동체의 외부—에 놓인 입장은 분명 다양한 '홀로 있음'(being alone)의 양식 가운데 하나로 특징지어진다. '진실 말하기'(truthtelling)의 현존 양식 가운데 눈에 띄는 것은 철학자의 고독, 과학자와 예술가의 고립, 역사가와 판사의 불편부당, 사실-발견자와 증인과 기자의 독립성이다. (이 불편부당은 정치영역의 내부에서 획득한 것이 아니고, 그러한 직종에 요구되는 제3자의 입장에 고유한 것이라는 점에서, 앞서 언급한 〔판단의 과정을 통해〕 조정된 표상적 의견의 불편부당과는 성격이 약간 다르다.) 이 홀로 있음의 양식들은 여러 측면에서 서로 다르지만, 그 양식들 가운데 어느 하나가 지속되는 한 어떠한 정치적 신념이나 명분에 대한 집착이 불가능하다는 특성을 공유한다. 물론 그것들은 모든 사람에게 공통적이며, 그것 자체는 인간실존의 양식이다. 다만 그 가운데 하나가 삶의 방식으로 채택될 때—심지어 그럴 때조차도 삶은 결코 완전한 고독이나 고립 또는 독립 속에서 영위될 수 없다—에는 '정치적인 것'(the political)의 요구들과 갈등을 빚을 가능성이 있다.

다만 우리가 갈등 상황에 있는 경우라면 진실의 비정치적이고, 심지어 잠재적으로는 반정치적이기조차 한 본질—'비록 세계가 멸망할지라도 정의를 실현하라'—을 인식하게 되는 것이 매우 자연스럽다. [이 글에서] 나는 지금까지 이런 측면을 강조해왔다. 그러나 이것으로 모든 이야기를 다 했다고 말할 수는 없다. 기존의 권력들이 구축하고 지원하는 특정의 공적 기관들이 이야기에서 빠져 있기 때문이다. 이러한 기관들에서는 모든 정치 규칙들의 경우와 대조적으로 진실과 진실성이 언제나 발언과 노력이 준수해야 할 최고 기준들의 구성 요소가 되었다.

이 가운데서 특히 우리의 눈에 띄는 것이 사법부이며, 이것은 정부의 한 부처로서 또는 사법 행정을 맡고 있는 기관으로서 사회권력과 정치권력으로부터 조심스럽게 보호를 받는다. 또한 국가는 고등교육기관에 미래 시민들의 교육을 위탁한다. '아카데미'(Academe)[33]라는 단어의 고대적 기원들을 상기하는 한 그것이 폴리스의 가장 단호하고 가장 영향력 있는 정적(政敵)에 의해 세워졌다는 사실을 기억해야 한다. 플라톤의 꿈은 분명 이루어지지 않았고, 아카데미는 결코 기존의 사회에 대한 모종의 대안-사회가 되지 못했다. 우리는 대학들이 권력을 잡으려고 시도했다는 말을 그 어디에서도 들어본 적이 없다.

그러나 플라톤이 결코 꿈꾼 바 없었던 것이 실현되었다. 정치영역

33) 플라톤이 기원전 387년 아테네에 세운 학원으로 서구 대학의 효시로 간주된다—옮긴이.

은 사법 행정에 요구되는 불편부당에 덧붙여 권력투쟁의 외부에 있는 어떤 기관이 필요함을 인식하게 되었다. 이러한 고등교육의 장들이 민간 〔재원〕에 의해 운영되든 공공 〔재원〕에 의해 운영되든 그것은 그리 중요하지 않다. 그것의 고결성뿐만 아니라 현존 자체가 어차피 정부의 선의(善意)에 좌우되기 때문이다. 대학들로부터 바로 그 환영받지 못하는 진실들이 쏟아져 나오고, 환영받지 못하는 판결들이 재판석에서 반복적으로 〔다음 세대에게 이전 판례로서〕 계승된다. 물론 이러한 기관들은 진실의 다른 은신처들과 마찬가지로 사회권력과 정치권력으로부터 발생하는 모든 위험에 노출된 채로 남아 있다. 그럼에도 진실이 공적으로 우월해질 기회들은 물론 그러한 장소들이 현존한다는 바로 그 사실과 그러한 장소들과 결부된 중립적이고 아마도 사심이 없을 것으로 추정되는 학자들의 조직 방식에 의해 상당히 향상된 것은 사실이다. 적어도 입헌 통치 국가들의 경우에는 정치영역—설령 그들과 마찰 상태에 있을 때조차도—이 권력을 휘두를 수 없는 사람들과 기관들이 현존하는 것에 〔국가적〕 이해관계가 있다는 사실을 깨닫게 되었음을 부인하기 어렵다.

이러한 〔고대〕 아카데미의 진정한 정치적 의미가 오늘날 직업적인 학교들의 돌출과 자연과학 분야의 진화로 인해서 쉽게 간과되고 있다. 자연과학 분야의 순수 연구가 예상 밖으로 국가 전체에 매우 중요한 결정적인 성과물을 무수하게 내놓았기 때문이다. 누구도 대학의 사회적 유용성과 기술적 유용성을 부정하지는 않겠지만, 이러한 중요성은 정치적인 성격이 아니다. 〔정치적인 성격으로 따진다면〕 사실적 진실을 규명하고 수호하며 해석하는 역사학과 인문학 분야들에 훨씬 더 정치적으로 중요한 적실성이 있다.

사실적 진실을 말하는 것은 저널리스트들—물론 그들이 없다면 우리는 결코 계속 변화하는 세계 속에서 우리의 방향 감각을 찾을 수 없을 것이고, 말 그대로 우리가 어디에 있는지를 결코 확인할 수 없겠지만—이 매일 공급하는 정보보다 더 많은 것을 함축한다. 물론 이 점이 가장 직접적인 정치적 중요성이다. 그러나 가령 언론이 정말로 '정부의 제4부'가 된다면 그것은 사법부보다도 더욱 조심스럽게 행정부의 권력과 사회적 압력으로부터 보호되어야 할 것이다. 왜냐하면 정보를 공급하는 바로 이 중요한 정치적 기능은 엄격히 말해서 정치영역의 외부에서 수행되기 때문이다. 〔따라서〕 그 어떤 행위도 그리고 또 그 어떤 결정도 관여되지 않으며 당연히 그래서도 안 될 것이다.

현실은 사실과 사건들의 총체 그 이상이며, 좀처럼 확인할 수가 없다. 실재하는 것(λέγει τὰ ἐόντα)을 말하는 사람은 항상 모종의 이야기를 서술하며, 그 이야기 속에서 특수한 사실들은 우발성을 잃고 그 대신 인간이 이해할 수 있는 의미를 획득한다. "가령 당신이 슬픔을 하나의 이야기로 만들거나 그것에 관한 이야기를 서술한다면 온갖 슬픔을 견딜 수 있다"라는 디네센(Isak Dinesen)의 통찰은 완벽한 사실이다. 그는 우리 시대의 위대한 이야기꾼 가운데 한 사람이었을 뿐만 아니라 자신이 무엇을 하고 있는지를 잘 알고 있었다. 이런 측면에서 디네센은 거의 독보적이었다. 그는 기쁨과 은총 역시도 인간이 그것들에 관해 말하고 또 그것들을 하나의 이야기로서 서술할 때 비로소 인간이 감당할 수 있고 유의미한 것이 된다고 덧붙일 수도 있었을 것이다.

사실적 진실을 말하는 사람은 모종의 이야기꾼인 한, 탁월한 역사철학자 헤겔이 모든 철학적 사유의 궁극적 목표라 이해했으며 단순한 박식함을 초월하는 모든 역사 편찬의 은밀한 원동력인 '현실과의 화해'를 이루어낸다. 역사가가 마치 소설가(좋은 소설은 결코 그저 꾸며낸 어떤 이야기이거나 순전한 환상적 허구가 아니다)인 양 '단순히 발생한 사건들'(sheer happenings)이라는 주어진 날것 그대로의 자료를 변형시키는 일은, 시인이 기분이나 마음의 움직임을 이상화(理想化)하는 것—슬픔을 애도로 혹은 환호를 찬미로 미화하는 것—과 매우 흡사한 효과를 내야만 한다.

우리는 아리스토텔레스의 설명에서 시인의 정치적 기능은 카타르시스의 작동, 즉 사람들이 행동에 돌입하는 것을 막을 수 있는 모든 감정의 정화나 숙청임을 알게 될지도 모른다. 이야기꾼—역사가 또는 소설가—의 정치적 기능은 사물을 있는 그대로 수용하도록 가르치는 것이다. 이 수용〔의 태도〕에서 진실성이라고도 바꿔 부를 수 있는 판단 능력이 발생한다. 다시 디네센의 말을 차용하면, "결국 우리는 그것을 바라보고 검토할 특권을 가지게 될 것이며, 이는 심판의 날로 이름 붙여진 바로 그것이다."

확실히 이러한 정치적으로 적합한 기능들 전부가 정치영역의 바깥에서 수행된다. 그것들은 사유와 판단에 있어 비-전념(專念)과 불편부당, 즉 자익으로부터의 자유를 요구한다. 사심 없이 진실을 추구하는 일은 유구한 역사를 가진다. 그것의 기원은, 특유의 성격대로, 우리 〔서구〕철학 및 정치사상의 전통을 포함한 모든 사변적 전통과 과학적 전통에 선행한다. 내 생각에 그것은 호메로스가 아키아인 〔즉 그리스인〕뿐 아니라 트로이인의 행적을 전파하기 시작하고, 자기 동족의 영웅 아킬레스뿐만 아니라 적이자 패배자인 헥토르의 영광을 찬양한 순간까지 거슬러 올라갈 것이다.

이러한 〔공평한〕 태도는 〔그 이전까지〕 다른 어느 곳에서도 나타난 적이 없었다. 그 어떤 문명도, 그것이 얼마나 찬란한 것이었든, 〔이처럼〕 공평한 시선으로 친구와 적, 성공과 실패를 바라보지 못했다. 호메로스 이래로 공평한 시선은, 비록 그것이 인간 삶의 숙명을 결정하는 궁극적인 요인일지라도, 인간의 판단을 위한 궁극적 기준으로는 인식되지 않았다. 호메로스식의 공평무사함이 그리스 역사 전체에 걸쳐 감지되며, 이것은 역사의 아버지이자 최초로 위대한 사실적 진실을 말했던 사람에게 영감을 주었다. 헤로도토스는 〔「페르시아 전쟁사」라는〕 자기 이야기의 첫문장에서 "그리스인들 그리고 야만인들의 위대하고 경이로운 행적을, 그들이 마땅히 누려야 할 영광의 상실로부터" 보호하기 위해 저술 작업을 시작했다고 말했다. 이것이 이른바 모든 객관성의 뿌리다. 서구 문명 외부로는 알려지지 않은, 어떤 대가를 치르더라도 지적 청렴(淸廉)을 지키겠다는 이 기이한 열정, 그것이 아니었더라면 그 어떤 학문도 결코 존재하지 못했을 것이다.

나는 여기서 정치를 진실의 관점, 즉 정치영역 외부의 관점에서 다뤘기 때문에 정치영역 안에서 진행되고 있는 것의 위대함과 존엄에 관해서는 지나치는 말로도 언급하지 못했다. 나는 정치영역에 대해 그것이 마치 편파적이며 상충하는 이익들의 전투장 그 이상은 아닌 것처럼, 또 쾌락·이득·당파주의·지배욕만이 의미를 갖는 곳인 것처럼 이야기했다. 한마디로 나는 정치를 마치 나 역시도 모든 공적인 사안들이 이익과 권력의 지배를 받는다고 생각하는 듯이 다루었고, 또한 우리가 삶의 필요들을 보살펴야 하는 게 아니라면 정치영역이 존재할 이유가 없다고 믿는 듯이 다루었다. 이처럼 흉측한 변형의 이유는 사실적 진실이 단지 인간사의 가장 낮은 수준에서 '정치적인 것'과 충돌하기 때문이다. 마치 플라톤의 철학적 진실이 의견과 동의라는 상당히 높은 수준에서 '정치적인 것'과 충돌했던 것처럼.

이런 관점에서 볼 때 우리는 여전히 정치적 삶의 실제 내용—벗들과 함께 있는 기쁨, 함께 행동하고 공적인 장에 출현하는 즐거움, 말과 행위를 통해 우리 자신을 저 세계 속에 삽입함으로써 개인적 정체성을 획득하고 지탱하며 무언가 완전히 새로운 것을 시발하는 기뻠과 만족감—에 대해 눈치채지 못하고 있다. 그러나 내가 여기서 보여주고자 했던 바는 이 〔정치〕영역 전체가 그것의 위대함에도 불구하고 제한적이라는 점이다. 그것은 인간과 세계의 현존 전체를 포괄할 수 없다. 정치영역은 사람들이 자신의 의지에 따라 변화시킬 수 없는 사물들에 의해서 제한을 받는다. 그리고 우리가 자유롭게 행동하고 변화시킬 수 있는 이 영역의 경계선을 존중한다는 전제로만 그것의 고결성을 보전하고 약속들을 지키면서 원래 모습 그대로 남아있을 수 있다. 개념상 우리는 우리가 바꿀 수 없는 것을 '진실'(truth)이라 부를 수 있을 것이다. 은유적으로 말해서 그것은 우리가 딛고 서 있는 땅이자 우리의 머리 위로 펼쳐지는 하늘이다.

8장 우주 정복과 인간의 위상

"인간의 우주 정복은 인간의 위상을 드높였는가 아니면 떨어뜨렸는가?"[1] 이는 과학자는커녕 과학에 문외한인 자에게 제기된 질문이다. 오히려 그것은 물리적 세계의 현실에 대한 물리학자의 관심과 구별되는 것으로서 인간에 대한 인본주의자의 관심에서 촉발되었다. 물리적 현실을 이해하려면 인간 중심적 또는 지구 중심적 세계관의 포기뿐 아니라, 모든 인격화된 요소들 및 원칙들을 급진적으로 제거해야 하는데 그 이유는 인격화된 요소들 및 원칙들이 인간의 다섯 가지 감각이 감지한 세계 또는 인간 정신의 고유한 범주들로부터 발생하기 때문이다.

앞의 질문은 인간을 우리가 알고 있는 최고(最高)의 존재로 가정한다. 이 가정은 로마인으로부터 계승한 것이며, 로마인들의 '후마니타

1) 이 질문은 '우주에 관한 심포지움'에서 *Great Ideas Today*(1963)의 편집자들이 제기했다. 그들은 특히 '우주 탐험은 인간이 자기 자신에 대해 가지고 있는 관점과 인간의 조건에 영향을 주는 것은 무엇인가'라는 문제에 중점을 두었으며, 또한 "그 질문은 과학자로서 생산자로서 또는 소비자로서의 인간이 아니라 인간으로서의 인간에 관심을 두었다"라고 덧붙였다.

스'(humanitas)라는 말은 그것을 지칭하는 단어조차 가지고 있지 않았던 그리스적인 사고의 틀에는 매우 이질적이었다. (그리스어와 그리스 사상에 '후마니타스'라는 말이 없는 것은 그리스인들이 로마인들과 대조적으로 인간을 이 세상에 현존하는 최고의 존재로 생각하지 않았기 때문이다. 아리스토텔레스는 이 믿음을 '아토포스'atopos, 즉 '터무니없는'absurd 것이라고 말한다.[2])

'인간이 최고의 존재'라는 생각은 과학자들에게 훨씬 더 낯설 것이다. 그들에게 인간은 유기체적 삶의 특별한 사례에 지나지 않으며, 인간의 서식지—지구, 그리고 지구와 함께 묶인 법칙들—는 절대적이고 보편적인 법칙들, 즉 우주의 광대함을 다스리는 법칙들에서 벗어나는 어떤 특별한 경계선일 뿐이다. 과학자는 분명히 '나의 연구가 인간의 위상에 (또는 그 문제에, 또는 미래에) 어떤 영향을 끼칠 것인가'를 묻도록 허락하지 않을 것이다. 현대 과학이 그러한 모든 인간 중심적인 것들, 즉 진정으로 인간주의적인 관심사들로부터 스스로를 완전히 해방시킬 수 있었던 것은 현대 과학의 대단한 승리였다.

여기서 제기된 질문이 일반인에게 주어진 것이라면 그것은 (가령 그것에 답이 주어질 수 있다고 하면) 상식적이고 일상적인 언어로 답해져야만 한다. 그리고 그 대답은 과학자에게 확신을 줄 수 없을 것이다. 과학자는 사실들과 실험들의 강제 아래 자신의 감각지각을 포기하고 그 결과로 상식마저도 포기하도록 강요받아왔기 때문이다. 〔반면에 과학자가 아닌〕 우리는 우리의 오감을 조율해 현실에 대한 전체적 자각을 한다. 과학자는 일반 언어 사용마저 포기하도록 강요받아왔다. 일반 언어는 심지어 가장 정교한 개념적 정제 과정에서조

2) 아리스토텔레스, 『니코마코스 윤리학』, book VI, ch.7, 1141a20ff.

차도 저 감각의 세계 및 상식과 어찌해볼 도리 없이 단단히 묶여 있기 때문이다. 과학자의 관점에서 보면 인간은 그저 다양한 모습으로 명시화된 우주의 관찰자 그 이상이 아니다. 현대 과학의 진보 과정은 이 관찰된 우주, 즉 무한히 큰 것 못지않게 무한히 작은 우주가 인간 감각지각의 조악함뿐 아니라 그것의 정체를 목적으로 구축된 엄청나게 영리한 도구들조차 무효화하게 되었는지를 매우 설득력 있게 보여주었다.

현대의 물리적 연구와 관련된 자료는 〔마치〕 "저 실제 세계에서 온 신비로운 전령"처럼 모습을 드러낸다.[3] 물리적 자료는 엄밀히 말해서 현상들, 즉 외견들이 아니다. 우리가 그러한 물리적 자료들을 일상의 세계에서도, 실험실에서도 접할 수 없기 때문이다. 단지 그것들이 우리의 측정 수단들에 특정의 방식으로 영향을 미치기 때문에 현전한다는 사실을 알고 있을 뿐이다. 이러한 효과는, 에딩턴(Eddington)이 제시한 선명한 이미지를 통해 설명하면, "전화번호가 그것의 주인에게 가지는 관계성"과 상당히 흡사한 관계를 가질 것이다.[4]

문제의 요점은 에딩턴이 조금도 주저하지 않고 그러한 물리적 자료가 우리가 사는 세계보다 암묵적으로 훨씬 현실적인 어떤 '실재적 세계'에서 나온다고 가정한다는 것이다. 〔이 대목에서 우리의〕 고민은 '물리적인 어떤 것'(something physical)이 현전하면서도 결코 모습을 나타내지 않는다는 점이다.

우리를 마침내 말 그대로 달로 인도한 현대 과학의 목표는 (자기

3) Max Planck, *The Universe in the Light of Modem Physics*, 1929. 여기서는 *Great Ideas Today*, 1962, p.494에서 재인용.

4) J. W. N 설리번(Sullivan)이 *Limitations of Science*(Mentor Books, 1949), p. 141에서 인용한 것이다.

자신의 업적이 구식으로 만드는 데 일조했던 어떤 어휘에 여전히 묶여 있는 닐스 보어Niels Bohr가 설명한 것처럼)[5] 더 이상 인간의 경험을 '증대하고 질서화'하는 것이 아니다. 오히려 그 목표는 훨씬 더 인간의 감각들과 정신에 스스로 드러나는 저 자연현상의 이면에 놓여 있는 것을 발견하는 일이다. 가령 과학자가 인간의 감각 기관과 정신 기관들의 본질에 관해 숙고했더라면, 즉 그가 '인간의 본성은 무엇이며 그의 위상은 어떤 것이어야 하는가?' '과학의 목표는 무엇이며 인간은 왜 지식을 추구하는 것인가?' '삶이란 무엇이며 무엇이 인간과 동물의 삶과 구별해주는가?' 등과 같은 질문들을 제기했더라면, 그는 결코 오늘날 현대 과학이 서 있는 곳에 도달하지 않았을 것이다. 이러한 질문들에 대한 답이 정의(定義)로서 작동했을 것이고, 나아가 그의 노력의 한계로서 작용했을 것이다. 보어의 말을 빌리자면 "오직 삶에 대한 통상적인 설명 방식을 포기하는 방식으로만 우리는 삶의 특성들을 염두에 둘 가능성을 얻게 된다."[6]

여기서 제기된 질문이 '과학자로서의 과학자'에게 아무런 의미도 없다는 사실은 결코 그 질문에 대한 반박이 아니다. 이 질문은 〔과학 방면의〕 문외한과 인본주의자가 과학자가 무엇을 하고 있는지를 판단할 수 있도록 자극한다. 그 질문은 모든 사람과 관련된 것이며, 과학자들도 시민인 한 반드시 이 논쟁에 함께 참여해야만 하기 때문이다. 그러나 이 논쟁에서 주어진 모든 답은 문외한이나 철학자, 또는 과학자에게서 나온 것이든 아니든 (그것이 비록 반反과학적이지는 않더라도) 비(非)과학적인 성격이다.

답들은 결코 명확한 진실 또는 거짓으로 입증될 수 없다. 답변들의

---

5) 보어(N. Bohr)의 *Atomic Physics and Human Knowledge*(New York, 1961), p.88을 보라(원서에는 설리번의 1961년 작품으로 오류가 있어 수정했다—옮긴이).

6) 같은 책, p.76.

진실은 과학적 진술들이 지니는 강제적 타당성보다는 동의들이 지니는 타당성과 흡사하다. 심지어 고독한 삶의 방식을 실천하는 철학자들이 제시한 답변조차도 많은 사람과 의견 교환을 통해 도출된 것이며, [어쩌면] 그들 가운데 대부분은 더 이상 [지구상에] 현존하지 않을 수도 있다. 그러한 진실은 결코 일반적인 동의를 명령할 수 없지만, 필요한 순간에는 언제든 모든 사람에게 타당하고 또 반드시 타당해야만 하며, 특히 최근 들어 결코 주어진 장소에 머물지 않는 불편한 성향을 보여주는 강력하고 명백하게 옳은 과학적 진술들보다 종종 더 오래 살아남는다.

바꿔 말해서 삶·인간·과학·지식과 같은 관념들은 정의상 전(前)-과학적이다. 여기서 관건은 지구의 정복과 우주 공간으로 침범으로 인도된 과학의 실제적인 발전이 그러한 관념들을 더 이상 뜻이 통하지 않을 정도로 바꾸어놓았는지다. 물론 문제의 핵심은 현대 과학—그것의 기원들과 원래의 목표들이 무엇인지와 상관없이—이 우리가 살아가고 있는 세계를 근본적으로 변화시키고 재구성한 결과, 여전히 자신들의 상식을 신뢰하며 일상적 언어를 통해 의사소통하는 문외한과 인본주의자가 현실감각을 잃었다고 주장할 수 있다는 사실이다. 또한, 그들이 (마치 그 뿌리들을 고려하지 않고 어떤 나무를 이해하려고 하는 것처럼) 보이는 것만을 이해하고 외견들의 이면에 있는 것을 이해하지 못하며, 그들의 질문과 염려가 단순한 무지에서 비롯되기 때문에 적실하지 않다고도 주장할 수 있다. 누가 감히 인간이 우주를 정복하고 달에 갈 수 있도록 만든 과학이 인간의 위상을 높였다는 사실을 의심할 수 있겠는가?

가령 우리가 오직 과학자들만 '이해하는' 세계 속에 살게 된 것이 사실이라면, 이러한 우회적인 방식으로 그 [삶·인간·과학·지식과 같은 관념의 변화에 관한] 질문을 넘어가려는 유혹을 느낄 것이다.

과학자들은 우월한 지식 덕분에 다수를 지배할 권리를 부여받은 '소수'(the few)의 입장에 놓일 것이다. 과학자의 관점에서 볼 때 '다수'(the many)는 비과학자이자 문외한—인본주의자이든, 아니면 학자 또는 철학자이든 상관없이—이고, 간단히 말해서, 〔과학에〕 무지하므로 전(前)-과학적인 질문을 하는 사람들 전체다.

그럼에도 이 '과학자와 문외한'의 구분은 진실과 매우 동떨어져 있다. 사실을 말하자면 과학자는 자신의 삶에서 반 이상을 동료 시민들과 똑같이 감각지각의, 상식의, 일상 언어의 세계에서 보낼 뿐만 아니라, 문외한의 순진한 질문들과 염려들이 비록 상이한 〔표현〕 방식이었을지라도 매우 강력하게 공유된 어떤 시점에 자신의 특권화된 전공 분야에 발을 들여놓게 되었다.

과학자는 〔과학에 관해〕 제한된 이해 수준을 가진 문외한을 뒷전에 남겨두었을 뿐만 아니라, 그가 실험실로 일하러 가고 수학적 언어로 의사소통하기 시작하면서 자기 자신의 일부와 여전히 인간 오성인 자기 이해력의 일부도 옆으로 제쳐두었다. 현대 과학의 기적은 "모든 의인화(擬人化)된 요소들"을 축출할 수 있었던 것이라는 막스 플랑크(Max Planck)의 생각은 옳았다. 그 축출 작업은 인간들에 의해 완료되었다.[7)]

새로운 비-인간 중심적인 그리고 비-지구 중심적(또는 태양 중심적)인 과학의 자료가 인간 두뇌의 자연적 범주들에 의해 정렬되지 않아서 당면했던 이론적 어려움은 충분히 잘 알려져 있다. 에르빈 슈뢰딩거(Erwin Schroedinger)의 말을 빌리자면 우리가 "정복"하고자 했던 새로운 우주는 "실제상 접근이 불가능할 뿐만 아니라 심지어 생각조차 할 수가 없다." 그 이유는 "우리가 그것을 어떻게 생각하는가

7) Max Plank, 앞의 책, p.503.

와 관계없이 그것이 틀렸기 때문이다. [요컨대] 그것은 아마도 '삼각형 모양의 원'만큼 무의미한 정도가 아니라 '날개 달린 사자'보다도 훨씬 더 무의미한 일이다."[8)]

조금 덜 이론적인 성격을 띤 다른 난점들도 있다. 전자두뇌들은 다른 모든 기계와 마찬가지로 인간의 작업을 인간보다 훨씬 훌륭하고 빠르게 할 수 있다. 그것이 인간의 노동력이 아닌 두뇌 능력을 대체하고 확장한다는 사실은 장기나 체스 경기를 하는 데 필요한 '지성'과 인간 정신을 구별할 줄 아는 사람들에게 아무런 당혹감도 주지 않는다.[9)] 실제로 이것은 노동력과 두뇌 능력이 같은 범주에 속한다는 사실 그 이상을 증명하지는 않는다. 그리고 우리가 지능이라고 부르고 지능지수(IQ)의 형식으로 측정해낼 수 있는 것은 인간 정신에 없어서는 안 될 필요조건일 뿐, 인간 정신의 특질과는 별다른 관련이 없다.

컴퓨터들이 "인간의 두뇌가 이해할 수 없는 것"[10)]을 할 수 있다고 말하는 과학자들이 있다. 이것은 전적으로 다른 어떤 경이로운 명제

---

8) Max Planck, *Science and Humanism*(London, 1951), pp.25-26을 보라.

9) 존 길모어(John Gilmore)는 1963년에 이 논문이 처음 출간되었을 때 아주 예리한 비판의 글을 통해 그 문제를 아주 훌륭하게 기술했다. "우리는 지난 몇 년 동안 이 기계들이 프로그램 제작에 친숙하지 않은 누구라도 주저 없이 지능적이라고, 심지어 고도로 지능적이라고 말할 수 있는 형태를 보일 수 있게 하는 컴퓨터 프로그램을 짜는 데 사실상 성공을 거두었다. 예를 들어 알렉스 베른슈타인(Alex Bernstein)은 기계가 멋진 체스 경기를 할 수 있는 프로그램을 고안했다. 특히 그 기계는 베른슈타인보다 더 나은 경기를 할 수 있다. 이것은 놀라운 성취이다. 그러나 그것은 기계의 성취가 아니라 베른슈타인의 성취다." 나는 조지 가모우(George Gamow)의 지적에 호도되었다—각주 10을 보라—그래서 나의 원문을 변경한 것이다.

10) George Gamow, "Physical Sciences and Technology", *Great Ideas Today*, 1962, p.207.

다. 왜냐하면 이해한다는 것은 실제로 정신의 기능이지, 결코 두뇌 능력의 자동적인 〔연산〕 결과가 아니기 때문이다. 우리 스스로 고안하고 조립했음에도 불구하고 우리가 결코 파악할 수 없는 방식으로 작동하는 기계들에 둘러싸여 있는 것이 사실일지라도—그리고 이것이 단지 어떤 과학자의 자기-오해에 해당되는 것만은 아니다—그 사실은 자연과학이 최상위 수준에서 보여주는 이론적 난점들이 〔이미〕 우리의 일상 세계 속으로 틈입했음을 뜻할 것이다.

그러나 심지어 우리가 엄격히 이론적인 틀 속에 남아 있다 해도 위대한 과학자들이 고민하기 시작한 역설들은 문외한에게도 경계심을 일으킬 만큼 충분히 심각한 것이다. 자연과학 분야와 관련해 자주 언급되는 사회과학 분야의 '지체'(遲滯), 또는 인간의 기술적·과학적 요령(know-how)과 관련해 자주 언급되는 정치적 발전의 "지체" 주제는 단지 이 논의와 상관없는 것을 꺼내 〔우리의〕 시선을 다른 데로 돌리는 것일 따름이다. 요컨대 그것은 '인간이 할 수 있는, 그것도 성공적으로 할 수 있는 것이 무엇이고, 일상의 인간 언어를 통해서 이해하지 못하며 표현할 수 없는 것은 무엇인가'라는 주된 문제에서 관심을 다른 곳으로 전환시킬 따름이라는 것이다.

과학자 가운데 아인슈타인·플랑크·보어·슈뢰딩거 같은 구세대에 속하는 인물들이 자신의 작업이 초래한 이러한 사물의 사태에 관해 심각한 우려를 표명했다는 사실은 주목할 만하다. 그들은 아직도 과학이론들이 단순성·아름다움·조화와 같이 특정의 확실한 인간주의적 요구 조건들을 성취해야 한다고 주장했던 전통에 굳건히 뿌리를 내리고 있었다. 하나의 이론은 여전히 인간 이성을 '충족시켜야' 한다고 가정되었다. 요컨대 그것이 '현상들을 보전하고' 모든 관찰된 자료를 설명하는 데 복무했다는 측면에서 말이다. 오늘날에도 우리는 아직도 "현대 물리학자들은 수학적으로 매우 명쾌하고 철학적으로 매우 만족스럽다는 심미적인 이유를 들어 일반상대성 이론의 타당성에 신뢰를 보내는 성향이 있다"[11]라는 이야기를 듣고 있다.

아인슈타인이 플랑크의 양자이론(Quantum Theory)이 기반한 인과성 원칙의 폐기를 극도로 꺼렸다는 것은 잘 알려진 사실이다. 그것과 더불어 우주에서 모든 적법성이 사라질 것 같았고, 마치 신이 '주사위 놀이'로 세계를 다스리는 것을 인정하는 결과처럼 생각했기 때문이다. 보어에 따르면 아인슈타인의 발견은 "고전물리학의 총체적 결과를 재조합하고 일반화해… 우리 세계의 그림에 과거의 모든 기대를 능가하는 통합성을 제공함"으로써 얻어진 것이다. 그러므로 아인슈타인이 "더 완전한 개념의 모색"을 통해, 보다 새롭고 이전의 것을 능가하는 일반화를 통해 동료와 후학들의 새로운 이론에 대처하려 했던 것은 자연스러운 일인 듯이 보인다.

플랑크는 상대성이론을 "고전물리학 구조의 완성과 정점", 바로 그것의 "최고점"이라고 부를 수 있었다.[12] 그러나 플랑크는 자신의 양자이론이 상대성이론과는 대조적으로 고전물리학 이론과의 완전한 결별을 의미한다는 사실을 충분히 알고 있었음에도, 그것이 "물리학의 가정들 가운데서 법칙 일반의 현존뿐만 아니라 이 법칙의 엄격한 인과성을 포함하는 이 학문의 건실한 발전에 꼭 필요하다"라고 생각했다.[13]

여기서 보어는 한 발 더 나아갔다. 그에게 인과성 · 결정주의 · 법칙의 필요성은 "우리의 불가피한 편견을 담고 있는 개념적 틀"의 범주에 속하는 것이었고, 그는 "원자 현상 속에서 결정론적 기술(記述)을

---

11) Sergio de Benedetti, 여기서는 월터 설리번(Walter Sullivan), "Physical Sciences and Technology," *Great Ideas Today*, 1961, p.198에서 재인용.

12) Bohr, 앞의 책, pp.61, 70.

13) Max Plank, 앞의 책, pp.493, 514, 517.

허용하지 않는 매우 새로운 유형의 규칙성"과 맞닥뜨렸을 때 더는 당황하지 않았다.[14] 여기서 곤란한 점은 인간 정신이 지닌 '편견들'의 용어로써 기술할 수 없는 것은 상상이 가능한 인간 언어의 어떠한 방식으로도 기술될 수 없다는 것이다. 그것은 더 이상 기술될 수 없으며, 수학적 과정들을 통해 표현되고 있는 것뿐이지 기술되는 것이 아니다. 보어는 여전히 "모종의 논리적인 틀이 없다면 그 어떠한 경험이라도 정의할 수 없"기 때문에 이러한 새로운 경험들은 때가 되면 "개념 틀을 적절하게 확장해" 제 위치를 잡게 될 것이고, 그것이 현전하는 모든 역설과의 "명백한 부조화"를 제거하게 될 것으로 기대했다.[15]

안타깝지만 그 기대는 성취될 수 없을 것이다. 인간 이성의 범주들 및 관념들의 궁극적 원천은 인간의 감각 경험이다. 그리고 우리의 개념 언어의 많은 부분뿐 아니라 우리의 정신 능력들을 기술하는 모든 용어는 저 감각 세계에서 파생되어 은유적으로 사용된다. 더욱이 사유함을 수행한다고 추정되는 두뇌는 인체의 다른 부분과 마찬가지로 지상에 속해 있고 지구에 국한되어 있다. 현대 과학이 이룩한 가장 영광스러운 동시에 가장 당혹스러운 성과는 정확히 인간이 이러한 지상의 조건들을 추상화함으로써, 즉 인간 정신을 말하자면 지구 중력의 장으로부터 들어 올리고 지구를 저 우주의 한 지점에서 내려다보게 할 상상력과 추상력에 호소함으로써 이룩한 것이었다.

막스 플랑크는 원자 분열과 우주 정복의 희망으로 특징지을 수 있는 원자혁명이 도래하기 직전인 1929년, 수학적 과정들에 의해 획득되는 결과들이 "우리에게 도움이 되려면 반드시 우리의 감각 세계의

14) Bohr, 앞의 책, pp.31, 71.
15) 같은 책, p.82

언어로 전환되어야 한다"라고 주장했다. 이 주장이 제시된 이후 30년 사이에 물리적 세계관과 감각 세계 간의 접촉이 훨씬 더 분명하게 상실되었으며 그러한 언어적 전환은 훨씬 더 불가능하게 되었다. 그러나 이것—우리의 문맥에서는 이것이 훨씬 더 경악할 만하다—은 이 신종 학문의 결과들이 실용적인 측면에서 쓸모가 없다거나 또는 새로운 세계관이, 플랑크가 통상적인 언어로 번역하는 일이 실패할 경우를 예측했던 바로서 "한 줄기 바람에 터질 준비가 된 거품보다 조금도 나을 게 없다"는 의미는 아니었다.[16] 그와 정반대로, 누군가는 저 감각 세계와 전혀 무관한 그리고 인간의 언어로 기술이 불가능한 이론들의 출현 결과로서 우리가 거주하고 있는 〔지구〕 행성이 연기 속으로 사라질 가능성이, 어떤 허리케인이 그 이론들을 마치 거품을 터뜨리듯이 〔단숨에〕 날려 보낼 가능성보다 훨씬 더 크다고 말하고 싶은 유혹을 느낄 것이다.

내 생각에 지구가 목도한 가장 근본적이고 가장 신속한 혁명 과정을 발생시킨 과학자들의 정신에 〔아마도〕 '권력(힘)에의-의지'〔라는 관념〕보다 더 낯선 것은 없었다고 해도 무방할 것이다. 〔또한〕 '우주를 정복'하고 달에 가고자 하는 것보다 더 요원한 바람도 없었다. 그것들은 '템프타티오 오쿨로룸'(temptatio oculorum, 눈의 유혹)이라는 의미인 어떤 어울리지 않는 호기심에 의해 촉발된 것도 아니었다. 그것은 실제로 과학자들의 '참된 실재'에 대한 탐색 과정이었다. 그 탐색 과정에서 외견들, 〔즉〕 현상들이 인간의 감각과 이성에게 자발적으로 드러남에 따라 과학자들은 자신감을 잃게 되었다. 그들은 전체, 즉 저 우주의 총체적인 아름다움과 질서를 발견하기 위해서는 그냥 주어진 순서나 사건 발생의 연쇄성 외부로 발을 내디뎌야만 한다

16) Max Plank, 앞의 책, pp. 505, 509.

는 것을 자신들에게 가르쳐준 조화와 적법성에 대한 각별한 애정에 의해 촉발되었다. 이 점이 그들에게 가장 소중했던 필연성과 적법성이라는 이상의 붕괴보다 그들의 발견이 가장 살인적인 장치의 발명에 복무했다는 사실이 훨씬 덜 괴로워 보였던 이유를 설명할지도 모른다.

예컨대 과학자들이 쪼갤 수 없는 물질, 즉 에이토모스(a-tomos, 더 이상 자를 수 없는 것)는 없다는 것, 우리가 계속 팽창하는 무한한 우주 속에 살고 있다는 것, 이러한 '참된 실재', 즉 물리적 세계가 인간 감각의 범위로부터, 또 그것의 조악함을 개선할 수 있는 모든 도구의 범위로부터 완전히 후퇴한 곳이라면 어디에서든 운(運)이 최고의 지배자가 된다는 것을 발견했을 때 이러한 〔필연성과 적법성이라는〕 이상들이 상실되었다. 이러한 사실로부터 인과성 · 필연성 · 적법성은 인간의 두뇌에 내재하는 범주들이며, 오직 지구에 묶인 피조물들의 공통-감각(common-sense)적 경험들에만 적용될 수 있다는 결론이 도출된다. 지구에 사는 피조물들이 '이성적으로' 주장하는 모든 것은 그것이 지구 거주지의 범위 외부로 나가는 순간 의미를 상실하는 듯이 보이는 것이다.

현대 과학의 기획은 과거에 결코 하지 못했던 생각들(예컨대 코페르니쿠스는 자신이 "태양에 서서… 행성들을 바라보고 있다"라고 상상했다),[17] 그리고 이전에 전혀 보지 못했던 사물들(갈릴레오의 망원경은 지구와 하늘 사이의 거리를 관통했으며, "모든 감각적 증거의 확실성과 함께" 별의 비밀을 인간의 지각으로 전달해주었다)[18]과 함께 출발했다. 그것은 뉴턴의 중력법칙과 더불어 그 고전적 표현에 도달했

17) J. Bronowski, *Science and Human Values*(New York, 1956), p. 22

18) The Starry Messenger를 보라. *Discoveries and Opinions of Galileo*(New York, 1957), p. 28에서 번역된 부분 인용.

다. 요컨대 동일 방정식이 천체를 구성하는 요소들의 운행과 지상에 있는 사물들의 운동을 아우른다는 법칙이 그것이었다. 실제로 아인슈타인은 저 태양처럼 정해진 한 지점에 있지 않고 "우주 속에 자유롭게 자리를 잡은 관찰자"라는 개념을 도입하면서 이 현대 〔물리학이라는〕 학문을 일반화했을 뿐이다. 그는 또한 코페르니쿠스만이 아니라 뉴턴에게도 여전히 "우주가 일종의 중심점을 가지고 있어야 한다"라는 조건이 필요했음을 증명해냈다. 물론 그 중심점이 더 이상 지구로 한정되지는 않았지만 말이다.[19)]

과학자들의 가장 강력한 지적 동기는 아인슈타인이 말한 '일반화를 위한 노력'이었음이 거의 명백하다. 가령 그들이 권력을 지향했더라면 그것은 추상과 상상이 상호 결합한 무시무시한 힘이었을 것임도 꽤 명백한 사실이다. 심지어 오늘날까지도 순수 이론과학의 발전에서 직접적인 결과들을 얻어내기 위해 해마다 '유용한' 프로젝트들에 수십 억 달러가 투입된다. 그러나 국가와 정부들의 실제적인 힘이 수천 수백의 연구원들이 내는 성과에 의존하고 있음에도 〔순수과학에 종사하는〕 물리학자는 여전히 이러한 모든 우주 과학자들을 그저 '배관공' 정도로 얕잡아 보는 듯하다.[20)]

애석한 진실은 감각 및 외견의 세계와 물리적 세계관 사이에서 사라졌던 접촉이 순수과학자가 아니라 그 '배관공'에 의해 재수립되었다는 것이다. 오늘날 모든 '연구원' 가운데 압도적 다수를 차지하는 기술자들이 지구상에 있는 과학자들의 성과물을 현실화했다. 비록 과학자가 여전히 역설들 및 가장 당혹스러운 난점들로 에워싸여 있다고 할지라도 어떤 기술 전체가 그의 성과물로부터 발전할 수 있

---

19) 아인슈타인(Einstein)의 *Relativity, The Special and General Theory* (1905 & 1916). 여기서는 *Great Ideas Today*, 1961, p.452에서 재인용.
20) Walter Sullivan, 앞의 책, p.189.

었다는 사실은 단순한 과학적 관찰이나 실험이 할 수 있는 것보다 더 설득력 있게 그의 이론들과 가설들의 '건실성'을 입증한다.

그 〔순수〕 과학자 자신이 달 착륙을 원치 않는다는 것은 분명한 사실이다. 그는 인간의 재주로 만들 수 있는 최고의 도구들을 실은 무인 우주선이 십여 명의 우주비행사보다 자신의 목적을 위해 달 표면을 훨씬 더 잘 탐사하리라는 것을 알고 있다. 그럼에도 인간 세계에 대한 어떤 현실적인 변화—우주 정복 또는 우리가 그것을 무엇으로 부르고 싶어하든—는 유인 우주선이 우주로 쏘아 올려졌을 때에서야 비로소 달성된다. 이제 인간이 지금까지는 그의 상상력과 추상 능력 또는 그의 창의력과 제작 능력으로만 도달할 수 있었던 곳을 자신이 직접 갈 수 있는 것이다.

확실히, 우리가 지금 계획하고 있는 것의 전부는 저 우주 속에 있는 우리 자신의 직접적인 환경을 탐사하는 일이다. 심지어 인간이 비록 광속으로 여행한다 해도 우주는 〔생각하기에 따라서는〕 무한히 작은 장소다. 인간의 수명—현재 이 순간 〔우리 인간에게〕 남겨진 유일하며 절대적인 한계—에 비추어보면 인간이 〔우주보다〕 더 멀리 나아갈 가능성은 거의 없는 듯이 보인다. 그러나 심지어 이 제한된 탐험을 완수하기 위해서조차 우리는 상상력은 물론 현실 속에서도 우리의 감각의 세계와 육신의 세계를 떠나야만 한다.

이는 마치 아인슈타인이 상상했던 "저 우주 속에 자유롭게 자리 잡은 관찰자"—분명 이것은 인간 정신 및 그것의 추상 능력에 의한 창조물이다—가 단지 한 명의 아이처럼 추론하고 상상해야만 할 육신을 입은 관찰자에 의해 추적되고 있는 듯한 양상이다. 바로 이 대목에서 새로운 물리적 세계관에 대한 모든 이론적 난점이 현실로서 인간의 일상 세계에 끼어들고 인간의 '자연적인', 즉 지구에 묶인 그의 상식의 작동을 방해한다. 예컨대 인간은 현실에서 아인슈타인이 말한 유명한 "쌍둥이 역설"에 직면하게 될 것이다. 이 역설에서 "쌍둥이 형은 상당한 광속의 마찰을 겪으며 우주를 여행하고 돌아와서 지구에 속해 있는 쌍둥이 동생이 자기보다 더 늙어 있거나 〔자신이〕 후손들의 기억 속에 희미하게 남아 있음을 발견하게 될 것이다"라고 가정하고 있다.[21]

비록 많은 물리학자가 이 역설이 수용되기 어렵다는 사실을 깨달았더라도 그것이 근거하고 있는 '시계 역설'은 실험을 통해 증명된 듯하다. 그러므로 그 역설에 대한 유일한 대안은 지구에 한정된 삶이 모든 상황에서 '참된 실재들'(true realities)에 속하는 것이 아니라 단순히 외견들에 속하는 어떤 시간 개념과 묶여 있다는 가정일 것이다. 우리는 현대 과학의 발견과 관련된 최초의 철학적 답변인 데카르트의 실재 그 자체에 대한 근본적인 회의가 물리학적 실험들에 종속되는 단계에 이르렀다. 실험은 데카르트의 '나는 의심한다, 고로 나는 존재한다'라는 유명한 위로의 말, 그리고 〔인간의〕 감각들과 이성에 주어진 실재와 진실의 상태가 어떤 것이든 당신은 "당신의 의심에 대해 의심할 수 없고, 당신이 의심하는지 아닌지에 대해 불확실한 상태로 남을 수 없다"라는 그의 확신을 재빨리 없애버릴 것이다.[22]

내가 보기에 우주 계획의 방대함은 논쟁의 여지가 없는 듯하다. 그러나 순수하게 공리주의적인 차원에서 그 계획에 제기된 모든 반대의견들—〔즉〕 비용이 지나치게 많이 든다거나 그 돈을 교육과 시

---

21) 앞의 책, p.202

22) 나는 데카르트의 대화편 'The Search after Truth by the Light of Nature'로부터 인용한다. 거기서 그의 의심함(doubting)이라는 과제의 중심 입장은 그의 다른 저서인 *Principles*에서보다 증거 제시에 치중하는 것으로 나타난다. 또한 E. S. 홀데인(Haldane)과 G. R. T. 로스(Ross)의 서간집 *Philosophical Works*(London, 1931), vol.1, pp.315, 324를 보라.

민 삶의 향상, 즉 빈곤과 질병의 타파나 그 밖의 다른 가치 있는 목적에 사용하는 것이 낫다 등—은 나에게 다소 불합리하게 들린다. 이는 현재까지 그 결과가 여전히 예측 불가능해 보이는 현안들과 조화를 이루지 못하는 듯하기 때문이다. 더욱이 내가 이러한 주장들이 논점을 벗어났다고 생각하는 이유가 하나 더 있다. 우주 사업 자체는 인간의 과학적 역량들이 놀랄 만한 수준의 발전을 이룬 다음에야 비로소 가능할 것이므로 그러한 주장들이 개별적으로 적용될 수는 없다.

바로 그 과학의 고결성이 공리주의적 고려뿐만 아니라 정지 상태에 있는 인간의 위상에 대한 반성도 함께 요구한다. 코페르니쿠스 시대 이래로 과학의 진보 단계 각각이 거의 자동적으로 인간의 위상 축소 결과를 가져오지 않았던가? 진실의 탐색 과정에서 자기 자신의 품위를 스스로 낮춤으로써 자신의 우월성을 새롭게 입증하고 심지어 자신의 위상을 높이기까지 한 것은 바로 인간 자신이라는 종종 반복되는 주장은 어떤 궤변의 수준 그 이상인가?

그것은 아마도 이런 방식으로 나타날 것이다. 인간이 한 명의 과학자인 한, 그는 우주에서 자신이 가지는 위상이나 아니면 동물적 삶의 진화론적 사다리에서 자신이 점하는 위치에 대해 신경 쓰지 않는다. 이러한 '무신경'이 그의 자부심이고 영광이다. 비록 물리학자들이 자신의 작업이 지니는 거대하고 파괴적인 잠재력을 잘 알고 있다 하더라도, 원자를 쪼갤 방법을 알게 된 순간 일말의 주저함도 없이 그것을 실행에 옮긴다는 단순한 사실은 우리에게 과학자로서의 과학자가 인류의 생존이나 그와 관련된 지구 자체의 생존에 대해 조금도 신경 쓰지 않는다는 점을 확실하게 보여준다.

'평화를 위한 원자의 사용'을 표방하는 모든 단체, 새로운 힘을 어리석게 사용하지 말자는 모든 경고, 그리고 히로시마와 나가사키에 처음 원자폭탄이 투하되었을 때 과학자들 다수가 느꼈던 양심의 가책조차도 이 단순한 사실을 숨길 수는 없다. 그러한 노력들을 통해서 과학자들은 과학자가 아닌 시민으로서 행동했다. 만일 그들의 목소리가 일반인의 목소리보다 더 많은 권위를 지닌다면, 그것은 과학자들이 좀더 정확한 정보를 소유하고 있기 때문이다. '우주 정복'을 반대하는 타당하고 그럴듯한 논의들은 그것들이 우주 정복 사업 전체가 그 자체로 자멸적이라는 점을 보여줄 수 있는 경우에만 성립될 것이다.

그런데 이것이 사실임을 보여주는 몇 가지 증거가 있다. 인간이 그 어떤 상황에서도 (설령 생물학이 수명을 크게 늘리는 데 성공하고, 인간이 광속으로 여행을 할 수 있을지라도) 우주의 광대함 속에서 자신과 인접한 환경 그 이상을 탐험할 수 있도록 허용하지 않는 인간의 수명을 논외로 둔다면, 자멸의 가장 중요한 증거는 하이젠베르크가 발견한 불확정성 원리(uncertainty principle)일 것이다. 하이젠베르크는 "저 실재 세계로부터 온 신비스러운 전령들"을 측정하기 위해 인간이 고안한 도구들로 얻을 수 있는 모든 측정 결과들의 정확성에 모종의 확실하면서도 최종적인 한계가 존재함을 결정적으로 보여주었다.

불확정성 원리는 "위치와 미립자의 속도처럼 특정의 질량 쌍들이 존재한다는 것, 그 쌍들은 증대된 정확성과 함께 쌍의 한쪽을 결정함으로써 나머지 한쪽은 필연적으로 축소된 정확성과 함께 결정하는 방식에 의해 서로 연결된다는 것을 천명한다."[23] 하이젠베르크는

---

23) 나는 이 정의를 앞의 주 9에서 언급했던 존 길모어의 편지에서 차용한다. 그러나 길모어는 이것이 현업 물리학자의 지식에 한계를 부과한다고는 믿지 않았다. 나는 하이젠베르크의 '인기 있는' 진술이 이러한 점에서 나를 지지해준다고 생각한다. 그러나 이것이 이 논쟁의 종결점은 결코 아니다. 덴버 린들리뿐

이 사실로부터 다음과 같은 결론을 도출했다. "우리는 우리가 선택한 관찰 유형을 통해 자연의 어떤 측면들이 확정되어야 하고 또 어떤 측면들이 무시되어야 하는지를 결정한다."[24] 그는 "핵물리학의 가장 중요하고 참신한 결과는 매우 다른 유형의 자연법칙들을 모순을 일으키지 않으면서 한 개의 동일한 물리적 사건에 적용할 수 있는 가능성을 인식한 것"이라고 주장했다.

이것은 "특정의 근본 관념들에 기초하고 있는 어떤 법칙들로 이루어진 체계 안에서는 오직 특정의 매우 확정적인 질문 방식만이 의미가 있고, 그래서 그러한 체계는 다른 방식의 질문 제기를 허용하는 다른 체계들과 분리된다"[25]라는 사실 때문이다. 이 주장으로부터 그는 다음과 같은 결론을 내린다. 우리가 살아가는 세계를 생성하고 원자혁명을 초래한, 단순한 외견들의 이면에 있는 '참된 실재'를 탐색해온 현대적인 방식은 인간을 바로 그 자연 세계의 객관성을 상실한

아니라 길모어도 훌륭한 인사들이 자신의 일을 철학적으로 평가할 때 오류를 범하기 쉽다고 믿고 있으며, 내가 과학자들의 진술을 무비판적으로 사용한다고 비난한다. 마치 그들이 자신의 주제에 관해 적절하게 이야기할 때와 동일한 권위를 가지고, 그들 저작의 함의에 관해 말할 수 있다는 듯이 말이다(길모어는 "과학 공동체의 위대한 형상에 대한 당신의 신뢰가 참으로 감동적입니다"라고 [내게] 말한다). 내 생각에 이 주장은 타당하다. 그가 얼마나 특출난 인물인가와 별개로, 어떤 과학자도 그 또는 다른 누군가가 자신의 작업이나 그에 대한 자신의 발언 속에서 발견한 '철학적 함의'에 관해, 자신이 발견 자체에 관한 주장을 할 때와 동일한 온당성을 요구할 수는 없을 것이다. 철학적 진실은 그것이 무엇이든 분명히 과학적 진실과 다르다. 그러나 현업 물리학자로서 자신의 작업이 초래하게 될 결과와 일반적 함의를 상당히 걱정했던 플랑크와 아인슈타인, 보어, 슈뢰딩거, 하이젠베르크 등이 자기-오해로 인한 착각에 빠져 있었다고 믿기는 어렵다.

24) Werner Heisenberg, *Philosophic Problems of Nuclear Science*(New York, 1952), p.73.

25) 같은 책, p. 24.

모종의 과학적 상황으로 이끌었다. 그 결과로 '객관적 실재'를 탐색하는 인간은 항상 "자기 자신과 홀로 직면하게 된다"라는 사실을 불현듯 발견했다.[26)]

이러한 하이젠베르크의 언급은 엄격히 과학적인 노력이 이루어지는 장을 상당히 초월해 있는 듯하며, 가령 그것들이 현대 과학에서 발전한 기술에 적용된다면 신랄한 비판을 받을 듯하다. 지난 몇십 년간 이루어진 과학적 진보의 모든 것이 기술 속으로 흡수되어 사실적인 세계 속으로 도입되는 한편, 그것과 더불어 굉장히 멋진 도구들과 점점 더 기발해지는 기계의 진정한 눈사태가 일어났다. 이 모든 것은 매일 인간이 자신을 에워싸고 있는 저 세계 속에서 인간이 만들지 않은 것은 아무것도 만날 수 없게, 최종적으로는 자신이 아닌 것, 즉 다른 모습으로 가장한 자기 자신이 아닌 것을 만날 가망성을 거의 없게 만든다.

외계로 쏘아 올려져 자신을 둘러싼 환경과 실제로 물리적인 접촉을 하는 즉시 죽음을 부르게 될지도 모르는, 도구들로 가득 찬 우주선에 갇힌 우주비행사를 하이젠베르크적 인간의 상징적인 화신으로 간주해도 무방할 것이다. 그는 자기 자신 및 인간이 만든 사물과 만나지 않을 가능성이 줄어들수록 점점 더 강렬하게 자신을 둘러싸고 있는 저 비인간적인 세계와의 조우에서 모든 인간 중심적 고려 사항들을 제거하고 싶어하는 인간형이다.

내가 보기에 바로 이 대목에서 인간과 인간의 위상에 관한 인본주의자의 염려가 과학자를 따라잡았다. 이는 마치 인문학이 결코 성취할 수 없었던 일, 즉 이러한 관심의 타당성을 명시적으로 입증하는 일을 과학이 수행한 것처럼 보인다. 오늘날 스스로 드러난 이 상황

---

26) Werner Heisenberg, *The Physicist's Conception of Nature*(New York, 1958), p.24.

은 기이하게도 프란츠 카프카가 이러한 발전상의 시발점에서 적은 어떤 정교한 언급과 닮아 있다. 그는 다음과 같이 적었다. 인간이 "저 아르키메데스의 점(Archimedean point)을 발견했다. 그리고 그는 그것을 자신에게 적용했다. 마치 인간이 오직 그러한 조건 아래서만 그것을 발견하도록 허용되었던 듯하다."

우주 정복, 즉 〔지구〕 행성 자체를 말 그대로 이동시키고 떼어놓는 일을 가능하게 해줄 저 지구 밖의 한 지점을 탐색하는 일은 결코 현대 과학이 성취한 우연한 결과가 아니다. 이것은 과학의 바로 그 시발점들에서부터 '자연' 과학이 아닌 '보편' 과학의 일이었고, 저 우주 속의 한 지점으로부터 지구를 바라다보는 것은 물리학이 아니라 천체물리학이 시작한 일이다. 이러한 발전 과정에 비춰본다면, 우주 정복 시도는 인간이 〔이전까지〕 추상력과 상상력이라는 순전한 힘을 통해서 예상했던 저 아르키메데스의 점으로 여행할 수 있기를 바란다는 의미다. 그러나 그렇게 하는 과정에서 그는 부득이하게 그의 유리한 입장을 잃게 될 것이다. 그가 발견할 수 있는 것의 전부는 지구와 관련된 아르키메데스의 점이다. 그러나 그가 일단 그곳에 도착해서 자신의 주거지인 지구를 상대로 그 절대적인 힘을 획득한 다음에는 다시 새로운 아르키메데스의 점이 필요할 것이며 그 과정은 계속 그런 식으로 반복될 것이다. 바꿔 말해서 인간은 단지 우주의 광대함 속에서 길을 잃게 될 뿐이다. 왜냐하면 단 하나의 진정한 아르키메데스의 점은 저 우주의 이면에 놓인 '절대 진공'(the absolute void)일 것이기 때문이다.

그러나 비록 인간이 자신의 지식 탐색에 '절대적 한계들'(absolute limits)이 있을지도 모른다는 점을 인식한다고 하더라도, 과학자가 인간이 파악할 수 있는 것보다 더 많은 것을 파악할 수 있다는 사실이 판명될 때마다 그러한 한계들을 생각해보는 것이 현명할지도 모른다는 점을 인식한다고 하더라도, 그리고 그가 '우주를 정복'할 수 없으며 기껏해야 태양계에서 몇 가지를 발견하는 것이 고작이라는 사실을 깨닫게 될지라도, 우주로의 여행 및 지구와 관련된 아르키메데스의 점으로의 여행은 결코 어떤 무해한 기획 또는 명백히 개가(凱歌)를 올리는 기획과는 거리가 멀다. 다른 생물체들과 구별되는 인간으로서의 그가 가능한 한 넓은 '영토'를 자신의 터전으로 소유하기를 희망하는 한 그것은 인간의 위상에 추가될 수 있을 것이다.

그러한 경우에 그는 자신에게 속하는 것만을 소유할 것이다. 비록 그가 그것을 발견하기까지는 오랜 시간이 걸리겠지만 말이다. 이 새로운 소유물들은 마치 모든 재산과 마찬가지로 한정적인 성격일 터이므로 일단 그 한계점에 도달하면 한계 조건들이 구축될 것이다. 이러한 상황에서 자라난 새로운 세계관은 지구가 우주의 중심이고 인간이 만물의 영장이라는 옛날의 의미와는 다를 테지만, 다시 한번 지구 중심적이고 의인화된 것일 가능성이 농후하다. 그것은 저 우주가 아닌 지구가 필멸할 인간의 중심점이자 안식처라는 의미에서 모종의 지구 중심적 성격이며, 또 인간이 자신의 과학적 노력들이 가능해지는 기초적 조건들 속에 자기 자신의 사실적인 요소인 필멸성을 집어넣는다는 의미에서 인간 중심적인 것이다.

이 시점에서 현대 과학과 기술이 현재 가지고 있는 딜레마들에 대해 전적으로 유익한 발전과 해법을 찾을 수 있으리라는 전망은 그리 밝아 보이지 않는다. 우리는 지구 외부의 저 우주 속 한 지점으로부터 자연을 조종하는 새로운 능력을 통해 '우주를 정복'할 수 있는 현재의 능력을 보유하게 되었다. 왜냐하면 이것이 바로 우리가 통상적으로 태양 속에서만 진행되는 에너지 과정들(energy processes)을 방출시키거나 하나의 시험관 속에서 우주의 진화 과정들을 시발하려고 시도하거나 또는 지구상의 일반 가정에는 알려지지 않은 에너지를 생산하고 통제하는 기계들을 건조할 때 우리가 실제로 하는 일이기 때문이다.

그러나 〔과거〕 아르키메데스가 서 있고 싶어한 지점을 실제로 확보하지 않고서도 우리는 여전히 지구상에서, 마치 우리가 외부로부터, 즉 아인슈타인이 말한 "저 우주 속에 자유롭게 자리 잡은 관찰자"의 지점으로부터 땅의 〔물리적〕 성격을 제거한 것처럼 행동하는 방식을 발견했다. 가령 우리가 이 지점으로부터 지구상에서 벌어지고 있는 일들과 인간의 다양한 활동들을 내려다본다면, 즉 우리가 저 아르키메데스의 점을 우리 자신에게 적용시킨다면 실제로 그러한 활동들은 우리에게 '외화된 행태' 그 이상으로는 보이지 않을 것이다. 그리고 우리는 쥐의 행태를 연구할 때 사용하는 것과 동일한 방법들을 동원해 우리의 활동들을 연구할 수 있다. 충분히 거리를 두고 사물들을 바라본다면, 우리가 승차해 이동하고 또 우리가 만든 것임을 잘 알고 있는 자동차들이 마치, 하이젠베르크가 언젠가 사용했던 표현대로 "달팽이 집이 달팽이와 떼려야 뗄 수 없는 일부이듯 〔자동차들은〕 우리와 뗄 수 없는 일부인 것처럼" 보일 것이다.

우리가 할 수 있는 것에 대한 우리의 모든 자부심은 인류의 어떤 변종이 출현하면서 그것과 함께 사라지게 될 것이다. 이런 견지에서 기술 전체는 사실상 더 이상 "인간의 물질적 능력들을 신장하기 위한 인간의 의식적 노력의 결과가 아니라 어떤 거대한 규모를 가진 생물학적 과정"의 형태로 나타난다.[27] 이러한 상황에서 발언과 일상언어는 정말로 더 이상 의미 있는 발화가 되지 못할 것이다. 비록 발화만이 〔인간의〕 행태를 표현할지라도 그것을 초월하는 유의미한 것일 수 없으므로, 〔차라리〕 그것을 극단적이며 그것 자체로는 무의

27) 앞의 책, pp.18-19.

미한 수학적 기호의 형식주의(formalism)로 대체하는 편이 나을 것이다.

우주 정복과 그것을 가능하게 만든 과학은 위태로울 정도로 이 지점에 가까워졌다. 그것들이 언젠가 그 지점에 도달하게 된다면 인간의 위상은 우리가 알고 있는 모든 기준에 의해서 낮아지게 될 뿐 아니라, 이미 파괴된 상태일 것이다.

21세기의 한나 아렌트와 '호모 데우스'

• 옮긴이의 말

2022년 노벨 생리의학상은 원시 게놈 연구를 통해 우리 인류의 생물학적 진화 과정에서 네안데르탈인의 유전자가 호모 사피엔스로 전이되었음을 밝혀낸 고유전체학자 스반테 페보(Svante Pääbo)에게 돌아갔다. 이 소식을 듣는 순간 불현듯 유발 하라리의 책 『사피엔스』(*Sapiens*)가 떠올랐다. 필시 그 책이 우리 인류의 진화 과정을 다루고 있다는 주제의 유사점뿐 아니라 '사피엔스'라는 단어의 즉각적인 연상작용 때문이었을 것이다. 어쩌면 그의 후속작인 『호모 데우스』(*Homo Deus*)를 읽고 약간 기분이 상했던 기억이 되살아난 탓인지도 모르겠다.

『호모 데우스』는 '간략한 내일의 역사'(A Brief History of Tomorrow)라는 부제를 달고 있다. 일종의 '미래학' 인문 교양서인 셈이다. 이 기발한 신예 역사학자 하라리는 모종의 역사주의적·사회진화론적 관점에서 바야흐로 우리 인류가 지금까지 '기술적·경제적·사회적·정치적 격변' 속에서 늘 보여주었던 생존의 장기를 다시 한번 최대한 발휘해야 할 시점에 서 있다고 진단한다. 그리고 이어서 21세기 인공지능 시대 개막과 함께 현생 인류인 호모 사피엔스가 이윽고 신

의 지위에 오른 호모 '데우스'로서 미래의 역사를 새롭게 창조하게 될 것이라고 예언한다.[1)]

표면상 '21세기적' 희망을 전파하는 듯한 이 메시지는 신학적 · 인류학적 · 의미론적 관점에서 볼 때 매우 거칠고 폭력적인 내용이다. 특유의 거침없고 유려한 언변과 방대한 백업 자료로 조심스럽게 잘 감추었을지라도 하라리의 설명방식 이면에 사회생물학적 '적자생존'의 논리가 깔려 있다는 사실은 누구도 부정하기 어렵다. 더군다나 그의 메타 접근법, 즉 개별 인간이 아닌 전체 인류를 진단 및 처방의 분석 단위로 삼은 역사주의적 방식이 과거에 대한 회고적 논의에서처럼 미래에 대한 전망적 논의에서도 사실성이나 실효성 측면에서 정당화될 수 있을지도 의문이다.[2)]

그러나 하라리의 가장 치명적인 문제점은 그가 일종의 과학주의적 사고방식에 기초해 모든 것을 '인간 대(對) 기계'의 경쟁 구도로 환원시킨다는 사실이다. 그는 심지어 『호모 데우스』의 맨 마지막 쪽에 장차 인공지능과 생명과학이 지배하게 될 인류의 미래에 대한 섬뜩한 예측도 아무 주저 없이 제시한다. 그는 우선 "생명이라는 실로 장대한 관점"이라는 전제하에 우리 인류가 현재 세 개의 역사적 '과정'에 편입되고 있다고 선언한다. 첫째는 생명과학 · 인공지능 기술 발전이 이끄는 '데이터 처리 과정'이고, 둘째는 '지능과 의식의 분리 과정'이며, 셋째는 '인공지능의 상용화 과정'이다.[3)]

---

1) 유발 하라리(Yuval N. Harari), 김명주 옮김, 『호모 데우스: 미래의 역사』, 김영사, 2017, pp.73-74 참조.

2) 만약 아렌트가 지금 살아 있었다면 하라리는 틀림없이 역사를 하나의 총체적 '과정'으로 인식하는 헤겔주의 역사학의 함정에 빠진 역사학자 명단의 최신 항목으로 선정되었을 것이다.

3) 유발 하라리, 위의 책, p.544.

나는 이러한 하라리의 미래 예측이 섣부른 과학적 진단이거나 아니면 무책임한 역사주의적 예언에 지나지 않는다고 생각한다. 그 이유는 그가 단지 우리 인류에게 다가올 암울한 미래에 대해 경고할 뿐 현재 우리가 무엇을 어떻게 해야 하는지에 관해서는 대체로 침묵하고 있기 때문이다. 이는 어쩌면 역사학자가 봉착하는 문제 해결 능력의 한계 때문일 수도 있다.

그러나 하라리가 "생명이라는 실로 장대한 관점"이라는 생물학적·생명공학적 전제를 채택한 것은 확실히 실망스러운 부분이다. 이는 인간의 생명이 중요하지 않아서가 아니라 인간을 '그저 그런' 생물체의 한 종으로 환원시키기 때문이다. 이에 덧붙여, 그는 인류가 편승하게 될 세 가지 '과정'—과학의 데이터 처리 과정, 지능과 의식의 분리 과정, 그리고 인공지능의 상용화 과정—을 특정한다. 이것 역시 환원적 특성을 보여준다. 아렌트가 이 책의 2장 「역사 개념: 고대와 현대」에서 통렬하게 비판하듯 '과정'의 문제점은 미리 정해진 목표를 향해 무조건 돌진하는 과정 그 자체 이외의 모든 것을 주변화하기 때문이다.

이러한 인지적 구도에서는 인간의 유일성·개성·성찰성 등이 배경 속으로 용해되어 사라진다. 그와 동시에 지금까지 인간이 발명한 모든 문화·법·제도 및 사회 관행이 다 무용지물로 변하게 될 것이다. 그럼에도 하라리가 이러한 부작용까지 깊이 있게 포괄적으로 고려했다는 증거는 어디서도 찾아볼 수 없다. 다만 한 가지 명백한 사실은 그가 현재 지구상에 있는 약 80억 명의 개별 인간들을 '호모 데우스'로의 역사적 진화 과정을 견인하는 무명의 보병들로 간주한다는 것뿐이다. 이는 마르크스가 노동자들을 인류 역사의 수레바퀴를 굴리는 도구로 취급하고 히틀러가 아리아인에게서 인류 역사를 이끌 숙명을 읽어낸 것에 비유될 수 있다.

보통 보병들은 지휘관의 명령이 없는 한 전진하지 않는다. 이에 하라리는 인류 가운데 '특정의' 사람들이 '호모 데우스'의 미래에 먼저 안착할 것이며 장차 전 인류가 편승하게 될 세 가지 과정에 대한 우월한 지식과 정보를 바탕으로 "신처럼 창조하고 파괴하는 힘"을 우선으로 사용할 것임을 기정사실로 여긴다. 이를테면, 고양이의 목에 방울을 달 사람이 필요하다는 말이다. 그 이유는 바로 "21세기에 전개될 세 가지 실질적 상황" 때문이다. 첫째로 온갖 전문 '시스템'이 인간을 대체하게 됨으로써 인간의 '사용가치'가 하락하는 상황, 둘째로 인간 개인의 가치가 발전하지 못함으로써 '자아실현'이 불가능해지는 상황, 그리고 "업그레이드된 초인간들로 이루어진 새로운 엘리트 집단"의 출현 상황이 그것이다.[4]

이러한 하라리의 설명에서 명확히 드러나듯, 그의 호모 데우스 사회는 '업그레이드된 초인간'이 시스템에 의해 가치가 낮아진 인간들을 지배하는, 즉 능력 있는 소수가 잉여 인간이 된 다수를 지배하는 '전근대적' 통치 형태다. 바꿔 말해서 하라리의 『호모 데우스』는 과학적 엘리트주의 아래 펜으로 기술한 21세기 인공지능 시대의 묵시록인 셈이다. 그는 심지어 시스템이 결정의 주체이자 심판의 지위로까지 격상할 것이라고 주장한다.[5] 사실을 말하면, 이 진부한 이야기는 18세기 산업혁명 이후 우리 인류가 줄곧 들어온 '과학·기술주의' 담론의 가장 최신판일 뿐이다.

과연 우리는 이 우울한 '호모 데우스' 이론을 얼마나 진지하게 받아들여야 하는 것일까. 이 문제를 검토하기에 앞서 우리가 반드시 고려해야 할 사항이 있다. 그것은 우리가 서구 사상사 속에서 하라리의

---

4) 앞의 책, p.420.
5) 같은 책, p.449.

것과 전혀 다른 '호모 데우스' 개념을 발견하게 된다는 사실이다. 바로 '신은 죽었다'라는 충격적인 선언과 더불어 100년이 지나면 인류가 비로소 자신의 사상을 이해하게 될 것이라는 예언을 남긴 철학자 프리드리히 니체다. 그는 『차라투스트라는 이렇게 말했다』에서 장차 인류 앞에 모습을 드러낼 특별한 인간에 대해 기술한 바 있다. 내가 보기에 그의 '초인'(Übermensch), 즉 신이 아니면서 신을 닮은 인간, 장차 신의 부재를 대신할 미래의 인간이야말로 진정한 의미의 '호모 데우스' 개념이며, 그 연장선상에서 그의 초인 사상은 최초의 호모 데우스 이론으로 이해해도 무방할 것이다.

한나 아렌트는 니체가 특유의 잠언체로 과감하게 던지고 애매하게 얼버무린 초인 사상, 즉 '호모 데우스' 이론의 '밀어'(密語)를 간파한 철학자였을 뿐 아니라 종종 니체에게 빙의된 듯한 어휘들을 구사했다. 그도 그럴 것이 두 철학자는 반플라톤주의 · 일원론 · 상대주의 · 관점주의 · 자유 · 힘에의-의지 찬양 · 삶에 대한 긍정, 그리고 무엇보다 전통적 가치 체계가 붕괴해 사람들이 가치의 뒤엉킴으로 인한 심리적 불안 상태에 있는 현대사회의 문제점에 대해 의견의 일치를 보였다. 실제로 아렌트는 "현대인들이 사막과 같은 황량함 속에서 방황하고 있다는 사실을 처음 인식한 사람도 니체였다"고 주장했다.[6]

그런 한편 아렌트는 현대인들의 불안과 심리적 공황 상태를 극복하는 방법론에 대한 니체의 생각이 잘못되었다고 지적한다. 니체는 철학의 인간 단독성의 관점을, 아렌트는 정치철학의 인간 다수성의 관점을 가지고 있었다. 당연히 이러한 차이가 서로 다른 철학 이론적 지향점과 문제 해결 방식으로 인도되었다. 요컨대 니체의 '호

6) Hannah Arendt, "Philosophy and Politics," *Social Research*, 57, 1, 1990, pp.427-477.

모 데우스' 이론이 단독자로서 개인의 자기-창조를 최종 목표로 설정했다면, 아렌트의 '호모 데우스' 이론은 개인이 '단독-다수자'(the singular-plural)로서 세계-창조에 나서도록 설정했다. 그러므로 아렌트의 호모 데우스는 니체의 '초인'처럼 산속으로 들어가 철저한 고독 속에서 자연과 더불어 자기-극복의 지혜를 터득하는 대신, 타인들과 함께 구성하는 세계 속에서 구성원들과 공동으로 문제 해결에 나선다고 간주된다.

물론 이러한 아렌트의 제안은 고대 아테네인들이 그들만의 자유로운 세계, 즉 폴리스를 함께 정초함으로써 그 속에서 '말과 행위'의 공유를 통해 이상적 민주주의 정치공동체의 위대한 시민으로 거듭났다는 역사적 사례를 적극 참조한 것이다. 여기서 파생된 아렌트의 '이론적' 세계, 즉 '아렌트적 폴리스'(an Arendtian polis)는 맥락에 따라 공영역·정치영역·인간관계망·내부 공영역 등으로 다양하게 지칭된다. 그러나 이 모든 명칭을 가로지르는 공통 요소는 그곳이 인간 다수성의 원칙 아래 구성되는 언어적·인식적 의미 창출의 공간이며 상호 의사소통을 통해 최적의 의사결정을 하는 공간이라는 특질이다.

한편, 개인이 세계, 즉 아렌트적 폴리스 속으로 진입하는 사건을 시간의 관점에서 설명한다면, 각각의 진입은 곧 과거와 미래가 만나는 지점, 즉 '지금'에서 최초의 시간 값, 즉 시발점을 획득하게 된다. 이후 지금이라는 찰나적 시간 값이 매 순간 그가 서 있는 지점의 '좌표'로서 찍히게 된다. 각자의 시발점에서 개시된 '좌표 찍기'는 무수한 '지금들'이 무수한 좌표들로 변환되는 인간실존의 과정을 통과해 그가 죽음의 순간에 이르면 비로소 종결된다. 이 개인화된 역사적 여정은 누가 대신해줄 수도 또 쉽사리 교환가치로 전환할 수도 없는 독특한 비매품이다. 비유적으로 말해서 그것은 아렌트가 전해주는 카프카의 '그'가 현존을 위해 매 순간 양방향으로 시간과 전투를 벌여 작성한 모종의 영웅담이기 때문이다.

개인의 영웅담은 기본적으로 당대가 아니라 후대에 속하는 자산이다. 그 이야기의 시발점과 종결점을 아는 누군가가 그것을 기억하거나 더욱 확실하게는 기록으로 남겨주어야만 하기 때문이다. 여기서 한발 더 나아가 그것이 영원히 기억되기 위해서는 후손들이 대대손손 삶을 영위할 수 있는 공통 세계가 존속해야만 한다. 그 세계 속으로 진입하는 새로운 구성원들 사이에서 계속 회자되고 높이 평가되어 공통의 기억, 그 공동체 전체의 집합적 기억으로 결정화해야만 불멸성을 획득할 수 있기 때문이다. 그러므로 영웅담의 탄생은 인간의 창조 작업, 즉 '말과 행위, 기억, 세계의 창조'와 불가분의 관계에 있다.

아렌트가 우리에게 요구하는 '창조' 작업은 사실상 신의 영역으로의 초대, 즉 '호모 데우스'의 길로 들어서라는 요청인 셈이다. 신은 '창조'와 '불멸성'을 표상한다. 우리의 상식에 의하면 신은 말씀을 통해, 즉 무에서 유를 창조하지만, 인간은 단지 물질을 통해, 즉 유에서 유를 창조할 수 있을 뿐이다. 그러나 아렌트는 이러한 우리의 생각이 잘못되었다고 지적한다. 인간도 물질이 매개되지 않은 '말과 행위'를 통해 신과 같이 무에서 유를 창조할 수 있다고 보기 때문이다. 이를테면 시대정신, 담론, 법과 제도, 문화, 사회적 관행 등과 같은 '정신적·비물질적' 재화들이 그러한 사례다.

고전 그리스 시대 이래 인간은 불후의 명성을 쌓는 방식으로 신의 불멸성에 도전했다. 올림포스의 신들은 흔적도 없이 사라졌고, 기독교의 신은 부활한 예수 그리스도의 승천 이래로 하나의 '명성'으로 남겨졌다. 그래서 오늘도 일부 독실한 기독교인은 그 명성의 증거를 추적하고 특별한 기적의 은사를 찾아 헤맨다. 이 세계 속에서 불후의 업적을 쌓은 인간도 '명성'을 남기고 떠나기는 마찬가지다. 요컨대 지구상에서 모습을 감춘 신과 불후의 명성을 남기고 죽은 인간 사이의 차이는 상쇄되고 없다는 것이다. 이는 우리 인류가 이미 '호모 데우스'라는 종(種)을 보유하고 있다는 사실을 의미할지도 모른다.

그럼에도 신과 인간 사이에는 결코 상쇄될 수 없는 두 가지 결정적인 차이점이 존재한다. 첫째, 신이 기본적으로 '홀로 있음'의 양태라면 인간은 '세계-내-있음'의 양태다. 둘째, 신의 언어는 곧 법이요 절대적 명령이지만 인간의 언어는 잘해야 많디많은 의견 가운데 하나로 간주될 뿐이다. 이 두 가지 차이점은 신과 인간의 행위 양식에서 상이한 상호작용 원칙으로 나타난다. '신은 일방적으로 명령하지만, 인간은 상호 설득해야만 한다.' 이 원칙은 시민이 동료 시민들과 더불어 의견을 공유하고 서로 간의 차이를 조율해 어떤 합의된 결론을 도출한 다음 그것을 함께 실행에 옮겨야 한다는 정치행위론적 설명을 정당화한다.

누군가가 이런 시각에서 문제의 책 『호모 데우스』를 읽는다면 그것의 결코 숨길 수 없는 주어(主語) 부재의 데이터와 알고리즘의 피상성, 과학적 도구주의의 폭력성, 그리고 무엇보다 종말론적인 역사학자의 지적 무책임성에 대해 경악을 금치 못할 것이다. 그러나 그의 책은 오늘도 엄청난 판매량을 기록하고 있다. 이는 결코 우연의 일치가 아니다. 그 책은 거울에 비친 우리의 그리고 우리가 속한 대한민국 사회의 모습을 보여주고 있기 때문이다. 현재 우리의 대한민국은 여전히 20세기적 주어 부재의 대중사회이고, 모로 가도 서울만 가면 되는 '원칙 부재, 성과 우선'의 도구주의적 폭력이 지배하는 사회이며, 여차하면 치고 빠지는 '줄행랑' 사회이기 때문이다.

이런 점에서 '호모 데우스'라는 개념을 전혀 다른 방식으로 풀어내는 『과거와 미래 사이』는 『호모 데우스』와 대척점에 있는 책이다.

같은 이유로 이 책은 '사이비' 호모 데우스 이론에 취한 우리 한국인들에게 꼭 필요한 해독제이자 나침반일 수 있다. 이 책에는 전통·종교·역사·권위와 같은 판단의 기준들이 더 이상 제 역할을 하지 못하므로 지금 우리가 서 있는 곳이 어디인지, 우리가 이제껏 무엇을 해왔고 지금 무엇을 하고 있는지, 그리고 장차 무엇을 해야만 하는지를 우리 스스로, 그가 즐겨 쓴 표현으로는 '지지대 없이' 성찰해야 한다는 아렌트의 조언이 담겨 있다. 그리고 그 일을 위해 우리 각자가 동료 시민들과 함께 크고 작은 공론장을 구성해 각자의 이성을 공적으로 사용함으로써 '위대한' 시민의 길로 들어서라고 요청한다.

나는 앞에서 한 개인이 세계 속에 진입하는 사건의 시간적 의미는 과거와 미래가 만나는 지점, 즉 '지금'을 포획해 시간성을 빼앗는 대신 공간성을 부여하는 것, 즉 '좌표 찍기'라고 설명했다. 이 논리를 약간 확장해보면, '우리 각자가 동료 시민들과 함께 크고 작은 공론장을 구성'한다는 것은 한마디로 우리 공동체의 시간적 흐름 속에 '좌표'를 찍는다는 의미다. 물론 각각의 공동체는 그것만의 고유한 과거·현재·미래라는 역사적 시간 궤도를 가지고 있을 것이다. 그러므로 시민들이 구성하는 다양한 공론장은 그들이 공유하는 공동체 시간 속의 '현재'를 포획해 적재하는 공간으로 간주할 수 있다. 이러한 공간이 부재하다면 '지금'으로서의 현재는 찰나의 순간에 과거라는 심연 속으로 증발해버릴 것이기 때문이다.

'아렌트적 폴리스'는 바로 그러한 성격의 공간이다. 원칙상 사람들은 그 속에서 자신들이 포획한 '현재'의 의미가 무엇인지, 그것이 어떻게 '현재'의 모습으로 되었는지, 그것이 '미래'에는 어떻게 되기를 바라는지와 관련해 각자의 의견을 말함으로써 그들이 잠정적으로 정지시킨 '현재'의 의미를 공동으로 파악하며 미래를 겨냥해 공동의 행동 목표를 설정하게 된다. 물론 그 과정에서는 함께 지탱하는 삶이라는 폴리스적 관점이 지배력을 얻게 될 것이므로 사람들은 폴리스에 중요한 것을 먼저 고려하고 그에 따른 정의로운 선택을 할 것이다. 이것이 아렌트가 상정하는 이상적 인간으로서 시민의 '정치적 삶'이 작동하는 방식이다. 결론적으로 말해서, 이러한 시민이 바로 세계의 창조자인 동시에 영원히 기억될 수 있는 자, 즉 아렌트의 '호모 데우스'다.

2006년 '한나 아렌트 탄생 100주년 펭귄 기념판'에는 뉴스쿨대학의 '한나 아렌트 센터' 소장으로 불철주야 아렌트의 전도사 역할에 여념이 없는 제롬 콘의 서론이 새롭게 추가되었다. 이 『과거와 미래 사이』는 그 기념판을 우리말로 옮긴 것이다. 2005년 출간된 나의 한국어 초판이 10년 넘게 절판 상태로 있어 내심 안타까운 심정이었다. 먼저 이렇게 복간의 기회를 주신 김언호 사장님께 심심한 감사의 말씀을 드린다. 아울러 이 책의 편집을 맡아 많은 수고를 해주신 최현경 선생님과 관계자 여러분께 머리 숙여 감사드린다. 끝으로, 이 책이 한나 아렌트를 사랑하는 모든 분이 거부할 수 없는 유익한 선물이기를 바라 마지않는다.

2022년 12월
서유경

찾아보기

■ **용어**

ㄱ

ㅇ

ㅈ

ㅊ

ㅋ

ㅌ

■ 인명

지은이 한나 아렌트

한나 아렌트(Hannah Arendt, 1906-75)는 1906년 독일 하노버에서 출생해
유년기와 청소년기를 쾨니히스베르크에서 보냈다.
1924년 마르부르크대학, 1926년 프라이부르크대학에서 수학했고
이후 하이델베르크대학에서 칼 야스퍼스에게 수학했다.
1928년 「성 아우구스티누스의 사랑 개념」으로 박사학위를 받았다.
1933년 시온주의자들의 지하활동을 돕다가 독일에서 조사를 받고
프랑스로 망명했으며, 그곳에서 유대계 피난민 청소년들의
팔레스타인 이주를 도왔다.
1941년 미국으로 건너가 10년 뒤 미국 시민권을 획득하며
18년 만에 무국적자 신분을 벗어난다.
아렌트는 유대인의 대외관계에 관한 학술대회 연구이사,
쇼켄북스 출판사 편집장, 뉴욕시 유대 문화 재건단 상임이사,
캘리포니아대 · 프린스턴대 · 컬럼비아대 · 코넬대 · 시카고대 객원교수,
뉴스쿨대 대학원 소속 전임교수를 역임했다. 1952년 구겐하임 펠로십에
선정되었고, 1954년 미국 예술원의 연례학문예술장려금을 수령했다.
1973년 애버딘대학에 초청되어 기포드 강연(Gifford Lectures)에서 발표했고,
1975년 덴마크 정부로부터 소닝상을 받았다.
『전체주의의 기원』『인간의 조건』『과거와 미래 사이』
『혁명론』『예루살렘의 아이히만』『어두운 시대의 사람들』
『공화국의 위기』『정신의 삶』 등의 중요한 저작을 남긴
아렌트는 1975년 12월 타계했다.
1968년에 출간된 『과거와 미래 사이』는 역사 · 전통 · 권위 · 자유 등의
전통적인 정치 개념에 대한 아렌트의 사유가 담긴 에세이 모음이다.
'아렌트 개념어 사전'이라 부를 수 있을 만큼 이후
아렌트 사상의 발전을 예견할 수 있는 중요한 문헌이다.

옮긴이 서유경(Suh You-Kyung, 1962-)

경희사이버대학교 후마니타스학과 교수다. 아렌트 저서인『과거와 미래 사이』『사랑 개념과 성 아우구스티누스』『책임과 판단』을 번역했으며 아렌트 해설서인『아렌트와 하이데거』『아렌트 읽기』도 우리말로 옮겼다.
「아렌트 정치행위 개념 분석」「아렌트 정치적 실존주의의 연원을 찾아서: 성 어거스틴, 마틴 하이데거, 그리고 칼 야스퍼스」「약속의 정치학: 한나 아렌트의 로마커넥션과 그 함의」「버틀러(J. Butler)의 '수행성 정치' 이론의 정치학적 공헌과 한계」 등 아렌트 정치철학적 관점에서 작성된 다수의 논문을 발표했다.
2016년 세계정치학회(IPSA) 발표 영어 논문 "The Political Aesthetics of Hannah Arendt: How Is Her Concept of 'Human Plurality' to Be the Condition for It?"이 2018년 독일에서 출간되었고, 2022년 아렌트의 관점에서 한국 민주주의와 인권 개념을 분석한『한국 민주주의의 새 길: 직접민주주의와 숙의의 제도화』와『문화의 이동과 이동하는 권리』(공저)를 출간했다.

HANGIL GREAT BOOKS 182

과거와 미래 사이

정치사상에 관한 여덟 가지 철학 연습

지은이 한나 아렌트
옮긴이 서유경
펴낸이 김언호

펴낸곳 (주)도서출판 한길사
등록 1976년 12월 24일 제74호
주소 10881 경기도 파주시 광인사길 37
홈페이지 www.hangilsa.co.kr
전자우편 hangilsa@hangilsa.co.kr
전화 031-955-2000~3 **팩스** 031-955-2005

부사장 박관순 **총괄이사** 김서영 **관리이사** 곽명호
영업이사 이경호 **경영이사** 김관영 **편집주간** 백은숙
편집 박희진 노유연 이한민 박홍민 김영길
마케팅 정아린 **관리** 이주환 문주상 이희문 원선아 이진아
디자인 창포 031-955-2097
인쇄 예림 **제책** 경일제책사

제1판 제1쇄 2023년 1월 13일
제1판 제2쇄 2023년 7월 14일

값 30,000원

ISBN 978-89-356-6660-7 94080
ISBN 978-89-356-6427-6 (세트)

36 마누법전
이재숙·이광수

37 사회주의의 전제와 사민당의 과제
에두아르트 베른슈타인 | 강신준

38 의미의 논리
질 들뢰즈 | 이정우
2000 교보문고 선정 대학생 권장도서

39 성호사설
이익 | 최석기
2005 연세대학교 권장도서 200선
2008 서울대학교 논술출제
2012 인터넷 교보문고 필독고전 100선

40 종교적 경험의 다양성
윌리엄 제임스 | 김재영
2000 대한민국학술원 우수학술도서

41 명이대방록
황종희 | 김덕균
2000 한국출판문화상

42 소피스테스
플라톤 | 김태경

43 정치가
플라톤 | 김태경

44 지식과 사회의 상
데이비드 블루어 | 김경만
2002 대한민국학술원 우수학술도서

45 비평의 해부
노스럽 프라이 | 임철규
2001 『교수신문』 우리 시대의 고전

46 인간적 자유의 본질·철학과 종교
프리드리히 W.J. 셸링 | 최신한

47 무한자와 우주와 세계·원인과 원리와 일자
조르다노 브루노 | 강영계
2001 한국출판인회의 이달의 책

48 후기 마르크스주의
프레드릭 제임슨 | 김유동
2001 한국출판인회의 이달의 책

49·50 봉건사회
마르크 블로크 | 한정숙
2002 대한민국학술원 우수학술도서
2012 『한국일보』 다시 읽고 싶은 책

51 칸트와 형이상학의 문제
마르틴 하이데거 | 이선일
2003 대한민국학술원 우수학술도서

52 남명집
조식 | 경상대 남명학연구소
2012 인터넷 교보문고 필독고전 100선

53 낭만적 거짓과 소설적 진실
르네 지라르 | 김치수·송의경
2002 대한민국학술원 우수학술도서
2013 『한국경제』 한 문장의 교양

54·55 한비자
한비 | 이운구
한국간행물윤리위원회 추천도서
2007 서울대학교 추천도서
2012 인터넷 교보문고 필독고전 100선

56 궁정사회
노르베르트 엘리아스 | 박여성

57 에밀
장 자크 루소 | 김중현
2005 서울대학교 권장도서 100선
2000·2006 서울대학교 논술출제

58 이탈리아 르네상스의 문화
야코프 부르크하르트 | 이기숙
2004 한국간행물윤리위원회 추천도서
2005 연세대학교 권장도서 200선
2009 『동아일보』 대학신입생 추천도서

59·60 분서
이지 | 김혜경
2004 문화관광부 우수학술도서
2012 인터넷 교보문고 필독고전 100선

61 혁명론
한나 아렌트 | 홍원표
2005 대한민국학술원 우수학술도서

62 표해록
최부 | 서인범·주성지
2005 대한민국학술원 우수학술도서

63·64 정신현상학
G.W.F. 헤겔 | 임석진
2006 대한민국학술원 우수학술도서
2005 연세대학교 권장도서 200선
2005 프랑크푸르트도서전 한국의 아름다운 책 100선
2008 서우철학상
2012 인터넷 교보문고 필독고전 100선

65·66 이정표
마르틴 하이데거 | 신상희·이선일

67 왕필의 노자주
왕필 | 임채우
2006 문화관광부 우수학술도서

68 신화학 1
클로드 레비스트로스 | 임봉길
2007 대한민국학술원 우수학술도서
2008 『동아일보』 인문과 자연의 경계를 넘어 30선

69 유랑시인
타라스 셰브첸코 | 한정숙

70 중국고대사상사론
리쩌허우 | 정병석
2005 『한겨레』 올해의 책
2006 문화관광부 우수학술도서

71 중국근대사상사론
리쩌허우 | 임춘성
2005 『한겨레』 올해의 책
2006 문화관광부 우수학술도서

72 중국현대사상사론
리쩌허우 | 김형종
2005 『한겨레』 올해의 책
2006 문화관광부 우수학술도서

73 자유주의적 평등
로널드 드워킨 | 염수균
2006 문화관광부 우수학술도서
2010 『동아일보』 '정의에 관하여' 20선

74·75·76 춘추좌전
좌구명 | 신동준

77 종교의 본질에 대하여
루트비히 포이어바흐 | 강대석

78 삼국유사
일연 | 이가원·허경진
2007 서울대학교 추천도서

79·80 순자
순자 | 이운구
2007 서울대학교 추천도서

81 예루살렘의 아이히만
한나 아렌트 | 김선욱
2006 『한겨레』 올해의 책
2006 한국간행물윤리위원회 추천도서
2007 『한국일보』 오늘의 책
2007 대한민국학술원 우수학술도서
2012 yes24 리뷰 영웅대전

82 기독교 신앙
프리드리히 슐라이어마허 | 최신한
2008 대한민국학술원 우수학술도서

83·84 전체주의의 기원
한나 아렌트 | 이진우·박미애
2005 『타임스』 선정 세상을 움직인 책
『출판저널』 선정 21세기에도 남을 20세기의 빛나는 책들

85 소피스트적 논박
아리스토텔레스 | 김재홍

86·87 사회체계이론
니클라스 루만 | 박여성
2008 문화체육관광부 우수학술도서

88 헤겔의 체계 1
비토리오 회슬레 | 권대중

89 속분서
이지 | 김혜경
2008 대한민국학술원 우수학술도서

90 죽음에 이르는 병
쇠렌 키르케고르 | 임규정
『한겨레』 고전 다시 읽기 선정
2006 서강대학교 논술출제

91 고독한 산책자의 몽상
장 자크 루소 | 김중현

92 학문과 예술에 대하여·산에서 쓴 편지
장 자크 루소 | 김중현

93 사모아의 청소년
마거릿 미드 | 박자영
20세기 미국대학생 필독 교양도서

94 자본주의와 현대사회이론
앤서니 기든스 | 박노영·임영일
1999 서울대학교 논술출제
2009 대한민국학술원 우수학술도서

95 인간과 자연
조지 마시 | 홍금수

96 법철학
G.W.F. 헤겔 | 임석진

97 문명과 질병
헨리 지거리스트 | 황상익
2009 대한민국학술원 우수학술도서

98 기독교의 본질
루트비히 포이어바흐 | 강대석

99 신화학 2
클로드 레비스트로스 | 임봉길
2008 『동아일보』 인문과 자연의 경계를 넘어 30선
2009 대한민국학술원 우수학술도서

100 일상적인 것의 변용
아서 단토 | 김혜련
2009 대한민국학술원 우수학술도서

101 독일 비애극의 원천
발터 벤야민 | 최성만·김유동

102·103·104 순수현상학과 현상학적 철학의 이념들
에드문트 후설 | 이종훈
2010 대한민국학술원 우수학술도서

105 수사고신록
최술 | 이재하 외
2010 대한민국학술원 우수학술도서

106 수사고신여록
최술 | 이재하
2010 대한민국학술원 우수학술도서

107 국가권력의 이념사
프리드리히 마이네케 | 이광주

108 법과 권리
로널드 드워킨 | 염수균

109·110·111·112 고야
홋타 요시에 | 김석희
2010 12월 한국간행물윤리위원회 추천도서

113 왕양명실기
박은식 | 이종란

114 신화와 현실
미르치아 엘리아데 | 이은봉

115 사회변동과 사회학
레이몽 부동 | 민문홍

116 자본주의·사회주의·민주주의
조지프 슘페터 | 변상진
2012 대한민국학술원 우수학술도서
2012 인터파크 이 시대 교양 명저

117 공화국의 위기
한나 아렌트 | 김선욱

118 차라투스트라는 이렇게 말했다
프리드리히 니체 | 강대석

119 지중해의 기억
페르낭 브로델 | 강주헌

120 해석의 갈등
폴 리쾨르 | 양명수

121 로마제국의 위기
램지 맥멀렌 | 김창성
2012 인터파크 추천도서

122·123 윌리엄 모리스
에드워드 파머 톰슨 | 윤효녕 외
2012 인터파크 추천도서

124 공제격치
알폰소 바뇨니 | 이종란

125 현상학적 심리학
에드문트 후설 | 이종훈
2013 인터넷 교보문고 눈에 띄는 새 책
2014 대한민국학술원 우수학술도서

126 시각예술의 의미
에르빈 파노프스키 | 임산

127·128 시민사회와 정치이론
진 L. 코헨·앤드루 아라토 | 박형신·이혜경

129 운화측험
최한기 | 이종란
2015 대한민국학술원 우수학술도서

130 예술체계이론
니클라스 루만 | 박여성·이철

131 대학
주희 | 최석기

132 중용
주희 | 최석기

133 종의 기원
찰스 다윈 | 김관선

134 기적을 행하는 왕
마르크 블로크 | 박용진

135 키루스의 교육
크세노폰 | 이동수

136 정당론
로베르트 미헬스 | 김학이
2003 기담학술상 번역상
2004 대한민국학술원 우수학술도서

137 법사회학
니클라스 루만 | 강희원
2016 세종도서 우수학술도서

138 중국사유
마르셀 그라네 | 유병태
2011 대한민국학술원 우수학술도서

139 자연법
G.W.F 헤겔 | 김준수
2004 기담학술상 번역상

140 기독교와 자본주의의 발흥
R.H. 토니 | 고세훈

141 고딕건축과 스콜라철학
에르빈 파노프스키 | 김율
2016 세종도서 우수학술도서

142 도덕감정론
애덤스미스 | 김광수

143 신기관
프랜시스 베이컨 | 진석용
2001 9월 한국출판인회의 이달의 책
2005 서울대학교 권장도서 100선

144 관용론
볼테르 | 송기형·임미경

145 교양과 무질서
매슈 아널드 | 윤지관

146 명등도고록
이지 | 김혜경

147 데카르트적 성찰
에드문트 후설·오이겐 핑크 | 이종훈
2003 대한민국학술원 우수학술도서

148·149·150 함석헌선집 1·2·3
함석헌 | 함석헌편집위원회
2017 대한민국학술원 우수학술도서

151 프랑스혁명에 관한 성찰
에드먼드 버크 | 이태숙

152 사회사상사
루이스 코저 | 신용하·박명규

153 수동적 종합
에드문트 후설 | 이종훈
2019 대한민국학술원 우수학술도서

154 로마사 논고
니콜로 마키아벨리 | 강정인·김경희
2005 대한민국학술원 우수학술도서

155 르네상스 미술가평전 1
조르조 바사리 | 이근배

156 르네상스 미술가평전 2
조르조 바사리 | 이근배

157 르네상스 미술가평전 3
조르조 바사리 | 이근배

158 르네상스 미술가평전 4
조르조 바사리 | 이근배

159 르네상스 미술가평전 5
조르조 바사리 | 이근배

160 르네상스 미술가평전 6
조르조 바사리 | 이근배

161 어두운 시대의 사람들
한나 아렌트 | 홍원표

162 형식논리학과 선험논리학
에드문트 후설 | 이종훈
2011 대한민국학술원 우수학술도서

163 러일전쟁 1
와다 하루키 | 이웅현

164 러일전쟁 2
와다 하루키 | 이웅현

165 종교생활의 원초적 형태
에밀 뒤르켐 | 민혜숙 · 노치준

166 서양의 장원제
마르크 블로크 | 이기영

167 제일철학 1
에드문트 후설 | 이종훈
2021 대한민국학술원 우수학술도서

168 제일철학 2
에드문트 후설 | 이종훈
2021 대한민국학술원 우수학술도서

169 사회적 체계들
니클라스 루만 | 이철 · 박여성 | 노진철 감수

170 모랄리아
플루타르코스 | 윤진

171 국가론
마르쿠스 툴리우스 키케로 | 김창성

172 법률론
마르쿠스 툴리우스 키케로 | 성염

173 자본주의의 문화적 모순
다니엘 벨 | 박형신
2022 대한민국학술원 우수학술도서

174 신화학 3
클로드 레비스트로스 | 임봉길
2022 대한민국학술원 우수학술도서

175 상호주관성
에드문트 후설 | 이종훈

176 대변혁 1
위르겐 오스터함멜 | 박종일

177 대변혁 2
위르겐 오스터함멜 | 박종일

178 대변혁 3
위르겐 오스터함멜 | 박종일

179 유대인 문제와 정치적 사유
한나 아렌트 | 홍원표

180 장담의 열자주
장담 | 임채우

181 질문의 책
에드몽 자베스 | 이주환

182 과거와 미래 사이
한나 아렌트 | 서유경

●한길그레이트북스는 계속 간행됩니다.